KB088498

우리는 복지국가로 간다

• 이 책은 경제사회노동위원회의 『사회경제변화에 따른 지속가능한 사회보장체계 구축을 위한 쟁점』 (1~8장)과 한국보건사회연구원의 『저출산고령사회 신진학자 협동연구: 인구정책의 새로운 대안 모색』(1장)에 수록된 글을 수정·보완한 것이다. 수정 게재를 허락해준 경제사회노동위원회와 한국 보건사회연구원에 감사드린다.

정치·경제·복지를 통해 본 한국 사회 핵심 쟁점

우리는 복지국가로 간다

윤홍식 엮음

윤홍식·정준호·김유선·신진욱·김영순
이영수·이충권·김도균 지음

사회평론아카데미

복지국가 대한민국 어떻게 만들 것인가

세상은 더 좋아지고, 평범한 사람들의 삶은 더 나아지는 것일까? 2016년 11월부터 시작된 시민의 촛불은 불의한 정권을 무너뜨리고 마침내 자신의 손으로 새로운 정권을 수립했다. 불의한 정권이 물러나자 한반도에서는 전쟁의 위험이 옅어지고, 세상은 더 정의로워진 것 같았다. 하지만 시민들의 삶은 여전히 변한 것이 없었다.

정권이 교체된 지 3년이 지났지만, 가난한 노인은 여전히 한 끼 식사도 해결할 수 없는 몇 천 원을 벌기 위해 불편한 다리와 굽은 허리를 펴지 못하고 폐지를 줍고 있다. 부유한 부모를 만난 청년들은 부모의 능력에 자신의 노력을 더해 소위 좋은 대학에 진학하고, 좋은 직장에 들어가 부모의 지위를 대물림한다. 간혹 개천에서 용이 승천하는 경우가 있지만, 대부분의 청년은 부모의 사회경제적 지위를 그저 숙명처럼 받아들일 수밖에 없다. 천만이 넘는 시민의 힘으로 정권을 바꿔도 평범한 사람들의 삶이 바뀌지 않는다면, 우리들이 할 수 있는 일은 도대체 무엇일까?

어쩌면 역사는 항상 그래왔는지도 모른다. 1945년 8월 해방은 악귀 같은 일제를 몰아내고 새로운 세상을 열 것 같았지만, 평범한 사람들의 삶은 좀처럼 나아지지 않았다. 심지어 일제 강점기가 더 좋았다는 푸념이 이곳저곳에서 나올 정도였다. 1960년 4·19혁명은 부패한 이승만 독재를 무너뜨리고 새 시대를 열 것 같았지만, 보수야당의 집권과 박정희의 군사독재정권으로 이어졌다. 1980년 민주화의 봄과 광주에서의 저항은 전두환 군사정권의 등장을 막지 못했다. 1987년 6월 마침내 민주화가 이루어졌지만, 세상은 평범한 사람들의 것이 아니었다. 권위주의 세력은 온존했고, 세상은 여전히 그들과 보수야당의 것이었다. 그리고 30년이 지난 2016년 11월, 시민은 다시 광장에 나와 불의한 정권을 무너뜨렸다.

해방 이후 지난 70년은 이처럼 평범한 사람들이 세상을 바꾸는 역사의 주인이라는 것을 확인하는 것 같았다. 하지만 이들이 열망했던 그런 세상은 좀처럼 오지 않았다. 어쩌면 코로나19 위기도 이런 우리의 삶을 바꿀 수 없을 것 같다. 한국 사회의 성공적인 방역에 세계 언론이 찬사를 보내고 있지만, 성공적인 방역 이면에 감추어진 우리의 삶은 변한 것이 없기 때문이다. 한국 복지국가는 코로나19로 인해 경제적 어려움에 직면한 비정규직, 특수고용 노동자, 영세자영업자 등 사회적 약자에게 제대로 된 안전망을 제공하지 않고 있기 때문이다.

한국 사회는 더 민주적인 사회가 되고 더 풍요로운 사회가 되었지만, 이상하게도 평범한 사람들은 예나 지금이나 안정된 삶을 살아가지 못하고 있다. 가난한 노인은 폐지를 주어야 하고, 부유한 부모를 만나지 못한 청년은 불공정한 경쟁에서 살아남기 위해 애를 쓰고, 일하는 사람들은 실직과 폐업의 위험에 노출된 불안한 삶을 살아야 했다. 도대체 무엇이 문제일까?

어쩌면 이들이 직면한 고단한 삶은 한국 사회가 해방 이후 걸어왔던 '한강의 기적'이라 불리는 그 찬란한 성공의 결과일지도 모른다. 한국은 식민지를 경험한 제3세계 국가 중 유일하게 경제발전과 민주주의를 동시에 이룬 국가가 되었지만, 그 성공은 역설적이게도 한국 사회의 불평등을 심화시켰고, 부모의 지위가 대물림되는 사회를 만들었다. 특히 1990년대 초를 지나면서 한국은 성장이 오히려 불평등을 심화시키는 사회가 되었다. 세상이 이렇게 변하자 소수의 안정된 일자리를 얻기 위해 사람들은 점점 더 각자도생의 길을 가는 사회가 되었던 것이다.

더 심각한 문제는 이렇게 평범한 사람들이 직면한 삶의 어려움이 한두 가지 정책을 실행한다고 해결되는 것이 아니라는 점이다. 불공정한 입시문제에 대한 합의할 수 있는 대안을 마련하기도 어렵지만, 대안을 마련한다고 해도 경제구조가 바뀌고 노동시장에서 좋은 일자리가 만들어지지 않는 한 더 좋은 학벌을 얻기 위한 치열한 지위경쟁은 사라지지 않을 것이다. 좋은 일자리가 만들어지지 않는다면 노력에 대한 보상은 불가능하며, 개인의 노력과 관계없이 패자는 나올 수밖에 없는 것이다. 그렇다고 복지지출을 늘려 문제를 해결할 수 있는 것도 아니다. 안정적인 경제체제를 구축하지 못한다면 복지지출은 단기적 해결책이 될지는 몰라도 장기적 해결책이 되기는 어렵다. 더 큰 문제는 우리가 더 나은 사회로 갈 수 있는 길을 알고 있다고 해도, 현재와 같은 정치체제에서는 기득권 집권의 저항을 뚫고 그 길을 가는 것은 불가능하다는 것이다. 또다시 천만이 되는 시민이 광장에 나와 민주주의를 외칠 수는 있겠지만, 그 외침이 더 나은 사회를 위한 안정적 개혁을 실행할 수 있는 정치적 힘이 되지는 못한다는 것을 우리는 역사를 통해 누누이 확인했다.

도대체 무엇이 문제인가? 이 책은 이러한 한국 사회의 성공의 역설을 둘러싼 문제에 접근하기 위해 기획되었다. 한두 가지의 정책으로 문제를 해결할 수 없다면, 결국 문제를 체제 차원에서 접근해야 한다고 주장한다. 그리고 이를 위해서는 정치, 경제, 복지가 각각의 영역에서 검토되는 것이 아니라 총체적인 관점에서 하나의 틀로 검토될 필요가 있다. 경제 영역에서의 변화는 정치 영역과 복지 영역에서의 변화를 유발할 수밖에 없고, 그 반대도 마찬가지이기 때문이다. 정치, 경제, 복지가 한국 사회가 풀어야 할 문제의 모든 영역을 포괄하는 것은 아니지만, 문제를 정리할 수 있는 출발점이 될 수는 있을 것같다. 충분하지 않지만 이 책을 통해 많은 사람이 정치, 경제, 복지가 하나의 틀 안에서 움직이고 있으며, 더 좋은 세상을 만들기 위해 이세 영역 모두에서 적극적이고 동시적인 개혁이 필요하다는 인식을 공유하기를 바란다.

끝으로 이 책이 세상에 나올 수 있었던 것은 경제사회노동위원회에서 발주한 연구과제를 책으로 출간할 수 있도록 허락해주었기 때문이다. 깊은 감사의 인사를 드린다. 문성현 위원장님, 박태주 (전)상임위원님, 송해순 전문위원님과 사회안전망개선위원회 장지연 위원장님께 특별한 감사의 인사를 전한다. 더불어 한국보건사회연구원과 학술서적을 기꺼이 출간해준 ㈜사회평론아카데미의 윤철호 사장님과 편집부에도 감사드린다. 코로나19로 세상이 혼란스럽지만, 두려움 없이 위기에 맞서는 깨어 있는 시민이 있기에 언젠가는 지금보다 더 좋은 세상이 만들어질 것을 믿으며 이 책을 마무리했다.

2020년 4월
평범한 사람들이 행복한 더 좋은 세상을 꿈꾸며
집필자를 대신해 윤홍식 씀

차례

서장

왜 한국은 복지국가가
될 수 없었던 것일까

한국 복지체제의 정치경제적 기원

1. 공정한 경쟁과 정당한 보상은 이루어지고 있는가

2019년에 있었던 일련의 논란은 한국 사회가 '공정한 경쟁'에 얼마나 민감한지를 여지없이 드러냈다. 지난 20년 동안 신자유주의의 경쟁 담론이 지배적 담론으로 군림했던 한국 사회에서 성장한 젊은 세대의 입장에서 보면 자신의 미래가 자신의 노력이 아닌 부모의 사회적 지위와 부의 정도에 따라 결정되는 불공정은 참을 수 없었을지도 모른다. 공정한 기회만 보장된다면 자기계발서로 무장하고서 누구나 원하는 꿈을 이룰 수 있을 것이라고 믿고 싶은 대다수 청년들에게 자신이 어쩔 수 없는 부모의 지위에 따라 성공이 결정된다는 것은 도저히 받아들일 수 없었을 것이다. 그러나 정말 공정한 경쟁의 원칙만 지켜진다면 대한민국의 모든 청년이 성공을 현실로 만들 수 있을까? 상상해보라. 방안에 다섯 개의 의자가 놓여 있고, 열 명의 동일한 신체 능력과 지적 역량을 갖고 있는 청년이 음악소리에 맞추며 주위를 돌다가 음악이 멈추면 의자에 앉는 '의자놀이' 게임을 한다. 열 명의 청년 모두가 열심히 노력해도 음악이 멈추면 의자에 앉을 수 있는 청년은 다섯 명뿐이다. 설령 시간이 더 주어지고 열 명 모두 매일같이 열심히 훈련을 한다고 해도 결과는 같다. 의자가 다섯 개인 한 의자에 앉을 수 있는 청년은 다섯 명뿐이다. 공정한 게임의 규칙이 지켜진다고 해도 결과는 달라지지 않는다. 나머지 다섯 명은 실패한다.

노력과 관계없이 탈락자가 정해져 있다면, 그리고 탈락 여부가 개인의 노력과 무관하다면, 그 사회를 좋은 사회라고 부를 수 없다. 경쟁의 규칙이 공정하다는 것이 반드시 노력에 대한 정당한 보상이 이루어진다는 것을 의미하지는 않기 때문이다. 노력에 대한 정당한 보상이 이루어지지 않는 사회에서 사람들은 자신과 가족 이외에 그 누구도 되돌아볼 여력이 없이 각자도생의 길을 가는 수밖에 없다. 북유럽의 청년들이 '세계평화와 환경오염'을 걱정하는 데 반해 한국의 청년들이 자기 자신의 취업 이외에는 다른 고민을 할 수 없는 이유이다. 왜 이러한 차이가 만들어진 것일까? 북유럽의 청년들은 태어날 때부터 이타적인 유전자를 갖고 태어나고 한국의 청년들은 이기적인 유전자를 갖고 태어난 것이 아니라면, 우리는 그 이유를 구조적 문제에서 찾을 수밖에 없다. 그리고 그 근저에는 부모의 사회경제적 지위와 관계없이 누구나 자신의 꿈을 실현하기 위해 노력할 수 있고, 실패해도 인간다운 기본적인 생활을 보장하는 불평등이 낮은 보편적 복지국가라는 분배체계가 자리하고 있다. 실제로 OECD 국가들을 비교분석한 연구에 따르면 불평등이 심할수록 계층에 따른 자녀 세대의 교육적 성취의 차이가 크고 세대 간 사회적 이동성도 낮은 것으로 나타났다.[1] 한국도 예외가 아니다. 다만 학업성취도를 측정하는 국제적 일반 기준인 읽기, 수학, 과학 능력의 지표를 보면 한국의 계층 간 차이는 매우 낮게 나타난다. 예를 들어, 부모의 사회경제적 지위가 상위 25%인 가구의 학생과 하위 25%인 학생의 읽기 능력의 차이는 OECD 국가들 중 가장 낮은 수준이다.[2] 문제는 한국 사회에는 일반적인 학업성취도의 측정 방식으로는 파악할 수 없는 '숨겨진' 위계, 그러나 누구나 다 아는 소위 '학벌'이라는 서열화된 대학의 위계가 부모의 사회경제적 지위와 밀접히 관련되어 있다는 것이다. 《오마이뉴스》의 「2015년 교육불평등 보고서」를 보면 서울의 25개 자치구 중 평당 아파트 가격이 가장 높은 강남구의 경우 서울대에 진학한 학생 수는 인구 1천 명당 24.7명인 데 반해, 평당 아파트 가격이 24위인 금천구는 2.2명에 불과했다.[3]

결국 한 사회가 부모의 사회경제적 지위와 관계없이 시민권에 기초해 기본적인 생활을 보장하는 보편적 복지국가를 만들었는지 여부가 그 사회에 사는 사람들과 다음 세대가 어떻게 살아갈지를 결정하는 것이다. 즉, 개인의 노력과 관계없이 패자가 결정되는 사회에서 살아남기 위해 공정이라는 규칙에 따라 무한경쟁을 하며 살아야 할지, 아니면 서로 연대해 사회적 위험에 함께 대응하며 살아갈지를 결정하는 것이다. 이렇게 보면 한국 사회는 개인의 안정된 삶이 철저히 각자가 갖고 있는 개인과 가족의 자산과 그에 기초한 노력에 따라 결정되는 사회가 되었다.

실제로 한국은 2018년 1인당 국민소득이 3만 달러를 넘었지만, GDP(국내총생산) 대비 사회지출은 OECD 평균의 절반에 불과한 11.1%에 머무르고 있다. 유럽연합(EU) 21개국의 평균적인 GDP 대비 사회지출은 1961년 이미 10%였다. 한국의 경우 1인당 GDP가 실질구매력 기준으로 1만 달러였던 1992년에 GDP 대비 사회지출은 2.7%에 불과했지만, 1982년 OECD 국가의 1인당 GDP가 평균 1만 달러일 때 GDP 대비 사회지출은 한국의 5.6배인 15.1%에 달했다.[4] 그렇다고 취약한 공적 복지를 복지지출의 양적 문제로 보려는 것은 아니다. 이미 잘 알고 있듯이 평등한 시민의 삶의 수준을 대표하는 탈상품화·계층화 수준과 관련해 GDP 대비 사회지출이 말해줄 수 있는 것은 제한적이기 때문이다.[5] 2018년 기준으로 GDP 대비 사회지출은 이탈리아가 27.9%로 스웨덴의 26.1%보다 높지만, 소득불평등을 나타내는 지니계수(Gini coefficient)는 스웨덴이 0.282(2016)로 이탈리아의 0.328(2016)보다 낮기 때문이다.[6]

사회지출의 수준이 아니라 사회지출의 내용이 문제라면, 우리는 한 사회의 어떤 성격이 사회지출의 내용을 결정하는지를 살펴보아야 한다. 더불어 한국의 사회지출 수준이 한국의 경제수준(1인당 GDP)이 OECD 국가들과 유사한 소득수준에 도달했을 때 OECD 국가들의 평균적인 사회지출 수준보다 훨씬 낮다면, 왜 한국에서는 경제성장이 공적 사회복지의 지출을 수반하지 않았는지를 설명할 필요가 있다.

이러한 문제의식에 기초해 서장에서는 왜 한국은 성공적인 경제성장을 이룬 것에 비해 복지국가를 만드는 데 실패했으며, 그나마 있는 공적 복지도 불평등과 빈곤을 완화하는 데 제한적인 역할을 하는지를 경제, 정치, 복지를 통합적으로 살펴볼 것이다. 성장체제, 노동체제와 무관한 복지체제가 만들어지기 어렵고, 권력자원의 형성으로 대표되는 정치체제의 성격과 무관한 성장체제와 복지체제 또한 상상하기 어렵기 때문이다. 우리가 한국 복지체제를 이해하기 위해 한국 사회의 정치경제적 측면을 살펴보아야 하는 이유이다. 이러한 문제인식에 기초해 우리는 한국이 보편적 복지국가를 만들어가기 위해 어떤 쟁점을 풀어야 하는지를 정리했다. 먼저 다음 절에서는 어떤 분석 틀로 이 책이 구성되었는지를 살펴본다. 핵심은 앞서 언급한 것과 같이 정치-경제-복지가 하나의 유기체로 움직인다는 가정이다. 다음으로 이러한 인식 틀에 기초해 한국 복지체제의 정치경제적 기원을 개략적으로 살펴보았다. 마지막으로 서장을 정리하고 그 함의와 이후 장들에 대한 개략적인 소개를 했다.

2. 왜 정치경제와 연관된 복지체제인가[*]

이 책은 단순히 복지지출과 복지제도를 중심으로 보편적 복지국가를 만들어가기 위해 한국 사회가 풀어야 할 쟁점을 정리한 것은 아니다. 이 책은 한국 복지체제의 쟁점이 어떻게 정치경제적 쟁점과 관련되는지를 드러내려고 했다는 점에서 기존의 연구와 차이가 있다. 실제로 선행연구를 보면 크게 두 가지 경향이 발견된다.

하나는 한국 복지체제의 특성을 복지제도의 변화라는 관점에서 기술한(descriptive) 연구들이다. 예를 들어 아동복지법, 육아교육진흥법, 사회복지사업법의 법률 개정, 사회복지 전담인력 설치 등 복지

---

[*] 분석 틀의 내용 중 일부는 다음 글을 수정 보완한 것이다. 윤홍식, 2018, "민주주의 이행기 한국 복지체제, 1980~1997: 주변부 포드주의 생산체제의 복지체제," 『한국사회복지학』, 70(4): 37-68.

제도의 변화를 중심으로 서술하거나,[7] 복지제도 변화의 성격을 할당 원리에 기초해 보편주의 원리의 도입과 확대라는 차원에서 서술한 글들이 있다.[8] 복지제도의 변화를 중심으로 분석한 이 연구들은 제도 변화에 대한 이해를 높인다는 점에서 긍정적이지만, 그런 제도적 변화가 일어난 정치경제적 원인을 이야기하지 않는다는 점에서 한국 복지체제의 과제를 '사회복지제도'라는 틀 안에서 다루었다는 한계가 있다.

또 하나의 흐름은 한국 복지체제의 성격을 정치경제적 특성과 연관지어 총체적으로 파악하려는 시도로, 이 책의 문제의식과 궤를 같이한다. 이러한 연구는 한국의 사회복지 형성을 자본주의의 축적과 관련지어 분석했다.[9] 핵심 주제는 왜 한국의 경제발전이 서구 사회와 달리 복지확대를 유발하지 않았는지 답을 찾는 것이었다. 특히 이러한 시도는 한국 사회복지가 만들어지는 과정을 일국적이 아닌 국제적 틀로 설명하려고 했다는 점에서 평가할 만하다. 한국 사회복지를 한반도 분단이라는 특성과 연관지어 설명한 연구도 주목할 만하다.[10]

이처럼 선행연구는 여러 가지 제약 속에서 한국 복지체제의 특성을 설명하려고 했지만, 주로 제도 중심으로 설명하거나 제한된 정치경제적 성격을 통해 복지체제의 특성을 기술하는 데 그쳤다. 또한 에스핑-안데르센(Esping-Andersen)의 저작에 영향을 받아 2000년대 한국 복지학계에서 진행된 한국 복지국가의 성격 논쟁은 한국 복지체제의 성격을 복지체제의 유형과 자본주의 다양성 논의에 따라 구분해보려고 했다는 점에서 의미가 있었다.[11] 하지만 2000년대 한국에서 벌어진 논쟁은 한국 사회의 정치경제적 특성이 형성된 역사성을 다루지 않으면서 한국 복지체제의 성격을 단순히 탈상품화와 계층화라는 현상적인 지표와 자본주의 다양성 논의와 연결된 유형화 문제로 접근했다는 한계가 있다. 한국 복지체제의 특성이 진공 상태에 만들어진 것이 아니라 한국 복지체제의 정치경제의 역사적 유산에 기초해 구성된 것이라는 점을 고려하면 지금까지 논의의 한계는 명백하다.

이러한 문제의식에 기초해 이 책은 〈그림 1〉에서와 같이 한국 복지체제의 쟁점을 정치-경제-복지의 통합적 관점에서 조망했다. 경제적 측면에서 보면 성장체제는 한 사회의 산업구조를 특정한 방식으로 구조화하고, 이렇게 구조화된 산업구조는 노동시장을 특정한 방식으로 구성함으로써 복지체제에서 탈상품화와 계층화의 수준과 성격을 결정한다. 예를 들어, 한국의 재벌 대기업이 주도하는 조립형 수출주도 성장체제는 기업 규모와 고용 지위에 따라 한국의 노동시

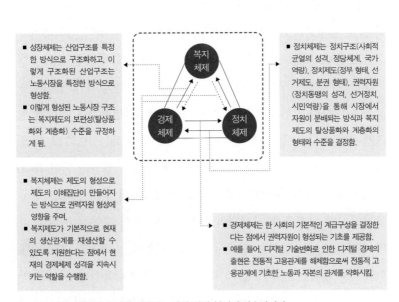

| 그림 1 | 복지체제의 특성을 규정하는 정치-경제-복지의 상호관련성

장을 중층적으로 이중구조화한다. 또한 경제체제는 한 사회의 기본적인 계급 구성을 결정한다는 점에서 정치체제에서 권력자원이 형성되는 기초를 제공한다. 예를 들어, 디지털 기술변화로 인한 자본의 이윤 실현 방식의 변화는 노동과 자본의 안정적 고용관계를 해체해 전통적 고용관계에 종속된 노동자와는 상이한 형태인 긱(Gig)-노동자,* 플랫폼 노동자 등과 같은 새로운 형태의 종속된 노동자를 양산할 수 있다(1, 2장 참고). 정치체제는 어떤 사회적 균열이 제도 정치에서 반영되는지, 정당체계는 어떻게 형성되는지 등을 통해 정치제도를 형성하고, 권력자원 내부의 계급 내 동원과 연대의 성격, 선거 정치의 성격 등을 결정해 한 사회의 자원이 분배되는 방식을 결정하게 된다(3, 4장 참고). 복지체제의 성격 또한 복지제도와 관련된 충성스러운 이해집단을 형성하고[12] 경제체제를 특정한 방식으로 재생산하는 데 기여한다는 점에서 한 사회의 정치경제에 영향을 준다(5, 6, 7장 참고). 다만 정치·경제적 특성이 복지체제에 주는 규정성과 비교하면 복지체제가 정치경제적 구조에 주는 영향은 상대적으로 제한적이다.

한국의 경우를 예로 들면, 민주화 이행기의 정치적 특성과 경제적 특성은 상호 영향을 미치며 서로의 성격을 규정하고, 이러한 정치·경제적 특성은 한국 자본주의의 분배체계로서 복지체제의 성격을 규정했다고 할 수 있다. 특히 한국처럼 산업화와 민주화가 이루

---

* 긱(Gig)-노동자란 정규직보다 필요에 따라 임시직 또는 계약직을 고용해 시장의 수요에 대응하는 긱 경제(gig economy) 플랫폼에서 일거리를 구하는 노동자를 일컫는다. 스마트 앱 등 디지털 중개 플랫폼을 통해 배달, 대리운전 등의 일거리를 얻는 사람들이 여기에 속한다. '플랫폼 노동자'라고도 한다.

어지는 과정에 있던 사회에서 정치경제적 특성이 복지체제의 형성에 영향을 주는 경향은 더 두드러졌을 것이라고 판단된다. 왜냐하면 한 사회에서 분배의 가장 큰 부분을 결정하는 것은 시장에서 산출되는 잉여를 어떻게 나눌 것인가와 관련되기 때문이고, 시장에서의 분배는 기본적으로 그 사회의 산업구조와 정치구조에 따라 결정되기 때문이다.

현대 복지국가의 가장 중요한 탈상품화 정책이라고 할 수 있는 사회보험을 예로 들어보자. 이는 제조업에 기초한 산업자본주의의 전성기에 제조업 노동력을 안정적으로 재생산하기 위해 만들어진 제도로, 독일에서 처음 만들어졌다. 사회보험이 독일에서 탄생할 수 있었던 이유는 독일 사회의 유산과 19세기 독일이 직면한 정치경제적 위기와 밀접히 관련되어 있다. 당시 봉건시대의 잔재인 길드가 온존해 있던 독일 사회는 이를 극복해야 하는 과제와 함께 급격히 확대되고 있는 사회주의 세력에 대항해야 했으며[13] 국제적으로는 후발국가로서 영국 산업을 따라잡아야 했다. 실제로 비스마르크가 재상으로 재임하던 시기 독일은 급속한 산업화의 과정에 있었지만, 독일의 경제력은 영국에 미치지 못했다. 1873년 독일의 1인당 GDP는 영국의 60% 수준에 불과했다.[14] 비스마르크는 노동자들이 독일의 발전을 위해 헌신하는 노동전사가 되기를 원했고, 이를 위해서는 국가가 노동자들이 직면한 실업, 질병, 산재 등의 위험에 적극적으로 대처할 필요를 느꼈던 것이다.[15] 사회보험은 이러한 독일 사회의 후진성이라는 유산과 함께 정치경제적으로는 사회주의 세력에 대항하고, 영국을 따라잡기 위한 산업정책의 일환으로 제도화된 것이었다. 이처럼 한 사회의 복지체제는 그 사회의 유산과 정치경제적 필요에 조응한다.

3. 한국 복지국가의 정치경제적 기원과 특성

여기서는 먼저 한국 복지체제의 특성을 설명하고 이러한 특성이 어떤 정치경제적 특성을 통해 형성되었는지를 개략하고자 한다. 이를 통해 이후 장들에서 논의되는 한국 복지체제의 경제, 정치, 복지의 성격을 조금 더 역사적·구조적으로 이해할 수 있을 것이다.

1) 한국 복지체제의 현재

한국 복지체제의 모습은 다양한 방식으로 그려볼 수 있지만, 서장에서는 한국 복지체제의 모습을 상대적으로 안정적 고용과 소득을 보장받는 계층에게 공적 사회보장제도가 집중되고, 상대적으로 낮은 수준의 공적 복지급여를 대신하기 위해 축적된 사적 자산도 이들 계층에게 집중되어 있는 '역진적 선별성'을 중심으로 기술했다.* 한국 복지체제는 현재 가족과 개인의 자기책임의 정도를 보여주는 사적 자산과 공적 복지의 역진적 선별성이 기형적으로 뒤섞여 공적 사회보장제도의 낮은 보편성(탈상품화의 대상과 수준)과 높은 계층화가 나타난다.

---

* 본래 복지제도에서 선별성은 자산소득조사를 통해 최하위 소득계층에게 복지급여를 수급할 수 있는 자격을 부여하는 잔여적 방식의 제도를 설명하기 위한 용어이나, 여기서 선별성은 상대적으로 안정적 소득과 고용을 보장받는 계층이 선별적으로 사회보험의 주 대상이 되는 한국 사회의 현상을 설명하기 위해 사용된 개념이다. 다만 주목할 점은 '역진적 선별성'이 한국 복지체제만의 고유한 특성이라고 보기는 어렵고, 제도의 발전 과정에서 일반적으로 나타나는 현상이라는 점이다. 하지만 한국 복지체제는 이러한 역진적 선별성이 사회보험의 확대 과정에서 더 공고화되고 있다는 점에서 차이가 있다. 역진적 선별성에 대한 구체적 논의는 다음 글을 참고하라. 윤홍식, 2019,『한국 복지국가의 기원과 궤적 1: 자본주의로의 이행의 시작-18세기부터 1945년까지』, 서울: 사회평론아카데미.

〈그림 2〉에서 보는 것과 같이 맨 위에는 사회보험으로 대표되는 공적 사회보장제도의 주 대상인 동시에 낮은 수준의 공적 복지급여를 보완할 수 있는 부동산, 금융자산 등 사적 자산을 축적한 계층이 있다. 이 계층의 특징은 공적 사회보장제도가 사적으로 축적된 자산과 비교했을 때 사회적 위험에 대응하는 부차적 역할을 수행하고 있다는 점이다. 다음으로는 소위 중간계층이라고 부를 수 있는 집단으로 개인과 가족이 직면한 사회적 위험에 대한 대응을 주로 사회보험이라는 공적 사회보장제도를 통해 대응하고, 축적된 사적 자산을 부분적으로 활용할 수 있는 계층이다. 마지막으로 최하위 집단은 사회보험으로부터 배제되고, 사적 자산을 축적할 수 있는 소득을 확보하지 못한 계층으로 복지수급의 낙인이 수반되는 공공부조에 의존해 사회적 위험에 대응하는 계층이다. 또한 이 계층은 다시 두 집단

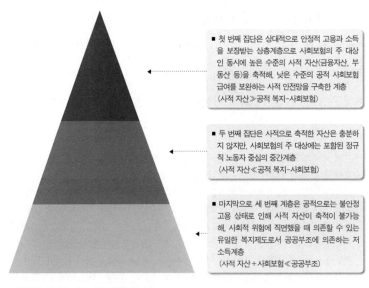

첫 번째 집단은 상대적으로 안정적 고용과 소득을 보장받는 상층계층으로 사회보험의 주 대상인 동시에 높은 수준의 사적 자산(금융자산, 부동산 등)을 축적해, 낮은 수준의 공적 사회보험 급여를 보완하는 사적 안전망을 구축한 계층
(사적 자산≫공적 복지-사회보험)

두 번째 집단은 사적으로 축적한 자산은 충분하지 않지만, 사회보험의 주 대상에는 포함된 정규직 노동자 중심의 중간계층
(사적 자산≪공적 복지-사회보험)

마지막으로 세 번째 계층은 공적으로는 불안정 고용 상태로 인해 사적 자산이 축적이 불가능해, 사회적 위험에 직면했을 때 의존할 수 있는 유일한 복지제도로서 공공부조에 의존하는 저소득계층
(사적 자산+사회보험≪공공부조)

| 그림 2 | 한국 복지체제의 삼중 구조화

으로 나누어질 수 있는데, 노동능력과 부양의무자가 없고 여러 가지 엄격한 수급 조건을 충족시켜 공공부조의 수급 대상이 되는 계층과, 노동능력과 부양의무자 등 수급요건을 충족하지 못해 최후의 안전 망이라고 할 수 있는 수급 대상에서 배제된 '비수급 빈곤층'이다.

한국 복지체제의 '역진적 선별성'은 복지지출과 사적 자산축적 정도를 통해 확인할 수 있다. 먼저 공적 사회보장의 수준을 가늠할 수 있는 GDP 대비 사회지출을 보면, 사회지출에서 사회보험이 차 지하는 비중이 상당히 높다는 사실과 사회보험의 적용을 받는 대상 자의 비율이 고용상의 지위(정규직, 비정규직, 자영업자)와 기업 규모에 따라 상당한 차이가 있다는 사실이다. 〈그림 3〉에서 보는 것과 같이 GDP 대비 사회지출에서 사회보험이 차지하는 비중은 압도적이다. 국민연금 적립금을 제외한 사회보험의 기여금 대부분이 지출되는 현실을 고려해 사회지출에서 국민연금 적립금이 차지하는 비중

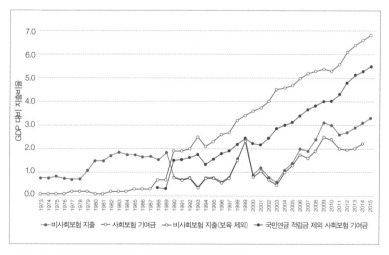

| 그림 3 | GDP 대비 사회지출 중 사회보험과 비사회보험 비중

을 제외하고 GDP 대비 사회지출에서 사회보험지출이 차지하는 비중을 보면 GDP 대비 사회보험의 지출은 1987년 민주화 이후 급격히 높아지기 시작했다. 일반적으로 사회보험이 한국 복지체제에서 핵심적 지위를 갖게 된 것이 1998년 김대중 정부의 출범과 함께 시작된 것으로 알고 있지만, 그 시작은 1987년 민주화 과정에서 노동운동이 폭발적으로 성장한 이후였다. 노무현 정부 시기 공공부조, 사회서비스 등과 관련된 지출이 증가하면서 GDP 대비 사회지출에서 사회보험과 비사회보험 간의 격차가 감소했지만, 보수정부 9년 동안 다시 벌어졌다. 2017년 GDP 대비 사회지출은 10.6%이지만, 이 중 사회보험 지출이 차지하는 비중은 71.7%에 이른다.[16] 문제는 사회보험의 대상이 앞서 언급한 것처럼 상대적으로 안정적 고용과 소득을 보장받는 계층에게 집중되어 있다는 점이다. 〈그림 4〉에서 보는

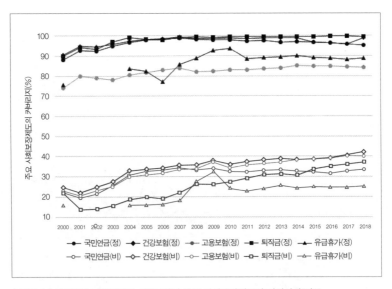

| 그림 4 | 정규직과 비정규직의 사회보험과 중요 사회보장제도의 커버리지 비교

것처럼 정규직과 비정규직의 사회보험 커버리지는 큰 차이를 보이고 있으며, 지난 20여 년간 격차를 줄이기 위한 다양한 노력이 있었음에도 불구하고 그 격차는 좀처럼 감소하지 않고 있다.

이러한 사실은 GDP 대비 조세 비중을 통해서도 확인할 수 있다. 〈그림 5〉를 보면 전체적으로 GDP 대비 국민부담률은 지속적으로 높아졌다. 하지만 국민부담률이 높아진 이유는 조세부담률이 높아진 것 때문이 아니라 1987년 민주화 이후 사회보험료의 비중이 높아진 것과 관련이 있다. 사회보험료와 비교하면 조세부담률은 오히려 감소하다가 박근혜 정부에 들어서야 2007년 수준을 회복했다. 사회보험의 주 대상이 상대적으로 안정적 고용과 소득을 보장받는 계층에게 집중되어 있는 현실을 고려하면, 이러한 지표를 통해 우리는 한국 사회보장제도가 불안정 고용 상태에 있는 계층을 사회보험에서 배제하고 있는 역진적 선별성이 강한 복지체라는 것을 확인할 수

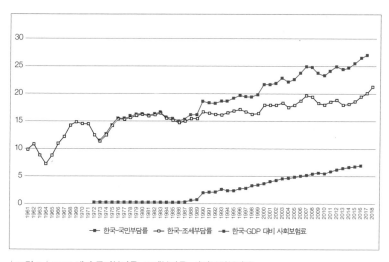

| 그림 5 | GDP 대비 국민부담률, 조세부담률, 사회보험부담률

있다.

　최후의 안전망이라고 불리는 공공부조도 저소득층이 직면한 사회적 위험에 적절히 대응하고 있다고 할 수 없다. 절대빈곤율을 더 이상 추정하지 않기 때문에 정확한 비교는 불가능하지만 중위소득 40% 이하의 가구비율(1인 가구 포함 전체 가구 수는 1,997만 9,188가구)이 2018년도 2/4분기 기준으로 9.0%에 이르는 데 반해 국민기초생활보장제도의 수급 가구 수는 116만 5,175가구로 전체 가구의 5.8%에 불과하다.[17] 절대빈곤층의 상당수가 최후의 안전망인 공공부조로부터 배제되고 있다는 것을 추정할 수 있는 자료이다. 참여연대 사회복지위원회가 추계한 자료에 따르면[18] 부양의무자 기준 때문에만 국민기초생활보장제도의 수급자가 되지 못하는 비수급 빈곤층의 규모가 대략 93만 명에 달할 것으로 추정하고 있고, 다른 수급 기준으로 인해 수급에서 배제되는 비율을 더하면 전체 비수급 빈곤층은 더 클 것으로 추정된다. 이처럼 공적 사회보장제도로부터 배제되고, 사적 자산도 축적할 수 없는 빈곤층이 의존하는 공공부조도 광범위한 사각지대를 노정하고 있는 것이 한국 사회보장제도의 현실이다.

　정부가 재정적 지원을 하고 민간이 중심이 되어 제공되는 사회서비스도 한국 복지체제의 중요한 특성 중 하나이다. 이미 잘 알려져 있듯 노무현 정부 시기 확대된 사회서비스는 일제강점기 이래 국가가 최소한의 비용을 지원하고, 민간이 운영주체가 되어 사회서비스를 제공하는 민간 중심의 전달 방식을 강화했다. 예를 들어, 노무현 정부 시기에 입법화되고 이명박 정부에서 시행된 노인장기요양보험제도에서 제공되는 노인돌봄서비스는 대부분 민간기관을 통해 제공하고 있는데, 2014년 기준으로 국공립요양시설이라고 할 수 있는 지방자치단체가 설립한 노인요양시설은 5.2%에 불과했다.[19] 이러한 민간 중심의 서비스 전달체계는 양질의 서비스를 이용하고자 하는 시민의 필요에 부응하지 못하고, 시장에서 높은 비용을 지불할 수 있는 계층만이 양질의 서비스를 이용할 수 있는 구조를 만들었다.

소득계층에 따라 불평등하게 축적되어 있는 사적 자산도 역진적 선별성이라는 한국 복지체제의 특성을 구성하는 중요한 요소 중 하나이다. 예상했던 것과 같이 상대적으로 고소득층에게 사적 자산축적이 집중되어 있음을 확인할 수 있다. GDP 대비 민간 생명보험의 보험료 수입은 1997년 외환위기를 거치면서 일시적으로 감소한 후 다시 증가해 2018년 현재 107.5조 원으로 GDP 대비 5.7%에 이르고 있다.[20] 이러한 비중은 GDP 대비 사회보험료 비중과 유사하다. 더욱이 2016년 기준으로 가계가 국민연금에 납부한 보험료가 21.7조 원인 데 반해 개인연금에 34.8조 원을 납부했다는 사실은 한국에서 민간 생명보험의 지위를 확인할 수 있는 대표적인 지표라고 할 수 있다.[21] 문제는 이러한 민간 생명보험의 가입률이 소득계층에 따라 상당한 차이를 보이고 있다는 점이다. 민간보험의 가입률은 2013년 기준으로 소득을 5분위로 나누었을 때 최상층은 85.7%가 가입한 데 반해 최하층은 그 절반에도 미치지 못하는 37.0%에 불과했다.[22] 민간 연금의 가입률도 소득수준에 따라 확연히 차이가 났다. 민간 개인연금 가입자를 10분위로 소득계층에 따라 구분해보면 소득이 가장 낮은 1분위의 평균 민간 생명보험료 납부액은 170.8만 원인 데 반해 최상층인 10분위 가구는 311.4만 원으로 2배 이상 높았다.[23] 사적 자산축적의 계층 간 차이는 부동산 보유 현황에서도 나타난다. 2018년 기준으로 소득계층별 자가소유율을 보면 고소득층은 75.2%가 자가에 거주하고 있는 데 반해 저소득층은 그 비율이 47.2%에 그쳤다.[24] 국민기초생활수급 가구의 경우 자가에 거주하는 비율은 더 낮아 11.2%에 그쳤다. 더욱이 2006년 저소득층의 자가소 유율이 49.7%였고 고소득층은 67.0%였다는 점을 고려하면, 시간이 갈수록 소득계층에 따른 주택 보유비율의 격차가 점점 더 커졌다는 것을 확인할 수 있다.[25] 현재 주택 가격을 소득계층에 따라 살펴보면 1, 2분위의 경우 5천만 원~1억 원 미만의 주택의 비율이 27.5%로 가장 큰 비중을 차지한 데 반해 9, 10분위의 경우는 5.5억 원 이상인 주택의 비율이 19.7%로 가장 큰 비중을 차지했다. 더 심각한 문제는 상대적으로 높은 가격의 주택에 거주하는 소득 상위계층의 주택 가격이 시간이 지날수록 다른 지역의 주택 가격보다 더 가파르게 상승해 사적 자산축적의 계층 간 격차를 더 크게 만들고 있다는 점이다. 〈그림 6〉을 보면 1986년을 기준으로 지역별 주택 매매가격

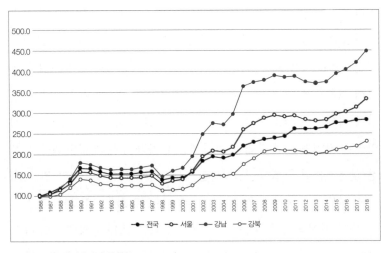

| 그림 6 | 주택매매가격 동향(1986=100)

동향을 보면 서울 강남의 주택 가격이 다른 지역과 비교해 높은 상승률을 보였다는 것을 확인할 수 있다. 민간 생명보험과 부동산이라는 사적 자산도 공적 사회보장제도와 같이 역진적 선별성이 두드러지게 나타나고 있는 것이다.

사적 자산축적과 관련해 기억해야 할 또 하나의 중요한 사실은 이렇게 중·상위계층이 사적 자산을 축적할 수 있었던 이유는 개별 가구의 선택이 아니라 국가가 주도적으로 사적 자산이 공적 복지를 대신할 수 있는 제도적 지원을 했다는 점이다. 〈그림 5〉에서 보았던 것과 같이 개발국가 시기 이래 국가는 낮은 세금을 통해 (특히 중·상층) 가구의 가처분소득을 늘려주어 임금과 소득을 보완함으로써 북서유럽의 공적 복지와 같은 역할을 부분적으로 수행했다.[26] 민주화 이후에 집권한 노태우·김영삼 정부도 기본적으로 낮은 세금을 유지하며 중산층 이상의 가구가 부동산 및 금융자산을 축적할 수 있는 길을 열어놓았다.[27] 이러한 정치경제적 특성이 사회보험을 중심으로 한 공적 복지가 확대되었음에도 불구하고 중·상위계층에게 사적 자산이 사회 위험에 대응하는 핵심 기제로 남게 된 이유이다.

정리하면 1997년 이후 사회보험 대상의 보편적 확대·강화와 사회보험의 사각지대를 축소하려는 노력이 있었지만, 정부의 노력이 제대로 작동하지 않았다. 그러면 이러한 한국 복지체제의 특성은 어떻게 형성되었을까? 다음 항에서는 그 원인이 한국 사회의 정치경제적 특성과 밀접히 결합되어 있다는 점을 드러내어, 한국 복지체제의 개혁이 단순히 복지지출의 양을 늘리는 문제로 국한되지 않는다는 점을 강조하려고 한다.

2) 역진적 선별성의 정치경제적 성격

한국 복지체제의 중요한 특성이라고 알려진 사회보험제도의 광범위한 사각지대와 민간보험의 과도한 성장은 한국의 산업화와 민주화의 특성이 반영된 결과다. 경제적 측면에서 보면 1986~1988년까지 이어진 소위 3저 호황이 끝나가면서 한국의 (대)자본은 노동자에게 생산성 증가에 상응하는 보상을 지속하면서 숙련을 높이는 방식으로 생산성을 높이는 길을 갈지(점진적 혁신의 방식), 아니면 노동과 숙련을 배제하고 공정 자동화를 통해 생산성을 높이는 전략을 실행할지(급진적 혁신의 방식) 선택의 기로에 있었던 것으로 보인다. 이는 국민국가 내에서 혁신의 성격과 대-중소기업 관계를 어떻게 설정할지를 둘러싼 논란과 연관되었다.[28] 자본의 입장에서 보면 3저 호황 시기는 노동자가 요구하는 생산성 상승에 조응하는 임금 상승을 수용해도 자본의 몫을 충분히 확보할 수 있었지만, 3저 호황이 지나가면서 생산성에 조응하는 임금 상승을 인내할 수 있는 조건이 상대적으로 약화되었다. 특히 민주화 이후 임금체계는 숙련 정도를 반영한 보상체계가 아니었기 때문에 자본의 입장에서 보면 임금 상승이 숙련 향상을 통해 생산성을 높이는 방향으로 함께 갈 가능성을 확신할 수 없었을 것이다.[29]

더욱이 권위주의 세력은 보수야당의 일부와 연합해 1990년에 보수대연합(민주자유당, 3당 합당)을 탄생시키면서 민주화 이후 권력관계를 권위주의 세력에게 유리하도록 재편했다. 정치적 측면에서 이러한 보수대연합의 탄생은 재벌 대기업이 노동을 배제하고 자동화를 통해 생산성을 높이는 전략을 선택할 수 있는 정치적 조건을 만

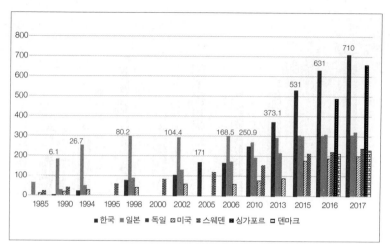

| 그림 7 | 주요 제조업 강국의 로봇 밀도

들어준 것이다. 이러한 정치·경제적 조건에서 한국 (대)자본은 노동과 숙련을 배제하는 자동화를 통해 생산성을 높이는 급진적 혁신의 길을 선택했던 것이다. 실제로 〈그림 7〉에서 보는 것처럼 로봇 밀도로 대표되는 한국 제조업의 자동화율은 1990년대, 특히 1997년 외환위기를 거치면서 급격히 높아져 2013년이 되면 세계 최고 수준에 다다른다. 문제는 재벌 대기업이 대규모 시설투자를 통해 숙련된 노동자를 대신하는 자동화를 통해 외국에서 수입한 부품과 소재를 조립해 경쟁력 있는 최종상품을 만들어 수출하는 방식은 〈그림 8〉에서 보는 것과 같이 국내 산업의 연관관계를 낮추었다. 제조업 수출에서 국내 부가가치 창출 비중을 낮추었다. 이는 수출할수록 부가가치가 국내에 남는 것이 아니라 외국으로 이전된다는 것을 의미한다. 실제로 로봇 밀도와 국내 부가가치 창출 비율은 부적 관계(negative correlation)에 있는 것으로 나타났다.

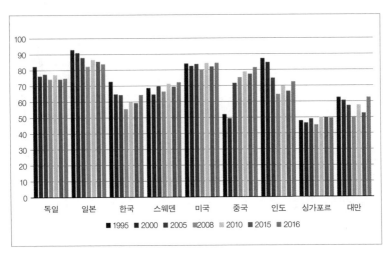

| 그림 8 | 제조업 수출에서 국내 부가가치의 비중

1990년 이전 한국의 성장 방식은 비록 수출이 중요한 역할을 했지만, 수출은 국내산업의 가치사슬을 높이는 복선형 성장 방식의 한 부분이었다. 이러한 복선형 성장 방식에 기초한 한국의 개발국가는 1980년대에 들어서면서 성장이 불평등과 빈곤을 완화하는 북서유럽의 복지국가와 기능적으로 유사한 역할을 수행했다.[30] 그러나 이러한 복선형 성장체제가 1990년대, 특히 1997년 외환위기를 거치면서 해체된 것이다.[31]

복선형 성장체제가 해체되고 재벌 대기업이 독주하는 성장체제가 만들어진 것이다. 재벌 대기업이 수출과 내수가 균형적으로 성장할 수 있는 복선형 성장을 포기하고 공정 자동화에 의존해 생산력을 높이는 선택을 하자 노동시장에서는 좋은 일자리가 감소하고 불안정 고용 형태가 확산되기 시작했다. 재벌 대기업은 최첨단 자동화 설비에 투자된 엄청난 비용을 회수하기 위해 최대한 노동비용을 낮추는 방식을 선택했고, 이는 하청, 비정규직 등 노동시장에서 나쁜 일자리를 만들었다. 더욱이 부품과 소재를 외국에서 수입해 조립하는 조립형 생산방식은 앞서 살펴본 것처럼 국내 산업의 가치사슬을 약화시킴으로써 중소기업이 성장할 수 있는 길을 막아 중소기업이 국내에서 좋은 일자리를 만들 가능성을 낮추었다. 1990년대 이후 경제성장방식이 이렇게 변화하면서 노동시장은 기업 규모와 고용 지위에 따라 중층적으로 이중구조화되었고, 안정적 고용에 기초해 제도화된 사회보험에서 배제되는 집단이 광범위하게 발생하게 된 것이다.

1997년 김대중 정부의 출범과 함께 사회보험의 보편성이 확대되었지만, 생산체제가 이렇게 변화한 상황에서 사회보험의 확대는 사회보험의 대상이 되는 집단과 배제되는 집단 간의 차이를 더 커지게 하는 역설적 상황을 만들었다. 물론 사회보험의 보편성을 확대한 것 자체를 문제로 볼 수는 없다. 문제는 불안정 고용 상태에 있는 노동자를 확대하는 대기업 중심의 조립형 수출주도 성장체제를 강화하면서 안정적 고용에 기초해 사회적 위험에 대응하는 사회보험을 중심으로 공적 복지를 확대한 것이다. 이는 한국 사회보장제도의 역진적 선별성의 해소가 단순히 사회보험의 보편성을 확대하는 문제를 넘어 한국의 성장체제가 재벌 대기업이 중심인 조립형 수출주도 방식에서 재벌 대기업과 중소기업이 균형적으로 성장하는 성장체제로 전환될 때 실현 가능하다는 것을 이야기해준다.

정치적 측면에서 보면 한국의 생산체제가 복선형 성장체제에서 대기업이 주도하는 수출을 위한 조립형 성장체제를 강화하는 방향으로 고착될 수 있었던 것은 1987년 민주화의 성격과도 밀접히 결합되어 있다. 1987년 민주화는 권위주의 세력의 해체가 아닌 권위주의 세력과 보수야당이 주도함으로써 권위주의 세력을 온전시켰고, 이는 복선형 성장과 보편적 복지국가의 확대에 비우호적인 특성을 강화하는 정치적 전환점이 되었다.[32] 분단체제와 영남을 정치적 기반으로 하는 권위주의 세력이 해체되지 않으면서 사회적 균열이 계급이 아니라 반공과 지역으로 나누어지고 정당체제도 권위주의 세력에 뿌리를 둔 보수정당과 보수야당에 뿌리를 둔 자유주의정당이라는 거대 양당구조로 고착되었던 것이다.

정치제도도 보편적 복지국가에 상대적으로 친화적이라고 알려진 의원내각제가 아닌 대통령 중심제로 고착되었고, 중앙과 지방의 관계는 중앙의 권한이 강력한 중앙집권적 형태가 되었다. 선거제도는 승자독식 구도인 소선거구제가 지배적인 형태를 띠면서 진보정당의 원내 진입을 사실상 봉쇄하고 보수-자유주의 양당을 중심으로 권력관계를 고착화시켰다.[33] 권력자원의 측면에서 보면 〈그림 9〉에서 보

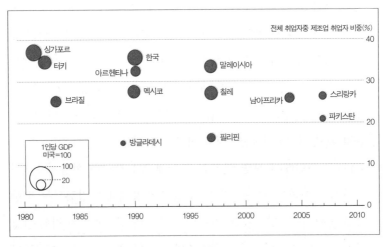

| 그림 9 | 탈산업화의 시기와 미국 산업화 대비 비중

는 것처럼 1980년대 말에 시작된 한국의 이른 탈산업화는 제조업 노동계급이 충분히 성장하기 전에 노동계급의 주류가 제조업 노동자에서 서비스업 노동자로 전환되었다. 실제로 한국은 미국이 GDP 대비 제조업 비중이 가장 높았을 때를 100으로 했을 때의 대략 60% 수준에서 탈산업화 현상이 일어났다.[34] 더욱이 1987년 민주화 항쟁 과정에서 벌어진 7, 8, 9월 노동자 대투쟁과 1990년 보수대연합의 출현은 조직노동이 거대한 권위주의 세력에 맞서 자신의 생존을 보존하기 위해 단위 사업장에 단단히 결박된 전투적 노동조합이 되는 계기가 되었다. 이 과정에서 조직된 (대기업) 노동자는 전체 노동계급의 이해를 대표하는 집단으로 성장하기보다는 단위사업장에서 조직화된 노동계급만의 이해를 지키는 집단으로 축소됨으로써, 노동계급 내의 연대도, 다른 계급과 연대할 가능성도, 시민사회의 지도적 계급으로 성장할 가능성도 축소되면서 고립화되었던 것이다.

실제로 1987년 민주화에도 불구하고 〈그림 10〉에서 보는 것처럼

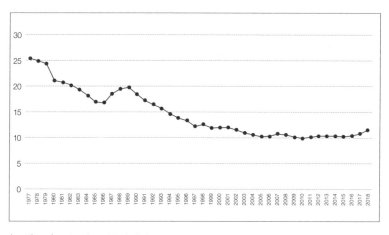

| 그림 10 | 노동조합 조직률의 변화

노조 조직률은 오히려 하락했고, 그나마도 노동조합은 대기업·정규직 노동자의 노동조합이 되었다. 2017년 기준으로 300명 이상 사업장의 246만 6천 명의 노동자 중 노조가입률은 57.3%에 이르는 데 반해 30명 미만 사업장에 종사하는 1,156만 8천 명의 노동자 중 노동조합에 가입한 비율은 0.2%에 불과했다.[35] 더욱이 재벌 대기업의 계속되는 노동축소 전략(자동화)에 대응해 자신의 일터와 이해를 지켜야 했던 대기업 노동자는 결국 북서유럽에서 노동계급을 동원하고 중간계급과의 연대를 통해 복지국가 건설에서 핵심적 역할을 했던 노동계급의 역할을 한국 사회에서 재현할 수 없었다. 1990년대 중반 이후 한국 복지제도의 확장과 관련해 시민운동단체의 역할이 부상하고 있었지만, 시민운동이 북서유럽에서 복지국가를 만들어가는 과정에서 노동운동이 했던 역할을 대신하지는 못했다.[36] 국민기초생활보장제도의 형성 과정에서 참여연대 사회복지위원회와 같은 시민운동단체가 중요한 역할을 수행한 것은 사실이다. 하지만 이는 어디까지나 시민운동에 우호적인 자유주의 정부(김대중 정부)의 동의가 있었기 때문에 가능했다.[37] 정권이 자유주의 정부에서 보수정부로 바뀌자 진보적 시민운동이 할 수 있는 일은 보수정부의 정책을 비판하는 것 이외에 많지 않았다. 보수정부가 상대적으로 진보적 성향의 시민운동 단체를 정책형성 네트워크에서 배제하자, 시민의 적극적 참여 없이 제도 정치권을 상대로 전문가의 지식에 기초해 활동하는 시민운동의 한계가 명확해졌다. 2012년 조직노동의 적극적 지원을 받지 못했던 400여 개 단체가 참여한 '복지국가 실현을 위한 연석회의'가 성명서와 몇 차례 토론회를 개최한 것 이외에 아무런 성과도 내지 못하고 실패한 것에서 보듯 시민을 동원할 수 없었던

시민운동이 한국 사회에서 복지국가의 확장을 주도할 가능성은 낮아 보였다.[38]

하지만 이렇듯 보편적 복지국가를 만들어가기 어려운 조건에도 불구하고 한국 복지국가는 1997년 외환위기 이후부터 시작해 2008년 정권이 자유주의 정부에서 보수정부로 바뀌었음에도 불구하고 〈그림 3〉에서 보았던 것처럼 양적으로는 계속 확대되었다. 사회적 균열에 기초한 정당체계와 노동계급과 중간계급의 연대가 아닌 주기적으로 치러지는 선거는 복지국가를 확대할 수 있는 기회의 창과 같은 역할을 했다.

실제로 2010년 지방선거를 앞두고 무상급식 논쟁이 폭발하고, 2012년 보수정당의 대통령 후보였던 박근혜 전 대통령이 복지확대를 선거 공약으로 내걸면서 복지확대는 중요한 정치적 쟁점이 되었다. 그러나 선거가 끝난 후 집권세력이 복지공약을 실천하도록 강제할 수 있는 조직된 정치적 주체는 없었다. 결과적으로 선거에서 약속했던 복지확대 공약은 선거 이후에 수정되거나 폐기되는 과정이 반복되면서 선거동원 모델은 복지국가를 확장하기 위한 신뢰할 수 있는 제도적 장치가 되지 못한다는 것을 확인했다.

1987년 민주화 이후 확대된 복지제도의 수혜자도 제도를 지키는 수준을 넘어 제도를 확장할 수 있는 동력이 되지 못했다. 건강보험의 유효성을 체감했던 시민들은 건강보험을 민영화하려는 이명박 정부의 시도를 저지했지만, 노무현 정부에서 이루어졌던 국민연금의 개혁(소득대체율을 60%에서 40%로 낮추는 개혁)에 대해서는 제도의 수급자도, 제도의 대상자도 의미 있는 저항을 하지 않았다.[39] 이처럼 북서유럽의 정치적 조건과 한국의 정치적 조건을 비교하면 한국은 북서유럽에서 복지국가를 만들어갔던 중요한 정치적 자원을 결여하고 있었다.

4. 복지국가를 만들어간다는 것의 의미

지금까지의 논의를 통해 우리는 한국 사회의 지속 가능성을 위협하는 재벌 대기업이 주도하는 수출을 위한 조립형 성장체제가 지속되고 있고, 불평등 문제는 점점 더 심화되고 있는데도 이를 완화할 수 있는 복지국가라는 대안을 만들어가는 것이 쉽지 않은 정치경제적 과제임을 확인했다. 그렇기에 2020년 현재 한국 사회에서 '보편적 복지국가'를 만들어가기 위한 우리의 고민은 19세기 말과 20세기 초 자유방임주의 자본주의가 인간의 본성을 무참히 파괴하고 있을 때 유럽의 사회주의자와 미국의 뉴딜주의자가 직면했던 상황과 유사해 보인다. 19세기 당시 사회주의자들은 비참한 노동자들의 빈곤문제를 해결하기 위한 사회정책을 실현해야 할 절박성과 함께 그 사회정책이 수권세력으로 성장할 수 있는 계기가 되도록 만들어야 했다.[40] 20세기 초 미국의 뉴딜주의자 또한 뉴딜이라는 사회정책을 통해 새로운 유권자를 동원해 정치적 연대를 이루고, 이를 통해 새로운 시대를 열어야 했다.[41] 21세기 초 한국 사회에서도 보편적 복지국가를 만들어가려는 세력은 사회정책을 통해 어떤 연대를 만들어갈지를 고민하고 있다.

현실은 상대적으로 안정적 고용과 소득을 보장받는 노동자들, 구체적으로 대기업 노동자들과 정규직 노동자들에게는 사회보험이 사회적 위험에 대응하는 공적 사회보장제도가 되어 있다. 하지만 사회보험은 불안정 고용 상태에 있는 노동자와 영세자영자를 배제하는 문제에 직면해 있다. 그렇기 때문에 현재와 같은 성장체제와 노동시장 구조가 지속되는 한 사회보험을 중심으로 복지를 확대한다는 것은 소득계층 간의 불평등을 완화해야 할 사회정책이 오히려 불평등을 확대하는 역설적 상황을 만들고 있다는 것이다. 실제로 앞서 검토했듯이 GDP 대비 사회지출에서 상대적으로 안정적 고용과 소득을 보장받는 노동자들이 주 대상이 되는 사회보험이 차지하는 비중은 70%가 넘을 정도로 절대적이다.

독일의 사회주의 이론가 카우츠키(Kautsky)가 '슬럼 프롤레타리아트'의 반동성에 대해 고심했던 것처럼,[42] 한국에서도 불안정 고용 상태에 있는 노동자들이 광범위하게 존재하고, 이들은 중요한 정치적 국면에서 종종 자신의 계급에 반해 보수·우파세력을 지지하는 '계급 배반' 행위를 하고 있다.[43] 이러한 현실을 고려하면 산업구조와 노동시장 개혁 없이 사회보험을 중심으로 공적 복지를 확대한다는 것은 보편적 복지국가를 위한 광범위한 사회적 연대를 만드는 데 도움이 되지 않을 것이다. 그렇다고 낙인을 수반하고 저소득층을 고립시키는 자산소득조사 방식의 공공부조를 강화하는 것도 적절해 보이지 않는다. 문제 해결을 노-사의 자율적인 교섭에 맡길 수도 없는 상황이다. 사회적 위험을 사업장에서 노-사 교섭으로 해결하는 방식은 문제의 해법이 아니라 문제를 더 악화시키고, 사회적 불평등을 더 악화시킬 수 있기 때문이다. 결국은 우리는 상대적으로 안정적 고용과 임금을 보장받는 조직된 노동자와 공적 사회보장제도로부터 배제된 불안정 고용 상태에 있는 노동자가 연대할 수 있는 사회정책인 동시에 재벌 대기업이 주도하는 조립형 수출 중심의 성장체제의 전환을 지원할 수 있는 사회정책의 묶음들을 내놓아야 한다.

우리의 연구는 한국에서 '보편적' 복지국가는 단순히 증세와 사회지출을 늘리는 방식으로도, 취약계층에 대한 지원을 늘리는 방식으로도 만들어지는 것이 아니라는 것을 보여주려고 했다. 한국에서 복지국가의 건설 과정은 한국 사회가 지금까지 걸어왔던 성장체제와 정치체제를 전면적으로 재구조화하고 새로운 성장체제와 정치체제를 만드는 매우 어렵고 험난한 과제인 것이다. 수십 년간 한국 사회가 성공적으로 걸었던 길을 부정하고 새로운 길에 들어선다는 것은 사실 우리의 모든 것을 바꾸는, 어쩌면 실현 불가능한 꿈일 수도 있다. 성장이 불평등과 빈곤을 완화하는 개발국가 복지체제가 해체된 지 이미 30여 년이 지났는데도, 평범한 사람들이 여전히 경제성장만이 자신이 직면한 어려움을 해결해줄 수 있을 것이라고 믿는 것도 지난 수십 년간 재벌 대기업이 주도했던 성공적인 경제성장이 만들어놓은 모순적 결과이다. 한국 사회에서 복지국가를 만들어가는 길은 이러한 재벌 대기업이 주도하는 경제성장의 신화의 민낯을 드러내고, 새로운 지속 가능한 길을 찾는 과정이다. 그리고 그 출발점은 계급 내의 동원과 계급 간의 연대를 가능하게 하는 사회정책의 제도화와 확대로부터 시작될 것이다. 이제 본격적으로 한국 사회에서 복지국가를 실현하기 위해 풀어야 할 쟁점이 무엇인지를 확인해보자.

5. 이 책의 주요 내용

이 책은 크게 경제, 정치, 복지 세 영역을 다루는 7개의 장으로 구성되어 있다. 1장과 2장은 성장체제와 노동시장과 관련된 쟁점을 다루고 있고, 3장과 4장은 복지국가와 관련해 정치 영역에서 제기되는 핵심 과제인 권력자원과 민주주의에 대해 다루고 있다. 5장, 6장, 7장은 복지 영역을 다루는데, 5장은 소득상실이라는 사회적 위험에 대응하는 소득보장정책을, 6장은 돌봄의 사회적 위험과 관련된 사회서비스를 다루고 있다. 7장은 한국 산업화 과정에서 취약한 공적 복지와 비교해 상대적으로 개인과 가족이 직면한 사회적 위험에 대응해왔던 사적 보장제도로서의 사적 자산에 대해 다루었다. 이를 통해 이 책은 한국 사회에서 복지국가를 실현하는 과제가 '중부담-중복지' 등과 같은 복지지출을 양적으로 늘리는 문제를 넘어 경제와 정치체제의 개혁이 함께 이루어질 때 가능하다는 것을 보여주려고 했다.

구체적으로 각 장의 내용을 개략하기 전에 이 책은 경제, 정치, 복지 영영에서 한국이 복지국가로 가기 위해 직면하고 풀어가야 할 쟁점을 중심에 놓고 서술되어 있다는 점을 기억할 필요가 있다. 단순히 현상의 묘사가 아닌 각 영역에서 왜 현재의 문제가 발생했는지 그 원인을 짚어보고, 이로 인해 제기되는 쟁점을 정리한 것이다. 이러한 이유로 이 책에서는 쟁점을 그대로 드러내지만, 쟁점을 구체적으로 어떻게 풀어야 하는지에 대해서는 제시하지 않았다는 점을 밝힌다.

먼저 1장 "한국 생산체제의 유산과 쟁점"은 강원대학교의 정준호 교수가 작성한 장으로, 현재 한국 경제체제가 어떻게 형성되었으며 어떠한 문제에 직면했는지를 정리했다. 정준호 교수의 핵심 주장은 현재 재벌 대기업이 주도하는 수출 중심의 조립형 성장체제는 1990년대를 거치면서 확대·강화된 한국의 성장체제로, 1960년대부터 1980년대까지 지속되었던 복선형 성장체제와는 다른 성격의 성장체제라고 정리한다. 1990년대 이전의 복선형 성장체제에서 성장은 전·후방 산업 간의 연관관계가 높고, 생산재와 소비재 부분의 비례적 성장이 동시에 이루어진 체제였다. 반면 1990년대 이후, 특히 1997년 외환위기 이후 한국에서 확대·강화된 조립형 성장체제는 재벌 대기업이 대규모 설비투자를 통해 공정 자동화를 갖추고, 필요한 부품과 소재를 해외에서 조달해 최종재를 조립해 수출하는 성장체제로 노동자의 숙련 형성은 물론 국내 산업 간의 연관관계가 약한 '조립형 성장체제'라고 규정한다. 국내 산업 간 연관관계가 약하고, 숙련과 기술이 분리된 성장체제에서 기업의 생산성은 대기업과 중소기업으로 이중구조화되고, 이에 따라 노동시장 또한 이중구조화된다는 것이다. 문제는 1990년대부터 2010년대 중반까지 한국의 이러한 조립형 성장체제는 조선, 자동차, 반도체, 전자 등의 제조업 영역에서 한국의 재벌 대기업이 세계적인 기업으로 성장할 수 있게 했지만, 2015년을 지나면서 성장이 정체되는 등 위기에 직면했다는 점을 지적한다. 정준호 교수는 결국 한국 경제가 2010년대 중반부터 가시화된 성장체제의 위기를 넘어 지속 가능한 성장을 이루기 위해서는 1990년대 이후, 더 멀리가면 1960년대 산업화를 시작하면서부터 형성된 경제성장을 성공적으로 이끈 재벌 대기업이 중심이 되는 수출 중심의 조립형 성장체제를 해체해야 하는 모순에 직면했다고 주장한다. 한국 경제는 이처럼 지속 가능한 성장을 위해 성공적으로 걸어왔던 길을 부정해야 하는 자기모순에 직면해 있다는 것이다. 한국 사회는 지금까지의 길을 부정하고 새로운 길을 가는 과정에서 발생하는 구조조정에서 발생할 대규모 탈락자들이 직면할 사회적 위험에 대응할 공적 사회복지제도가 제대로 갖추어져 있지 않고, 직면한 문제를 풀어가기 위한 사회적 코포라티즘(corporatism)과 같은 정치적 역량도 제대로 갖추어져 있지 않는 등 혁신을 위한 제반 조건이 열악하다는 점을 지적한다. 정준호 교수의 글을 통해 우리는 성장체제의 전환의 필요성과 그 방향은 분명해 보인다. 하지만 성장체제의 전환과 같은 혁신을 이루기 위한 조건이 한국 사회에 갖추어져 있지 않다는 점에서 성장체제의 전환은 매우 어려운 과제라는 것을 확인할 수 있다.

2장 "한국 노동시장의 구조와 쟁점"은 한국노동사회연구소의 김유선 이사장이 작성한 장으로, 김유선 이사장이 제기한 핵심 쟁점은 한국 노동시장에서 1차 노동시장을 어떻게 추정할지와 노동시장의 이중구조와 관련해 기업 규모와 고용 형태 중 노동시장의 이중구조를 결정하는 핵심 요인이 무엇인가에 집중되어 있다. 그는 기업 규모와 고용 형태의 조합을 통해 한국 노동시장의 이중구조는 기업 규모와 고용 형태의 문제가 중첩적으로 나타나고 있어 단순히 이중구조라고 규정하기 어렵기 때문에 '중층적 분절노동시장'이나 '균열노동시장'으로 규정하는 하는 것이 타당하다는 논지를 전개한다. 이러한 접근은 단순히 노동시장의 이중구조를 기업 규모 또는 고용 형태 중 하나에 기초해 정의할 때보다 노동시장 이중구조에 대한 복합적인 대안을 모색할 수 있다는 점에서 중요한 쟁점을 제기했다고 할 수 있다. 또한 김유선 이사장은 노동시장의 분절구조의 이론을 검토하면서 각각의 이론이 제기하는 대안에 대한 논의를 전개했다. 2장의 내용은 앞서 1장에서 정준호 교수가 제기한 쟁점과 연결시켜서 생각하면 의미 있는 연관관계를 찾을 수 있을 것으로 기대된다.

중앙대학교 신진욱 교수가 작성한 3장 "한국 민주주의의 유산과 복지정치 전략"은 한국 사회에서 복지국가의 실현 가능성을 복지정치의 측면에서 검토했다. 핵심 질문은 '비교·역사적 관점에서 한국 민주주의의 특성이 무엇이며 그것이 복지국가 발전에 어떤 기회와 장애를 내포하는지'를 묻는 것이다. 신진욱 교수는 한국은 북서유럽과 비교하면 복지국가를 만들어갈 수 있는 정치적 조건이 갖추어져 있지 않다고 평가했다. 그러나 복지국가 발전 경로에 영향을 미치는 제도적 조건으로서 구조(사회균열, 정당체계, 국가역량), 제도(정부 형태, 선거제도, 중앙·지역), 행위자(복지동맹, 선거동학, 시민정치)가 복지국가의 형성·발전과 관련해 정해진 결과를 가져온다는 것은 유럽이라는 특수한 지역의 역사적 산물일 수 있다는 점을 고려해야 한다고 주장한다. 한국은 북서유럽과 상이한 조건에서도 공적 복지를 확대했으며, 그 정치적 힘은 북서유럽에서 복지국가를 가능하게 했던 힘들과 상이했다고 이야기하고 있다. 특히 1987년 민주화 이후 한국 사회에서 복지확대는 정당체계와 사회균열 없이 이루어졌다는 점을 상기시키고 있다. 분명한 정치적 기반을 갖고 있지 않은 한국 정당이 복지확대에 나설 수 있었던 것은 바로 민주화라는 새로운 조건에서 복지가 선거에서 승리하기 위한 중요한 수단이 될 수 있다고 판단했기 때문이라는 것이다. 그러나 신진욱 교수는 제도적 조건이 갖추어지지 않았다는 그 사실이 한국에서 선거를 전후로 복지확대에 대한 집권세력의 기조가 표변할 수 있는 이유였다는 평가를 하는 것도 잊지 않았다. 결국 한국에서 복지국가의 실현 가능성은 제도적 조건을 배제할 수 없지만, '행위자의 선택과 행동'에 달려 있다고 이야기한다. 복지정치에서 노동과 시민의 역할을 생각하며 이 글을 읽는다면 흥미로운 문제제기가 가능할 것이다.

4장 "한국 복지정치의 주요 행위자들과 복지국가의 발전: 유산, 쟁점, 과제"는 3장에서 제기했던 복지국가를 만들어가기 위한 세 가지 주요 정치적 요인 중 복지정치의 행위자에 초점을 맞추어 서울과학기술대학교의 김영순 교수가 작성했다. 누가 한국 복지국가를 만들어가는 주체가 될 수 있는가라는 핵심 문제를 1987년 민주화 이후 복지정치와 관련된 중요한 주체들을 비판적으로 검토하면서 전개하고 있다는 점에서 인상적이다. 흥미로운 지적은 복지국가가 발전한 서구에서 시민운동은 재분배 문제에 집중했던 전통적 좌파정당과 노동운동과 달리 탈물질주의 운동이라고 할 수 있는 정체성, 환경 등과 같은 상징 투쟁에 집중하는 데 반해 한국에서는 시민운동이 서구에서 조직노동과 좌파운동이 집중했던 재분배 정치와 관련해 중요한 역할을 담당하고 있다는 점이다. 김영순 교수는 이로 인해 서구 복지국가의 형성, 발전, 위기를 설명했던 서구의 이론들로는 한국에서 나타나고 있는 복지정치를 설명할 수 없으며, 한국의 정치경제적 특성에 기초해 한국 사회에서 나타나는 복지정치의 독특한 성격을 설명할 필요가 있다는 문제제기를 던지고 있다. 대통령, 관료, 정당 등으로부터 시작해 조직노동, 시민운동단체 등 다양한 복지국가의 주체를 역사적으로 벌어졌던 실제 사례와 연결시키면서 복지정치의 주체로서 각 행위자들의 지위와 역할을 비판적으로 검토했다는 점에서 이 글은 여전히 미궁 속에 빠져 있는 한국 복지국가를 만들어가는 데 가장 중요한 주체의 문제를 새롭게 생각할 수 있게 한다.

5장부터 7장까지는 앞서 논의한 한국 사회의 정치경제 유제에 기초해 분배와 관련된 복지체제의 유산과 쟁점에 대해 다루었다. 먼저 5장은 "한국 소득보장제도의 유산과 쟁점"이라는 주제로 인천대학교 이영수 교수가 정리했다. 이 장에서는 핵심 소득보장제도인 사회보험, 공공부조, 사회수당 등을 중심으로 이 제도들의 형성과 궤적을 살펴보고, 이에 기초해 현재 한국 사회보장제도가 직면한 문제를 정치경제적 유산과 연결지으면서 쟁점을 도출했다. 핵심 쟁점은 1960년대부터 시작된 사회보험 중심의 제도 확대를 어떻게 이해하는 것이 적절하며, 사회보험 중심의 제도 확대가 가져온 결과를 비판적으로 검토하는 것이다. 더불어 이러한 평가를 바탕으로 현재 한국 소득보장제도의 과제를 정치경제적 유산으로부터 야기된 쟁점과 인구 구조와 고용 형태 등의 변화와 같은 새로운 도전으로부터 파생된 쟁점을 통합적으로 정리했다. 핵심은 사회보험 중심의 복지확대가 공적 복지의 대상이 상대적으로 안정적 고용과 임금을 보장받는 집단에게 집중되는 문제를 야기했고, 현재 한국 사회보장제도의 문제는 이러한 '역진적 선별성'을 어떻게 해소할지에 모아지고 있다고 지적한다. 사회보험의 보편성을 강화하고자 하는 여러 시도와 기본소득 등 다양한 대안에 대한 논의는 이러한 틀을 기초로 바라볼 수 있는 것이다. 마지막으로 이영수 교수는 한국 사회에서 지속 가능한 복지체제를 구축하기 위해 검토해야 할 핵심적인 다섯 가지 쟁점을 제기하는 것으로 글을 마무리하고 있다. 5장의 논의는 앞서 검토했던 정치경제적 문제와 연결지어 생각하면 왜 누구나 알고 있는 문제가 그

토록 오랜 시간 동안 해결되지 못하고 누적되었는지를 이해할 수 있을 것이다.

인하대학교 이충권 교수가 정리한 6장 "한국 사회서비스제도의 유산과 쟁점"에서는 최근 한국 복지체제의 중요한 영역으로 부상한 돌봄을 중심으로 한국 사회서비스제도의 유산과 쟁점에 대해 다루고 있다. 6장의 핵심은 왜 한국 복지체제에서는 사회서비스를 과도하게 시장에 의존하는 현상이 나타났는지를 묻는 것이다. 이에 대해 이충권 교수는 기존의 연구들을 정리하면서 민간 중심의 한국 사회서비스의 기원과 궤적을 이야기해준다. 크게 보면 한국 사회서비스 정책은 세 시기로 구분할 수 있다. 첫 번째 시기는 해방 이후 한국전쟁을 거치면서 1950년부터 1970년대까지 이어진 민간이 주체가 되고 외국원조에 의해 유지되는 생활서비스를 중심으로 극빈층을 지원했던 '외국원조 기반 민간생활시설 중심 시기', 두 번째 시기는 1980년대부터 2000년대까지로 지원 대상이 극빈층에서 저소득층으로 확대되고 지역 사회복지기관이라는 이용 시설이 기존의 생활시설과 함께 서비스 전달의 중심 주체였던 시기, 세 번째 시기는 2000년대 중반부터 사회서비스의 대상이 중산층까지 확대되고 바우처 등의 도입으로 수요자의 선택권이 강조되었던 시기이다. 이러한 사회서비스의 확대 궤적을 그리면서 이충권 교수는 현재 공공성이 약한 한국 사회서비스의 민간 중심성은 오랜 역사가 누적된 결과라는 점을 보여준다. 결국 한국 복지체제에서 시민이 필요한 양질의 사회서비스를 제공하기 위해서는 한국 사회의 특성에 기초해 공공성을 재정립하고, 이를 확대하는 것이 필요하다고 강조한다. 다만 본문에서도 밝히고 있듯이 지금까지 한국 사회에서 사회서비스의 공공성에 대한 합의된 정의가 없다는 점을 지적하고 사회서비스의 공공성 실현을 둘러싼 다양한 쟁점을 정리했다.

7장 "한국 사적 보장체제의 유산과 쟁점"은 한국 복지체제의 중요한 특성이지만 제대로 다뤄진 적이 없는 사적 자산축적과 관련해 제주대학교의 김도균 교수가 작성했다. 그는 한국 사회에서 어떻게 사적 자산축적이 이루어졌으며, 사적 자산이 어떻게 사적 보장제도로서의 기능을 했는지를 다루었다. 핵심 주장은 1960년대 산업화시기부터 본격화된 한국의 사적 보장기제로서 개인과 가구의 사적 자산은 산업화의 자연스러운 결과가 아니라 급속한 산업화를 이루기 위한 권위주의 개발국가의 정책 결과라는 것이다. 모든 자원을 경제발전에 동원해야 하는 개발국가에게 비용으로 여겨지는 공적 복지의 확장은 쉽지 않은 일이었고, 이를 대신해 세금을 낮추는 방식으로 국민의 가처분소득을 늘리는 방식을 선택했다. 그리고 이렇게 늘어난 가처분소득이 공적 복지와 경쟁하는 사적 자산축적으로 이어졌다는 것이다. 문제는 사회적 위험에 대응하기 위해 축적된 개인과 가족의 사적 자산은 계층과 관계없이 보편적으로 형성된 것이 아니었다는 점이다. 김도균 교수는 특히 사적 자산을 축적한 개인과 가족이 조세에 기초한 공적 복지의 확대에 부정적이라는 점을 감안하면 사적 자산축적은 단순히 그 편재가 불평등하게 이루어진 것을 넘어 한국 사회에서 공적 복지의 확대에 심각한 장애요인이 되었다는 점을 강조한다. 그러므로 만약 한국 사회가 공적 복지에 기초한 보편적인 복지국가를 만들고 싶다면, 부동산으로 대표되는 사적 자산축적에 편향된 사회적 위험 대응 방식을 완화하고 공적 복지를 확대하기 위한 재원에 대한 전향적 재검토가 필요하다고 제안한다.

마지막으로 8장은 필자가 작성한 것으로, 앞선 논의를 바탕으로 한국 사회에서 복지국가를 실현하기 위해 한국 사회가 풀어야 할 쟁점을 정리했다. 이 쟁점 정리는 공적 복지를 확대하는 문제가 단순히 GDP 대비 사회지출을 높이는 문제가 아니라 어떤 복지국가를 만들 것인가라는 문제의식과 맞닿아 있음을 보여준다. 그리고 한국이 어떤 복지국가의 상을 그려가는가의 문제는 복지를 한국 사회의 정치경제의 구조와 연관지어 제안할 때 가능하다는 점 또한 분명히 하고 있다. 정치경제구조의 개혁 없는 복지의 양적 확대는 지속 가능하지 않는 것은 물론 중장기적으로 한국 사회에서 보다 더 평등하고 공정한 사회를 실현하는 데 장애가 될 가능성이 높기 때문이다. 왜냐하면 복지를 통한 분배의 문제가 경제구조와 맞물려 있지 않고, 이를 지지하는 정치적 자원을 결여하고 있을 때 공적 복지확대는 내외의 작은 충격에도 쉽게 후퇴할 수 있기 때문이다. 한 사회의 정치경제와 조응하지 않는 복지는 그 사회를 지속시키는 축복이 아니라 그 사회의 지속 가능성을 막는 재앙일 수 있는 것이다. 이러한 문제의식에 기초해 8장에서는 복지, 정치, 경제 각 부분에서 제기되는 쟁점들을 개략했다. 아쉬운 부분은 이 책이 한국 사회에서 복지국가를 만들어가기 위해 풀어야 할 핵심 쟁점을 제기하면서 큰 방향을 제시했지만, 이 쟁점들을 어떻게 풀어갈지에 대해서는 직접적인 답을 주고 있지 않다는 점이다. 집필자들은 이 연구가 한국 사회가 직면한 문제를 분명히 하고, 그 문제를 해결하기 위한 지혜를 모으는 출발점이 되길 기원한다.

1장

한국 생산체제의 유산과 쟁점

1. 혁신을 필요로 하는 한국 경제

한국은 제조업 부문의 대기업을 중심으로 선진국과의 소득 격차를
줄여 제2차 세계대전 이후 경제 추격에 성공한 극소수의 개발도상
국들 중 하나다. UNCTAD(유엔무역개발회의) 통계에 따르면 한국의
제조업 GDP 규모는 2016년 현재 중국, 미국, 일본, 독일, 인도와 함
께 세계 6대 국가들 중 하나다. 양적인 측면에서 보면 제조업 부문에
서 한국의 선진국에 대한 추격은 사실상 끝난 상태다. 이처럼 겉으로
보기에는 대단한 경제적 성공을 거두었지만, 1997년 외환위기 이후
한국 경제는 이중화 또는 양극화의 함정에서 벗어나지 못하고 있다.

　단시간 내에 양적 측면에서 한국이 선진국을 따라잡을 수 있었던
요인 중 하나가 한국이 가진 고유한 생산체제 덕분이라는 것은 부인
하기 어려울 것이다. 외환위기 이후 재벌 대기업의 신속한 의사결정
에 기반한 수직계열화와 이에 조응하는 이중적이고 위계적인 원·하

청구조가 이러한 생산체제를 뒷받침하고 있다. 그렇지만 이 체제는 심각한 이중화 또는 양극화의 문제를 함께 갖고 있는 생산체제이다. 추격을 넘어선 탈추격을 위해서는 기존의 생산체제를 넘어서는 '파괴적인' 혁신이 분출해야 하지만 현실은 그렇지 못하다.[1]

이 장에서는 외환위기 이후 한국의 제조업 부문의 양적인 성장을 추동했던 생산체제에 대한 특성을 검토하고 그 바탕 위에서 제기될 수 있는 논의의 쟁점을 제출하고자 한다. 이는 외환위기 이후 한국 경제가 걸어온 길을 기술하고 그것이 가지는 의미를 성찰하는 것이기도 하다. 따라서 외환위기 이후의 성장체제의 유산을 정리하고 그에 따른 쟁점을 도출하는 것이 본 장의 목적이다.

이를 위해 2절에서는 한국 성장체제의 특성을 '복선형' 산업화와 '조립형' 전략의 대비를 통해 요약·정리하고 외환위기 이후 한국의 생산체제가 대체적으로 '조립형' 전략이 유의미한 영향력을 발휘하게 된 이유를 간략히 설명한다. 그런 연후에 생산체제의 변동과정에서 제기될 수 있는 논의의 쟁점들을 제출한다. 3절에서는 기존의 논의를 정리하고 결론을 제시한다.

2. 생산체제의 유산

1) 한국의 생산체제: 복선형 산업화의 길 vs 조립형 전략의 길

외환위기 이후 한국의 생산체제는 자동차·기계, 철강, 석유화학, 전자·반도체, 조선 등 소위 주력기간 제조업 위에 서 있다. 물론 서비스 부문이 국민경제에서 차지하는 비중이 제조업의 그것보다 더 높은 것은 사실이지만, 한국을 대표하는 삼성전자, 현대자동차, SK하이닉스, 현대중공업, LG전자 등의 기업들은 제조업체이고, 이들의 기업 성과가 국민경제에 미치는 영향력은 매우 크다.

UNCTAD 통계에 따르면, 2010년 미 달러 불변가격 기준으로 한국의 제조업 GDP는 1970년 48.9억 달러에서 2016년 3,705억 달러로 약 75.7배 늘어났다. 이에 따라 한국의 제조업 규모 국가별 순위는 1970년 41위에서 2016년 세계 6위로 뛰어올랐다. 〈그림 1-1〉에서 보듯이, 2010~2014년 사이에는 한국의 제조업 규모 순위가 5위였으나, 2015년 이후 인도가 5위로 뛰어오르고 한국은 6위로 떨어졌다. 이는 한국 경제가 양적인 제조업 성장만으로는 현재의 경제적 위상을 유지하기 힘들다는 것을 함의한다. 반면에 중국은 2010년 1위

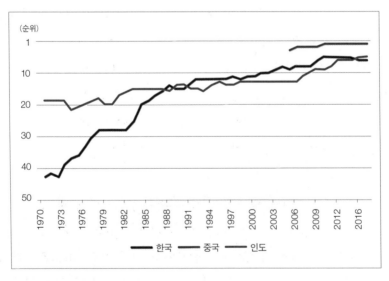

| 그림 1-1 | 한국의 제조업 GDP 규모 순위 추이 |

에 올라 세계의 공장으로 우뚝 섰다. 그 이후 지속적으로 그 순위를 유지하고 있다. 그러나 최근의 미중무역 갈등으로 인해 이러한 중국의 지위가 지속적으로 유지될 수 있을지가 뜨거운 관심사로 떠오르고 있다.

〈표 1-1〉에서 보는 바와 같이, 2016년 현재 한국은 GDP 대비 제조업 비중이 28.3%로 31.3%인 중국과 크게 차이가 나지 않을 정도로 꽤 높은 수준을 기록하고 있다. 서구 선진국에서는 탈공업화에

| 표 1-1 | 2016년 상위 제조업 15개국의 현황

순위	국가	제조업 (백만 달러)	인구 (15~64세) (천 명)	GDP (백만 달러)	GDP 대비 제조업 비중(%)	1인당 제조업 GDP (달러)
1	중국	2,978,877.3	1,012,998.2	9,505,298.3	31.3	2,940.7
2	미국	1,976,578.3	214,964.1	17,013,356.6	11.6	9,194.9
3	일본	1,260,905.8	77,287.5	6,040,651.1	20.9	16,314.5
4	독일	797,484.4	53,769.6	3,781,698.5	21.1	14,831.5
5	인도	411,519.6	873,908.7	2,456,031.5	16.8	470.9
6	한국	370,511.5	37,034.0	1,304,658.7	28.4	10,004.6
7	이탈리아	305,583.9	37,846.5	2,083,322.6	14.7	8,074.3
8	프랑스	291,052.9	41,843.8	2,817,900.8	10.3	6,955.7
9	브라질	252,205.3	144,560.4	2,248,071.5	11.2	1,744.6
10	영국	224,068.2	42,236.4	2,753,793.1	8.1	5,305.1
11	러시아	222,224.6	99,216.6	1,628,081.6	13.6	2,239.8
12	인도네시아	221,942.7	175,328.1	1,037,688.1	21.4	1,265.9
13	멕시코	192,409.5	84,512.8	1,259,036.2	15.3	2,276.7
14	스페인	186,688.2	30,614.9	1,464,508.8	12.7	6,097.9
15	캐나다	182,534.1	24,479.8	1,822,734.4	10.0	7,456.5

■ 이 자료는 2010년 미 달러 불변가격 기준이며, 1인당 제조업 GDP 계산 시 15~64세 인구를 사용했다.

따라 GDP 대비 제조업 비중이 줄어들고 있지만 한국의 경우 이와
는 상반된다. 예를 들면 미국의 경우 제조업 비중은 11.6%, 일본과
독일은 각각 20.9%, 21.1%로 한국보다 낮다. 하지만 최근 금융위기
를 겪으면서 제조업의 중요성이 다시 부각되고 있다. 유럽연합(EU)
은 글로벌 금융위기와 유럽 재정위기의 여파에서 벗어나기 위해 제
조업의 중요성을 인식하고 'Europe 2020' 전략을 제안하고 개방형
생태계 조성과 산업 간 융·복합을 추진하는 혁신 및 산업정책을 입
안하고 수행하고 있다. 여기서 제시한 목표가 GDP 대비 제조업 비
중 20%이다. 이러한 기준에서 보면 현재 독일, 일본, 한국 등이 이를
넘어서고 있다.

하지만 고용 측면에서 보면 한국은 너무나 급속도로 서구와 유사
한 패턴을 따르고 있다(〈그림 1-2〉 참조). 한국은 제조업 고용 비중이

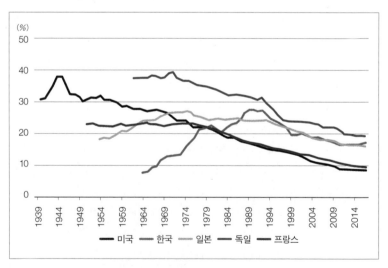

| 그림 1-2 | 제조업 고용 비중 추이의 국제 비교

1989년 27.8%로 최고점을 찍고 나서 지속적으로 하락 추세다. 한국의 고용 비중은 1990년대 이후 일본의 그것과 유사한 수준과 패턴을 따르고 있다. 프랑스와 미국의 경우 1970년대 중반 이후 제조업 고용 비중 수준과 추세가 유사하다. 반면에 독일의 경우 제조업 고용 비중이 1970년 39.5%로 정점에 도달한 이후 지속적으로 줄어들고는 있으나 그 수준은 다른 선진국의 그것보다는 높다.

〈표 1-1〉과 〈그림 1-2〉에서 드러나는 바와 같이, 한국의 경우 GDP 대비 제조업 부가가치 비중은 높지만 제조업 고용 비중은 낮기 때문에 제조업 부문의 노동생산성은 상대적으로 높은 편이다. 예를 들면 2016년 기준으로 한국의 1인당 제조업 부가가치는 약 1만 달러 내외이고, 독일과 일본의 경우는 각각 약 1만 5,000달러와 1만 6,000달러 정도다.

전술한 바와 같이, 단기간에 이룩한 주목할 만한 이러한 양적 성장과 더불어, 외환위기 이전까지는 전·후방 산업 연관과 생산재·소비재 산업 부문의 비례적 성장이 동시에 이루어짐으로써 한국의 공업화는 '복선형 산업화'의 길을 걸어왔다.[2] 특히 '역엔지니어링 (reverse engineering)'으로 대표되는, 해외 도입 기술에 대한 엔지니어와 현장 노동자의 적극적이고 헌신적인 기술 학습을 통해 외국 기술을 자체적으로 소화하고 이를 개량했던 것이 사실이다. 즉, 한국은 일본처럼 최종 조립과 부품·소재 부문을 동시에 아우르는 풀세트형 산업화의 길을 걸어온 것이다.

하지만 이 시기에 대해 이와는 다소 상이한 해석이 존재한다. 칸 (Khan)은 한국의 공업화는 시민사회와 노동을 배제한 탈정치화와 국가에 의한 자원의 집중 투자와 통제, 기술학습을 기반으로 이루어

진 것이기 때문에 다른 국가들에게 적용하기가 쉽지 않은 특수한 사례라고 주장한다.[3]

레비(B. Levy)와 쿠오(W-J. Kuo)는 대기업과 중소기업 간의 하청(下請)에 기반한 '조립형' 전략(assembly strategy)*이 한국의 성장에 주효했다고 주장한다.[4] 조립형 전략이기는 하지만 경제 주체의 능동적인 노력이 없다는 것은 아니다. 이 전략은 "기업이 시장 가격을 초과하는 단위 비용에 직면하더라도 일단 조업을 감행하는 전략"이고, 이는 규모의 경제와 실행에 의한 학습(learning by doing)을 통해 기술 경험을 기업 내부에 축적하여 제품 설계와 조업 역량을 확보하는 전략이다. 이러한 전략은 주지하는 바와 같이 막대한 초기 자본투자와 대기업 위주의 산업구조를 요구한다. 또한 이 전략은 단순 기술에서 복잡 기술로 상향하는 기술 학습 과정을 거치기 때문에 최신 공정·생산기술의 확보가 생산성 향상과 경쟁력 확보에 중요하다. 따라서 이를 담당하는 엔지니어의 역량과 이들의 적극적이고 헌신적인 노력을 추동해야 한다.

후지모토(Fujimoto)는 한국 기업들이 반도체나 범용 강(steel), 범용 석유화학 제품 등 자본집약적인 개방형 모듈 제품에 경쟁우위를 가지고 있다고 지적하고 있다.[5] 그는 한국 대기업들이 기존 기업들을 재빠르게 추격하거나 넘어서고 있는 부문들은 상대적으로 지난한 작업장 기술역량의 축적을 요하는 부문보다는 제품 수준의 고

* 그들은 하청과 대비하여 중소기업들 간의 경쟁과 협력에 기반한 횡청(橫請) 시스템을 제시하고 있다. 이러한 사례로는 1960~80년대 대만을 상정할 수 있으며, 이를 '부트스트랩(bootstrap)' 전략이라고 일컫고 있다. 대체적으로 조립형 전략은 기술적 분업의 심화를 추구하고, 반면에 부트스트랩 전략은 사회적 분업의 그것을 가정한다.

도화로 충분히 경쟁력을 가질 수 있는 부문이라고 주장한다. 이러한 부문에서 한국 대기업이 경쟁력을 유지하는 이유로 재벌의 막대한 자금 동원력, 신속한 의사결정과 집중성 등을 거론하고 있다.

핫토리 다미오(服部民夫)는 '가공형' 대 '조립형' 산업화 가설을 제기한다.[6] 그에 따르면 일본은 전자에 해당되지만 한국은 후자에 속한다는 것이다. 이는 기계가 쉽게 노동을 대체 또는 배제할 수 있는 생산체제를 명시적 또는 암묵적으로 가정하고 있으며, 대기업과 중소기업 간 이중구조를 상정하고 있다. 이러한 그의 논의는 그 당시 NC기계(반자동화)라는 기술 패러다임에 기반하며, 이에 덧붙여서 냉전 시기의 한미일 분업구조와 정부의 효과적인 산업정책을 성공적인 산업화의 요인으로 거론한다.[7] '조립형'의 의미는 한국 기업들이 첨단 제품을 생산하고자 한다면 이에 필요한 첨단 가공 기계나 부품·소재는 주로 해외, 특히 일본에서 수입한다는 것을 의미한다. 이러한 가공 기계나 부품·소재에 대한 국산화는 단기간에 불가능하기 때문이다.

조립형 전략 또는 조립형 산업화 가설은 주로 외환위기 이전의 생산체제를 대상으로 제기된 것이지만, 오히려 외환위기 이후 더 적실성이 있는 것으로 나타나고 있는 것으로 보인다.[8] 예를 들면, 삼성전자와 현대자동차 등으로 대표되는 재벌체제의 경쟁우위가 기업 내 위계적인 기술적 분업과 기업 간 수직적인 원·하청 관계에 기반하는 것, 즉 재벌의 수직계열화와 이에 조응하는 이중적이고 위계적인 원·하청 구조는 외환위기 이후 사실상 체계적으로 정립된 것이다. 이러한 점에서 보면 한국 경제가 외환위기 이전까지는 복선형 산업화의 길을 착실히 걸어왔으며 지난한 기술학습의 과정을 거쳐

왔다는 것을 상기한다면 이러한 논의는 외환위기 이전의 해석으로
는 과도한 것으로 볼 수가 있다.

조성재 외[9]는 이 가설이 가전제품과 자동차 부문에는 적실성이
없다고 비판하면서, 전자에는 조직역량이 뛰어나고 후자에는 암묵
지(tacit knowledge)적인 기업 특수적인 숙련이 형성되어 있다고 지
적하고 있다. 이처럼 외환위기 이후 복선형 산업화의 길이 완전히
소실되었다고 볼 수는 없다.

하지만 시간적 스펙트럼상에서 두 가지 길은 상대적으로 이해될
필요가 있다. 외환위기 이후 특히 대기업과 중소기업 간 이중구조의
확대와 핵심적인 부품·소재 및 장비의 지속적인 해외(특히 일본) 의
존의 심화란 의미에서 우리나라 생산체제에서 조립형 전략이 부각
된 측면을 부인하기는 어렵다.

2) 생산체제의 주요 특성

여기서는 외환위기 이후를 중심으로 한국 생산체제의 주요 특성을
기술하고자 한다. 한국 생산체제에서는 무엇보다 엔지니어의 기술
과 현장노동의 숙련이 사실상 분절되어 있다(〈표 1-2〉 참조). 이것이
의미하는 바는 현장의 숙련이 제품과 생산·공정기술을 담당하는 엔
지니어 부문과 유기적으로 통합되어 있지 않다는 것이다. 기술과 숙
련은 작업장, 생산·공정기술, 제품개발 3자의 측면에서 이해될 수 있
는데, 한국은 일본과 달리 현장노동과 엔지니어 간 연계가 분절화되
어 있다. 즉, 둘 간의 협력적인 소통이나 둘을 이어주는 승진의 사다
리가 매우 제한적이다. 레비와 쿠오의 논의가 함의하는 바와 같이[10]

| 표 1-2 | 한국 생산체제의 주요 특성

구분	긍정적 측면	부정적 측면
조립형 산업화	최종재의 생산에 특화하는 조립형 기업 전략, 유연한 대량생산	수평적 산업 연관의 지체
재벌 주도	계열사 간의 기술적·수직적 분업을 통한 혁신 및 조정의 용이	기업집단 외부로의 위험부담 및 비용 전가
기술-숙련의 분리	엔지니어의 기술 주도, 생산직 노동자의 숙련 절약	노동시장(대기업·중소기업, 정규직·비정규직)의 양극화

한국의 생산체제에서 최신의 생산·공정기술을 확보하고 경쟁력을 향상하기 위해서는 중간 엔지니어의 역량과 그들의 헌신적인 노력이 매우 중요하다. 또한 설비에 대한 막대한 초기 투자로 인해 요소 비용 절감을 위한 비정규직의 활용 등과 같은 수량적 유연성 추구에 대한 유인이 강하고, 각종 비용을 전가할 수 있는 위계적인 원·하청 관계가 용인된다. 따라서 현장 노동자가 보유한 중간 숙련의 위치가 축소되고 부품·소재 부문의 발달이 여의치 않아 이를 담당하는 중소기업은 보완관계가 아니라 비용전가의 대체관계로 자리매김되어 있다.[11]

〈그림 1-3〉에서 보는 바와 같이, 대기업 대비 중소기업의 비중으로 정의되는 1인당 부가가치 및 1인당 급여액은 대기업과 중소기업 간 격차가 매우 크다. 특히 1990년대 이후 이러한 추세는 지속적으로 이어지고 있다. 2010년대 이후 그 추세가 다소 완화되고 있지만 최근에 다시 악화되고 있다. 외환위기 이후 대기업 대비 중소기업의 노동생산성 수준은 대략적으로 1/3 안팎이며, 반면에 대기업 대비 중소기업의 1인당 급여액 수준은 절반을 조금 상회하고 있을 뿐이다.

대기업과 하청 중소기업 간의 관계에서 대기업은 대체로 수요 독

| 그림 1-3 | 대기업과 중소기업 간 격차 추이(제조업 1인당 부가가치와 급여액)

■ 대기업은 종사자 수 기준 300인 이상이고 중소기업은 5~299인(1960~1998) 또는 10~299인
(1999~2017)이다. 또한 표준산업분류의 개편에 따라 시계열의 단절이 존재한다(1960~1998;
1999~2014; 2015~2017).

점을 유지하지만 하청 중소기업은 치열한 경쟁에 처해 있기 때문에
대기업과 중소기업 간 교섭력에서 큰 차이가 있다. 이에 따라 중소
기업은 전속적인 납품관계를 유지하면서 단가 인하와 기술 탈취 같
은 소위 원청 기업의 갑질에 시달리고 있다. 특히 외환위기 이후 일
부 대기업이 구조조정되면서 사실상 국내 기업들 간 경쟁이 축소되
어 산업 부문 내 독과점이 심화되었다. 이에 따라 살아남은 재벌 대
기업의 수요 독점력은 더욱 강력해졌으며, 하청기업의 전속성의 문
제는 더욱더 악화되었다.

더욱이 로봇(자동화) 및 IT 기반 모듈화 등으로 대표되는 숙련 절
약적인 기술 패러다임에 기반한 기술과 숙련 간의 심대한 분절화는

숙련 수요가 J자형 곡선을 따라 이동하여 노동시장의 양극화가 진행되는 숙련체제를 수반한다. 따라서 광범위한 중간 기술 및 작업장 숙련에 토대를 둔 관계 특수적인 조정시장경제의 기제가 작동할 수 있는 물적 기반이 취약할 수밖에 없다. 따라서 일본이나 독일과 같은 작업장에 기반한 고숙련 경제로 이행하기 쉽지 않은 '비수렴 함정'이 존재하는 것을 부인할 수 없다.[12]

외환위기 이후 조립형 전략 가설이 부인할 수 없는 해석으로 보이는 이유 중 하나로 거론될 수 있는 것이 제조업 내에서 상당한 수준의 자동화를 수반하는 로봇 사용이다. 로봇 사용이 빈번한 산업 부문은 자동차, 기계, 전자산업 등이고, 한국은 이들 산업 부문에 특화되어 있기 때문에 제조업 취업자 1만 명당 로봇스톡으로 정의되는 로봇 밀도가 높다.

하지만 일본과 독일 등도 한국처럼 전자, 자동차, 기계산업에서 특화되어 높은 수준의 국제 경쟁력을 보유하고 있다. 〈그림 1-4〉와 같이, 다른 OECD 국가는 대체적으로 1인당 GDP 수준과 제조업 산출량 대비 로봇 대수 간에 선형 상관관계를 보여주지만, 한국은 그러한 선형 상관관계에서 크게 벗어나 있는 예외(outlier)이다.[13] 이러한 점에서 보면 한국의 과도한 자동화는 로봇이 빈번하게 활용되는 산업 특화의 측면에서 비교가능한 일본과 독일의 그것과는 상이하다.

〈표 1-3〉과 〈그림 1-5〉에서 보는 바와 같이, 산업용 로봇 사용이 급격히 증가한 것은 외환위기 이후, 즉 2000년대 중반 이후이며, 2010년대에 더 급격히 증가하고 있다. 이것이 함의하는 바는 자동화를 추구하는 막대한 설비투자로 인해 기업들은 설비 가동률의 극대

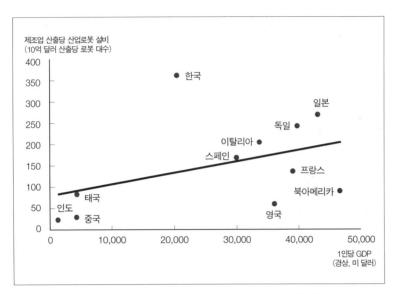

| 그림 1-4 | 1인당 GDP 수준과 제조업 산출량 대비 로봇 대수 간의 상관관계

| 표 1-3 | OECD 주요 국가의 로봇 밀도 추이

(단위: 대)

구분	1985	1990	1995	2000	2005	2010	2015	2016
덴마크	3.5	10.5	15.6	35.3	75.3	146.5	192.5	204.6
핀란드	4.9	16.9	35.4	60.1	100.8	126.4	121.9	132.7
프랑스	10.1	21.3	37.9	60.0	95.5	124.8	121.2	129.6
독일	-	-	63.9	116.5	174.4	207.7	243.1	251.1
이탈리아	7.9	23.8	49.5	85.8	124.0	149.7	159.9	160.7
일본	65.8	186.7	282.6	317.4	342.6	287.6	282.3	282.7
한국	-	6.1	38.7	90.9	149.1	251.0	469.2	549.8
스페인	3.0	7.9	20.6	45.6	84.2	124.9	148.8	149.6
영국	6.3	12.8	20.8	32.8	50.9	54.6	69.8	74.0
미국	10.8	18.6	31.9	50.3	57.6	124.1	181.4	194.1
스웨덴	23.2	38.7	61.6	85.0	119.3	154.6	212.5	228.3

■ IFR의 '운영 중인 다목적 산업용 로봇의 연말스톡' 통계와 OECD의 Stan DB의 '제조업 고용' 통계를 이용하여 로봇 밀도를 계산한 것이다.

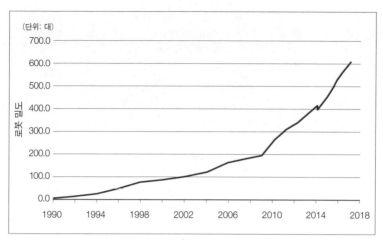

(단위: 대)

| 그림 1-5 | 한국 제조업의 로봇 밀도 추이

■ IFR의 '운영 중인 다목적 산업용 로봇의 연말스톡' 통계와 통계청 경제활동인구조사의 제조업 취업자 수 통계를 이용하여 로봇 밀도를 계산한 것이다.

화를 추구하고 이에 따라 장시간 근로와 저임노동의 활용에 대한 강력한 유인이 있다는 것이다. 따라서 비정규직의 광범위한 활용, 기능적 유연성보다는 수량적 유연성에 기대는 노동유연화 관행은 이러한 측면을 일정 정도 반영하고 있다고 볼 수 있다.[14]

〈그림 1-6〉에 요약되어 있는 바와 같이, 기술과 숙련 간의 분절화를 심화시키는 생산체제는 대규모 초기 설비투자와 그에 따른 해외 수요(수출)의 적극적인 개척, 그리고 주요 부품·소재 및 기계 설비의 수입을 야기하기 때문에 대외 의존적인 수출 산업화를 내장하고 있다. 단시간 내에 핵심 부품·소재와 기계 설비 분야의 국산화와 내수시장 확보가 힘들기 때문에 이러한 문제를 해결할 수 있는 주요 부품·소재의 수입과 기술이전, 최종재 소비시장 간의 국제 분업구조가 필요하다.

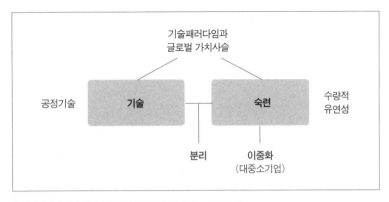

| 그림 1-6 | 기술과 숙련 간의 분절을 심화시키는 생산체제

1980년대까지 냉전을 배경으로 한 한·미·일 분업구조는 한국의 산업화에 결정적인 지정(경)학적 조건이었다. 1990년대 중반 이후 이는 동북아 분업구조로 변동되었으나 기본적인 구조는 한·미·중·일 간 국제 분업구조이다. 이러한 구조하에서 한국에게 일본은 중·고급 부품·소재의 공급지, 중국은 초·중급 부품·소재 및 최종재 시장, 그리고 미국은 고급 최종재 시장으로 기능한다.

일본, 독일, 이탈리아 등 제조업 강국과의 부품·소재의 무역수지 적자 해소가 더딘 것은 기존 생산체제의 특성에서 기인하는 바도 크지만 글로벌 아웃소싱의 확대에 따른 결과이기도 하다.[15] 핵심 중간재의 수입에 의존하여 단기적으로 신속하게 제품 수준을 고도화하는 것은 선진국을 추격하는 시간을 앞당기고, 때로는 선진국을 능가하기도 한다. 특히 최근의 자동화 기술은 마이크로칩에 프로그램화가 가능하기 때문에, 기술과 숙련이 '캡슐(capsule)화'되어 있다. 따라서 이러한 첨단 기계 설비를 구득하면 캡슐처럼 내장된 기술과 숙련은 블랙박스이지만 이를 사용하는 데에는 지장이 없다. 따라서 추

격이 과거보다 더 용이할 가능성이 크다.[16]

주지하는 바와 같이, 외환위기 이후 국내 산업 연관이 취약해지고 있다. 전술한 대외 의존적인 산업화가 무조건 나쁜 것만은 아니다. 문제는 그것이 얼마만큼 국내 산업 기반에 낙수효과(trickle down effect)를 야기하는가이다. 〈표 1-4〉에 보는 바와 같이, 다른 국가들과 비교해서 제조업의 수출에서 차지하는 국내 부가가치 비중이 상대적으로 낮다는 것이다. 외환위기 이후 그 비중은 그 이전

| 표 1-4 | 제조업의 수출에서 차지하는 국내 부가가치 비중 추이의 국제 비교

(단위: %)

구분	1995	2000	2005	2008	2010	2015	2016
덴마크	73.5	71.2	72.0	67.1	72.1	71.2	73.9
핀란드	72.8	65.9	67.9	63.6	66.9	65.0	68.6
프랑스	77.3	70.4	72.6	70.0	74.0	69.5	70.4
독일	82.4	76.2	77.3	74.3	77.5	74.0	74.8
이탈리아	78.8	75.5	73.8	70.3	74.7	69.6	71.8
일본	92.9	90.8	87.9	82.1	86.7	85.5	84.0
한국	72.7	64.7	64.5	55.7	60.1	59.2	64.5
스페인	73.7	64.9	67.9	66.2	72.4	68.5	68.0
스웨덴	68.7	64.7	69.8	66.4	71.3	69.6	72.3
영국	75.6	74.3	76.1	71.9	72.5	70.5	74.9
미국	84.0	82.5	83.5	80.2	84.5	82.3	84.4
중국	51.9	49.4	71.6	75.4	79.0	77.4	81.3
인도	87.4	84.8	74.8	64.9	69.7	66.5	72.7
싱가포르	47.9	46.6	49.0	45.6	50.1	50.4	50.0
대만	62.6	60.6	57.3	50.2	57.8	52.7	62.4

■ 2005년 이전은 관련 산업 연관표가 SNA 1993과 ISIC Rev 3 산업분류에 의거하여 작성되었으나 그 이후는 SNA 2008과 ISIC Rev 3 산업분류에 따라 편제되었기 때문에 2005년 전후로 시계열상의 단절이 있음에 유의할 필요가 있다.

보다 더 떨어졌다. 이는 영국, 미국, 중국, 미국보다 더 낮다. 세계화의 효과로 대부분의 국가에서 제조업 수출 중 국내 부가가치가 차지하는 비중이 떨어지는 것은 세계적인 현상이지만, 한국이 부품·소재의 국산화를 위한 의식적인 정책적 노력을 꾸준히 경주해왔다는 점에서, 이는 주의 깊게 들여다볼 필요가 있다.

2000년대 이후 수출주도형 경제성장과 긴밀히 연관된 생산체제는 프로그램화가 가능한 자동화와 모듈화의 기술 패러다임 아래에서 이루어지는 것이어서 고용창출이 기대만큼 이루어지지 않고 있다. 특히 문제는 소득 증가에 따른 고용 감소가 한국의 경우 일본이나 독일과 같은 국가들에 비해 훨씬 빠르고 급격하게 진행된다는 점이다(〈그림 1-2〉 참조). 예를 들면, 미국, 독일, 일본 등 선진국의 경우 제조업 고용이 정점에서 20% 이하로 감소하는 데 소요되는 기간이 약 한 세대인 데 반해 우리의 경우 그 절반에 불과하다. 따라서 노동은 일할 기회를 잃어버리고 기업의 의사결정과 숙련 형성에서의 배제 등으로 이중의 배제를 겪고 있다.[17]

주지하는 바와 같이, 한국의 생산체계는 고도의 완제품을 생산할 수 있는 대기업과 기술 수준이 낮은 부품·소재를 생산하는 중소기업의 공존이라는 이중구조에 기반하고 있다(〈그림 1-3〉 참조). 이에 기반한 노동시장의 이중구조는 심각한 경제·사회문제를 야기하고 있다.[18] 정부의 국산화 노력과 부품·소재에 대한 지대한 관심에도 불구하고, 주요 부품과 소재 분야에서 중소기업은 전반적으로 선진국과의 격차를 넘어서지 못하고 있다. 또한 중소기업은 경기변동 또는 비용 절감의 완충 역할을 수행함으로써 자체의 혁신역량이 제고될 수 있는 여지가 미약하다. 수요 독점에 따른 소수 대기업에 대한 중소기업들 간의 과당경쟁, 중국의 부상에 따른 요소비용의 절감 압력, 기술과 숙련 축적의 미약 등으로 인해 〈그림 1-3〉에서 보았던 바와 같이 제조업 분야에서 대기업과 중소기업 간의 노동생산성과 상대적 임금 격차는 지속적으로 악화되어왔다.[19]

3) 외환위기 이후 생산체제의 전환: 조립형 전략의 상대적 우위

조립형 전략의 가설은 전술한 바와 같이 외환위기 이전 시기에는 꼭 부합된다고 볼 수 없다. 왜냐하면 서익진이 지적한 바와 같이[20] 외환위기 이전에는 전·후방 산업 연관과 생산재·소비재 부문의 비례적 성장을 동시에 수반한 복선형 산업화를 밟아온 것이 사실이기 때문이다. 그리고 1980년대 후반부터 1990년대 중반 사이에 일부 대기업들은 일본식 숙련 형성체제를 구축하려는 일련의 실험들(예: 직능급 도입)을 시도한 적이 있었던 것도 사실이다.

이러한 사실에도 불구하고 외환위기 이후 한국의 생산체제가 복선형 가설보다는 조립형 전략 가설이 상대적으로 우위를 점했다고 보는 것이 타당한 것으로 보인다. 이러한 전략을 추동한 요인들로는 앞서 언급한 바처럼 강한 대기업과 약한 중소기업의 이중구조가 심화되고 또한 핵심 부품·소재 및 설비를 해외(특히 일본)에 의존하는 정도가 좀처럼 개선되지 않는 생산체계의 구조적인 특성과 재벌 대기업의 기업 전략, 1990년대 초반 한중수교에 따른 중국 효과 및 세계화와 IT 기술에 기반한 모듈화 추세, 임금-생산성 연계를 뒷받침하는 사회적 조정능력의 미약 등을 꼽을 수 있다.[21]

한국의 생산체제는 숙련 형성에서 비대칭적이다. 현장 숙련은 상대적으로 경시되는 측면이 있다. 그렇다고 아예 현장 숙련을 제고하려는 노력이 없었던 것은 아니다. 1990년대 중반 전후로 일부 대기업은 예를 들면 직능급 도입과 같은 혁신적인 제안을 했지만, 노조가 이를 수용하지 않아 무산된 적이 있다. 그 당시 제3자 개입 금지, 노조의 정치활동 금지, 복수노조 금지 등 '3금 조항'으로 민주진영의 노조는 배제되어 있었다.[22] 이런 상황에서 일본 기업처럼 작업장 숙련과 기술을 긴밀하게 연계하는 '조직적 통합'은 일부 노조운동의 배제와 같은 노사 간 신뢰의 부재로 이루어질 수 없었다.

저임금을 활용하고 상당한 정도의 수출 신장을 기대할 수 있는 중국 시장이 1990년대 초반 열렸다. 이는 노사가 합심하여 지난한 기술·조직적 역량의 축적을 통해 다른 기업들과 경쟁하는 고가도 (high-road)의 혁신 전략보다는 요소비용의 지리적 차이를 이용하여 새로운 시장을 개척하는 '공간적 돌파(spatial fix)' 전략이 상대적으로 용이하다는 것을 함의한다. 즉, 이른바 '중국 효과'는 기업 내 노사 간의 지난한 기술적·조직적 혁신 대신에 손쉬운 공간적 해결 수단을 제공했던 것이다. 주지하는 바와 같이, 동아시아에서 생산 공정이 지리적으로 분할되는 글로벌 가치사슬이 본격적으로 구축되면서 자본재와 부품의 아웃소싱이 강화되었다.[23] 이에 편승하여 외환위기 이후 한국 기업들은 본격적으로 중국 특수를 구가할 수 있었다. 여기다가 IT 기술 기반의 모듈화가 확산되었다. 이는 전술한 바와 같이 숙련의 캡슐화를 수반하기 때문에 기술 습득은 힘들어지고 그 대신에 이를 내장한 설비를 구매하는 것이 기술 학습 비용 대비 단기적으로 유용한 전략이다. 이는 세계화, 아웃소싱, IT 기술 기반 모듈화 추세에 맞물려 일부 대기업이 채택한 전략이기도 하다.

외환위기 이전에는 생산성-임금을 연계하는 사회적 조정의 경험이 없었으며, 이를 뒷받침하는 제도적 장치로 노사정 합의기구가 설치된 것도 아니었다. 상생이 되는 사회적 조정이 이루어지기 위해서는 노사정 간의 수평적 조정체제가 형성되어야 하지만 그 당시 조정체제의 근간은 국가-재벌-은행 간의 개발주의적인 수직적 조정체제였으며, 여기서 노동은 완전히 배제되어 있었다. 이런 상황에서 생산성-임금을 연계하는 사회적 합의를 끌어내기에는 역부족이었던 것으로 보인다. 외환위기 과정에서 많은 노동자들이 해고됐으며 노동의 유연화 전략으로 인력의 상시적인 구조조정이 이루어졌다. 이에 대한 대기업 노조의 집단적 대응은 방어적이고 경제주의주의적인 방향으로 나아갔지만, 표면적으로 노사관계는 외환위기 이전보다 더욱더 악화되었다.

기존의 억압적인 노동배제는 다르게 전개되어 전투적인 노동을 우회하는 수단으로 대기업은 자동화를 과도하게 추구했다. 대기업은 작업장 수준의 숙련 형성을 주변화하면서 엔지니어 중심의 공정 합리화와 효율성을 극단적으로 밀어붙였다.[24] 현장 숙련을 배제한 자동화 설비투자는 막대한 고정비용을 수반하기 때문에 설비 가동률의 극대화를 위해 장기간 노동이 자연스레 요구된다. 지루하고 힘든 작업공정으로 인해 대기업의 자동화 투자는 노조에 의해 적극적으로 지지되고, 작업장 숙련이 경시되면서 IT 기반의 자동화는 제품의 품질 수준을 균등화하는 기제로 자리 잡게 되었다. 2000년대 세계적인 호황으로 가공조립 제조업을 영위하는 재벌 대기업은 노조와 암묵적 또는 명시적으로 자동화 설비투자-장시간 노동과 비정규직 활용 등에 동의하고 그 대신 노조는 경제적 실리를 챙기게 되었다.

하지만 현장 숙련의 경시로 기능적 유연성을 발휘할 수 있는 여지가 줄어들었으며 그 대신에 사내 하청이나 사외 하청기업을 통한 수량적 유연성이 극단적으로 추구되었다. IT 기술과 결합한 모듈화는 재벌 대기업에게 하청기업들을 계층별로 선택적으로 포섭하고 배제할 수 있는 물적 기반을 제공했다. 극단적인 IT 기반 자동화는 탈숙련과 노동의 배제를 야기하며, 현장 숙련의 경시와 비용 절감 때문에 아웃소싱이 심화되면서 비정규직이 노동유연화 전략의 대상으로 적극적으로 활용되었다. 이러한 '자동화-아웃소싱-탈숙련'에 기초한 생산체제는 재벌 대기업의 수직 계열화로 나타났다. 문제는 이러한 기술 진보와 아웃소싱이 1980년대 이후 세계적으로 구조적 추세라고 할지라도 자동화에 의한 숙련의 대체 및 모듈화와 아웃소싱이 정치적 매개가 없이 과도하고 왜곡되고 불공정한 형태로 진행되었다는 점이다.[25] 이러한 점들에 비추어볼 때 로봇의 지나친 활용은 외환위기 이후 현장 숙련의 경시와 엔지니어 기반의 공정의 합리화, 노사 간의 반목과 불신, 중국 효과, 사회적 대화의 미비 등이 맞물린 결과로 볼 수 있다.[26]

3. 향후 생산체제 재편을 둘러싼 쟁점

외환위기 이후 대기업의 폐쇄적이고 위계적인 수직계열화와 그에 조응하는 원·하청구조로 표상되는 한국의 생산체제는 2008년 글로벌 금융위기의 파고를 넘어 자동차, 조선, 반도체·전자 등 주력 기간산업 대기업들의 양호한 호조세에 힘입어 그 정점에 도달한 것으로 보인다. 그러나 2010년대 중반 이후 이들 산업의 기업들은 반도체를 제외하고 구조조정의 여파 속으로 들어가고 있다. 어느 시점에 정점에 도달했다는 것은 그 이후에 추락할 수밖에 없다는 것을 함의한다. 이런 맥락에서 제기될 수 있는 생산체제의 재편을 둘러싼 쟁점에는 어떤 것들이 있을까?

쟁점 1 지속 가능한 새로운 생산체제의 구축

무엇보다도 현 제조업 생산체제의 지속 가능성 여부다. 즉, 어떻게 현재의 제조업 생산체제를 '창조적 파괴'를 통해 혁신하고, 지속 가능한 새로운 생산체제를 구축할 것인가 하는 것이 첫 번째 쟁점이다. 반도체, IT, 전자 등 기술수명 주기가 짧은 단명기술에 특화하여 한국 기업들이 선진국의 추격에 성공했으며 앞으로 부품·소재와 바이오 등과 같이 기술수명 주기가 긴 장수기술*에 대한 추격이 필요하다는 이근의 논지[27]를 수용한다면, 어떻게 장수기술에 대한 추격과 혁신에 성공할 수 있을 것인가?

단명기술과 장수기술에 대한 추격에서 각기 부합되는 기술학습 유형과 제도적 배치가 상이하다고 한다면 기존의 제도적 배치와 기술학습 유형은 '창조적 파괴'를 거쳐야 한다.[28] 즉, 새로운 생산체제를 정착시키기 위해서는 기존 생산체제를 무너뜨려야 하는 '혁신의 역설'이 요구되는 것이다.

---

* 이근에 따르면 1960년대에는 저부가가치형 기술수명주기가 긴 분야(예: 의류)에서 추격이 이루어졌으며, 1970년대 중반 이후에는 중간 정도의 기술수명주기 분야(예: 자동차, 조선 등)에서 추격이 일어났으며, 1980년대 중반 이후에는 짧은 기술수명주기(예: TDX, 반도체, 이동전화, 디지털TV 등) 분야에서 추격이 이루어졌다는 것이다. 이러한 추격은 재벌과 국가의 산업정책의 조합, 그리고 기술 학습에 기반한 것이다.

현재의 생산체제에서 이것이 가능할 수 있을까? 과거 성공을 이루었던 방식이 무조건 이후의 성공을 담보하지는 않는다. 급진적 혁신의 논리에서는 전자는 아래로부터 기각되어야 한다. 예를 들면, 최근 '공유경제-모빌리티'의 전환 과정에서 나타나는 경제·사회적 갈등을 보면 새로운 생산체제의 전환이 쉽지가 않다는 것을 웅변하고 있다. 카풀을 둘러싸고 벌어지는 카카오와 택시업계의 갈등은 이러한 전환에서 빙산의 일각에 불과하다. 생산체제의 혁신은 구조적 개혁을 요구하고, 기존 관행과의 결별을 함의한다. 누가 이런 길에 동참할 것인가? 모두가 위기라고 느끼지 않는다면 이러한 길에 동참하기는 힘들 것이다.

쟁점 2 · 구조조정 시 점진적인 혁신 경로의 가능성 여부

현재의 주력 기간산업들에 대한 구조조정이 닥칠 경우 어떻게 해야 할 것인가? 외환위기 당시와 다른 길이 가능한 것인가? 이런 문제들이 제기될 수 있다. 외환위기 당시처럼 해외자본이 구조조정이 되는 대기업을 염가세일로 구매할 경우, 이를 지지할 것인가 아니면 투쟁 일변도로 나갈 것인가의 문제가 있다. 2008년 글로벌 금융위기의 여파로 미 연방정부는 GM에 막대한 구제자금을 집어넣어 성공적으로 구조조정을 단행한 바 있다. 이러한 구조조정 모델이 도입되어 공정하게 처리된다고 하더라도 패자부활전이 가능하지도 않고, 사회복지 안전망이 취약한 한국에서 해당 노동자에 미치는 부정적인 영향은 클 수밖에 없다. 따라서 다양한 구조조정의 길을 열어두고 이상적이고 원칙론적인 입장이 아니라 실용적인 입장에서 구조조정에 대한 논의가 사회적 대화를 통해 이루어질 필요가 있다.

점진적인 혁신의 입장에서는 다른 길을 갈 수도 있다. 그런 사례가 일본과 독일의 숙련 축적형 내포적인 산업화의 길이다. 이는 대기업과 중소기업 간의 경쟁과 협력, 현장작업자의 숙련 형성, 정부와 사적 자본 간의 코포라티즘(corporatism) 등에 기반한다. 진보적인 이들은 일본과 독일과 같이 지속적인 일터 혁신을 통한 숙련체제의 형성을 하나의 대안으로 제안한다.[29] 이는 '이중의' 노동의 배제를 벗어나는, 즉 노동이 고용과 의사결정의 주체로서 서는 것을 의미한다.

이러한 대안은 현장노동의 숙련 축적이 이루어지고 이러한 숙련을 통해 적어도 산별 수준에서 노동자들 간의 연대의식이 형성되어 있어야 가능하다. 그러나 현 생산체제의 뼈대는 이중의 노동 배제를 한층 더 강화한 '자동화-외주화-탈숙련화'로 요약되는 대기업의 수직계열화와 그에 조응하는 이중적이고 위계적인 원·하청 구조이다. 이러한 대안은 대기업과 중소기업 간의 이중구조를 청산할 것을 요구한다. 이 과정에서 대기업 노동자들의 일정한 양보와 희생이 필요할 수밖에 없는데, 이를 수용할 수 있는 '설득과 조정의 정치'가 발휘될 수 있는지의 여부가 이러한 대안의 실험에서 1차적 관건이다.

쟁점 3 사회적 대화를 통한 혁신역량의 비대칭성 극복

제품기술, 생산·공정기술, 작업장 숙련 등과 같은 상이한 혁신역량들 간의 비대칭성을 어떻게 극복할 수 있는가라는 문제가 제기될 수 있다.[30] 프로그램이 가능한 IT 기술과 기존 기술 간의 융합은 기존 지식과 숙련을 캡슐로 표준화한다. 이를 기술적으로 분해하여 따라잡는 것은 쉬운 일이 아니다. 소위 4차 산업혁명으로 대표되는 공유경제와 IT 기술의 결합은 기존 제조업의 재편을 촉진할 것으로 예상되고 있다. 독일은 이에 대비하기 위해 노사정 간의 대화를 통해 'Industry 4.0'을 제안한 바 있다.

노동을 대체하는 산업용 로봇이 매우 광범위하게 사용되는 우리의 현실에서 그 경로의존성을 인정한다면 이러한 논리의 수용은 더 정교한 로봇의 광범위한 사용으로 귀결될 가능성이 크다. 특히 현장노동의 숙련 형성이 미약한 현실에서 숙련에 대한 재정의 및 제고가 필요하다. 예를 들면, 상호 간 사회적 소통과 공감능력을 강조하는 숙련의 재정의 및 향상이 이루어지지 않으면, 현 생산체제의 경로의존성을 무시하지 못한다고 할 경우, 자본은 이중의 노동의 배제를 극단적으로 밀어붙일 가능성이 클 것으로 보인다.

쟁점 4 　각자도생에서 네트워크와 협력의 길로의 이행 가능성

마지막 쟁점은 '우리 안의 개방성'과 관련한 문제다. 이는 다른 말로하면, 경쟁과 협력은 가능한 길인가? 노사 간, 노노 간, 자본 간 협력의 길은 가능할 수 있는가? 재벌의 각기 다른 블록화된 '동물원' 구조를 유지할 수밖에 없는 것인가? 저성장을 넘어서기 위해서는 기존 자산들을 재조합하여 사용을 극대화하려는 혁신이 요구되고 있다. 이를 위해 대기업과 중소기업 간 협력, 정규직과 비정규직 간의 연대, 재벌들 간의 전략적 제휴 등이 이루어질 필요가 있다. 한국의 생산체제는 재벌 각기의 수직계열화와 이에 조응된 수직적이고 위계적인 원·하청 구조에서 자기만의 편익과 손해를 사정하는 체제이다. 이는 서로 간의 협력과 네트워킹, 연대를 저해하고 상호 간의 불신과 분절화를 강화한다.

각자도생의 길에서 네트워크와 협력의 길로 나아가는 것이 필요하다. 이 과정에서 민주적이고 생태계적인 규율이 요구된다. 생태계에서 오직 하나의 종만 살아남으면, 즉 공룡처럼 되면, 그 생태계는 지속 가능하지 않다. 그리고 시장도 민주주의의 규율에 따라 작동되어야 불평등과 격차의 문제를 넘어 지속 가능할 수 있다.

4. 조립형 전략의 한계 극복 과제

앞에서 외환위기를 중심으로 대기업 수출에 기반한 양적 성장을 뒷받침한 제조업 생산체제에 관한 논의들을 소개하고, 이를 기반으로 하여 외환위기 이후의 생산체제의 주요 특성들을 요약하고 이에 수반되는 쟁점들을 검토했다.

한국 경제는 제2차 세계대전 이후 선진국과의 경제 추격에 성공한 몇 안 되는 국가들 중의 하나이며, 이러한 추격을 추동한 제조업은 제조업 GDP 규모에서 보면 2016년 현재 세계 6위에 서 있다. 양적인 측면에서는 선진국과의 추격은 사실상 끝난 셈이다. 하지만 2010년대 초반에는 이 순위가 5위였으나 최근 6위로 뒷걸음치고 있다. 이는 새로운 추격자의 등장으로 현재의 지위를 유지하기가 쉽지 않다는 것을 의미한다.

또한 외환위기 이전까지 한국의 산업화는 전후방 산업 연관과 생산재와 소비재 부문 간의 비례적인 성장이 동시에 이루어진 복선형 산업화의 길을 걸어왔다.

하지만 외환위기 이후 현장 숙련의 경시와 엔지니어 기반의 공정의 합리화, 노사 간의 반목과 불신, 노동배제의 경로의존성, 중국 효과, 사회적 대화의 미비 등이 맞물리면서 이와는 상반되는 조립형 전략의 길로 들어간 것으로 보인다. 이는 외환위기 이후 가파르게 증가하는 로봇 밀도와 주요 핵심 부품·소재 및 장비의 해외(특히 일본) 의존도의 지속적 유지에서 여실히 나타난다. 이는 현장 숙련의 경시와 맞물린 엔지니어 기반의 극단적인 공정 합리화와 수량적 유연성의 사용을 통해 기술과 숙련 간의 분단을 강화했다. 이러한 생산체제는 '자동화-외주화-탈숙련화'로 요약되는 수직적이고 폐쇄적인 대기업의 수직계열화와 이에 조응하는 이중적이고 위계적인 원·하청 구조로 극대화되었다. 따라서 대기업과 중소기업 간의 이중구조가 강화되고, 막대한 초기 설비투자로 인해 설비가동률의 극대화와 그에 따른 장시간 노동이 체질화되었으며 고용 없는 성장이 이어졌다.

이처럼 투자 주도의 생산체제는 최신의 설비기계와 해외 수요에 의존하기 때문에 대외의존적인 수출산업화를 요구할 수밖에 없다. 핵심 설비기계와 부품·소재에 대한 해외의존도는 이에 대한 국산화의 정책적 노력에도 불구하고 시정되지 않고 있다. 중소기업은 비용 전가의 수단으로 이용되면서 대중소기업 간의 혁신역량과 임금 수준의 격차는 더욱더 심화되었다. 대기업은 수요 독점의 시장 지위를 이용하여 경제사회에 대한 자본 권력을 강화했다.

2008년 글로벌 금융위기의 여파를 넘어서서 조선, 자동차, 반도체, 전자 등의 주력 기간산업의 대기업들은 주요한 글로벌 플레이어로 등장했다. 그러나 2015년 전후로 반도체를 제외하고 대기업의 경영 성과는 내리막길에 들어서고 있다. 즉, 조립형 전략의 한계가 노정되고 있는 것이다.

현행 생산체계의 재편을 둘러싸고 제기될 수 있는 쟁점들은 제조업 생산체계의 지속 가능성과 관련하여 미국식 급진 혁신의 경로와 점진적 혁신의 일본과 독일의 경로에 대한 적실성의 문제, 구조개혁과 혁신의 문제, 구조조정의 방식, 상호 간의 협력과 네트워크를 가로막는 우리 안의 폐쇄성 등이 있을 수 있다.

일정 부문, 특히 중소자영업에서 진입장벽이 낮아 과다경쟁이 심하고, 경쟁에서 탈락하더라도 패자부활전이 가능하지도 않고, 사회복지의 안전망이 잘 갖추어지지도 않은 우리 현실에서 위에서 제기한 쟁점들에 대해 노사정이 현명하게 대처하기 위해서는 각자도생의 길이 아니라 협력의 길로 들어설 수 있는 사회적 대화가 필요하다. 원칙론적인 것이 아니라 실용적인 사회적 대화가 없다면 이에 따르는 부정적인 효과는 현장 노동자에게 증폭될 수밖에 없을 것이다.

2장

한국 노동시장의 구조와 쟁점

1. 이원화된 한국의 노동시장

한국의 노동시장에서 대기업과 중소영세업체, 정규직과 비정규직 사이에 격차 또는 차별이 심하다. 노동시장 이중구조가 문제라는 진단에 대해서는 많은 사람이 동의하는 것으로 보인다. 필자도 한국의 노동시장이 대기업 정규직과 중소영세업체 비정규직으로 이원화된 노동시장이라는 진단에 대해서는 대체로 동의한다. 하지만 기업 규모와 고용 형태에 따른 차별이 중첩되고, 대기업 정규직과 중소영세업체 비정규직 내에도 상당한 분절 또는 균열이 존재한다는 점에서 중층적 분절노동시장이나 균열노동시장이란 표현이 더 적합하다고 생각한다. 정규직도 고용이 불안정하다는 사실을 강조하기 위해 신자유주의 분절노동시장[1]으로 정의하는 것도 한 방법이라고 생각한다.

그렇다고 해서 처음부터 대부분의 사람들이 이러한 진단에 동의

했던 것은 아니다. 이중노동시장이나 분절노동시장이라는 현상 진단에 동의하는 경우에도 그 형성 원인이나 대책에서는 견해 차이가 크다. 주류 경제학자들은 단일노동시장을 가정한 상태에서 인적자본론으로 노동시장 격차나 차별을 설명하려 했다. 그러나 현실에서 단일노동시장 가정은 성립하지 않고, 2차 노동시장은 교육훈련의 효과가 나타나기 어려운 곳이다. 최근에는 내부자-외부자 이론에 근거해서 노동개혁(?) 내지 규제 완화의 필요성을 강조하고 있다. 이에 비해 비주류 경제학자들은 전통적으로 이중노동시장론이나 분절노동시장론으로 설명해왔고, 최근에는 노동시장 유연화론과 균열일터 가설에 근거해서 포용노동시장을 위한 재규제화와 사용자 책임 강화를 강조하고 있다.

이 글에서 한국 노동시장의 구조와 관련된 모든 쟁점을 다루기는 어렵다. 2절에서는 한국 노동시장의 구조를 중층적 분절노동시장으로 정의한 뒤, 제1차 노동시장 규모를 추정하고(쟁점1), 기업(사업체) 규모와 고용 형태 중 어느 것이 더 중요한지 살펴본다(쟁점2). 3절에서는 분절노동시장의 이론적 근거로 주류 경제학의 인적자본론과 내부자-외부자 이론, 비주류 경제학의 이중노동시장론과 분절노동시장론, 노동시장 유연화론과 균열일터 가설을 살펴보고(쟁점3), 분절노동시장 극복 방안의 차이까지 살펴본다(쟁점4). 4절에서는 지금까지 분석 결과를 쟁점 중심으로 요약한다.

2. 한국 노동시장의 구조

1) 중층적 분절노동시장

한국의 노동시장은 기업 규모와 고용 형태에 따른 차별이 중첩되고, 대기업 정규직과 중소영세업체 비정규직 내에도 상당한 분절 또는 균열이 존재하는 '중층적 분절노동시장'을 특징으로 하며, 파편화된 기업별 노사관계와 맞물려 불평등이 확대되는 악순환 고리에 빠져 있다(〈그림 2-1〉 참조).

한국의 노동시장에서 대기업 정규직 규모는 얼마나 될까? 먼저 통계청 경제활동인구조사에서 2018년 8월 현재 300인 이상 사업체에서 일하는 노동자는 254만 명(전체 노동자의 12.6%)이고, 이 가운데 정규직은 218만 명(10.9%), 비정규직은 35만 명(1.8%)이다. 이 조사 결과만 보면 대기업 정규직은 218만 명(10.9%)이어서, '대기업 정규직 = 상위 10%'로 오해하기 쉽다.

그러나 경제활동인구조사는 기업체가 아닌 사업체 조사라는 점

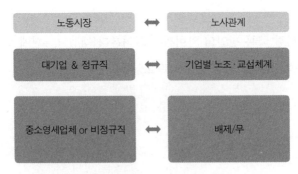

| 그림 2-1 | 한국의 노동시장과 노사관계 상호 작용(악순환)

에서 대기업 정규직 규모를 과소 추정할 가능성이 높다. 예컨대 자동차 완성업체 영업판매소 직원이라면, 기업체 기준으로는 대기업 소속이지만 사업체 기준으로는 중소영세업체 소속이다. 은행 지점에서 일하는 은행원도 마찬가지다. 공립학교나 동사무소 직원은 정부 부문 공무원이지만, 사업체 기준으로는 중소영세업체 소속으로 분류된다.[2]

노동부 고용형태공시제는 민간 부문 대기업을 전수 조사한다. 고용형태공시제 결과 2018년 3월 현재 민간 부문 300인 이상 대기업 노동자는 487만 명(전체 노동자의 24.3%)이고, 이 가운데 정규직은 293만 명(14.6%), 비정규직은 194만 명(9.7%)이다. 기간제 등 직접고용 비정규직은 103만 명(5.1%), 사내하청 등 간접고용 비정규직은 91만 명(4.5%)이다.

통계청 일자리행정통계에서 2017년 정부 부문 노동자는 244만 명(12.8%)이고, 민간 부문 300인 이상 대기업 노동자는 501만 명(26.3%)이다. 정부 부문과 민간 대기업 노동자를 합치면 745만 명(임금노동 일자리의 39.1%)이다. 정부 부문과 민간 부문 대기업에서 비정규직 비율을 40%로 가정하면,* 정부 부문과 민간 부문 대기업 정규직 노동자는 447만 명(23.4%)이고, 비정규직 노동자는 298만 명(15.6%)으로 추정된다.

이상으로부터 우리는 1차 노동시장이라 할 수 있는 정부 부문

---

* 노동부 고용형태공시제에서 민간 대기업 비정규직 비율이 39.8%이고, 통계청 경제활동인구조사 부가조사에서 전체 비정규직 비율이 40.9%이고, 사회서비스업 비정규직 비율이 38.9%임을 감안하면, 정부 부문과 300인 이상 대기업에서 비정규직 비율을 40%로 추정해도 무방할 것으로 판단된다.

과 민간 부문 대기업 정규직 노동자가 447만 명이며, 임금노동자의 23.4%, 취업자의 19.3%에 이른다는 잠정 결론에 도달하게 된다. 대기업 정규직이 노동시장에서 핵심적 지위를 점하고 있을 뿐 아니라 그 수가 전체 노동자의 1/4에 이른다는 사실은 중소영세업체 비정규직을 보호하고 분절노동시장 문제를 극복함에 있어서 대기업 정규직 노동자들의 적극적인 연대와 협력이 필요함을 말해준다.

그뿐 아니라 정부와 민간 대기업이 745만 명(임금노동자의 39.1%, 취업자의 32.2%)을 고용하고 있다는 사실은, 정부와 대기업의 노동

| 표 2-1 | 대기업 정규직 규모 추정

조사	구분	수(만 명)			취업자 비중 (%)	노동자 비중 (%)
		전체	민간 부문	정부 부문		
경제활동 인구조사 (2018.8)	전체 취업자	2,691			100.0	
	임금근로자	2,005			74.5	100.0
	300인 이상 사업체	253			9.4	12.6
	• 정규직	218			8.1	10.9
	• 비정규직	35			1.3	1.8
고용형태 공시제 (2018.3)	300인 이상 기업체(민간)		487		18.1	24.3
	• 정규직		293		10.9	14.6
	• 직접고용 비정규직		103		3.8	5.1
	• 간접고용 비정규직		91		3.4	4.5
일자리 행정통계 (2017)	전체 일자리	2,316	2,072	244	100.0	
	임금노동	1,907	1,663	244	82.3	100.0
	정부 부문과 300인 이상 기업체	745	501	244	32.2	39.1
	• 정규직(60% 추정)	447	301	146	19.3	23.4
	• 비정규직(40% 추정)	290	200	98	12.9	15.6

정책 방향이 노동시장에 매우 직접적이면서도 광범위한 영향을 미치며, 정부와 대기업이 저임금 비정규직을 해소하는 방향에서 노동정책을 운용하면 노동시장에서 발생하는 문제를 상당 부분 해소할 수 있다는 정책적 함의에 도달하게 된다.[3]

2) 파편화된 기업별 노사관계

세계은행(2002)과 OECD(2004), ILO(2004)는 같은 시기에 거의 동일한 실증분석 결과를 발표했다.[4] '노조 조직률이 높거나 단체협약 적용률이 높을수록, 임금교섭이 전국이나 산업으로 집중되고 상하 조직 간에 조정이 원활할수록 임금불평등이 낮다'는 것이다.

한국에서 단체교섭은 기업별로 분권화되어 있고, '전국-산업-기업' 간에 조정이 원활하지 않다. OECD는 한국을 미국, 영국, 폴란드 등과 함께 단체교섭 집중도와 조정도가 가장 낮은 나라로 평가한다.[5] 한국의 노조 조직률은 OECD 34개 회원국 중 31위고, 단체협약 적용률은 34위로 가장 낮다. 한국보다 조직률이 낮은 프랑스에서 단체협약 적용률이 90%가 넘는 것은, 프랑스 정부가 단체협약 효력 확장 제도를 통해 노사 간에 체결된 단체협약을 미조직 노동자에게 확대 적용하기 때문이다(〈그림 2-2〉 참조).

한국의 임금불평등은 OECD 회원국 중 멕시코 다음으로 심하다. 이는 임금정책과 산업정책에서 비롯된 측면도 있지만, 노조 조직률과 단체협약 적용률이 낮고, '전국-산업-기업' 간에 조정이 원활하지 않고, 기업별 교섭이 지배적인 노사관계에서 비롯된 측면도 크다.[6]

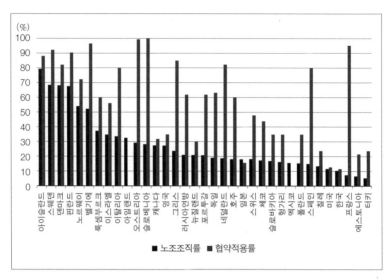

(%)

■ 노조조직률　■ 협약적용률

| 그림 2-2 | 노동조합 조직률과 단체협약 적용률 국제 비교(2008)

한국의 노동운동은 기업별 노사관계를 극복하기 위해 산별노조 건설에 많은 노력을 기울여왔다. 그 결과 외환위기 당시는 5%밖에 안 되던 초기업노조 조합원이 2017년 말에는 118만 명(56.6%)으로 커다란 진전을 이루었다. 그러나 기업 수준에서 교섭 창구 단일화 조항이 산별교섭을 가로막고, 사용자 측에서 산별교섭에 응하지 않음에 따라 파편화된 기업별 노사관계의 질곡을 벗어나지 못하고 있다.

3) 기업(사업체) 규모와 고용 형태

2018년 8월 현재 300인 이상 사업체 정규직 노동자들의 월평균 임금은 412만 원이고, 비정규직 노동자들의 임금은 261만 원이다. 5인 미만 사업체 정규직 노동자들 임금은 240만 원이고, 비정규직 노동

| 표 2-2 | 사업체 규모와 고용 형태별 월임금 총액과 임금 격차(2018년 8월)

구분	월임금 총액(만 원)			임금 격차1(%) 300인 이상 정규직=100		임금 격차2(%) 각 규모별 정규직=100	
	정규직	비정규직	전체	정규직	비정규직	정규직	비정규직
1~4인	240	128	159	58.2	31.0	100.0	53.3
5~9인	265	156	206	64.2	37.8	100.0	58.8
10~29인	293	168	241	70.9	40.8	100.0	57.5
30~99인	323	191	287	78.4	46.3	100.0	59.0
100~299인	345	221	318	83.7	53.7	100.0	64.2
300인 이상	412	261	391	100.0	63.2	100.0	63.2
전체 규모	321	163	256	77.7	39.4	100.0	50.7

자들 임금은 128만 원이다. 300인 이상 사업체 정규직 노동자 임금을 100이라 할 때 비정규직 임금은 63.2%고, 5인 미만 사업체 정규직 임금은 51.1%, 비정규직 임금은 31.0%다(〈표 2-2〉 참조).

간혹 중소영세업체는 정규직이나 비정규직이나 차이가 없다고 얘기하는 사람들이 있다. 그러나 각 사업체 규모별로도 정규직과 비정규직 임금 격차는 53~64%로 매우 크다. 중소영세업체 비정규직 노동자들은, 대기업 정규직 노동자들에 비해, 사업체 규모와 고용 형태에 따른 이중의 차별을 겪고 있는 것이다. 한국의 노동시장은 단순한 이중노동시장이 아니라, 기업(사업체) 규모에 따른 차별과 고용 형태에 따른 차별이 중첩되는 중층적 분절노동시장인 것이다.

2018년 8월 현재 최저임금 미달자는 정규직이 3.8%, 비정규직이 32.5%다. 300인 이상 사업체 정규직은 0.7%, 5인 미만 사업체 정규직은 10.8%, 300인 이상 사업체 비정규직은 12.4%, 5인 미만 사업

표 2-3 | 사업체 규모와 고용 형태별 최저임금 미달자와 저임금계층 비율(2018년 8월)

구분	최저임금 미달자 비율(%)			저임금계층 비율(%)		
	정규직	비정규직	전체	정규직	비정규직	전체
1~4인	10.8	46.2	36.3	5.9	54.3	40.7
5~9인	5.4	31.7	19.6	2.8	41.0	23.5
10~29인	4.2	30.1	14.9	2.4	37.8	17.1
30~99인	2.9	18.9	7.3	1.6	28.4	9.0
100~299인	2.7	15.7	5.5	1.4	20.8	5.6
300인 이상	0.7	12.4	2.3	0.5	19.5	3.1
전체 규모	3.8	32.5	15.5	2.1	40.8	17.9

체 비정규직은 46.2%다.

저임금계층(중위임금의 2/3 미만)은 정규직이 2.1%, 비정규직이 40.8%다. 300인 이상 사업체 정규직은 0.5%, 5인 미만 사업체 정규직은 5.9%, 300인 이상 사업체 비정규직은 19.5%, 5인 미만 사업체 비정규직은 54.3%다.

따라서 최저임금 미달이나 저임금 문제에 초점을 맞추면 사업체 규모와 고용 형태에 따른 차별이 중첩되고 있고, 사업체 규모보다 고용 형태가 더 규정적 요인임을 알 수 있다(〈표 2-3〉 참조).

국민연금 직장가입자는 정규직 95.3%, 비정규직 33.0%다. 300인 이상 사업체 정규직은 99.1%, 5인 미만 사업체 정규직은 88.9%, 300인 이상 사업체 비정규직은 74.2%, 5인 미만 사업체 비정규직은 15.8%다.

공무원과 교원은 고용보험 가입 대상에서 제외된다. 따라서 고용보험 가입자에 비대상자까지 포함해서 분석하면, 고용보험 가입자는 정규직 96.7%, 비정규직 40.9%다. 300인 이상 사업체 정규직은

| 표 2-4 | 사업체 규모와 고용 형태별 사회보험 가입률(2018년 8월)

구분	국민연금 직장 가입률(%)			고용보험 가입률(비대상자 포함)		
	정규직	비정규직	전체	정규직	비정규직	전체
1~4인	88.9	15.8	36.3	87.9	21.6	40.1
5~9인	94.0	29.0	58.8	94.8	37.2	63.6
10~29인	94.5	37.3	70.8	96.9	48.1	76.7
30~99인	95.4	47.9	82.3	97.9	55.9	86.3
100~299인	97.0	63.6	89.8	98.6	72.6	93.0
300인 이상	99.1	74.2	95.6	98.8	79.1	96.0
전체 규모	95.3	33.0	69.8	96.7	40.9	73.9

98.8%, 5인 미만 사업체 정규직은 87.9%, 300인 이상 사업체 비정규직은 79.1%, 5인 미만 사업체 비정규직은 21.6%다(〈표 2-4〉 참조).

국민연금, 고용보험 등 사회보험 가입 현황을 보더라도 중소영세업체 비정규직 노동자들은 이중의 차별을 겪고 있고, 사업체 규모보다 고용 형태가 더 규정적 요인으로 작용하고 있음을 알 수 있다.

노조 조직률은 정규직이 19.6%, 비정규직이 2.1%다. 300인 이상

| 표 2-5 | 사업체 규모와 고용 형태별 노조 조합원 수, 조직률, 구성비(2018년 8월)

구분	조합원 수(천 명)			노조 조직률(%)			조합원 구성(%)		
	정규직	비정규직	전체	정규직	비정규직	전체	정규직	비정규직	전체
1~4인	33	4	37	3.4	0.2	1.1	1.3	0.2	1.5
5~9인	87	13	100	5.4	0.7	2.8	3.5	0.5	4.0
10~29인	307	37	344	11.4	2.0	7.5	12.3	1.5	13.8
30~99인	591	53	644	21.0	5.0	16.5	23.7	2.1	25.8
100~299인	461	41	502	30.0	9.7	25.6	18.5	1.6	20.1
300인 이상	843	26	869	38.6	7.3	34.3	33.8	1.0	34.8
전체 규모	2,322	174	2,496	19.6	2.1	12.5	93.0	7.0	100.0

사업체에서 정규직은 노조 조직률이 38.6%지만, 비정규직은 7.3% 밖에 안 된다. 정규직도 사업체 규모에 따라 조직률 차이가 크지만, 10인 이상 사업체는 모두 10%가 넘는다. 하지만 비정규직은 모든 규모에서 10%가 안 된다. 전체 조합원 가운데 300인 이상 사업체 정규직이 33.8%고, 10인 이상 사업체 정규직이 88.2%다. 고용 형태가 불안정한 비정규직과 사업체 규모가 영세한 곳에서는 조직화가 쉽지 않음을 알 수 있다(〈표 2-5〉 참조).

이에 반해 기업(사업체) 규모가 고용 형태보다 더 규정적 요인으로 작용하고 있다는 주장도 있다.[7] 조성재는 "대기업 중심으로 발전해온 한국의 산업구조를 고려하면 기업 규모 간 격차가 가장 중심적인 문제임을 쉽게 추론해볼 수 있다"[8]고 하고, 정이환은 "현재 시점에서 가장 부각되어야 하는 것은 기업 규모별 분절 개선 방안이다. 그 이유는 기업 규모별 분절이 노동시장 불평등의 중요한 원인임에도 불구하고 극복을 위한 실천이 거의 이루어지지 않고 있기 때문이다. 성별 격차나 고용 형태별 차별은 오래전부터 중요한 사회문제로 제기되어 여러 대책이 시행되고 있는 반면 기업 규모별 불평등 문제에 대한 대책은 거의 없다"[9]고 한다.

여기서 "기업 규모별 분절 문제에 대한 적극적인 관심과 대책이 필요하다"는 정이환의 문제의식[10]은 충분히 공감할 수 있지만, 조성재처럼 "기업 규모 간 격차가 가장 중심적인 문제"[11]라는 진단은 좀더 충분한 검토가 필요할 것으로 보인다. 원하청 관계가 중요하다고 해서 곧바로 기업 규모별 분절 문제의 중요성으로 등치시키는 것은 부적절하다. 하도급 중 파견 용역 사내하청은 기업 규모와 고용 형태 모두와 관련된 문제이며, 공공 부문에서 상시지속적 일자리의 간접고용 노동자를 직접고용으로 전환한 것도 비정규직 대책의 일환으로 추진되었기 때문이다.

3. 노동시장을 바라보는 다양한 관점

한국의 노동시장이 이중노동시장 또는 분절노동시장을 특징으로 하고, 노동시장 이중구조 또는 분절노동시장 극복이 중요한 과제라는 진단에 대해서는 대다수 사람들이 동의한다. 그러나 이러한 노동시장의 형성 요인이나 대책, 해법에 대해서는 뚜렷한 차이를 보이고 있다. 이러한 차이의 근저에는 명시적으로든 암묵적으로든 이론적 배경이 깔려 있다. 주류 경제학의 인적자본론과 내부자-외부자 이론, 비주류 경제학의 이중노동시장론과 분절노동시장론, 노동시장 유연화론과 균열일터 가설을 검토한다. 경제학 이외의 사회과학 영역에서 내부자-외부자 이론과 이중노동시장론을 절충한 이중화론도 살펴본다.

1) 인적자본론

인적자본론(Human Capital theory)은 1960년을 전후해서 슐츠(Schultz), 베커(Becker), 민서(Mincer) 등 미국의 시카고학파 경제학자들에 의해 발전된 이론이다. 교육은 인적자본에 대한 투자로, 개인적으로나 사회적으로나 생산적이고 바람직한 투자로 간주된다. 의사가 청소부보다 많은 임금을 받는 것은 교육 기간 동안 금전적으로나 시간적으로 많은 비용을 지불했고, 교육을 통해 생산성이 높아진 데 따른 보상이다. 교육이 확대되면 고학력자 공급이 증가해 임금 격차가 축소된다.

인적자본론에 대한 비판 몇 가지를 살펴보면 다음과 같다. 첫째, 인적자본론은 모든 생산요소를 자본으로 환원시키고, 노동자도 자본가로 변신시킴으로써, 자본주의의 속성인 착취와 불평등을 은폐하고, 자본주의 체제의 현상을 유지하려는 보수적 이데올로기에 불과하다.[12] 둘째, 인적자본론은 노동공급 측면만 중시하고 노동수요 측면을 무시한다. 임금결정에서 중요한 것은 누가 인적자본에 얼마나 투자했는가보다 노동시장 구조나 직무구조, 기타 수요 요인이다.[13] 셋째, 임금불평등 발생 원인을 구조적 요인에서 찾지 않고 개인의 선택에서 찾기 때문에 임금불평등을 정당화하는 결과를 초래한다.

인적자본론은 단일노동시장을 가정하고, 학력 수준이 전반적으로 높아졌음에도 고용사정이 개선되지 않는 한국의 현실에 비추어 볼 때 설명력이 떨어진다. 그럼에도 문제해결 방안이나 대책에서 교육훈련이 자주 강조되고 있는 데서 알 수 있듯이, 인적자본론의 영향력은 여전히 크다.

2) 이중/분절노동시장론

1960년대 중반 미국 민주당 정부는 '위대한 사회(The Great Society)'와 '빈곤과의 전쟁' 등 진보적 프로그램의 일환으로, 저임금 노동자와 빈민의 처지를 개선하기 위해 교육, 고용, 직업훈련, 빈

| 표 2-6 | 인적자본론과 이중/분절노동시장론 비교

구분	신고전파	제도학파
이론	인적자본론	이중/분절노동시장론
노동시장 구조	단일 노동시장 (시장원리 따라 자유경쟁)	이중/분절노동시장 (시장마다 서로 다른 원리)
임금과 고용의 결정	노동의 수요 공급 따라 임금과 고용 동시 결정	관리 규칙과 절차 따라 임금과 고용 분리 결정
중시하는 요인	노동의 공급 측면 강조	노동의 수요 측면 강조
임금불평등 발생 원인	개인의 선택/개인 책임	시장/직무/계급구조 등 제도, 구조적 요인
정치적 입장	현실 긍정적, 보수적	현실 개혁적, 급진적

민구제 정책을 추진했다. 그러나 실업자는 줄지 않고 소득불평등은 축소되지 않는 등 성과를 거두지 못했다. 그러자 정책 실패의 원인이 노동시장을 단일 노동시장으로 바라보는 신고전파 사고방식에서 비롯되었다고 보고, 이를 대체할 분석 틀로 이중노동시장론(Dual Labor Market theory)이 제기되었다.

이중노동시장론은 1960년대 미국 사회에서 풍미하던 인적자본론에 대한 반론으로 1970년대에 등장한 이론이다. '노동시장은 단일 노동시장이며, 시장원리에 따라 자유경쟁이 이루어진다'고 가정하는 신고전파 노동시장론과 달리, 기업 간·산업 간 임금 격차가 존재하고 빈곤과 소득불평등이 지속되는 것은 노동시장 분절 때문이며, 2차 노동시장은 애당초 교육훈련의 효과가 나타나기 어려운 곳으로 본다.

되린저(Doeringer)와 피오르(Piore)의 이중노동시장론은, 노동시장을 서로 다른 원리에 지배되는 1차(내부)노동시장(primary/

internal labor market)과 2차(외부)노동시장(secondary/external labor market)으로 구분한다.[14] 내부노동시장은 시장의 불확실성과 변동성으로부터 노동자들을 보호하기 위해, 노동의 배분과 임금의 결정이 일련의 관리 규칙과 절차에 지배되는 시장으로, 양호한 노동조건, 높은 임금, 안정된 일자리, 승진 가능성을 특징으로 한다. 외부노동시장은 노동자들이 시장의 불확실성과 변동성에 별다른 보호막 없이 내맡겨진 경우로, 낮은 임금, 불안정한 일자리, 열악한 노동조건을 특징으로 한다.

에드워즈(Edwards), 라이히(Reich), 고든(Gordon)의 분절노동시장론(Segmented Labor Market theory)은, 제2차 세계대전 이후 미국의 자본가들이 전전에 경험했던 자본주의 경제의 장기 침체 국면을 벗어나기 위해, 노동자들의 저항이 증가하는 상황에서 분할 지배 전략의 일환으로 노동시장을 분할했다고 본다.[15] 노동시장 구조를 근본적으로 변경하지 않는 한 저소득, 빈곤, 실업, 차별 등의 문제를 해결할 수 없다고 본다.

1차(내부)노동시장 형성 요인과 관련해서는 다양한 가설이 있는데, 크게 보면 3가지 범주로 구분할 수 있다. 첫째, 기업특수적 숙련 가설, 태만-통제 가설, 몰입유도 가설은 내부노동시장 형성이 기업 경영의 효율성을 높이기 위한 경영자의 합리적 선택임을 강조한다. 둘째, 분할통치 가설과 노동자 요구 가설은 행위자의 전략과 행위자 간의 힘 관계를 강조한다. 미국에서 기업 내부노동시장 형성은 노조와 정부, 양심적인 인사 담당자들이 협력해서, '시장지향적, 자의적, 불안정한 고용제도'를 '관료제적이고 규칙에 기초한, 안정된 고용제도'로 변화시킨 것으로 본다.[16] 셋째, 제도적 동형화

| 표 2-7 | 내부노동시장 형성 요인

효율성 (경영자의 합리적 선택)	행위자 간 힘 관계	고용관계 외부의 제도 및 규범적 환경요인
기업특수적 숙련 가설	분할통치 가설	제도적 동형화 가설
태만-통제 가설	노동자 요구 가설	
몰입 유도 가설		

(institutional isomorphism) 가설은 내부노동시장 형성 과정에서 국가, 경영자단체, 인사 관리자 집단, 상급 노동단체의 역할에 주목한다. 내부노동시장 모델이 형성된 뒤 정부기관의 강제, 성공사례 모방 등에 의해 내부노동시장 제도가 확산되고 하나의 규범으로 자리잡았다고 본다.

이처럼 내부노동시장의 형성 요인을 바라보는 관점은 다양하지만, 이들 가설은 내부노동시장이 확대되던 시기에 나온 것으로, 내부노동시장을 지향하고 확산시켜야 할 좋은 일자리로 바라보는 점에서는 일치한다.

3) 내부자-외부자 이론

1970년대까지가 내부노동시장의 확장기였다면, 1980년대 이후는 구조조정과 다운사이징이 진행되는 가운데 내부노동시장은 축소와 변화를 경험한다.[17] 1970년대까지 내부노동시장은 지향해야 할 좋은 일자리였지만, 1980년대 이후 내부노동시장은 과보호의 온상으로 비난받는 상황이 연출된다.

린드벡(Lindbeck)과 스노우어(Snower)는 기업이 내부자(insider)를 외부자(outsider)로 대체하려면 노동이동비용을 부담해야 하며, 이 때문에 내부자에게 교섭력이 생긴다고 가정한다.[18] 노동이동비용은 ① 채용, 훈련 등 기업에서 외부자를 생산적으로 만드는 데드는 비용 ② 퇴직금, 법적 해고보호 등 내부자의 지대추구 행위로생긴 비용 ③ 신규 진입자에 대한 비협조, 학대행위에 따른 비용으로 구성된다. 이러한 노동이동비용 때문에 외부자에 대한 노동시장차별이 가능해지고, 외부자는 비자발적 실업이나 형편없는 일자리에 빠진다는 것이다.

특정 기업이 다른 기업보다 높은 임금을 지급하는 이유는 "이윤기회가 많고, 자본노동비율이 높고, 산업집중도가 높은 기업일수록, 임금협상이 결렬되었을 때 입는 손실이 크기 때문에, 내부자들에게더 많은 임금을 지급한다"고 설명하고, "노조 조직률이 높을수록 교섭 결렬 시 위협이 크기 때문에 노조 임금 프리미엄이 발생한다"고 설명한다.[19]

국제노동기구(ILO)에서 발간한 문헌들은 내부자-외부자 이론(Insider-Outsider theory)에 대해 많은 비판을 가하고 있다. 베르그(Berg)는 "외부자의 희생으로 내부자들이 특권을 누린다는 식으로 노동자들끼리 싸움 붙이고, 노동시장 규제를 완화해야 한다는 담론으로 귀결되는 경우가 많다. 그러나 노동자 보호를 제거하거나 사회정책을 축소하면 불평등만 확대될 뿐이다"라고 비판한다.[20]

쿤(Keune)은 "노동시장 참가자를 내부자와 외부자 두 집단으로나누는 것은 지나치게 단순하며, 내부자와 외부자의 이해관계가 반드시 다르다는 생각도 잘못이다. 내부자와 외부자 모두 고용보호를선호하고, 노동조합은 내부자와 외부자의 이익 모두 옹호한다. 주류 경제학자들은 내부자가 외부자의 존재로 이득을 본다고 주장하지만, 외부자의 존재는 내부자의 교섭력을 잠식한다"고 비판한다.[21]

또한 "노동조합은 조합원들의 경제적 이해관계 대변을 넘어서서, 자본주의 체제에 반대하는 계급 주체일 수 있고, (비조합원과 약자의 이익을 포괄하는) 전체 사회의 이익을 대변하는 사회 주체일 수도 있다. 노동조합은 연대와 사회정의 차원에서 외부자를 대변하고 그들의 고용의 질을 개선할 전략을 개발해야 한다. 유럽 노조가 저질 일자리 증가를 막고 불안정 노동자의 조건을 개선하기 위해 다양한 조치를 취했음에도 불안정 고용이 증가한 것은, 노동조합이 상대적으로 취약해 사용자의 전략이나 정부의 개혁에 제대로 대응하지 못했거나, 노동조합이 불안정 노동자에게 투입하는 실제 자원이 미약하거나 조직화 캠페인이 일시적이어서 노동조합의 담론이 상징 수준에 머물고 있기 때문이다"[22]라고 진단한다.

전통적으로 주류 경제학은 고용보호 규제를 완화해야 시장이 효율적으로 작동한다는 입장을 취해왔다. 그러나 실증분석 결과 고용보호 규제와 경제적 성과 사이에 상관관계가 발견되지 않자, 점차 경제적 성과 대신 사회정의로 말을 바꾸고 있다. 고용규제가 강한 경제와 약한 경제 사이에 경제적 성과 차이가 없더라도, 고용규제는 외부자보다 내부자에게 유리하기 때문에 해롭다(정의롭지 않다)는 것이다.[23]

루베리(Rubery)는 "내부자-외부자 이론은 노자 간의 불평등 확대를 간과한다. 모든 일자리에서 경쟁 격화는 외부자에게 불리하다. 실업자, 여성, 고령자 등 외부자도 고용안정을 선호한다. 내부자-외부자 이론은 포용적 기초 위에 안정성을 재구축할 분명한 정치적 의지 없이, 제도화된 보호의 파괴를 촉진할 위험성이 있다"[24]고 비판한다. 그러면서 좀 더 포용적인 고용제도를 촉진하고, 사용자의 책임을 강화하고, 좀 더 보편적인 사회적 보호를 제공해야 한다며, 포용노동시장을 위한 재규제화를 제안한다.

한국에서 내부자-외부자 이론은, 대기업 정규직 과보호론이나 대기업 정규직 노조 이기주의로 표출되고 있다. 분절노동시장이 형성된 원인이나 대책에서 정부와 자본은 슬그머니 사라지고, 내부자 과보호가 원인으로 지목되고, 문제해결 대책으로 고용규제 완화, 노동시장 유연화가 제시된다.

4) 노동시장 유연화론

비정규직 남용과 차별이 심한 이유를 물으면 인사 담당자들에게 인건비 절감을 들고, 주류 경제학자들은 정규직 과보호를 든다. 하지만 이것은 어디까지나 표면상의 이유일 뿐이다. 저비용-저부가가치를 토대로 낮은 길(low-road) 전략을 추구하는 기업이 인건비 절감을 추구한 것은 어제오늘 일이 아니고, 1953년 노동법 제정 이래 노동자 보호조항은 크게 달라지지 않았기 때문이다. 그렇다면 비정규직이 증가한 실제 이유는 무엇인가?

1990년대 중반부터 비정규직이 늘고 차별이 심해진 것은, 지난 20년 동안 정부가 노동시장 유연화(labor market flexibilization)를 제1의 노동정책 과제로 추진했고, 외환위기 이후 기업의 경영전략과 인사관리 전략이 크게 달라졌기 때문이다. 인건비 절감에 기초한 단기수익 극대화가 최상의 목표가 되고, '핵심(core) 이외는 비정규직으로 전환하라, 아웃소싱 하라'가 주요 수단으로 추진되면서, 노조의 저항력은 급속히 약화되었고, 비정규직 남용과 차별은 심화되었다.[25]

　정부의 노동시장 유연화 전략과, 기업의 인건비 절감에 기초한 단기수익 극대화 전략으로, 양질의 일자리가 파괴되고 저임금 비정규직 일자리가 증가하면서, 저임금계층이 양산되고 노동소득분배구조가 악화되었다. 이것은 다시 내수 기반 잠식과 가계부채 증가, 노사갈등과 사회갈등, 성장 잠재력과 민주주의 기반 잠식 등으로 이어져 많은 부정적 폐해를 낳고 있다.[26] 선행 연구들을 토대로 구체적 경로를 살펴보면 〈그림 2-3〉과 같다.

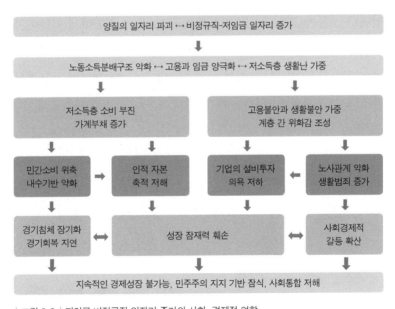

| 그림 2-3 | 저임금 비정규직 일자리 증가의 사회·경제적 영향

5) 균열일터 가설

과거에는 기업 내부에 필요한 업무가 대부분 편재되어 있었다. 대내적 형평성을 고려하다 보니 기업 내 임금 격차는 크지 않았고, 업무에 관계없이 대다수 직원에게 동등한 복지가 적용되었다. 그러나 아웃소싱 열풍이 불면서, 이른바 '핵심' 이외의 업무가 파견, 용역, 하청, 프랜차이즈 등으로 쪼개져 나갔고, 상황은 달라지기 시작했다.

핵심만 남은 기업은 단기 수익을 극대화하기 위해 파견, 용역, 하청, 프랜차이즈 업체에 고용주 책임을 떠넘기고, 하도급 단가를 후려치기 시작했다. 이들 업체 소속 노동자의 임금과 노동조건, 복지는 눈에 띄게 나빠졌고, 차별과 불법이 만연하게 되었다. 기업 밖으로 밀려난 노동자들과 모기업 사이에 업무 조율이 원활하게 이루어지지 않으면서 산재사고와 대형사고가 빈발하고, 과거에는 노동자들에게 돌아갔을 몫마저 모기업 투자자들에게 이전되면서 소득불평등은 더욱 심화되었다(〈그림 2-4〉 참조).

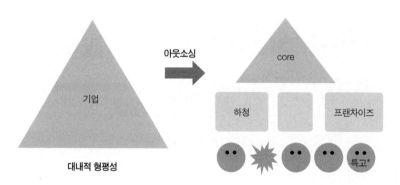

| 그림 2-4 | 아웃소싱 전후 변화

* 학습지도사, 보험모집인, 퀵서비스 배달원, 대리운전기사 등 '특수고용직'을 일컫는다.

와일(Weil)의 균열일터 가설(Fissured Workplace theory)은 외주화를 균열일터 발생의 주된 원인으로 지목하면서, 대기업에게 하청업체, 프랜차이즈 업체의 공동사용자로서 노동법상 책임과 의무를 부과할 것을 제안한다.[27] 위험의 외주화가 대형 산업재해의 빈발로 이어지고, 생명안전 업무의 직접고용과 원청의 사용자 책임 강화가 해법으로 제시되고 있는 데서 알 수 있듯이, 와일의 균열일터 가설이 한국 사회에 주는 시사점은 매우 큰 것으로 판단된다.[28]

6) 이중화론과 내부자-외부자 정치

엠메네거(Emmenegger) 등의 이중화론(Dualization theory)[29]은 이중노동시장론과 내부자-외부자 이론, 복지국가 레짐(regime)과 자본주의 다양성 연구 등 여러 연구 흐름을 결합한 것으로, 국내에서는 조성재, 전병유 등이 이론적 근거로 얘기하고 있다.[30]

이들은 내부자-외부자 분할이 탈산업화가 만들어낸 직접적 결과가 아니라 정치적 선택의 결과이며, 분절화가 실제 내부자-외부자 분할을 초래하는 정도는 제도적 상황에 달려 있고 국가와 복지 레짐에 따라 다르다는 사실을 강조한다. 탈산업화가 진행되는 노동시장에서 내부자와 외부자 간 불평등 증가는 공공정책에 의해 형성되었으며, 내부자와 외부자 간의 새로운 분할이 생겨나고 심화되고 확대되는 현상은 의도적인 노동시장 탈규제의 결과다. 노조의 이해대표 범위가 좁고 약할 경우에는 외부자를 희생하여 내부자의 이해를 보호함으로써 이중화를 촉진하는 역할을 할 가능성이 높다. 노조 또는 좌파-우파 정당을 친내부자 또는 친외부자로 일반적으로 규정할 수 없다.[31]

린드발(Lindval)과 루에다(Rueda)는 중도좌파 정당이 처한 내부자-외부자 정치의 딜레마를 조명하고 있다.[32] 내부자에게 유리한 정책을 채택하면 외부자가 정치에서 이탈하거나 급진당을 지지하고, 외부자에게 유리한 정책을 채택하면 내부자의 지지를 상실할 가능성이 높다. 내부자-외부자 문제가 발생할 여지가 가장 적은 스웨덴조차 내부자-외부자 딜레마가 존재한다.

이중화론에서 내부자-외부자 개념 사용은, 노동자 계급 내부적으로 다양한 이해관계가 존재하고 상호 충돌할 수 있음을 드러낸 점에서는 유용할 수 있다. 그러나 내부자-외부자 개념을 사용하다 보면 문제 발생의 원인과 대책에서 점차 정부와 자본은 사라지고, 내부자 과보호를 원인으로 지목하고, 내부자 과보호 해소를 대안으로 제시하는 오류를 범할 가능성이 높다.

7) 분절노동시장 개선 방향

〈표 2-8〉은 지금까지 살펴본 분절노동시장의 이론적 배경을 하나의 표로 요약한 것이다. 첫째, 인적자본론과 이중/분절노동시장론은 1960~70년대 내부노동시장 확장기에 나온 이론이고, 내부자-외부

| 표 2-8 | 분절노동시장의 이론적 배경과 개선 방향

구분	주류 경제학	비주류 경제학
내부노동시장 확장기 (1960~70년대)	인적자본론	이중/분절노동시장
내부노동시장 수축기 (1980년대 이후)	내부자-외부자 이론	노동시장 유연화론 균열일터 가설

| 표 2-9 | 불평등 확대 원인과 해소 방안

구분	내부자-외부자 이론	노동시장 유연화론 균열일터 가설
불평등 확대 원인	내부자의 노동이동 비용	정부와 자본의 유연화, 외주화 정책
불평등 해소 방안	고용보호 규제 완화 노동시장 유연화	포용노동시장 재규제화, 사용자 책임 강화
	사회안전망 구축	

자 이론과 노동시장 유연화론, 균열일터 가설은 1980년대 이후 내부
노동시장 수축기에 나온 이론이다.

둘째, 내부자-외부자 이론은 불평등 확대 원인을 내부자의 노동이
동비용에서 찾는 데 비해, 노동시장 유연화론과 균열일터 가설은 정부
와 자본의 노동시장 유연화 정책과 외주화에서 찾는다(〈표 2-9〉 참조).

셋째, 내부자-외부자 이론은 불평등 해소 방안으로 고용보호 규
제를 완화해서 노동이동비용을 축소하고, 노동시장을 더 유연화할
것을 제안한다.

예컨대 변양균은 노사정 대타협 모델을 버리고 정부 주도로 개혁
을 추진해야 한다면서,[33] 노동유연화와 사회안전망 구축을 제안한
다. 여기서 노동유연화는 정규직 고용 경직성 해소와 비정규직 규제
완화로 정의되는데, 구체적 정책으로 ① 저성과자 해고 허용과 경영
상 해고 요건 완화 ② 비정규직 고용기간 연장(2년→4년) 또는 기간
제한 폐지 ③ 파견법을 금지업무만 열거하는 네거티브 방식으로 변
경 ④ 근로기준법을 근로계약법으로 변경 등을 제시하고 있다. 이는
박근혜 정부가 추진한 '노동개혁(?)'보다 더 나간 것으로, 노동유연
화에 따른 실업률 급증(2020년 7% 180만 명)을 감수하면서, 앞으로

5년 동안 293조 원의 예산을 들여 사회안전망을 구축할 것을 제안하고 있다.

이에 비해 노동시장 유연화론과 균열일터 가설은 불평등 해소 방안으로 '포용적인 고용제도를 촉진하고, 사용자 책임을 강화하고, 보편적인 사회보호를 제공해야 한다'며 포용노동시장을 위한 재규제화를 제안한다.[34]

4. 노동시장 구조를 둘러싼 쟁점

한국의 노동시장은 기업 규모와 고용 형태에 따른 차별이 중첩되고, 대기업 정규직과 중소영세업체 비정규직 내에도 상당한 분절 또는 균열이 존재하는 '중층적 분절노동시장'을 특징으로 하며, 파편화된 기업별 노사관계와 맞물려 불평등이 확대되는 악순환 고리에 빠져 있다.

지금까지 한국 노동시장의 구조와 관련해서 살펴본 쟁점 4개를 요약하면 다음과 같다.

쟁점 1 1차 노동시장의 규모

첫째, 1차 노동시장이라 할 수 있는 정부 부문과 민간 부문 대기업 정규직 노동자 수는 447만 명이며, 임금노동자의 23.4%, 전체 취업자의 19.3%이다. 노동시장에서 핵심적 지위를 점하고 있는 대기업 정규직이 수적으로도 전체 노동자의 1/4에 이른다는 사실은, 중소영세업체 비정규직을 보호하고 분절노동시장 문제를 극복함에 있어서 대기업 정규직 노동자들의 적극적인 연대와 협력이 필수 불가결함을 말해준다.

쟁점 2 기업 규모와 고용 형태

둘째, 기업(사업체) 규모와 고용 형태 중 어느 것이 더 중요한지를 둘러싸고 논란이 있다. 중소영세업체 비정규직 노동자들은 대기업 정규직 노동자들에 비해 기업(사업체) 규모와 고용 형태에 따른 차별이 중첩되고 있지만, 굳이 둘 중 하나를 꼽으라면 기업(사업체) 규모보다 고용 형태가 더 규정적 요인으로 작용하고 있다.

쟁점 3 분절노동시장의 이론적 배경

셋째, 1980년대 이후 내부노동시장 수축기에 분절노동시장을 설명하는 이론으로는 내부자-외부자 이론과 노동시장 유연화론, 균열일터 가설이 있다. 내부자-외부자 이론은 불평등 확대 원인을 내부자의 노동이동비용에서 찾는 데 비해, 노동시장 유연화론과 균열일터 가설은 정부와 자본의 노동시장 유연화와 외주화 정책에서 찾는다.

쟁점 4 분절노동시장의 개선 방향

넷째, 내부자-외부자 이론은 불평등 해소 방안으로 고용보호 규제를 완화해 노동이동비용을 축소하고 노동시장을 더 유연화할 것을 제안한다. 이에 비해 노동시장 유연화론과 균열일터 가설은 불평등 해소 방안으로 '포용적인 고용제도를 촉진하고, 사용자 책임을 강화하고, 보편적인 사회보호를 제공해야 한다'며 포용노동시장을 위한 재규제화를 제안한다.

3장

한국 민주주의의 유산과
복지정치 전략

1. 복지와 정치

이 글의 목적은 한국에서 지속 가능한 복지국가 제도를 구축하기 위한 계획을 구상하는 데에서 고려해야 할 한국 민주주의의 특수한 유산이 무엇인지를 고찰하는 것이다. 여기서 '민주주의'는 정치제도, 정당, 선거, 시민 정치참여를 포함하며, 그것의 '특수한' 측면을 밝힌다는 것은 한국 민주주의의 특성을 외국 사례들과의 비교를 통해 보다 정교히 인식하려 한다는 뜻이다. 끝으로 '유산'에 대해 말한다는 것은 특수한 역사적 과정의 결과로 형성된 한국 정치의 구조, 제도, 행위자 특성이 오늘날의 복지정치 전략에 어떤 함의를 갖고 있는지에 관심을 기울인다는 의미다. 다시 말해 이 글은 비교·역사적 관점에서 한국 민주주의의 특성이 무엇이며 그것이 복지국가 발전에 어떤 기회와 장애를 내포하고 있는가라는 질문을 다룬다.

왜 우리는 복지국가 발전 전략을 고민하면서 한국 민주주의의 역사와 현실의 특성을 물어야 하는가? 그 이유는 사회불평등을 완화하고 국가의 평등주의적 역할을 강화하는 데에서 민주주의 정치체제가 양면적 잠재성을 갖고 있기 때문이다. 즉, 민주주의는 불평등 문제를 정치 의제로 제기하고 정책대안을 모색하게끔 하는 기제가 될 수도 있지만,[1] 민주적으로 선출된 대표자들이 불평등 의제를 배제할 수도 있고 다수 유권자가 사회복지에 무관심하거나 부정적일 수도 있다.[2] 말하자면 민주주의 자체가 복지국가의 점진적 발전, 불평등의 점진적 감소를 보장해주지 않는다.

그러므로 민주주의와 복지국가가 함께 가려면, 혹은 민주주의를 통해 더 좋은 복지국가로 가려면 우리는 단지 권위주의의 도전으로부터 민주주의를 방어하는 것만이 아니라 '어떤 민주주의냐?'를 물어야 한다. 자본주의가 다양하고 복지국가가 다양하듯이 민주화의 역사, 민주주의 제도, 민주주의의 질도 나라마다 다르다. 어떤 민주주의는 복지국가 발전을 촉진하고, 다른 민주주의는 그렇지 않으며, 어떤 민주주의는 심지어 복지국가를 저해하기도 한다. 어떤 나라의 정부와 정당들은 불평등과 빈곤에 민감하게 반응하고, 어떤 나라에서는 부자들의 필요와 요구에 더 많이 반응한다. 이처럼 한 나라의 민주주의와 거버넌스(governance)의 특성이 복지국가의 발전 경로에 영향을 미치기 때문에, 우리는 지금의 한국 민주주의가 역사로부터 구체적으로 어떤 유산을 물려받았는지를 더 명확히 인식해야 한다.

1987년 이후 독재에서 민주주의로 이행하면서 사회경제적 평등과 국가의 재분배 역할의 측면에서도 발전이 있으리라는 기대가 컸지만, 현실에서 민주주의 정치는 그러한 기대를 종종 배반했다. 많은 정치적 이벤트와 말의 성찬에도 불구하고 주요 정치세력들은 분배 구조 개선과 공적 연대의 확대에 최우선의 정책적 중요성을 부여하지 않았다. 평상시엔 빈부격차와 민생불안 해결이 시대적 과제인 것 같다가도 선거 때만 되면 다른 이슈와 변수에 의해 권력의 향방이 결정되곤 했다. 그리고 이런 문제를 교정할 노동정치의 성장과 정당 질서 재편은 일어나지 않았다.[3] 하지만 한국에서 민주화는 불평등과 복지 의제를 정치의 중심에 가져다놓는 데 지대한 영향을 미치기도 했다. 정당들은 유권자의 마음을 얻기 위해 경쟁적으로 복지 정책을 제시했고, 보수정당조차 여론의 비난을 피하기 위해 복지확대에 동의하곤 했으며, 시민들은 다양한 정치참여를 통해 제도정치 행위자들에게 영향력을 행사할 수 있게 되었다.

말하자면 오늘날 한국에서 민주주의는 더 좋은 복지국가로 갈 수 있는 길을 제공하지만, 그 길은 늪과 덫이 도처에 놓여 있는 불안한 길이다. 그러므로 민주주의에 대한 환상도 환멸도 없이, 한국 민주주의 현실을 구성하는 역사적 유산 속에 복지국가 발전을 위한 기회와 장애물이 어디에 놓여 있는지를 담담하게 인식할 필요가 있다.

이 글은 먼저 복지정치 관점에서 민주주의의 다양성을 분석하기 위한 문제 틀과 분석 틀을 정리한 다음 복지국가 발전 경로의 국가별 다양성을 설명하는 주요 이론들을 구조, 제도, 행위자의 세 수준에서 요약한다. 이어서 그러한 세 측면에서 한국 정치의 역사와 현실이 어떤 특성을 갖고 있는지를 서술하고, 앞에 서술한 한국 민주주의와 복지정치의 개별 특성들을 종합적으로 재구성하면서 국제비교 관점에서 그 특성을 성찰한다. 마지막으로는 복지국가 유형론과 동아시아 복지국가에 관한 기존 논의의 맥락에서 한국 복지정치의 독특한 논리가 무엇이며 미래의 복지정치 전략을 위한 기회가 어디 있을지를 논한다.

1) 민주주의와 복지국가의 관계

민주주의가 복지국가 발전에 긍정적 역할을 미친다는 생각은 역사적으로나 논리적으로나 타당한 면이 있다. 현대 정치의 역사를 탐구한 많은 사회학적 연구는 민주주의와 시민권의 확대가 중·하층계급의 정치적 역량을 강화하여 국민국가를 사회통합의 장치 또는 계급투쟁의 장소로 변형시키는 결과를 낳았음을 발견했다.[4]

또한 경제학자들을 중심으로 민주주의와 국가의 재분배 역할 간의 긍정적 관계를 이론화한 시도도 많이 있었다. 참정권이 하층계급으로 확대되어 선거에 결정적 영향을 미치는 유권자의 소득이 낮아질수록 정부의 사회정책적 역할이 커진다거나, 불평등이 일정 수준 이상 악화되면 대중적 위협 때문에 민주주의가 확대되고 국가의 재분배 기능이 강화된다는 등의 설명이다.[5]

한편 복지 연구 분야에서도 정치 민주주의를 복지국가 확대의 조건으로 보는 견해들이 꾸준히 있어왔다. 복지국가 연구의 1세대를 이루는 대표적인 두 접근인 근대화 이론(또는 '산업화의 논리')과 네오-마르크스주의는 "왜 발전된 현대 사회에서 보편적으로 복지국가가 발전하는가?"라는 질문에 답을 찾고자 했는데, 두 접근은 서로 간의 이념적 차이에도 불구하고 공통적으로 산업 자본주의의 발전을 배경으로 한 정치 민주주의의 확대가 복지 의제의 정치화, 또는 계급투쟁의 정치화를 초래했다고 보았다.[6] 복지국가 레짐(regime)의 국가별 차이를 주목한 접근들도 민주주의가 복지국가 발전을 위한 역사적 전제조건이라는 데 의견이 일치했다. 복지국가는 "민주적 권력투쟁"[7]의 산물이고, 그런 의미에서 민주적 국가는 경제 영역에서 약자인 노동계급이 정치 영역에서 발견할 수 있는 무기라는 것이다.[8]

이상의 주장들은 분명 진실의 한 측면을 비추고 있다. 하지만 민주주의와 복지국가의 역사를 더 가까이서 들여다보면 민주주의와 복지국가, 민주주의와 불평등 간의 관계는 분명하지 않다는 것이 드러난다. 많은 나라의 사례를 통계적으로 분석한 연구에 따르면 민주주의와 재분배 사이에는 확실한 긍정적 관계도 부정적 관계도 없다.[9] 민주주의 체제에서 정당들은 불평등과 복지 의제를 무시하거나 배제할 수 있고, 유권자들도 반(反)복지 정당을 선택할 수 있다. 독재자들도 정치적 정당성 확보를 위해 복지확대를 지지할 수 있으며, 민주적 통치자도 자신의 정치적 이해관계에 따라서 복지를 확대하지 않을 합리적 동기가 있을 수 있다.[10]

복지 연구에서도 민주주의가 복지국가의 전반적 확산에 기여한 측면뿐 아니라, 민주주의 정치 현실의 국가별 다양성이 복지국가 발전의 차이를 설명해주는 측면을 부각시키는 접근이 점점 더 많은 호응을 받아왔다. 왜 현대사회의 유사한 구조적 경향에도 불구하고 어떤 곳에서는 보편적이고 강력한 복지국가가 발전한 데 반해, 다른 곳에서는 잔여적이고 미약한 복지국가만이 존재하는가? 이 질문에 대해 문화적 설명 등 다양한 대답이 있지만, 특히 많은 연구가 강조한 바는 '문제는 정치'라는 것이다. 즉 근대화의 구조변동이나 자본주의의 기능적 필요와 같은 '정치외적', '비정치적', 또는 '전(前)정치적' 요인의 영향이 아니라, 바로 국가와 정치 자체의 차별적 특성이 복지국가 발전의 시점, 속도, 폭의 차이에 영향을 미친다.[11] 특히 한국 민주주의의 역사적 유산과 특성을 주목하는 이 글의 맥락에서는 정치 구조와 제도 형성의 순서와 경로, 결합과 위계의 국가별 차이가 중요하다.[12]

요약하면, 민주주의와 복지국가의 관계에서는 단순히 민주주의의 존재 유무나 발전 정도만이 문제가 되는 게 아니라, 거시적인 정치사회적 구조, 정치제도의 틀, 주요 정치 행위자의 속성과 세력관계 등 복잡한 고려사항들이 작용하는 것이다. 선거민주주의의 도입과 발전이 자본주의 산업화, 정당조직의 발전, 국가 관료제의 발달 등 근대화의 다른 측면과 어떤 관계에 있느냐? 어떤 정부 형태와 정치제도 아래에서 민주주의 정치가 실현되고 있느냐? 정당과 시민사회의 다양한 행위자들은 어떤 성향을 갖고 있고 서로 어떤 관계를 맺고 있는가? 이상의 여러 측면에서 어떤 역사적 경험 또는 체계상의 특성이 복지국가 발전을 촉진하거나 저해하는가? 그것은 왜 그러한가? 이런 질문들은 민주주의와 복지국가 간의 관계를 이해하는 데서 중요하다. 이 글은 이러한 질문들을 검토하면서 한국의 민주주의 유산의 특성이 무엇이며, 그것은 복지국가 발전에 무엇을 의미하는지를 고찰하려고 한다.

2) 구조, 제도, 행위자 관점에서 본 복지정치의 영향 요인

거시적인 정치사회 구조, 정치체제와 정치제도, 주요 행위자 집단의 성격과 그들 간의 관계 등이 모두 한 나라의 복지정치의 전개와 제도 레짐에 영향을 미친다. 지속 가능한 복지국가를 건설하기 위한 전략은 구조, 제도, 행위자라는 이상의 세 가지 수준에서 역사적 유산과 현재적 조건에 대한 인식을 토대로 해야 한다. 그러한 전략은 직접적으로는 정치행동의 측면에서 정당정치나 시민정치 영역에 변화를 가져올 수 있고, 또한 정치제도의 측면에서 현존하는 제도의 강점을 활용하고 약점을 개선할 수 있다. 그처럼 전략적 개입을 통해 행위와 제도에 가한 변화들은 장기적으로 정치사회적 거시구조까지도 복지국가에 우호적인 방향으로 변형시키는 데 영향을 미칠 수 있다(〈그림 3-1〉).

만약 효과적 변형 전략을 통해 정치제도를 개선하고 정치행동을 더 성공적으로 만들 수 있다면, 그래서 복지 정책과 제도를 변화시킬 수 있다면, 그것이 낳을 결과는 단지 개별 복지제도의 수혜자들의 물질적 보장에 국한되지 않을 것이다. "새로운 정책들은 새로운 정치를 만든다(New policies make a new politics)."[13] 즉, 전략적 행위를 통한 정책과 제도의 변화는 무엇보다 복지국가의 지속과

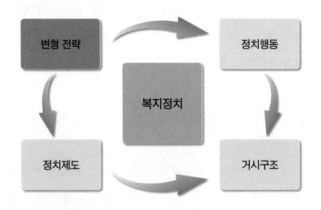

| 그림 3-1 | 복지정치에 영향을 미치는 요인들과 변형 전략

확대를 지지해줄 정치적 지지층을 함께 낳고, 그와 더불어 복지정치의 판세를 바꾼다. 역사적으로 형성되어온 구조적 조건은 행위자들에게 큰 영향을 미치지만, 역으로 행위자들의 의식적이고 전략적인 행위는 제도를 바꾸고, 새로운 제도는 거기에 이해관계를 갖는 집단을 창출하여 복지정치의 조건을 변화시키는 것이다.[14] 그런 의미에서 〈그림 3-1〉의 변형 전략으로부터 출발하는 굽은 화살표의 시나리오는 어려운 이상이되, 현실적인 상상이다.

구조, 제도, 행위자의 세 가지 분석 범주에서 우리는 복지정치에 영향을 미치는 요인들을 몇 가지 하위범주로 도출해낼 수 있다(〈그림 3-2〉). 첫째, 거시적 구조의 수준에서는 사회적 균열구조의 성격(계급균열 유무), 정당체계의 전통(계급정치 발전), 국가 관료기구의 역량(행정·조세·규제)을 꼽을 수 있다. 둘째, 정치제도의 수준에서

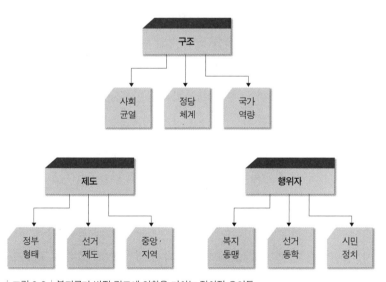

| 그림 3-2 | 복지국가 발전 경로에 영향을 미치는 정치적 요인들

는 정부 형태(대통령제냐 의원내각제냐), 선거제도(다수제 모델이냐 비례제 모델이냐), 중앙-지역 관계(단일국가냐 연방국가냐) 등이 핵심 요인이다. 셋째, 행위자 수준에서는 복지국가 정치동맹의 폭과 지속성, 선거정치의 역동성, 그리고 시민정치와 사회운동의 정치적 영향력 등이 중요하다. 이로써 우리는 3개의 분석 수준에서 각 3개의 핵심 요인, 총 9개 쟁점 영역으로 구성된 분석 틀을 얻게 된다.

2. 복지국가 발전의 정치적 조건

1) 거시적 정치사회 구조

사회적 균열의 성격

사회학자인 로칸과 정치학자인 립셋은 유럽의 정치사회적 균열(cleavage)에 대한 역사적이고 구조적인 국제비교 연구를 주도했는데, 이 접근은 지역별·국가별로 계급 및 복지 정치의 발전 정도와 경로의 차이를 이해하고 설명하는 데 유용한 접근법을 제공한다. 여기서 균열이란 사회들이 거대하고 장기 지속하는 대립의 축들을 갖고 있음을 지칭하는 개념이다. 그것은 일시적이고 산발적인 갈등(conflict), 또는 집단화되지 않은 사회적 분할(division)과도 구분된다. 예를 들어 사회구조적 수준에서 개인과 가구의 소득, 자산, 고용조건 등이 불평등하게 분포되어 있을 때, 그 불평등은 집단적 정체성, 집단행동의 조직화, 정치적 의제와 쟁투로 연결될 수도 있지만, 그렇지 않을 수도 있다. 그러한 전환이 이루어졌을 때, 우리는 그곳에 '계급균열'이 형성됐다고 말할 수 있다.

로칸의 연구에 따르면[15] 서유럽의 근대화 과정에서는 자본-노동, 국가-종교, 산업-농업, 문화적 중심-주변이라는 네 가지 균열이 가장 강력한 대립 구조이자 사회변동의 동력으로 작용했다. 그 관점에서 봤을 때 복지국가 발전은 산업자본주의의 발전 과정에서 자본-노동의 대립이 조직화되고 국민국가의 틀 안에서 정치화된 결과라고 할 수 있다. 유럽에서는 절대왕정에 이어 국민적 영토국가가 발전하고(민족혁명), 산업 자본주의 발전의 과정에서 노동계급의 사회조직과 대중정당이 발전하며(산업혁명), 그 토대 위에서 1인 1표의 보편적 참정권에 기초한 정당·의회 민주주의가 도입되어(민주혁명), 결과적으로 진보·보수 정당 간의 계급정치적 경쟁구조가 형성됐다.

중요한 점은 서유럽의 이러한 패턴이 지구상의 어디서도 반복되지 않았다는 사실이다. 균열형성의 과정과 구조는 다양하다. 서유럽에서는 각기 다른 정체성을 발전시킨 계급적·이념적 세력들이 제도 중심부를 장악하거나 개혁하기 위해 서로 경합하는 체제가 제도화된 데 비해, 미국에서는 독립혁명 이후에 건국이념과 헌정체제를 중심으로 통합적 정체성이 형성되어, 그 중핵을 공유하는 '미국인' 내의 민주적 경쟁과 갈등이 보장된 반면 거기서 배제된 '타자들'을 인종적, 민족적으로 구분하는 균열이 형성됐다. 한편 일본은 종족적·인종적 집단정체성을 발전시켜 이른바 '국체(國體)' 이데올로기를 중심으로 내부적 갈등과 도전을 억압하는 구조가 발달해서, 노동운동과 사회주의 운동 또는 기타 체제변혁 운동이 중심부를 위협할 정도의 힘을 얻지 못했다.[16] 그래서 각 나라에서는 복지국가를 발전시키는 각기 다른 경로가 생겨났다.

대중정당의 발전과 정당체계의 제도화

로칸과 립셋은 특히 자본-노동의 사회적 균열이 정당체계의 정치적 균열로 '번역'되는 과정에 관심을 기울였다.[17] 이들에 따르면 서유럽에서는 19세기 후반에 자본과 노동 세력이 집단화·조직화되면서 계급균열이 형성되었고, 그 토대 위에서 계급적 대중정당이 발전하고, 1920년대 이후 정당민주주의가 보편적으로 도입되면서 계급정치의 정당체계가 구조적으로 '결빙(freezing)'되었다. 이런 역사적 과정을 거쳐온 유럽의 좌파 정당들은 단순히 정강정책 때문에 좌파인 것이 아니라, 노동계급의 조직과 공동체, 집단적 문화와 정체성에 뿌리내리고 있었다.

그러한 계급정치론은 이후 탈산업사회론,[18] 탈물질주의 가치론,[19] 시민정치론[20] 등에 의해 도전받았다. 그래서 오늘날 유럽 정당정치에서 계급균열이 여전히 지속되고 있는지, 혹은 이미 해체되었는지는 논쟁거리다. 그러나 이 글의 맥락에서 보다 중요한 사실은 유럽 외의 많은 지역에서 계급 간 대립과 타협의 정치균열이 역사적으로 형성되지 못했다는 것이다.

하나의 비교 사례는 유럽과 미국의 차이다. 유럽에서는 산업화와 노동계급의 조직화를 바탕으로 1860년대~1920년대에 대중정당이 발전했고 1910년대 후반부터 민주주의 제도가 보편화되어간 데 반해, 미국에서는 일찍이 1790년대~1850년대에 현대적 정당이 창립되고 선거정치가 활성화됐다. 립셋은 선거민주주의의 이른 발전으로 공화-민주 양당체계가 공고해진 조건에서 복지정치는 노동계급의 독립적 정당을 통해서가 아니라, 민주당과의 협력에 의존할 수밖에 없었다고 설명했다.[21]

유럽의 경험과 뚜렷한 대조를 보여주는 또 하나의 사례는 20세기에 오랫동안 식민주의 또는 권위주의 지배를 겪은 후에 1980~90년대에 민주주의가 도입된 남미, 아시아, 아프리카의 나라들이다. 여기서는 권위주의적 후후발 산업화 과정에서 노동계급이 스스로를 조직화할 수 있는 기회가 차단되었고, 제도화된 정치경쟁이 불가능한 조건 아래에서 정치세력들은 후원주의(clientelist) 정치의 전통을 만들어갔다. 그러한 역사적 배경 위에서 뒤늦게 민주주의가 도입됐기 때문에, 진보적 정치세력들은 사회 저변의 조직적 기초가 매우 약했을 뿐만 아니라, 전통적인 후원주의적 자원을 풍부히 보유한 주요 정당들 간의 경쟁구조가 계급세력 간의 정책경쟁을 압도했다.[22]

현대적 국가역량의 발전

복지국가 발전에 영향을 미치는 세 번째 구조적 요인은 국가역량(state capacity)으로, 이는 국가가 자율적으로 정책을 수립하고 효율적으로 집행할 수 있는 능력을 뜻한다.[23] 그것은 강압역량(coercive capacity), 조세역량(extractive capacity), 행정역량(administrative capacity), 규제역량(regulative capacity) 등 다양한 차원을 가지며, 각각에 상응하는 다양한 측정 지표가 있다.[24]

강압역량은 정치체의 내적 질서와 대외적 방어를 위한 물리적 능력을 뜻한다. 행정역량은 국가 관료기구의 인적·재정적 규모, 전문성, 규율, 자율성 등을 뜻하는데, 예를 들어 미국에선 선거정치가 국가 관료제보다 먼저 발전하여 독립적 복지행정을 제약한 것이 이후 잔여적 복지국가의 형성에 영향을 미쳤다.[25] 조세역량은 국가가 사회의 부를 추출할 수 있는 능력이다. 복지국가가 방대한 복지재정을 필요로 한다는 것은 분명한데, 문제는 그만한 복지재정을 사회에 요구할 권위와 정당성을 가진 국가와 그렇지 못한 국가가 있다는 데 있다. 한편 규제역량은 사회구성원들의 행동과 상호작용을 법제의 틀 안으로 끌어들일 수 있는 능력이다. 강압이 아니라 법제를 통해 국가가 사회를 지원하고 사회 속으로 침투하는 것이다.[26]

민주주의와 국가역량은 반드시 비례하지도, 상호 강화하지도 않으며, 종종 독립적으로 사회복지에 영향을 미친다.[27] 민주화와 국가역량의 발전에 관한 시계열적 국가 간 비교 분석을 수행한 연구에 따르면, 양자의 관계는 J-곡선을 그린다. 즉, 권위주의 체제는 강압역량을 중심으로 강한 국가역량을 갖고 있고, 독재 종식 후의 미성숙한 민주주의는 강압역량도 다른 역량도 약한 경향이 있으며, 성숙한 민주주의는 행정·조세·규제 능력을 포괄하는 가장 강력한 국가역량을 갖고 있다.[28] 말하자면 독재로부터 민주주의로 이행한 사회는 민주화 초기의 전반적인 자유화 단계를 지나, 궁극적으로는 강력한 민주적, 협력적, 효율적 국가역량을 확보해야 한다.

2) 정치체제와 정치제도

정부 형태: 대통령제 vs 의원내각제

거시구조에서 정치제도 수준으로 내려와서 보면, 우선 정부 형태 면에서 대통령제와 의원내각제의 차이가 복지국가 발전에 어떤 영향을 미치느냐가 중요한 주제의 하나다. 학계의 일반적인 견해는 의원내각제가 복지국가 발전에 보다 유리하며, 대통령제에서는 중위투표자를 획득하기 위한 수렴 경향, 탈이념적인 포괄정당의 발전 경향

등으로 인해 개혁적 복지정치가 힘들다는 것이다.[29]

한편 권력구조의 집중성과 분산성의 문제는 대통령제냐 의원내각제냐의 구분과 일대일로 상응하진 않는다. 원칙적으로 어떤 정치체제건 권력구조는 집중적일 수도 분산될 수도 있다. 의원내각제가 분산된 권력구조를 갖고 있다는 빈번한 오해와 달리, 유럽의 의원내각제 나라들 중에 적잖은 나라에서 총리에게 큰 권한을 제도적으로 부여하고 있다.[30] 반대로 미국의 대통령은 상하원과 대법원의 강력한 견제를 받는다.

이런 복잡성에도 불구하고 대통령제는 많은 경우 의원내각제보다 단일세력 통치(single government)의 경향이 강하며 권력구조가 집중되어 있다. 그리고 일반적으로 분산된 권력구조가 사회적 약자의 이익을 대변하는 정치세력에 더 유리한 것으로 간주된다. 하지만 집중된 권력구조는 진보적 정치에도, 보수적 정치에도 급진적 변화를 가능케 하는 제도적 환경이다. 반대로 분산된 구조는 비토 포인트를 증가시켜 성숙한 복지국가의 후퇴를 억제할 수 있지만, 복지국가 발전 초기에는 도약을 막는 장애물이 될 수도 있다. 그런 의미에서 어떤 정부 형태든 그것이 복지정치에 미치는 잠재적 영향은 양면적이다.

선거제도: 정당·비례대표 vs 지역·승자독식

선거제도에서는 다수제(majoritarian formula)냐 비례제(proportional formula)냐, 혹은 양자가 혼합되어 있느냐가 관건이다. 한쪽 극단에 영국의 지역구 다수제인 웨스트민스터 모델이 있다면, 반대쪽 극단에 정당 비례대표제에 전적으로 의존하는 스웨덴이 있고, 두 원리를 혼합한 사례로 독일의 연동형이나 일본의 병립형 제도를 들 수 있다.

일반적으로 비례대표제 요소가 강할수록 의원내각제 정부 형태, 다당제 정당체계, 행정부-입법부 권력균형 체제일 가능성이 높으며, 이런 정치제도에서 복지정치가 더 활발히 펼쳐지고 경제적 불평등도 덜 심한 경향이 있다는 주장이 널리 받아들여지고 있다.[31] 그렇게 되는 가장 큰 이유는 비례제가 사회경제적 약자 집단의 이해관계와 정치적 요구를 정치제도 내로 더 많이 반영할 수 있다는 데 있다. 다수제, 특히 정교한 제도적 장치가 없는 단순다수제 아래에서는 사회의 주변집단, 정치적 소수자들이 '1등'을 차지할 수 있는 기회가 많지 않다.

하지만 비례대표제의 약점도 지적되고 있다. 다당체제로 분산된 권력지형과 연합정부 구조 때문에 다수 유권자의 지지를 얻은 집권당이 정책을 힘 있게 추진하지 못한다는 것은 어떤 관점에서는 민주주의의 불완전한 구현으로 해석될 수 있다. 또한 군소정당이 집권세력으로 참여하기가 쉽고 연정 구도에서 강한 협상력을 갖는다는 것은, 단지 진보적 군소정당뿐 아니라 보수적이거나 심지어 극우적인 군소정당에게도 유리한 제도 환경이 될 수 있다. 실제로 오늘날 많은 유럽 국가에서 신생 우익 포퓰리즘(populism) 정당의 급성장과 정권 참여는 비례대표-의원내각제의 다당제-연정 형태에서 가능한 것이었다.[32]

중앙-지방 관계: 단일국가 vs 연방국가, 중앙집중 vs 지역분권

권위주의 체제를 오래 경험한 나라에서는 중앙정부에 대한 부정적 경험이 역사적으로 누적되어왔기 때문에 중앙의 권력을 지역으로 분산시키는 것 자체를 절대선으로 간주하는 경향이 있다. 한국에서도 2018년 개헌 논의에서 연방국가 혹은 지방분권국가가 실현될 수만 있다면 가장 이상적인 국가 모형인 것처럼 간주하는 견해도 있었다. 그러나 분권 자체는 민주주의와 복지국가 등 실질적 가치의 구현에 어떠한 분명한 영향도 주지 않는다.

중앙(또는 전국) 수준의 정치제도와 지역 수준의 정치제도 간의 관계는 크게 단일국가(unitary state)와 연방국가(federal state)라는 두 유형으로 나뉜다. 어떤 제도형태가 복지국가 발전에 더 우호적인가에 대한 학문적 토론에서 대체적인 합의는 이 선택지가 복지국가 발전 여부와 직접 관련이 없다는 것이다.[33] 독일과 미국은 모두 연방국가지만 복지국가 발전 정도와 유형은 매우 다르며, 한국의 작은 복지국가와 스웨덴의 강력한 복지국가는 모두 단일국가 체제 안에서 형성된 것이다. 또한 권력이 지역으로 분권화된다고 해서 복지국가가 지역까지 탄탄해지는 것도 아니다. 독일은 연방 수준에서 재정·입법·감독권의 상당 부분을 갖고 있지만 지역복지가 튼튼하고, 미국은 주(州)의 제도적 권력이 매우 강한데도 지역의 복지역량은 유럽보다 훨씬 약하다.

복지국가의 관점에서 진정으로 중요한 점은 단일국가냐 연방국가냐, 또는 중앙집중이냐 지역분권이냐가 아니라, 중앙(연방)과 지역에서 함께 복지를 위한 재정과 행정역량, 정치사회적 지지 기반이 발전하느냐의 여부다. 스웨덴, 노르웨이 등 북구 나라들은 단일국가제지만 지방정부가 그 어떤 연방제 국가에서보다 강력한 복지역량을 보유하고 있다. 영국에서도 지역 수준에서 노동당과 복지국가 지지 세력이 강한 토대를 갖고 있었기 때문에 대처 정부가 신자유주의

정책을 관철하기 위해 지역의 권한을 중앙으로 갖고 와야 했다. 반면 미국에서는 연방정부의 권력을 분산시키는 제도가 연방의 적극적 재분배 정책을 차단하는 기제일 뿐 아니라, 애초부터 연방제 모형은 국가 개입을 예방하려는 부르주아 계급의 목적에 따라 고안된 것이었다.[34]

3) 정치행위 수준

복지국가 정치동맹의 폭과 지속성

복지정치 행위자들에 대한 많은 기존 연구는 사회민주주의정당과 같이 복지국가에 우호적인 정당이 집권한 기간에 복지국가가 비약적으로 확대되는 경향이 있고, 따라서 노동계급의 조직적·정치적 자원이야말로 복지국가의 발전과 저발전을 설명할 수 있는 핵심 요인이라는 점을 강조했다.[35] 주로 북구 학자들이 대표해온 이 접근은 복지국가 발전에서 민주주의가 단지 전술적 의미를 갖는 것이 아니라 중요한 계급투쟁의 장이라고 믿는 사회민주주의적 관점을 반영한다. 이처럼 진보적 정당의 집권이 복지국가 발전의 핵심 변수라고 주장하는 이론은, 1980년대 이후 복지국가의 후퇴와 변형에도 불구하고 여전히 많은 연구에 의해 지지받고 있다.[36]

하지만 이것은 진보정당 단독으로, 오직 노동계급의 지지에만 의지하여 복지정치를 성공적으로 펼칠 수 있다는 뜻은 아니다. 덴마크의 사회학자 에스핑-안데르센(Esping-Andersen)은 노동계급이 농민계급, 구중간계급, 신중간계급 등 여타 계급과 정치적 동맹관계를 맺는 것이 결정적으로 중요하다고 강조한 바 있다.[37] 계급구조에서 계급형성으로, 그리고 계급동맹으로 나아가는 노동계급의 정치적 확장이 복지국가 발전에 필수적이라는 것이다. 실제로 제2차 세계 대전 이후 유럽 국가들의 경우 좌파정당 단독 집권보다 좌파정당 및 다른 군소정당의 연정 아래 복지국가 발전이 더 비약적이었다.[38]

이처럼 한 나라 안에서 좌우 정당의 세력관계가 중요하지만, 그에 못지않게 각국에서 좌우를 가로질러 주요 정당들이 공유해온 정치적 전통도 중요하다. 이것은 주로 중부유럽 지역의 학자들이 조명한 면인데, 이들은 사회민주주의자들이 복지국가 발전을 주도해온 북구와 달리 독일·오스트리아·네덜란드 등에서는 사회민주주의자들과 더불어 또한 기독민주주의자들이 복지국가 발전에 함께 기여해왔음을 강조했다.[39] 이러한 국가별 정치전통의 차이는 여러 사례에서 쉽게 찾아볼 수 있다. 예를 들어 제2차 세계대전 이후 독일의 보수 정당인 기민련 정부는 대부분의 시기 동안 미국의 민주당 정부보다 진보적인 복지정책을 펼쳤을 뿐 아니라, 때로는 독일의 사민당보다 신자유주의화에 대해 더 신중한 태도를 보이기도 했다.

선거정치에서 정치경쟁의 역동성

이처럼 강력한 좌파정당, 진보적 정치문화의 전통은 당연히 복지국가 발전에 있어 중요한 역사적 조건이지만, 선거민주주의하에서 정치경쟁은 복지정치 행위자들에게 구조와 제도로 환원할 수 없는 역동성을 만들어낸다. 특히 제2차 세계대전 이후 좌우 정당의 이념적 선명성과 유권자들의 정당일체감이 약해져가는 경향에 따라 선거정치의 역동성이 복지정치에서 갖는 중요성이 더 커졌다. 선거에서 정당들은 이념적 스펙트럼상 중위투표자를 획득하기 위해 중도로 수

렴하는 경향이 있고, 이는 키르히하이머(Kirchheimer)가 '만병통치
정당(Allerweltsparteien)'이라고 불렀고,[40] 영어권에서 '포괄정당
(catch-all-party)'으로 불리는 정당 유형을 확산시켰다.[41] 이 경향은
좌파정당의 보수화 가능성과 보수정당의 진보화 가능성을 함께 함
축한다.

선거정치와 복지정치의 밀접한 관계를 중시하는 연구들은 전자
가 후자에 영향을 미치는 다양한 기제와 조건을 발견했다. 예를 들
어 투표율이 높을 때, 강력한 야당이 존재할 때, 경쟁 정당과 경합이
치열할 때 정당들의 복지 노력이 더 강한 경향이 있다.[42] 부동층이
나 중위투표자의 선호에 따라 보수적 정당이 복지확대에 우호적으
로 변하거나, 진보적 정당이 복지확대 주장을 억제하기도 한다.[43] 또
한 정당일체감이 약한 비당파적 유권자의 중요성이 큰 상황에서 정
당들은 이들을 획득하기 위해 정책 전환을 하기도 한다.[44]

이러한 선거정치의 역동성은 한국처럼 복지정치의 구조적 토대
가 약하고 복지국가에 우호적인 정치제도까지 결여한 나라에서 진
보적 정책을 관철시킬 수 있는 공간을 제공할 수 있다. 하지만 역동
성은 불확실성이기도 하며, 불확실성은 상반된 가능성을 내포한다.
즉, 선거 승리를 통해 신생 우익정당이 갑작스럽게 제도정치의 중요
한 플레이어로 진입할 수 있다. 예를 들어 지난 10여 년간 유럽에서
는 신생 우익정당이 선거 캠페인에서 극단적인 이주자·난민 혐오
담론과 포퓰리즘적 복지민족주의 담론을 결합시켜 큰 성공을 거뒀
다.[45] 이처럼 선거정치의 역동성은 복지제도 확대에 장애와 기회를
동시에 제공한다.

시민정치와 사회운동의 정치적 영향력

복지동맹과 선거정치의 전개는 그 사회 시민들의 지배적 정치의식과 정책태도에 의해 큰 영향을 받는다. 왜냐하면 민주주의에서 정치적 성공이란 곧 다수를 내 편으로 얻는다는 뜻이기 때문이다. 시민들의 의식·태도·여론이 복지정치에 미치는 영향을 연구한 학자들은 국가별로 다수 시민의 복지 태도, 계급의식, 불평등 인식이 상당히 지속적인 패턴을 보여준다는 것을 발견했다. 그러한 국가별 차이는 문화적 심층구조, 정당체계의 특성, 복지제도의 영향 등으로 설명된다.[46] 그런 의미에서 복지에 관련된 의식과 태도의 측면에서 각국의 특색은 그 나라의 문화적, 제도적 전통에 "깊은 뿌리를 갖고 있고 오랜 시간에 걸쳐 천천히 변화"한다는 속성이 있다.[47]

그러나 시민사회의 가장 활동적이고 정치적인 부위인 사회운동은 기존의 지배적 문화와 제도의 틀을 깨뜨리는 변혁을 이루어내기도 한다. 복지국가의 제도적 기초가 태동한 19세기 후반부터 21세기의 오늘날까지, 노동조합과 사회운동을 중심으로 한 다양한 시민사회 행위자들의 정치행동은 복지국가의 담론과 정책을 발전시키는 데에서 큰 역할을 해왔다. 그동안 사회정책과 복지국가에 관한 연구들은 주로 정당과 정부 정책에 집중해왔지만, 2000년대 들어서는 시민사회 행위자들이 제도정치와 공공정책에 미치는 영향력과 영향기제에 점점 많은 관심을 기울이고 있다.[48]

시민정치는 제도정치 행위자들의 이해관계와 긴밀하게 상호작용하면서 공공정책의 결과에 영향을 미친다. 시민정치-제도정치 간의 관계성을 강조한 정치매개모형(political mediation model)은 정치엘리트 및 정부 관료의 이해관계와 사회운동 행위자들의 전략 간의 상호작용에 따라 연금·의료 등 복지확대를 요구하는 사회운동의 성패가 달라졌음을 여러 역사적·통계적 분석으로 보여줬다.[49] 더구나 21세기 들어 점점 더 많은 수의, 점점 더 다양한 계층의 시민이 정치 행동에 참여하는 것이 전 세계적인 추세여서, 그 영향으로 앞에 서술한 선거정치의 역동성까지 고조되는 경향이 있다.

이제까지 구조, 제도, 행위자의 세 분석 수준에서 복지국가 발전에 영향을 미치는 9개 쟁점 영역을 살펴보았다. 각각의 측면에서 학계의 다수 의견을 정리해보면 〈표 3-1〉과 같다.

| 표 3-1 | 복지국가 발전을 위한 정치적 조건: 구조, 제도, 행위자

분석 수준	쟁점 영역	발전 조건
구조	균열 형성	계급 갈등의 집단화와 조직화를 통해 각 계급의 요구를 명료히 하고, 계급 간 이해관계의 차이를 거시적 수준에서 제도화
	정당체계	상이한 계급적 이념과 정책을 지향하는 정당들이 대중적 기초를 공고히 하고 정치제도 내에서 서로 경합하는 정치경쟁을 안정화
	국가역량	복지정책을 수립하고, 민주적 결정에 대한 저항을 제어하며, 정책을 효과적으로 집행하기 위한 정부조직의 재정·강압·행정 능력의 발달
제도	정부 형태	의원내각제하의 연정이 다양한 계급계층의 이익을 대변하고 조정하는 데 유리. 대통령제에서는 중도로 수렴하거나 보수화하는 경향
	선거제도	정당명부식 비례대표제가 지역구 승자독식 제도보다 사회적 약자계층의 이익 대변에 일반적으로 더 유리
	중앙-지역	단일국가냐 연방국가냐의 형식은 중요하지 않음. 중앙과 지역 수준에서 모두 강한 복지정치 기반과 제도, 역량을 갖추는 게 중요
행위자	정치동맹	강력한 진보정당의 존재, 농민계급이나 신중간계급 등 다른 계급이익을 대표하는 군소정당들과 효과적인 연합정치의 중요성
	선거정치	선거를 앞둔 담론과 공약 경쟁, 강력한 야당의 위협, 중위투표자나 비당파적 유권자층을 획득하기 위한 노력 등에 의해 복지정책 발전
	시민정치	집중적인 대규모 집단행동, 공론장 여론의 지지, 제도정치 내 동맹 세력과의 협력으로 정부·정당에 효과적으로 압력 행사

3. 한국 민주주의의 유산: 복지정치의 기회와 장애물

이 절에서는 앞에서 요약한 구조, 제도, 행위자의 3개 분석 수준에 상응하여 한국에서 민주주의 발전의 역사적 경로 및 현재적 유산의 특성을 서술한다. 이를 통해 한국 현대정치사의 특수한 유산이 복지국가의 발전과 공고화 노력에 대해 어떤 토대와 기회, 혹은 결핍과 장애물을 제공하는지를 더 명확히 인식할 수 있을 것이다.

1) 거시구조 수준

비계급적 성격의 사회균열 구조

유럽에서 복지국가 발전의 사회구조적 조건이었던 자본-노동 간의 계급균열이 한국에서는 미약하게 발전했다는 사실이 오늘날 복지정치의 중요한 구조적 조건의 하나로 작용하고 있다. 1960년대 이후 자본주의 산업화가 빠르게 진행되었지만, 계급 간의 갈등과 타협이 조직화되고 제도화된 정도는 극도로 낮았다. 산업화 과정에서 크게 성장한 대자본은 전경련, 경총, 상공회의소, 중기중앙회 등 다양한 이익단체로 효과적으로 조직된 데 반해, 노동계급은 압도적 다수가 조직되지 않은 개인 노동자로 남아 있고 조직노동은 노동시장 분절구조를 반영하고 있다. 이런 조건에서 한국 사회는 세계화, 정보화, 개인화, 탈산업화와 같이 계급균열을 약화시키는 구조변동에 직면했다. 이와 같은 역사적 배경 때문에 한국에서 유럽형 계급균열, 그것도 19세기 유럽형 계급균열을 뒤늦게 창출해낸다는 것이 가능하고 의미 있는 목표가 될 수 있는가라는 질문이 제기된다.[50]

계급균열이 사회구조적 수준에서도, 정당정치에서도 발전하지 않은 반면에, 일련의 비계급적 성격의 균열이 역사적으로 한국 정치와 사회에 큰 영향을 미쳐왔다. 오랜 독재의 역사에서 생겨난 민주주의 대 권위주의 태도의 균열이 지금까지도 강하게 작용하고 있다. 또한 민족적 분단의 현실에서 남북관계에 관한 화해 대 대결 지향의 균열이 깊이 각인되어 있다. 1987년 이후 선거정치에서는 줄곧 출신 지역에 따른 정치 성향의 균열이 큰 영향을 미쳤고,[51] 2000년대에는 출신지역주의가 약화되면서 지역발전을 위해 지역 기반 정당을 지지하는 거주지역주의 경향이 강해졌다.[52] 2000년대 들어 등장한 또 하나의 새로운 정치적 변수는 세대 균열이다. 세대별로 가치와 정책 태도, 투표 성향이 현저히 다를 뿐 아니라, 각 세대 내에서 진보-보수의 이념 차이가 갖는 중요성도 다르다.[53] 정치이념, 남북관계, 지역주의, 세대갈등과 같은 비계급적 성격의 균열들이 한국에서 정치권력의 향배에 강한 영향을 미쳐온 것이다.

정당체계의 보수편향, 비구조성, 몰정체성

계급적 사회균열의 미발달과 상호 강화해온 또 하나의 구조적 특성은 계급적 정당체계의 미발달이다. 즉, 대중적 토대 위에서 계급이익을 대변하는 정당들 간의 경쟁구조가 형성되지 않았다는 것이다. 세 가지 측면에서 그러하다. 첫째, 정당 분포의 보수적 편향이다. 한국의 주요 정당들은 모두 그 뿌리가 한민당, 자유당과 같이 민족해방과 정부수립 후 권력을 장악한 지배계급의 보수적 정당들이다. 한국정치는 오랫동안 보수정당 간의 경쟁이었다는 것이다. 둘째, 정당체계의 불안정성이다. 계급갈등이 정당체계로 번역되지 않은 것은 물론이고, 정당'체계'라고 할 만한 경쟁구조 자체가 안정적으로 제도화되지 않았다는 것이다. 그 결과 정당 간의 노선·정책의 차별성이 불분명하기 때문에 유권자들도 인물 등 정책외적 기준으로 투표하는 경향이 계속된다.[54] 셋째, 개별 정당의 정체성 부재다. 정치세력들은 위기 때마다 노선, 정책, 조직의 혁신을 꾀하는 것이 아니라, 다른 정치세력과 이합집산으로 돌파하려는 경향이 수십 년간 지속됐다.[55]

진보정당들은 위와 같은 한국정치의 구조적 문제점을 비판하고 극복할 수 있는 중요한 주체였다. 그러나 1950년대까지 작지 않은 생명력을 갖고 있었던 진보 정치세력은 1959년 조봉암 처형과 진보당 해산 이후로 힘을 잃었다. 1960년 4·19혁명 이후 4대 혁신당 등 여러 진보정당이 발흥했지만 모두 군소정당에서 벗어나지 못하고 실패했고, 1987년 독재 종식 이후 민중당 등의 시도들도 성공적이지 못했다. 진보정당의 이러한 무력함은 수십 년간의 권위주의 지배, 냉전 환경과 남북 대결 등 구조적 환경에 기인하는 바 크지만, 독재와 전쟁에도 불구하고 좌파정당이 그러한 역사와 싸우는 주역으로 성장한 사례도 많다. 예를 들어 스페인에선 1930년대의 내전 이후 40년 가까이 프랑코 독재를 겪었지만, 1970년대 민주화 이후 사회주의 노동자당(PSOE)이 여러 차례 집권할 수 있었다. 한국에서는 열악한 정치환경에서 진보 정치 내의 분파주의, 이념적 급진성과 교조주의, 대중성의 결여 등 내적 문제가 심화된 면도 있는데,[56] 이런 문제는 2000년대 들어서 극복되기 시작했다.

한국의 국가: 강한 강압·행정역량, 약한 조세·법제역량

국가역량의 측면에서 1960년대부터 1987년까지 권위주의 발전국가의 강압 능력과 행정역량이 꾸준히 증대되어왔다. 그것은 비록 독재국가였으나 독재 종식 이후 대한민국의 국가조직과 국가-사회 간 관계로 이어지는 역사적 토대가 되었다. 무엇보다 국가 관료기구를 확대하고 체계화하여 근대 고등교육을 받은 공무원들로 충원함으로써 근대적 거버넌스 기구로 확립했으며, 사회집단들을 경쟁시키면서 동원하는 관료적 조정체계를 발전시켰다는 사실이 이후 한국 정치와 국가-사회 관계에 깊은 영향을 미쳤다.[57]

민주주의하에서 이제 한국 국가의 강압 능력은 정치적 탄압을 위해 쉽게 사용될 수 없게 되었고, 권위주의 시기에 형성된 국가행정기구의 직업관료제 전통은 민주화와 더불어 보다 정치적이거나 시장지향적인 모델로 변형되었다. 정부 관료집단은 더 이상 군사독재 때처럼 사회에 대해 권위와 권력을 행사할 수 없지만, 정부조직의 인력·재정·조직구조는 민주주의하에서 계속해서 팽창해왔다. 그와 같은 측면에서 국민국가의 팽창은 한국에서 1948년 정부수립 이후 21세기까지 계속되고 있는 추세다.[58]

그러나 조세역량과 규제역량의 측면에서 한국 국가의 유산은 오늘날 복지국가 발전에 높은 문턱이 되고 있다. 한국 정부의 조세 수입과 공공 지출 규모는 지난 30년간 꾸준히 증가해왔고 증가의 폭은 국제비교상으로 높은 편이지만, 그 출발점 자체가 너무나 낮았기 때문에 오늘날 한국과 유사한 경제 수준에 있는 나라들과 비교해봤을 때 여전히 국가역량이 매우 낮은 나라에 속한다.[59] 규제역량도 마찬가지여서, 국가가 노동권과 사회권 보호를 위해 자본과 시장, 기업

활동을 규제할 수 있는 힘은 약하다.[60] 이 같은 국가역량은 전쟁이나 경제위기 등 거대한 예외 상황이 없는 이상 단기간에 크게 변하지 않는 구조적 특성이기 때문에, 복지국가 확대를 위한 조세와 규제역량을 높일 국가 권위와 정당성을 어떻게 창출할 수 있을지가 고민거리가 된다.

2) 정치제도 수준

대통령제의 중앙집중적 권력구조

대한민국은 제2공화국의 짧은 내각제 시기를 제외하면 계속 대통령제를 정부 형태로 채택해왔다. 앞에서 서술한 대로 의원내각제가 복지국가 발전에 더 유리하다는 것이 다수의 의견이지만, 내각제 나라들에서도 복지국가 발전의 기초는 내각제 정치가 성숙하기 전에, 심지어 민주공화정이 도입되기도 전에 확립됐다는 사실을 상기할 필요가 있다. 대통령제 역시 필연적으로 복지국가 발전을 촉진하거나 저지하지 않는다. 강력한 대통령은 복지를 후퇴시킬 수도 있고 전진시킬 수도 있다. 한국은 대통령제하에서 2000년대 이후 상당히 빠른 속도로 복지제도를 확충했다. 나아가 다수 시민은 국회에 불신을 갖고 있고 '직접 뽑은 대통령'에 대한 열망이 강해서 그 정치적 에너지가 복지정치의 동력이 될 수도 있다.

권력구조 면에서 한국 정치제도는 권력의 중앙집중성을 강화하는 면이 있다. 앞서 언급했듯이 권력구조가 집중적이냐 분산적이냐는 대통령제냐 내각제냐의 차이와 일대일 상응관계에 있진 않지만, 국제비교 관점에서 봤을 때 한국은 대통령에 권력이 집중된 나라에

속한다. 대통령의 방대한 인사권, 청와대의 자체 자원, 그리고 검경·
국정원·감사원·국세청 등 핵심 권력기관에 대한 직간접적 영향력
등을 통해서다. 하지만 '제왕적 대통령제'라는 말로 대통령의 권력
을 과대평가하는 것도 경계해야 한다. 한국에선 대통령과 국회 다수
당이 불일치하는 분점정부(divided government) 상황이 자주 발생
하며, 또한 국회가 대통령 권력을 제한할 수 있는 여러 내각제적 요
소가 존재하기 때문에 대통령이 국정추진력을 강하게 발휘할 수 없
을 때도 많이 있다.[61]

한국의 정부 형태와 권력구조는 복지정치 관점에서 보면 양면적
잠재성을 동시에 갖고 있다. 대통령 권력의 힘을 주목한다면, 대통령
과 청와대의 의지에 따라 복지가 대폭 확대될 수도 축소될 수도 있
는 가능성이 공존한다. 그 잠재성을 얼마나 실현할 수 있는지는 각
대통령의 지지 기반의 폭과 안정성에 달려 있다. 한편 대통령 권력
의 한계를 주목한다면, 행정-입법 권력의 상호견제는 기존 복지제도
를 급격히 후퇴시키려는 노력을 저지할 수도 있고 복지제도를 빠르
게 확대하는 데에 장애가 될 수도 있다. 실제로 우리는 깔끔하게 정
리되지 않는 이 모든 모순적, 복합적 현상을 늘 경험하고 있다. 대통
령은 의지만 있다면 많은 것을 할 수 있기도 하지만, 국회 입법을 거
쳐야 하는 정책들은 야당 세력의 높은 문턱을 넘어야 한다.

지역구 기반의 단순다수결 선거제도

선거제도의 측면에서 한국 민주주의는 정당대표성과 비례대표성이
매우 약하고, 지역구 기반의 단순다수결·승자독식 제도를 갖고 있
다. 이러한 제도적 틀은 복지정치에 몇 가지 부정적 결과를 낳고 있

다. 정치인들은 전국적 시야에서 정책을 개발하고 논쟁하는 것보다 개개인의 지역구 관리에 더 많은 힘을 쏟으며, 군소정당들이 정당지지도에 비해 국회에서 과소대표되고, 각 지역에서 최대득표를 하기 위해 중도층·유동층을 표적으로 하는 선거 전략으로 유도된다. 따라서 선거제도 개혁으로 정당정치의 책임성과 비례대표성을 높이는 것이 장기적인 복지정치 활성화와 정책발전에 도움을 줄 수 있다.

그러나 몇 가지 함께 고려할 점이 있다. 첫째는 어떻게 실현할 것인가이다. 선거제도 개정은 국회 내 합의가 필수적인데, 다수 의석을 차지하는 주요 정당들은 자신들에게 불리한 방향으로 선거제도를 바꿀 합리적 동기가 존재하지 않는다는 모순이 늘 작동한다. 이 상황을 돌파할 수 있는 수단은 여론의 압력밖에 없는데, 선거제도는 일차적으로 정치엘리트 사이의 게임의 규칙에 관련되는 것이기 때문에 다수 국민은 직접적 이해관계를 갖고 있지 않고, 그래서 관심과 몰입이 강하지 않다는 문제가 있다. 집권세력의 통 큰 결단, 또는 절묘한 이해관계의 일치가 있어야 하는 것이다.

둘째 문제는 미성숙한 민주주의에서 발현될 수 있는 비례제의 약점이다. 비례대표 요소를 강화한다고 해서 자동적으로 복지정치가 강화되리라고 기대하는 것은 안이하다. 같은 제도라도 그것을 둘러싼 맥락과 환경에 따라 다른 의미와 결과를 가질 수 있기 때문이다. 정당명부식 비례대표제가 복지정치에 긍정적인 제도가 되려면, 정당들의 비례대표 선출에 민주성과 적합성이 확보되어야 하고, 정당에 대한 유권자들의 정치적 문책 능력이 커져야 하며, 선동적인 신생 우익정당이 급성장하는 것을 막을 수 있어야 한다. 여기에 대해서는 다음 절에서 다시 언급할 것이다.

중앙정부 중심의 단일국가 체제

중앙-지역 관계의 면에서 한국은 강하게 중앙정부 중심의 제도를 갖고 있는 나라다. 한국은 입법권, 재정권, 행정권과 복지재정의 원천 등 모든 측면에서 중앙정부의 권한이 강하고, 중앙정부에 대한 지역의 의존도가 높은 나라다. 헌법, 지방자치법, 사회보장법 등이 모두 지자체의 조례 제정권을 제한하고 있고, 중앙정부가 지자체 입법에 개입할 수 있으며, 세입 면에서 국세 대 지방세의 비율이 극도로 국세 중심으로 편성되어 있는 데 반해 세출 면에서는 지자체가 큰 부담을 지고 있다. 그래서 지역의 입법·재정·행정권을 확대하여 현재의 극심한 중앙-지역 불균형을 완화할 필요가 있다.

그러나 연방국가냐 단일국가냐 하는 제도 형식 자체는 중앙-지역 간 권력관계와 직접 관련이 있는 것은 아니며, 복지국가 발전 여부에 직결되는 것도 아니다. 연방국가인 독일에서 연방은 각 주에 대해 강한 입법권, 재정권, 감독권을 가지며, 단일국가인 스웨덴에서 지역 정부는 어떤 연방국가보다 강한 정부역량을 갖고 있다. 즉 무조건 지역분권으로 제도를 바꾸는 게 답은 전혀 아니며, 중요한 것은 민주주의와 정부역량, 복지정치 기반을 실질적으로 지역까지 확대하는 일이다.

노무현 정부하의 2003년에 이른바 지방분권 3대 특별법이 제정됐고 2005년에 복지 부문에서 중앙사무의 많은 부분이 지방으로 이양됐지만, '지방자치', '지방분권', '지역균형발전'은 각기 다른 목표와 문제상황에 관련되는 개념이라는 점, 그리고 지역복지의 빈곤과 지역 간 경제·복지 격차를 단순히 지역의 권한과 책임을 높이는 것을 통해서 풀 수는 없다는 점을 분명히 할 필요가 있다.[62]

3) 행위자 수준

복지국가 정치동맹의 성장과 한계

한국 정치에선 계급균열의 구조적 전통이 약함에도 불구하고 정당 정치가 성숙해감에 따라 친복지 정당의 집권 여부에 따라 복지노력의 강도와 복지제도의 확대 폭이 달라지는 경향이 생겨나고 있다.[63] 따라서 한국에서도 제도정치 영역에서 복지국가를 지향하는 정치동맹의 형성은 정책과 제도 변화를 예측할 수 있게 하는 하나의 조건이 되고 있다.

특히 민주당은 2010년대 들어서 의미 있는 변화를 보이고 있다. 2010년의 보편복지 논쟁과 무상급식 운동이 지방선거에서 정치적 폭발력을 드러낸 후에 민주당은 2011년 신년에 이른바 '3무1반' 정책을 발표했고 이후 복지국가 지향을 분명히 하기에 이르렀다. 그러나 민주당이 '복지국가 정당'으로 자리 잡았는지는 여전히 불분명하다. 전통적으로 진보 진영에선 민주당을 '보수정당'으로 불러왔다. 한편 민주당이 복지와 경제민주화를 과거보다 적극적으로 수용하면서 민주당을 '진보정당'으로 부르는 경향도 생겨났다. 둘 다 정답은 아니다. 보수-진보의 구분이란 원래 상대적인 것이지만, 어떻게 정의하건 간에 가장 진실에 가까운 것은 민주당이 보수로도 진보로도 규정하기 힘든 유동성을 갖고 있다는 것이다. 민주당의 확실한 정체성이 있다면, 이념적·정책적 정체성이 약한 선거중심 정당으로서의 정체성일 것이다.

몇몇 선거 사례를 갖고 민주당 집권이 복지확대로 이어진다는 결론을 일반화하는 것은 보다 의미심장한 장기적 역설을 간과하게 만

든다. 그 역설이란 1987년 이후 노태우 정부 시기 분배지표가 상당히 좋았던 데 반해, 김대중·노무현 정부 시기에 모든 지표에서 불평등이 꾸준히 악화되다가, 대략 이명박 정부 중반기부터 여러 면에서 그 추이가 꺾이는 흥미로운 현상을 말한다. 물론 이것은 지속적인 정책적 노력이 시차를 두고 효과를 나타낸 결과일 수도 있고,[64] 세계경제 환경의 짓궂은 장난 때문일 수도 있겠으나 민주당의 정책 패러다임이나 문제해결 방식에 문제가 있었던 것은 아닌지 진지하게 물을 필요가 있다.

선거정치의 역동성이 주는 가능성과 불확실성

복지정치 동맹의 위와 같은 불안정성과 마찬가지로, 한국의 선거민주주의는 복지정치에 가능성과 불확실성을 동시에 가져다주었다. 한편으로 주요 정당 중 어느 쪽도 복지국가에 일관되게 진지한 태도를 보여주지 않았다는 문제가 있지만, 그러한 비일관성의 이면은 어느 정당이든 정치적 이해관계에 부합하기만 하다면 복지제도 확대에 동의할 수 있었다는 사실이다. 실제로 한국과 대만 등 동아시아 나라에서 1987년 이후 선거정치의 활성화는 복지 의제를 제기하고 제도를 도입하는 데에 긍정적인 기회구조를 창출했다.[65]

한국에서 선거정치의 역동성과 불확실성은 1987년 이후 정치경쟁구조의 변화와 더불어 점점 더 커져왔다. 이른바 '3김 시대'라고 불리는 초기는 '정치권력 과점(寡占)의 시대'로서, 소수의 정치엘리트 내에서는 경쟁이 치열했지만 그 밖의 다수는 경쟁의 장에 진입이 어려웠다. 그러나 3김 시대가 끝나고 '정치권력 다점(多占)의 시대'로 이행하면서 정치경쟁에 참여하는 행위자 집단의 수와 그들 간의 관계의 복잡성이 급속히 커졌다.[66] 달(Dahl)의 개념[67]을 빌리면, 한국 민주주의의 경쟁구조는 '자유도(liberalization)'와 '포괄성(inclusion)'의 정도가 모두 높은 다두제(polyarchy)의 방향으로 변해온 것이다. 이 변화는 복지정치를 위한 공간을 넓혀준다.

이러한 선거 경쟁구도에 2000년대 들어 중요한 새로운 행위자가 진입했는데, 민주노동당에서 시작된 진보정당들이 바로 그들이다. 이 변화는 무엇보다 1997년 외환위기 이후의 사회경제적 구조변동과 밀접한 관련이 있다. 2000년에 창당한 민주노동당이 1988년 창당한 한겨레민주당이나 1990년 창당한 민중당 등 민주화 초기의 진보정당들과 뚜렷이 구분되는 점은, 1997년 외환위기 이후에 창당하여 점점 악화되는 경제적 불안정과 불평등 문제를 정치화할 수 있었다는 데 있었다.[68] 이후 통합진보당, 오늘날의 정의당 등으로 이어져온 진보정당들은 여전히 소수정당으로 남아 있지만 독립적 진보정당의 존재감을 유지하고 있다.

같은 맥락에서 기존 정당들 역시 선거를 앞두고 불평등과 복지 의제를 적극적으로 수용하는 경향이 점점 일반화됐다. 보수 성향 정권들도 선거정치의 상황과 다수 여론의 향방에 반응하면서 정치적 필요에 따라 복지 정책을 유보하거나 추진하는 경향을 보이고 있다. 특히 한국처럼 중앙집권적 권력구조를 가진 나라에서는 대통령과 청와대를 정점으로 하는 집권세력의 정치적 판단과 의지가 복지제도 향방에 지대한 영향을 미친다.[69] 한국의 선거정치의 역동성은 복지국가 발전에 가능성과 불안정성을 동시에 의미하는 것이다.

투표 성향의 비계급성, 시민정치의 영향력

한국 정당들의 모호하고 유동적인 복지 태도는 유권자들의 성향과도 관계가 있다. 정당들은 유권자의 선호를 따라 움직이기 때문이다. 1987년 민주주의 도입 이후 한국의 선거에서는 비계급적 변수가 결정적이었다. 1980년대 후반에서 1990년대 말까지는 출신지역 변수가, 2000년대부터는 세대와 가치 변수가 유권자의 투표 선택과 선거결과에 압도적인 영향을 미쳤다.[70] 정당들의 정책노선과 투표자의 사회경제적 속성 간의 관계를 보면 이른바 '계급배반 투표'가 두드러지게 나타났다.[71] 물론 이것은 저소득층의 다수가 고령층이라는 데에 기인하는 면이 많고 청장년층은 약하게나마 객관적 계급위치에 상응하는 투표를 하는 경향도 있다.[72] 그러나 전반적으로 한국 시민들의 복지 태도와 정책 태도는 대체로 비계급적이고 비관적인 특성을 보인다.[73] 복지국가의 지속적 지지자가 되어줄 것으로 기대할 만한 집단이 많지 않은 것이다.

그러나 선거 외에도 시민들이 제도정치와 정책에 영향을 미칠 수 있는 또 다른 방법이 있는데, 현대 한국정치에 오랜 역사를 갖고 있고 21세기 들어 점점 더 활발해지고 있는 시민들의 직접적 정치참여가 그것이다. 시민단체들은 1990년대 이래로 국민기초생활보장법 제정, 전국민 건강보험 체제의 확립 등 굵직한 복지제도 발전에 기여를 했고,[74] 2000년대 들어서도 시민사회 행위자들이 폭넓은 복지동맹을 형성하고 여론의 지지를 받아 제도정치 행위자들을 압박하는 데 성공할 경우, 정부와 정당들의 담론과 의제의 전환을 유도할 수 있었다.[75]

정부와 국회가 보수정당에 장악되어 있던 이명박·박근혜 정권 하에서도 시민 정치참여와 사회운동은 기존 복지제도를 방어하거나 새로운 복지정책을 도입하는 데에 영향을 미쳤다. 시민사회 단체들은 2009~2010년에 보편복지 논쟁과 무상급식 운동을 벌여서 2010년 지방선거의 판도에 결정적 영향을 미쳤고, 2008~2011년에는 참여연대·한대련 등이 주축이 되어 반값등록금운동을 벌여서 당시 한나라당(현 미래통합당의 전신)과 이명박 정부가 국가장학금 제도를 도입하도록 만들었으며, 2010년에 창립된 청년유니온과 알바노조 등은 청년불안정노동자들의 현실을 알리고 최저임금제를 비롯한 제도 개선에 큰 기여를 했다.[76]

2016~2017년의 탄핵촛불은 시민정치의 힘을 극적으로 보여준 사건이었다. 2000년대의 전반적인 추이는 점점 더 많은 시민들이 정당이나 시민사회단체 등 제도화·조직화된 집단에 의존하지 않고 SNS, 인터넷 등 독립적인 소통채널과 네트워크를 통해 정치사회적 이슈에 관한 정보를 습득·유통하고 담론을 창출하며 온·오프라인의 공동행동을 만들어내서 정부·정당·언론 등 제도권력에 강력한 영향을 행사할 수 있는 능력을 갖추게 되었다는 사실이다. 이것은 견고한 구조적 기초를 갖는 행위자의 변화이기 때문에 갑자기 사라지거나 약화될 수 없다. 2017년 정권교체 이후 진보적 시민정치는 위축된 듯이 보이지만, 그들이 지지하는 정치권력이 위기에 빠졌다고 감지하는 순간 지금까지 침잠되어 있던 거대한 네트워크가 정치무대 위로 부상할 수 있다. 시민정치의 힘은 21세기 복지정치에 지속적으로 큰 변수가 될 것이다.

| 표 3-2 | 한국 민주주의의 유산과 특성: 구조, 제도, 행위자

분석 수준	쟁점 영역	한국 민주주의의 역사와 특성
구조	균열 형성	계급적 사회균열의 미발달, 정치체제, 남북관계, 출신지역, 거주지역, 세대 등 비계급적 균열의 중요성
	정당체계	정당체계의 보수적 편향, 정당체계의 안정성과 제도화 정도가 낮고, 대부분의 정당이 이념과 정체성이 약함
	국가역량	권위주의 시기에 국가의 강압 및 행정역량 성장, 민주화 과정에서 행정역량이 계속 신장되고 혁신, 그러나 조세와 규제역량이 약함
제도	정부 형태	대통령제와 일부 내각제적 요소, 대통령·청와대에 집중된 권력구조로 수평적 권력분립이 약함
	선거제도	지역구 기반 단순다수제로 정당·비례대표성이 매우 약하여 승자독식 방식이고 군소·신생정당의 진입 문턱이 높음
	중앙–지역	중앙 중심의 제도적 틀을 가진 단일국가 체제로서 지역의 권한과 복지역량이 모두 약함
행위자	정치동맹	민주당을 중심으로 한 복지국가 정치동맹이 2000년대 들어 등장했고 보수 정당 역시 변화하고 있으나 복지동맹은 여전히 매우 불안정
	선거정치	민주화가 진전되어감에 따라 선거를 통한 복지정치의 가능성이 커졌으나 그 역동성에 상응하여 불확실성 역시 큼
	시민정치	여론과 투표 성향, 복지 태도 등의 비일관성이 여전히 크지만, 사회운동과 기타 시민 정치참여의 제도정치에 대한 영향력이 꾸준히 커짐

4. 국제비교 관점에서 본 한국 복지정치의 특성

이 절에서는 앞에서 구조·제도·행위의 각 수준에서 살펴본 내용들을 종합적 관점에서 재구성하고 그 의미를 논한다. 여기서의 목표는 유럽 선진복지국가들의 역사적 경험 및 정치사회적 특성들과 비교하여 한국 민주주의와 복지정치의 특성들이 어떤 동시대적 공통분모를 갖고 있고, 또 어떤 근본적 차이를 갖고 있는지를 분별하는 데 있다. 그로부터 미래의 복지정치 전략에 관련된 고민거리와 쟁점들을 함께 언급하게 될 것이다.

1) 유럽과 한국의 구조적 환경의 대조

한국 민주주의 유산의 구조적 특성에서 출발해보자. 복지국가를 선도적으로 발전시킨 유럽 여러 나라들의 역사적 경험에서 복지국가 발전을 위한 몇 가지 구조적 조건을 추출할 수 있다. 첫째, 복지 제도를 확대하고 복지국가를 지속 가능하게 하려면 이해당사자들이 원자화된 개인으로 남아 있지 않고 집단화·조직화하여 집단적 이익과 요구를 명료히 할 수 있어야 하며, 그 토대 위에서 선거 경쟁이나 정부정책을 둘러싼 정쟁에서 복지국가의 지지자가 되어줘야 한다. 둘째, 정치제도 내에서 상이한 대중적 토대 위에서 상이한 계급이익을 대변하는 정치세력들이 서로 경쟁하는 체제가 정립되어야 한다. 그래야만 정당들은 거시적이고 장기적인 복지플랜을 수립하고 긴 시간에 걸쳐 논쟁하고 협상하며 제도의 지속성을 높일 수 있다. 셋째, 국가의 강압·행정·조세·규제역량은 복지정책의 수립과 집행을 가능케 하는 전제조건이다. 민주적 복지정치는 강력하고 협력적이며 효과적인 국가역량이 뒷받침될 때 실현가능하다.

한국 사회는 역사로부터 위와 같은 구조적 조건을 유산으로 물려받지 못했다. 노동계급의 집단의식이 저발전했고, 노조 조직률은 대단히 낮으며, 사회적 약자들의 조직화가 취약하고, 조직된 세력이 미조직 계층을 대변해준다고 인정받고 있지도 않다. 또한 주요 정당들은 모두 보수적 전통을 갖고 있고, 복지정치의 역사가 짧으며, 정당들이 각기 대중적 토대 위에서 특정한 계급이익을 대변하며 경쟁하는 체제가 제도화된 적도 없다. 그래서 여론의 반응과 눈앞의 선거를 의식한 기회주의적 행동이 지배적이며, 많은 장기플랜이 만들어지지만 단기 용도로 사용되고 폐기된다. 복지국가 건설을 위한 핵심 조건인 조세 역량과 규제역량은 여전히 매우 약하다. 세금과 규제에 대한 만연한 불만은 강한 국가의 결과라기보다는 약한 국가의 원인에 가깝다.

한국과 유럽의 정치사회적 구조가 이처럼 대조되는 이유는 근대화와 복지국가 발전의 시점과 순서, 시대 환경이 완전히 달랐기 때문이다. 유럽 복지국가는 산업자본주의가 확산된 19세기 후반에 그 정치사회적 기반을 갖추었고, 이후 사회경제적·문화적 환경 변화 속에서 1세기 이상 성장과 변형의 긴 역사를 거쳐왔다. 이와 달리 한국에서는 1960년대에야 초보적 복지제도가 도입되었고, 1990년대 후반~2000년대 초반에 와서야 복지정치가 본격화되었다. 이때는 세계화, 정보화, 개인화, 탈산업화 등으로 인해 서구의 복지국가 체제까지도 위협한 거대한 구조변동이 휘몰아친 때이다. 한국은 유럽 복지국가의 구조적 조건을 추격하여 재현하고 그들의 발전 과정을 압축적으로 재생할 수 있을까? 미조직 노동자들의 조직률을 대폭 높이고, 계급이익을 대변하며 정책경쟁을 하는 정당체계를 제도화하며, 국가의 징세·규제 능력을 단기간에 증대할 수 있을까?

한 가지 분명한 것은, 변화를 선도한 사회의 역사적 경험은 이후 다른 곳에서 "같은 방식으로 두 번 일어날 수 없다"[77]는 사실이다. 산업화든, 민주화든, 복지국가 발전이든, 후발자(follower society)는 선구자(pioneering society)가 걸어갔던 역사적 경로를 단지 시간적으로 단축하여 그대로 따라갈 수 없다. 그들은 동일한 사회적 과제를 전혀 다른 국내외적 환경 속에서 추구하고 있기 때문이다. '압축적 근대화'의 굴곡진 역사를 서구 근대사의 고속 재생으로 오해해선 안 되듯이, 서구 복지국가 발전의 구조적 토대를 21세기 한국에서 그대로 재현할 수는 없다.

그러므로 한국의 복지정치는 유럽인들이 반세기 전, 혹은 한 세기 전에 던지지 않은 질문을 던져야 한다. 계급적으로 조직되지 않은 시민들 가운데서 어떻게 신뢰할 만한 복지국가 지지층을 구축할 것인가? 대중적 뿌리도, 견고한 이념도 없는 정당들이 복지의제를 진정성 있게 수용케 할 방안은 무엇인가? 유럽 국가들이 세계대전, 계급정치, 복지행정의 긴 역사를 겪으며 조세역량과 분배역량을 증대해왔다면, 21세기 한국의 국가는 어떤 정치 전략과 제도적 설계도를 갖고서 조세저항을 극복하여 복지재정을 확대할 것인가? 이런 과제를 풀기 위해 우리는 복지국가에 우호적인 구조의 부재를 탄식하기를 그치고, 정치제도 개혁과 정치행동의 과제를 고민해야 한다.

2) 정치제도 개혁과 정치행동의 과제

먼저 정치제도 환경을 보자. 이 글은 앞에서 이에 관련된 세 가지 핵심 쟁점을 도입했다. 즉, 정부 형태 면에서 대통령제/의원내각제, 선거제도 면에서 다수제/비례제, 중앙-지역 관계에서 단일국가/연방국가의 제도유형의 차이가 그것이다. 이에 대해 이 글은 각기 상반된 강조점을 갖는 다음 두 가지 주장을 했다.

첫째, 의원내각제, 비례대표제, 강한 지역역량이 복지국가 확대와 지속에 유리한 조건인데, 한국은 대통령제, 단순다수제, 중앙정부 중심 제도를 갖고 있기 때문에 모든 면에서 복지국가 친화적이지 않다. 그러므로 대통령제의 약점을 보완하고, 비례제 요소를 강화하며, 지역복지를 강화할 수 있는 방향으로 제도 개혁이 필요하다. 둘째, 그럼에도 불구하고 대통령제, 다수제, 중앙집중적 권력구조와 같은 한국의 정치제도상의 특성들 역시 복지국가 발전을 촉진할 수도 저해할 수도 있는 양면적 잠재성이 있으며, 반면 일반적으로 복지국가 발전에 더 좋은 것으로 간주되는 제도들도 서구에서조차 언제나 그런 작용만을 했던 것은 아니며 특히 한국 정치 맥락에 도입되었을 때 그것이 유럽에서 작동하던 것과 동일한 기능을 할 것이라고 장담할 수는 없다.

우선 권력구조를 보면, 1987년 정치체제는 정치경쟁, 직접선출, 다수결제라는 민주주의의 기초 원리를 도입했지만 대통령과 일부 권력기관에 힘이 집중되어 권력분립이 약한 '위임민주주의(delegative democracy)'의 결손을 안고 있었다. 그러나 이 체제가 복지정치에 미치는 영향은 양면적이다. 바로 그 집중된 권력구조를 통해 김대중·노무현 정부는 복지제도를 대폭 확충했고, 신자유주의적 경제·노동정책을 추진하기도 했다. 이명박·박근혜 대통령은 그들에게 집중된 권력으로 민주주의와 법치주의를 훼손했지만, 또한 여론과 선거를 의식하여 필요에 따라 몇몇 복지정책을 추진할 수 있었다. 이런 양면성은 집중된 권력구조 자체의 속성이다. 내각제의 연합정치에서는 각 정당의 색깔이 분명하지만 여러 색이 타협하여 정책이 나오지만, 대통령제에서는 선거 때는 51%를 얻기 위해 당색을 흐리지만 집권 후엔 정책을 강하게 추진할 수 있다. 이 양날의 칼을 무디게 하여 누구도 상대를 베지 못하게 할 것인가, 아니면 복지국가 세력이 집권하여 칼을 크게 휘두를 것인가?

　다음으로 선거제도의 경우 민주적 대표성의 관점에서만 본다면 북구의 비례제나 독일식의 혼합형 제도가 분명 우수한 면이 많고 국제적으로 많은 사례를 놓고 보면 이 제도들이 진보적 사회정책에 대체로 우호적이다.[78] 하지만 비례제 요소의 강화가 장기적으로 한국 정치 판도에 어떤 결과를 낳을지는 예단하기 힘들다. 가령 당장은 정의당과 같은 진보정당의 의석수가 대폭 늘어나는 것은 맞지만, 최근 유럽의 경험에 비춰 보면 미래의 어떤 상황에서는 부정적 결과도 생길 수 있다. 비례대표제는 신생 정치세력이 성장하기에 유리한데, 2000년대 유럽에선 바로 이 제도를 통해 극우세력이 거의 모든 나라에서 급성장했다. 반면 웨스트민스터 모델의 본산인 영국에선 우익 독립당이 오랜 전통을 가진 보수당과 노동당의 아성을 어느 지역에서도 돌파하지 못한 반면, 오직 비례제로 시행되는 유럽의회 선거에서만 압승을 거두곤 했다. 말하자면 다수제 요소와 비례제 요소의 균형 있는 혼합은 정치적 선출의 측면에서 민주주의 원리에 보다 가깝지만, 정책적 산출의 측면에서 반드시 진보적인 것은 아니다.

　끝으로 지방분권의 정치적 결과도 마찬가지로 양면적이다. 이명박·박근혜 대통령 시기에 중앙의 입법·행정부가 모두 보수에게 장악되었을 때는 지역이 진보정치의 교두보였다. 하지만 참여정부와 열린우리당의 지지도가 급락하던 2006년도 지방선거에서 한나라당이 모든 지자체장을 다 가져갔었던 것을 상기하자. 역대 지방선거의 판도가 중앙권력의 인기에 큰 영향을 받아온 것에 비춰본다면, 이명박·박근혜 정부에 대한 반발이 지방선거에서 야당 승리로 이어졌듯이 문재인 정부나 그 이후 또 다른 진보 성향 정부에 대한 실망이 지역 권력을 보수에 몰아줄 가능성은 충분히 있다. 개혁과제는 지역의 민주주의와 복지정치 역량을 실질적으로 강화하는 것이지, 단순히 제도의 형식을 분권형으로 바꾸어 더 많은 권한과 책임을 지역으로 이양하는 데 있지 않다.

말하고자 하는 바는 제도 개혁이 중요하지 않다거나 어떻게 바꾸든 차이가 없다는 것이 아니다. 제도의 결과는 제도의 형식 속에 불변의 본질로 내재해 있는 것이 아니라, 그 제도 안에서 형성되고 행동하는 '사람', 즉 사람들의 정치행위와 세력관계에 의해 최종적으로 결정된다는 것이다.

유럽의 복지국가 발전 과정에서는 집단들의 정치행위가 상당히 일관됐고 예측가능했으며 그들 간의 경쟁관계 역시 높은 정도로 제도화되어 있었다. 균열'구조', 정당'체계'와 같은 개념들이 그 역사를 반영한다. 한국에는 그런 것이 없다. 2000년대 들어서야 의미 있는 변화가 일어나고 있다. 경제적 불평등과 불안정이 심각한 사회문제가 됨에 따라, 정당들은 복지를 여론과 표심을 얻기 위한 중요한 수단으로 인식하기 시작했고 최소한 명목적으로는 복지국가의 필요성과 정당성을 수용하고 있다. 누가 집권하느냐가 중요한 정책적 차이를 낳지만, 복지는 이제 어느 정당이든 선거에서 이기기 위해 무시할 수 없는 요구가 되었다.

그러나 이러한 변화의 영속성을 과장하면 안 된다. 한국의 정당들은 대부분 대중정당으로서의 기반이 취약한 선거중심 정당이기 때문에, 이념과 강령상의 복지국가 지향성이 약하다. 그들은 복지확대를 일관되게 반대하지도, 일관되게 추구하지도 않는다. 어떤 정당이라도 지지율 상승과 선거 승리에 도움이 되면 복지 정책을 제시하고 추진할 용의가 있다. 그러나 복지국가를 표방하던 이들도 권력을 획득한 후에는 재정건전성, 규제 완화, 투자유치 등 보수적 프레임으로 쉽게 돌아선다. 정당들이 이처럼 표변할 수 있는 하나의 이유는 권력을 부여하거나 박탈할 힘을 가진 유권자들 역시 복지에 대해 일관된 태도를 갖고 있지 않기 때문이다.

한국의 복지정치는 이처럼 단단한 지반이 없이 솜털처럼 가벼운 유동적 공간에서 움직이고 있다. 정치행위자들은 일관되게 복지국가를 추구하지도 반대하지도 않으며, 일관되게 특정한 복지제도를 선호하거나 거부하지도 않는다. 단기적인 정치적 손익의 논리에 따라 움직인다. 이러한 가변성이야말로 백여 년에 걸쳐 복지국가를 건설해온 유럽 사회들이 오랫동안 지녀온 특성과 가장 분명히 대비되는 한국적 특성일 것이다. 이런 조건에서 우리는 어떻게 지속 가능한 미래를 기대할 수 있는가? 단기 정치의 논리를 활용해 오래 지속되는 제도의 논리를 만들어낼 수 있을 것인가? 불안하고 위태로운 기회의 공간이 잠깐 열렸을 때 전력을 다해 밀고 들어가 시간의 시험을 견뎌낼 영속적 토대를 창출할 수 있을 것인가?

소망하는 미래로 가는 길이 분명하기만 하다면 그 길이 아무리 험해도 우리는 앞만 보고 나아갈 수 있다. 그러나 모든 길의 끝이 불확실할 때, 그래서 어느 길도 확신할 수 없을 때, 우리는 앞에 놓인 선택지들을 찬찬히 살피며 신중한 판단을 계속해야 한다. 복지정치가 나아갈 미래는 오직 결연한 실천만을 기다리는 정답으로 주어져 있는 것이 아니라, 깊은 숙고와 숙의로 풀어야 할 여러 질문들 너머에서 만들어진다. 다음 장은 앞에서 논한 바들을 상기하면서 미래의 한국 복지정치가 씨름해야 할 핵심 쟁점들을 압축적으로 서술한다.

5. 한국 복지정치의 쟁점과 과제

쟁점 1 **조직된 시민사회와 유동적 시민정치의 병행발전**

집단적인 계급의식 또는 이해관계에 기초하여 조직된 시민사회는 서구 복지국가 발전의 중요한 토대였다. 복지 제도를 확대하고 지속 가능하게 만들기 위해서는 이해당사자들이 집단적 이익과 요구를 명료히 하고, 그 토대 위에서 복지국가의 지지자가 되는 것이 이상적이다.

그러나 한국은 계급정치의 역사적 토대가 매우 약하다. 노동계급의 집단의식이 성장하지 못했고, 노조 조직률은 매우 낮으며, 노동시장 분절구조는 심화되고 있다. 이런 조건에서 한국 사회는 세계화, 정보화, 개인화, 탈산업화와 같이 계급적 연대를 약화시키는 구조변동에 직면해왔다.

이처럼 연대 구조가 취약한 반면에 21세기 한국의 시민들은 유동적인 소통의 네트워크를 통해서 제도정치와 국가권력에 강력한 영향을 미치는 능력을 발전시켜왔다. 자생적 대중행동은 세계 곳곳에서 확산되고 있지만, 한국처럼 촛불집회 등의 대규모 대중행동이 수차례나 일어나서 제도정치에 심대한 영향을 미친 나라는 없다.

조직적 시민사회의 결핍이라는 역사적 유산을 주어진 현실로 수용하여 유동적 시민정치의 힘을 극대화하는 데에 중점을 둘 것인가? 아니면 더디더라도 거대조직 간의 조합주의적 협의를 중심으로 하는 제도 모델을 지향하면서 시민사회 조직화에 집중할 것인가? 양자의 병행발전은 가능한가? 한국 복지정치의 시민사회적 토대는 더 조직적이면서도 더 유동적이고, 더 집중적으로 협의하면서도 더 탈중심적으로 연대할 수 있는가?

국가 조세역량과 분배역량의 선순환적 강화

사회로부터 조세를 징수하고 공적 목표를 위해 분배할 수 있는 국가의 역량은 복지체제를 확대하기 위한 필수 요건이다. 오늘날 큰 복지국가를 가진 유럽 나라들은 국가의 조세·분배역량의 선순환 관계를 발전시켰다. 많이 거두고, 제대로 분배하여, 그에 대한 신뢰로 다시 많이 거둔다. 자본과 부자에게 징수하는 세입 차원의 재분배로 큰 복지국가를 만든 경우는 없다. 소득세든 소비세든, 포괄적 조세가 보편적 복지와 순환해야 한다.

그에 반해 한국의 국가는 권위주의 시기 동안 대내적 강압 능력을 높이고 현대적 행정체계를 발전시켰지만, 낮은 조세 수준과 소극적 복지정책을 유지하면서 특정 자본을 집중 육성하는 전략을 취해왔기 때문에 민주화 이후에도 한국의 복지정치는 국제비교상으로 매우 약한 조세·분배역량을 가진 국가에서 출발해야 했다.

그렇다면 국가 재정과 분배 기능을 동시에 높여야 할 터인데, 거기에 현실의 딜레마가 있다. 한편으로 한국 현대사는 국가가 사회의 사적 부를 징수하여 사회를 위한 공적 행위로 되돌려주는 거시적 합리성을 경험하지 못했기에 증세에 대한 저항이 강하다. 이 역사적 유산을 극복하려면 공공복지의 합리성을 폭넓게 경험해야 하는데 그러려면 재정 확대가 필요하다.

여기에 한국 복지정치의 갈림길이 놓여 있다. 하나는 악순환의 길이다. 증세의 정치적 위험 때문에 낮은 재정 수준을 지속하면 복지제도의 수혜자와 수혜의 폭이 제한되어 복지증세의 경험적 기반이 넓어지지 못한다. 다른 하나는 선순환의 길이다. 복지확대로 국가 분배행위의 정당성과 사회의 성장 잠재력을 높이고, 그것을 기반으

로 조세역량을 신장하여 더 높은 수준의 복지국가로 나아가는 것이
다. 두 번째 길은 어떻게 가능한가?

쟁점 3 ▸ 민주적 권력구조와 강력한 복지국가의 동시 달성

다음으로 정부 형태와 권력구조, 선거제도의 측면을 보면 서구 복지
국가들은 대부분 의원내각제, 연합정치와 합의정치, 강한 비례대표
제 등을 특징으로 하는 것으로 알려져 있다. 그러나 대통령제와 의
원내각제, 다수제와 비례제는 구체적 현실에서 각기 나름의 강점과
약점을 갖고 있다.

중앙집중적이고 승자독식형의 권력구조에서는 집권세력이 자신
의 이념 지향과 지지층의 요구에 따라 각자의 정책을 강력히 추진할
수 있다는 양면성이 있다. 반대로 분권형의 합의정치 구조에서는 다
수의 행위자와 비토 포인트가 교차해서 우파 쪽으로도 좌파 쪽으로
도 제도를 급진적으로 개혁하기 어렵다는 양면성이 있다.

한국의 경우 대통령과 청와대가 행사할 수 있는 강력한 권력에
주목한다면, 집권세력의 의지에 따라 복지를 대폭 확대할 수도 대폭
축소할 수도 있는 상반된 가능성이 공존한다. 한편 국회와 야당이
대통령 권력을 제한하는 면을 주목하면, 이들의 상호견제는 기존 복
지제도를 축소하려는 노력을 저지할 수도 있고 복지제도의 확대 노
력에 장애가 될 수도 있다.

그렇다면 현재의 중앙집중적 승자독식 체제의 폐해를 줄이기 위
해 독일처럼 더욱 분권화되고 촘촘히 교차하는 권력구조를 만들어
낼 것인가? 아니면 현재의 집중된 권력구조를 십분 활용하여 복지체
제와 노동체제의 패러다임 전환을 시도할 것인가? 권력구조를 더 민

주화하면서 동시에 강력한 힘을 가진 복지국가를 발전시키는 것이
가능한가? 어떻게?

쟁점 4 | 복지국가와 지역복지의 동반성장, 지역 간의 균형발전

강한 복지국가를 가진 나라의 특성은 중앙(연방)과 지역 수준에서
모두 복지정치의 지지 기반과 행정·재정역량을 발전시켜왔다는 점
이다. 연방국가냐 단일국가냐, 권한체계가 집중적이냐 분권적이냐
등의 이분법은 무익하다. 독일은 연방제지만 연방이 강력한 입법·
재정권을 행사하고, 스웨덴은 단일국가 체제지만 지방정부의 고용,
재정, 복지행정이 강력하다.

　그러므로 필요한 것은 국가중심주의도, 분권지상주의도 아닌, 균
형 있고 섬세한 현실 인식과 제도적 비전이다. 한국은 중앙정부가
압도적인 조세·입법·행정권을 갖고 있고 지자체 정책에 깊이 개입
할 수 있으며, 중앙정부에 대한 지역의 의존도가 높은 중앙집중적
제도를 갖고 있다. 그러나 이것을 교정하는 대안이 단지 중앙정부의
권한과 책임을 지방으로 이양하거나, 각 지역이 각자도생하는 체제
로 나아가는 것은 아니다.

　분권 자체가 선이 아니라 민주주의와 복지제도를 실질적으로 지
역까지 확대하는 것이 궁극적 목표라는 점을 망각하지 않는 것이 중
요하다. 중앙의 복지국가는 취약 지역의 복지를 지원하면서 지역 간
의 균형 복지를 보장하고, 지역복지의 발전은 복지국가의 풀뿌리 기
초를 제공하는 식의 관계구조로 나아가는 제도 개혁의 구체적 비전
과 로드맵은 무엇인가?

각자도생의 개인적 합리성, 복지국가의 사회적 합리성

한 나라의 전반적인 정치문화 전통과 유권자들의 문화, 가치, 의식
의 심층구조는 복지국가의 발전과 저발전에 지대한 영향을 미친다.
그것은 선거를 매개로 하여 정치권력의 추가 어느 한쪽으로 기울게
만들고, 정권을 쥔 세력이 정책을 추진할 수 있는 행동반경을 규정
한다.

그래서 모든 주요 정당과 다수 유권자가 복지국가에 동의하는 곳
에서는 어느 정당이 집권해도 복지국가의 지속 가능성이 근본적으
로 위협받지 않는 데 반해, 그러한 동의가 약한 곳에서는 진보적 정
당이 집권하기도 힘들뿐더러 집권한다 해도 정권 기반을 위협받지
않으면서 펼칠 수 있는 정책이 크게 제한된다.

한국에서는 오랫동안 권위주의 체제 아래 계급정치와 복지정치
가 억압되었고, 민주화 이후에도 주요 정당들은 분명한 복지국가 이
념과 정책노선을 결여해왔다. 유권자들 역시 계급적이고, 일관되며,
적극적인 복지 태도를 갖고 있지 않을 뿐 아니라, 경쟁적 사회구조
속에서 각자도생의 삶의 양식이 미시적 합리성을 갖는 것으로 간주
하는 경향이 있다.

이러한 현실을 문화와 제도의 상호작용이라는 관점에서 보면, 한
국 사회는 정당과 시민들의 복지국가에 대한 지지가 약해서 복지제
도가 성장하기 힘들고, 복지제도의 경험과 수혜자 계층이 약해서 복
지국가에 대한 지지가 확대되지 못하는 악순환의 고리에 빠져 있는
면이 있다. 이 고리 안에서 복지를 하나의 대안적 체계, 대안적 삶의
방식으로 확대시킬 수 있는 여지는 많지 않다. 경쟁적 사회구조 속
의 개인적 합리성으로부터 복지국가 체제의 사회적 합리성으로 문

화적 패러다임 이동을 어떻게 이룰 수 있을 것인가? 그 방향으로의 거대한 운동이 이미 일어나고 있다면 그것은 어떤 사회집단에 의해, 어떤 계기와 조건 아래 일어나고 있는가?

쟁점 6 한국 선거정치의 역동성과 휘발성, 그 양면적 잠재성

구조적이고 제도적인 측면에서 복지국가의 포괄적이고 지속적인 발전을 가능케 하는 조건이 크게 결여되어 있는 한국 민주주의의 유산 속에서도, 한국의 복지국가가 지난 10여 년간 경제개발협력기구 회원국 가운데 가장 빠른 속도로 성장할 수 있게끔 한 중요한 동력의 하나는 바로 선거정치의 역동성이었다.

1987년 민주화 이후, 그러나 무엇보다 2000년대에 들어서서 선거정치는 진보적 정치세력과 시민사회가 복지 이슈를 정치 의제화하고 주요 정당들을 압박할 수 있었던 중요한 무대였다. 그런 가운데 점차 모든 정당이 유권자를 획득하려는 동기에서 복지 이슈를 중요시하게 되었고, 각 정당 고유의 복지정책 노선이라고 할 만한 색깔도 생겨나고 있다.

그러나 한국의 대부분의 정당들은 여전히 일관된 복지확대 계획과 의지를 결여한 채 선거정치의 셈법을 중심으로 움직이고 있기 때문에 선거정치는 한국의 복지국가 발전에 양면적인 잠재성을 갖고 있다. 한편으로 선거의 역동성은 복지확대의 기회를 제공하지만, 그것의 휘발성은 복지정책과 제도의 지속 가능성을 위협한다.

한국에서 복지정치는 선거정치를 등한시할 수도 없고 그것을 믿고 의지할 수도 없다. 단기적 선거정치의 논리와 장기적 제도개혁의 구상을 어떻게 화해시킬 것인가? 선거정치의 국면적 기회를 활용하여 보다 장기적인 복지제도, 견고한 친복지적 기회구조를 만들어낼 전략은 무엇인가?

6. 한국 복지정치의 고유한 역동성과 열린 미래

이른바 '생산주의 복지체제'의 이론[79]은 동아시아 나라들의 복지제도 변화를 에스핑-안데르센이 말한 복지체제의 세 가지 유형 중 어느 것으로도 설명할 수 없으며, 이 나라들에서 어떠한 일관된 '사회정책의 논리'도 발전한 적이 없다고 주장했다. 그렇다면 여기서 복지제도의 발전과 저발전, 복지정치의 성공과 실패를 결정짓는 논리, 그 힘은 대체 무엇인가?

민주화 이전에 복지국가의 저발전을 초래한 주요인은 권위주의 레짐의 성장우선주의적 근대화 전략이었다. 그러나 민주화 이후 한국, 또는 대만 같은 이웃나라에서 복지국가의 전진과 후퇴를 가져온 중요한 힘은 바로 정당정치와 시민정치의 역동성이었다. 복지국가 발전을 돕는 역사적 유산이 부재한 이 나라들에서, 젊은 민주주의의 정치적 생기는 '복지'가 사회 이슈로, 정치 의제로, 정책목표로 되게끔 만든 핵심 동력이었다. 이 점에서 한국의 복지정치는 서구 복지국가들의 그것과 상당히 다르다.

복지국가가 발전된 대부분의 나라에서 그 발전의 원동력은 뭔가 깊고, 견고하고, 안정적인 것이었다. 산업혁명기에 탄생한 전국적 노동조합 연합체, 거기에 기초를 둔 강력한 좌파 대중정당, 이들의 위협을 체제내화하고자 했던 보수 세력, 사회구조적인 계급균열을 반영하고 조직하는 정당체계, 그 정당체계를 유지하는 유권자들의 정치문화, 그리고 그러한 복지정치를 통해 정립된 복지제도가 다시금 복지정치의 정치사회적 기반을 창출해내는 순환 고리가 존재한다. 오늘날 복지국가의 많은 변형에도 불구하고 19세기부터 건축되어온 복지국가의 거대한 구조물은 큰 틀에서 유지되고 있는 것 같다.

하지만 한국에서 복지국가의 발전은 전혀 다른 논리를 따르는 것 같다. 1990년대 이후 한국에서 복지국가 발전의 지체를 이전 시대의 유산으로 설명할 수는 있지만, 복지국가의 전진하는 힘과 후진하는 힘이 경합하는 역사의 총체를 그렇게 정태적으로 설명할 수는 없다. 변화의 핵심은 민주주의의 도입이라는 근본적인 체제 변화였고, 그에 따른 정치적 동학의 폭발이 오늘날 한국 복지정치의 독특한 기회와 약점을 만들어냈다. 즉 특정한 '사회정책의 논리'를 발전시키고 다듬어온 유럽과 달리, 한국에서는 '정치의 논리'가 복지제도의 발전 속도와 방향, 복지정책들의 선택과 배제를 규정하는 강한 힘으로 작용한다는 것이다.

이처럼 일관된 사회정책의 논리 없는 정치 논리의 지배는 한국 복지정치의 빛과 그림자를 동시에 만들어낸다. 그것은 한편으로 안정적이고 지속적인 복지국가의 정치세력과 지지계층을 기대하기 어렵다는 것을 의미할 수 있다. 그러나 한국 정치와 사회의 역동성은 유럽의 경직된 정당체계와 뿌리 깊은 이익집단 구조에서 가능하지 않을, 열린 가능성의 공간을 허용하기도 한다. 또한 제도적 측면을 본다면 한국 복지체제의 혼종성은 강고한 성장주의적 유산 위에 철학도 없이 마구 덧칠한 잡종 근대의 증거이기도 하지만, 그것은 서구에서 백년이 넘게 쌓아올린 벽돌들을 완전히 다른 방식으로 재조립한 독창적 건축물이기도 하다.

한국 복지정치의 이러한 양면성을 주시함으로써 우리는 어떻게 이토록 역동적인 사회에서 그 오래된 과거의 구조가 끈질기게 지속되는지, 그리고 어떻게 이토록 견고해 보이는 구조 속에서 놀라운 창조적 사건이 발생하는지를 조금 더 잘 이해할 수 있게 된다. 이 중 어떤 힘이 더 압도하게 될지는 주요 집단 간의 세력관계에 의해 결정될 것이다. 그리고 더 평등하고 더 안전한 복지국가를 위한 모든 노력에서 가장 중요한 것은 바로 그 노력을 실행할 주체를 세우는 일일 것이다. "모든 상황에서 결정적인 것은 적절한 시점에 전쟁터로 뛰어들 수 있는 잘 조직되고 준비된 세력의 존재다. 그러므로 본질적인 과제는 바로 그 세력이 형성되고, 성장하고, 더욱 결집되고, 견고하고, 자의식적으로 될 수 있게끔 체계적이고 끈질기게 노력하는 일이다."[80]

4장

한국 복지정치의 주요 행위자들과 복지국가의 발전

유산, 쟁점, 과제

1. 복지국가와 복지정치, 그리고 주요 행위자들

이 장에서는 한국 복지정치의 핵심 행위자들이 누구인지, 그들 간의 권력관계가 복지국가의 발전에 어떻게 영향을 미쳐왔는지 살펴본다. 그리고 향후 지속 가능한 복지국가를 위한 주체형성 및 복지동맹과 관련된 쟁점 및 과제를 정리한다.

사회복지는 정치적으로 결정되는 재분배기제이다. 시장에서의 교환과 달리 복지 프로그램들은 법과 정책에 의해 그 틀이 설계되고 수혜와 부담이 정해진다. 당연히 민주적 자본주의(democratic capitalism) 사회의 여러 집단들은 복지국가의 운영 원리와 작동 방식이 자신에게 유리하도록 개입하고자 하며 이들의 이해관계와 정치적 능력, 그리고 제휴의 양상은 어떤 복지국가가 만들어지느냐에 결정적이다. 누가 어떻게 복지국가 발전에 관여하는가가 중요할 수밖에 없는 것이다.

그렇다면 그간 한국 복지국가 발전을 추동해온 핵심적 행위자는 누구였으며 이들은 어떤 자원들을 동원해 복지확대를 이끌어낼 수 있었는가? 복지국가 건설의 주요 행위자들과 그들 간의 관계는 선진 복지국가에서와는 어떻게 다르며, 이는 한국의 생산체제 및 노동체제, 그리고 정치체제의 어떤 특징들과 관련되어 있는가? 한국의 복지국가 건설의 주체와 복지동맹의 특수한 성격은 한국의 복지국가에 어떤 영향을 미쳤는가? 그리고 현재의 복지정치에는 어떤 자산과 부채를 유증(遺贈)하고 있는가? 이 장에서는 주로 1987년 민주화 이후의 시기를 대상으로 이런 물음들에 답해보고자 한다. 그리고 이에 기반해 향후 변화하는 사회경제적 상황 속에서 지속 가능한 복지국가를 만들어가기 위해서는 건설주체와 복지동맹이란 차원에서는 어떤 문제점들이 해결되어야 하는지, 그 해결 방향은 무엇인지 정리해보고자 한다.

1) 복지국가 건설의 다양한 행위자들

복지국가의 건설 및 발전에는 다양한 행위자들이 관여한다. 〈그림 4-1〉은 복지정치의 중요한 행위자와 그들의 이해관계가 대변되는 제도를 도해한 것이다. 복지국가 발전의 중요한 이해 당사자라고 할 수 있는 집단적 행위자로, 시민사회에서는 노동과 자본, 그리고 그 외의 사회운동조직을 들 수 있고, 정치사회에서는 정당을 들 수 있다. 국가 영역에서는 행정부와 관료조직이 중요한데, 한국과 같은 대통령제 국가에서는 대통령 역시 매우 중요한 행위자이다.

복지국가의 발전에 대한 중요한 이론적 입장들은 이 행위자들 중

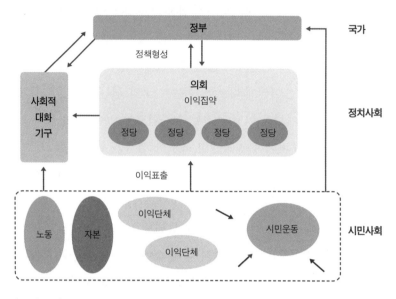

| 그림 4-1 | 복지정치의 제도와 행위자들

누구를 한 나라의 복지국가의 발전 정도, 그리고 그 유형과 성격을 결정하는 핵심 행위자로 보는가에 따라 분기한다고 할 수 있는데, 대략 다음과 같은 시각과 입장이 존재한다.

첫째는 북유럽의 역사적 경험을 배경으로 형성된 권력자원론이다. 권력자원론의 주창자인 코르피는 권력자원(power resources)을 '한 사회 내에서 어떤 행위자(혹은 집단적 행위자)가 다른 행위자(집단적 행위자)를 보상하거나 처벌할 수 있는 능력을 제공하는 원천들(characteristics)'로 정의한다.[1] 그에 따르면 민주적 자본주의 사회에서 자산계급(haves)의 권력자원이 생산수단이라면, 다수의 빈자들(have-nots)의 권력자원은 민주주의적 제도를 이용한 조직화이다. 그리고 노조와 사회민주주의정당은 노동시장과 정치의 두 영역에서 노동자를 대표하는 두 조직으로, 이 조직들이 강력할 때 복지국가의 발전이 가능해진다. 노동의 권력자원은 노조의 조직률과 중앙집중성, 좌파정당의 의석수와 집권기간 등으로 측정될 수 있다.[2]

노동의 권력자원이 클수록 복지국가가 발달하는 이유는 복지국가가 자본주의 사회의 계급 간 분배기제의 일부로서 노자 간의 분배투쟁의 산물이기 때문이다. 자본주의 사회에서 각 계급의 분배 몫은 일차적으로 시장에서의 교환에 의해 결정된다. 그리고 이는 생산수단의 소유 여부에 따른 불평등을 반영한다. 복지국가는 사회적 임금(social wage)의 공여를 통해 각 계급들의 분배 몫을 변형시킴으로써 이런 시장임금이 내포하고 있는 분배 불평등을 교정하는 기제이다. 당연히 노동자계급은 민주주의라는 장을 이용하여 자신을 조직화함으로써 복지국가를 확대하여 자신의 분배 몫을 늘리고자 하며 (이른바 '민주적 계급투쟁democratic class struggle'),* 자본가계급은 이에 저항한다.

이런 코르피의 초기 권력자원론은 후속 연구자들[3]에 의해 발전되고 정교해졌다. 에스핑-안데르센은 단순한 초기 권력자원론의 설명을 '노동계급동원 명제(working-class mobilization thesis)'로 명명하면서, 그 핵심 논지를 계승하되 두 가지 요인을 첨가해 복지체제의 분화 원인을 설명하고자 했다. 즉, 여러 나라에서 복지체제의 '차이'—단순한 양적인 것이 아니라 질적이기도 한—를 가져온 핵

---

* 이외에도 에스핑-안데르센은 노동자계급이 복지국가를 필요로 하는 이유로 복지국가가 노동자계급의 연대를 촉진한다는 사실을 지적한다(Esping-Andersen, 1990). 시장법칙이 그대로 관철되는 경우 노동시장에서의 지위에 따라 상이한 임금과 기업복지를 받게 되며, 이는 노동자계급을 여러 분파로 분열시킨다. 그러나 복지국가를 통한 노동력의 탈상품화는 이를 완화함으로써 노동자 간의 연대를 촉진한다.

심적 요소는 ① 계급동원의 특징, ② 계급정치적 제휴 구조, ③ 체제 제도화의 역사적 유산이라는 것이었다.[4] 에스핑-안데르센은 세 가지 요인을 제시하고 있지만 사실상 '③ 체제 제도화의 역사적 유산'은 앞의 두 '행위자' 요인이 작동하는 맥락, 혹은 조건에 가깝다.[*] 결국 복지체제의 유형을 결정하는 핵심적 요소는 ①과 ②라 할 수 있으며, 이 두 가지 요소의 조합에 따라 상이한 복지국가가 발전한다고 보아야 할 것이다.[5]

둘째, 첫째의 접근법과는 정반대로 고용주 혹은 자본가의 역할을 중시하는 '고용주 중심 접근법(employer-centered approach)'을 들 수 있다. 이 계열의 연구들은 자본가가 항상 복지국가에 반대하는 것은 아니며 자신들의 이해관계에 따라 얼마든지 시장에 의한 분배를 수정하는 복지확대에 찬성할 수 있다고 주장한다. 스벤손(Swenson)은 '시장에 반대하는 자본가(capitalists against market)'도 얼마든지 가능하며, 실제 북유럽 복지국가의 발전은 수출 부문 고용주들과 노동자들의 초계급 동맹(cross-class alliance)에 힘입었음을 보여주었다.[6] 에스테베즈-아베(Estévez-Abe) 등도 자본주의 다양성론의 맥락에서 사회적 보호는 고용주들의 취약함의 결과이기보다는 강력함의 표현이라고 주장한다.[7] 이들에 의하면 현대 경제에서 숙련은 기업의 국제경쟁력 획득에 결정적인데, 비용효율성을 위해 기업은 노동자들로 하여금 특정한 고용주(혹은 고용주 그룹)에 종속되는 위험성을 무릅쓰고 이런 기술을 습득하도록 해야 한다. 결국 조정시장경제에서 나타나는 높은 고용보호와 실업보호는 노동자들

---

[*] 역사적 유산들은 또한 경로제약 효과를 가지나 이를 넘어설 힘의 관계가 형성된다면 경로는 여러 가지 방식으로 변경될 수 있다(Thelen, 2004).

의 투쟁의 결과라기보다는 이런 고용주들의 필요의 산물이라는 것이다.

고용주 중심 접근법에 기반한 연구들은 고용주들이 언제 어디서나 복지 이슈에 동일한 이해관계를 갖는 것이 아니며 부문별로, 혹은 숙련 등 경영상의 이해관계에 따라 고용보호나 복지확대에 우호적일 수 있다는 것을 설득력 있게 보여주었다. 그러나 복지 혹은 사회적 보호가 양대 계급에 주는 전체적인 손익을 고려할 때, 즉 복지확대가 고용주들에게 가하는 통상적 부담이나 노동자들의 협상력 증대 등을 고려할 때, 고용주들의 우호적 태도는 예외적인 것이지, 일반적인 것이 되기는 어렵다. 코르피의 반박처럼 고용주나 이들의 이해를 대변하는 우파정당의 복지확대는 강한 노동운동이나 좌파정당의 요구에 대한 방어적 대응의 성격을 띠는 경우가 많았다.[8] 즉, 복지확대에서 사용주들은 대개의 경우 적극적 주도자(protagonists)가 아닌 내키지 않는 동조자(consenters)였던 것이다.

셋째, 위 둘에 비해 매우 소략하나, 시민사회 행위자인 사회운동 세력에 주목하는 연구도 있다.[9] 그러나 복지국가를 일찍 발전시킨 유럽이나 북미의 경우 복지 및 재분배와 관련된 이슈, 이른바 물질적 이슈는 전통적으로 주로 '구사회운동'이라 할 수 있는 노동조합에 의해 대변되었고, 신사회운동(new social movement)은 주로 탈물질적 이슈를 대변했다. 그리고 복지국가와 관련된 서구의 사회운동들과 이에 대한 연구들은, 주로 정체성의 정치와 차이의 인정을 둘러싼 상징적 투쟁(identity politics and symbolic struggles for the recognition of difference)에 관심을 기울였다. 반면 불평등과 재분배 자체 등 물질적 이슈에는 상대적으로 덜 관심을 기울였고, 심한 경우는 아예 재분배에 대한 문제의식 자체가 제거된 경우도 많았다. 그리고 이 때문에, 사회운동에 초점을 두는 이런 접근법은 사회정책 학계로부터 크게 주목을 받지 못해왔다.[10]*

결국 한국처럼 시민운동이 서구의 노동운동에 버금가는 역할을 한 경우는 선진 복지국가의 역사에서는 존재하지 않았기에, 서구 사회에서 만들어진 이론들만으로는 한국을 설명하기 어렵다. 한국과 같은 사례를 적절히 다루기 위해서는 정치 과정 접근과 자원동원 이론의 맥락에서 이를 제대로 설명할 수 있는 설명 틀을 개발할 필요가 있는 것이다.

넷째, 정당과 선거 경쟁을 강조하는 입장이다. 권력자원론이 복지국가 발전에 있어 좌파정당의 중요성만을 강조하는 데 비해 이 입장은 민주주의 사회의 선거 경쟁의 과정에서 복지정치에 연루될 수밖에 없는, 좌우를 불문한 모든 정당의 역할을 강조한다. 즉, 복지는 분배정치의 핵심에 존재하기 때문에 다수 유권자의 관심사가 될 수밖에 없고, 모든 정당은 지지 동원과 획득의 과정에서 복지 이슈를 적극 동원하게 되며, 결국 복지국가의 발전 정도와 유형 형성 및 변화에 영향을 미치게 된다고 보는 것이다. 이들에 의하면 특히 권력 획득을 위한 정당 간 경쟁이 치열해지는 경우, 더 많은 복지공약이 제시되고 복지국가가 확대되는 경향이 있다.[11] 이 이론은 우파정당이나 중도정당이 복지확대에 나서거나 이미 팽창한 복지국가를 그

---

* 소수이긴 하나 인정(recognition)과 분배(redistribution) 양 영역에 걸쳐 있는 문제(예컨대 돌봄 크레딧), 혹은 주류 정치 과정에서 그동안 제대로 대변되지 않고 배제되어왔던 이익/이슈들을 어떻게 사회운동이 정치적 수면 위로 끌어올려 대변되게 하는가에 관심을 기울이는 연구도 일부 존재한다(Martin, 2001).

래도 유지하는 경우를 설명하는 데에도 유용하다. 한국에서도 멀게는 민주화 직후 노태우 정부의 복지확대,[12] 가깝게는 이명박, 박근혜 정부 시기의 복지확대 기조 유지,[13] 그리고 2010년 무상급식 논쟁 이후 현재까지의 치열해진 정당 간 경쟁이 복지확대로 귀결되었던 한국 복지국가 팽창의 몇몇 국면을 설명하는 데에도 상당한 설득력을 갖는다.

다섯째는 국가 중심적 접근(state-centered approach)이다. 이 입장은 시민사회로부터 (최소한 상대적으로) 독립적인 국가, 보다 구체적으로는 관료나 행정부의 역할을 중시한다. 이 입장에서는 관료들의 선호와 이니셔티브가 복지국가 발전과 유형 형성에 결정에 결정적이라고 본다. 이들이 정당이나 시민사회 집단보다 우월한 전문지식과 정책 형성 능력, 그리고 조세 추출 능력과 정책 집행 능력을 보유하고 있기 때문이다. 자유권이나 정치적 참여권도 확립되지 않았으나 강력한 관료제를 가졌던 독일이 먼저 사회보험을 도입한 것이나, 강한 사적 이익집단에 비해 국가 관료제가 상대적으로 비효율적 정책과 제휴 전략을 구사했던 미국이 낮은 수준의 복지국가를 발전시킨 것[14] 등은 이 입장의 타당성을 입증하는 좋은 사례로 거론된다.

2) 한국의 핵심 행위자는 누구인가

그렇다면 이런 여러 입장 중 한국의 복지국가 발전을 설명하기 위해서는, 나아가 한국에서 지속 가능한 복지국가의 건설을 위한 복지동맹의 구상을 위해서는, 누구를 중심으로 보면서 어떤 이론의 설명력에 주로 의지할 수 있을까?

이 연구에서는 여전히 노동운동을 복지국가 발전의 중요한 행위 자로 보고 주된 분석 대상에 포함시킨다. 복지국가 연구사에서 오랫동안 생명력을 발휘하고 있는 권력자원론은 일견 한국에서는 잘 맞지 않는 것으로 보인다. 민주화 이전에는 물론 그 이후로도 한국에서는 노동조합이나 좌파정당의 권력자원이 취약했고 눈에 띄는 역할을 하지 못했기 때문이다.* 그러나 자본주의적 생산관계에서 노동이 차지하는 위치나 복지국가가 수행하는 핵심적 기능이 노동의 탈상품화라는 점을 고려할 때, 한국 복지국가의 발전의 주체와 복지정치의 역사를 정리하고 미래를 전망하는 경우 여전히 노동은 핵심적 부분이라고 봐야 할 것이다. 다만 노동조합의 역할에 대한 분석과 전망은 여러 가지 한국적 특수성을 고려하면서 이루어져야 할 것이다. 노동자계급의 복지국가에 대한 이해관계나 복지국가 발전 과정에서의 역할은 노동시장의 변화에 따라 서구 사회에서도 큰 변화를 겪고 있다. 분단체제 아래 오랜 권위주의 정부의 탄압을 경험한 뒤, 뒤늦게 조직화의 권리를 획득한 뒤 기업별 노조체제를 발전시킨 한국의 경우, 노동 내부의 복지 이슈에 대한 이해관계 분열의 효과는 더욱 클 수 있다.

다음으로, 노동시장의 파편화에 따라 좌파정당의 역할은 어느 때보다도 중요해지고 있다. 분화하는 노동자계급과 동맹세력으로서의 중간계급의 정책선호를 잘 조정하고 복지동맹을 유지하여 포괄적, 보편적 복지국가 발전의 동력으로 삼아야 하기 때문이다. 그러나 현실적으로는 노동의 분화가 정치의 양극화를 초래하면서 서구에서도

---

* 그러나 그렇다는 사실 자체가 이 이론의 설명력을 입증하는 것이기도 하다(고세훈, 2012). 즉, 노동의 낮은 권력자원과 한국 복지국가의 저발전은 동전의 양면인 것이다.

좌파정당의 입지는 좁아지고 있다. 게다가 한국의 경우 분단체제라는 특수한 조건으로 인해 노동의 파편화 이전에도 복지정치에서 좌파정당의 역할은 크게 제약되어왔다. 따라서 한국적 맥락에서는 복지국가의 발전을 설명하기 위해서 좌파정당뿐 아니라 복지확대에 우호적이었던 자유주의적 중도정당의 역할 역시 중요하게 고려해야 할 요소라고 하겠다. 또한 최근 들어서는 정치적 양극화가 진행되고 선거 경쟁이 치열해지면서 우파정당의 역할 역시 복지국가 확대에서 중요해지는 추세이다. 이 글에서는 정당들이 복지정치에서 중요한 역할을 하기 시작한 2008년 연금개혁 이후 우파정당들까지 포함한 한국의 정당이 복지정치에서 어떤 역할을 해왔는지도 간략하게 고찰하고 향후를 전망한다.*

한국에서 노동자계급의 취약한 권력자원과 복지국가의 저발전은 동전의 양면이지만, 그런 가운데에서도 민주화 이후 한국의 복지국가가 나름대로 성장을 해온 것도 사실이다. 그리고 이런 성장을 설명하기 위해서는 노조나 좌파정당 이외의 다른 행위자에 대한 조명이 필요한데, 이 글에서는 다음과 같은 행위자를 살펴보고자 한다.

첫째, 시민운동이다. 복지정치의 행위자로서 시민운동이 얼마나 중요한 잠재력을 갖는가에 대해서는 다양한 견해가 존재할 수 있다. 그러나 현실적으로 민주화 이후 한국의 복지국가 발전 과정에서 가장 적극적으로 개입한 시민사회 내 행위자가 시민운동이라는 데는

---

* 이 장에서는 고용주 조직은 분석하지 않는다. 복지정치에서 고용주들이 차지하는 중요성은 결코 작지 않다. 그러나 한국에서 고용주 조직은 민주화 이후에도 선성장후분배론을 고수하면서 복지국가 확대에 대한 반대로 일관해왔다. 무엇보다도 복지문제에 대해 선제적인 행위나, 입장 표명 역시 매우 소략하기 때문에 이 글의 주요 행위자 분석에서 제외한다.

이론의 여지가 없을 것이다. 이런 공익적 시민운동단체의 강한 역할은 다른 나라에서는 찾아보기 힘든 것으로서 복지개혁의 중요한 원동력이 되어왔다.[15] 이 글에서는 복지국가론에서 권력자원이 '자신에 유리한 법과 정책을 제정하고 이를 통해 분배질서에 영향을 미칠 수 있는 힘'이란 의미를 가지고 있다면, 이를 복지라는 물질적 이슈에 집중하는 사회운동에도 적용하지 못할 이유가 없다고 보고 시민운동을 주요 행위자 중 하나로 포함시킨다.

둘째, 대통령과 그를 뒷받침하는 관료제이다. 발전한 복지국가들은 대부분 의회제 정부를 가지고 있기 때문에 제도로서의 대통령제는 국제 사회정책학계에서는 크게 주목을 받아본 일이 없다. 그러나 전국이 하나의 선거구가 되는 대통령 선거는 인물만큼이나 정책경쟁도 치열하게 만드는 경향이 있다. 게다가 지역개발이 주된 공약이될 수밖에 없는 한국의 소선거구제-최다수제 국회의원 선거와 달리, 대통령 선거는 노동 및 복지 같은 중앙정부의 중요한 정책 이슈들에 대한 관심도 증폭시켜 정책발전의 중요한 계기가 되기도 한다.[16]* 무엇보다도 한국의 경우 대통령이 가지는 정책결정 과정에서의 막강한 힘은 복지정책의 방향을 결정하는 데 있어 매우 중요한 역할을 해왔다. 즉, 한국의 정치제도적 맥락에서는 전통적 권력자원론이 중시했던 의회에서의 의석수 못지않게 누가 대통령이 되는가가 매우 중요한 요소였다. 여기서는 복지정치에서 대통령의 역할을 다른 행위자와의 관계 속에서 분석하고 전망한다.

---

* 성경륭은 대통령제뿐만 아니라 소선거구제, 다수제, 양당제 등도 승자독식으로 인해 정치경쟁과 선거 경쟁을 증가시키고 격렬하게 만듦으로써 복지정치의 활성화와 복지확대에 기여해왔다고 지적하고 있다(성경륭, 2014).

2. 한국 복지정치의 핵심 행위자들과 복지국가의 발전: 역사와 유산

1) 노동운동

선진 복지국가들에서와 달리 한국의 조직화된 노동운동은 민주화 이후에도 복지국가에 대해 무관심하거나 매우 소극적인 태도를 견지해왔다. 고전적 권력자원론이 노조의 권력자원의 가늠자로 제시하는 조직률과 집중성에 있어 한국의 노동은 취약하기 짝이 없다. 그러나 노동운동과 복지국가의 관계에서 이렇게 객관적으로 권력자원이 작다는 것보다 더 큰 문제로 지적되는 것은 한국의 노동운동이 복지를 자신의 핵심과제로 인식하고 이를 위해 진지한 노력을 기울여본 일이 많지 않다는 사실이다.

물론 조직 노동운동이 복지문제에 무관심으로만 일관해온 것은 결코 아니다. 노동운동은 1987년 이후 다양한 형태로 사회권 확보 투쟁을 시도해왔다. 1990년대 중반 이후 병원노조의 의료보험통합 운동, 민주노총의 '사회개혁 투쟁', '사회공공성 사업', 한국노총의 '사회보장정책 포럼' 등이 그것이다. 그러나 1997년 외환위기 국면에서 열렸던 노사정위원회에서 정리해고와 복지확대의 교환 경험은 노동운동에 복지에 대한 부정적 인상과 커다란 트라우마를 남겼다.

이후 대기업노조들은 기업 단위에서 고용보장과 임금인상에 주력하고 사회복지의 확대에는 별 관심을 기울이지 않았다. 민주노총은 2007년 '국민연금보험료 지원사업', 이른바 '사회연대전략'을 전개하여 노동운동의 복지문제에 대한 주도적 개입의 계기를 마련하고 정규직-비정규직 간 연대를 촉진해 대자적인 노동자계급 형성의 계기로 삼고자 했다. 그러나 민주노총 소속 정규직 노동자들이 저임금 비정규직 노동자들의 연금보험료 일부를 지원함을 골자로 했던 이 기획은 '정규직 양보론', '노동자 책임론'이라는 비판 속에 좌초했다. 비슷한 현상은 2010년 시작되었던 '건강보험 하나로' 운동에서도 반복되었다.[17]

이후 민주노총 내부에서 사회복지 의제의 중요성은 더욱 낮아졌다. 2010년 무상급식 의제를 계기로 촉발된 유례없는 복지정치 활성화의 국면에서도 민주노총은 별다른 역할을 하지 못했다. 18대 대선을 앞둔 2011년 민주노총은 봇물처럼 터져 나오는 복지담론 속에서 '노동 없는 복지'론을 비판하며 '노동존중 복지국가'론을 내세웠다.[18] 그러나 보편주의적 복지와 더불어 좋은 일자리 창출과 노동기본권 보장, 재벌과 초국적 자본에 대한 규제와 공공성을 주장하면서, 복지동맹과 사회연대운동을 제안했던 이 기획 역시 내부 비판 속에 동력을 얻지 못한 채 유야무야되었다.[19] 결국 민주노총은 시민운동이 주도한 복지국가 건설을 위한 범진보 진영의 연대기구 구성 제안조차 적극적으로 수용하지 못함으로써 복지국가운동에서 노동의 역할에 대한 회의가 심화되었다.[20]

이렇게 한국에서 민주화 이후로도 노조가 복지국가 건설의 주력으로 나서기 어려웠던 데에는 여러 가지 역사적 유산과 배경이 존재한다. 첫째, 한국에서는 노조조직화의 실질적 합법화가 노동자계급이 이미 인구에서 수적 다수를 차지하기 어려운 시기가 되어서야 이루어졌다. 민주화로 조직화의 장애물이 제거되었을 때는 한편으로는 여전히 광범위한 불완전고용자층과 자영자층이 존재하면서도,

다른 한편으로는 이미 서비스사회로의 이행이 시작되었던 시점이었다. 일단 산업사회로 진입하면서 노동자계급이 사회의 다수를 차지하고 동일한 사회적 위험을 공유하면서 복지국가의 지지자가 되는 경험을 한 뒤 탈산업사회로 접어든 서구와는 매우 다른 경험을 해온 것이다. 둘째, 민주화 이후로도 분단체제의 영향력 아래 진보정당의 건설이 지체되고 자유주의정당이 외면하는 가운데 노사관계법 개정이 지연되었다. 이는 노동의 조직화 및 노조의 자유로운 정치활동의 지체를 초래했고, 결국 복지 같은 문제에 관심을 기울일 사회적 노동운동의 활성화를 제약하는 역할을 했다. 셋째, 서구의 경우 복지국가 건설 시기 주력 노조는 저임금에 나쁜 노동조건을 가지고 있었으나 조직력은 강해서 복지를 위한 연대를 주도할 경제적 계기가 강했고, 이를 성취할 수 있었다. 반면 한국의 경우 조직력을 가진 재벌, 공기업, 금융 부문의 대기업 노조들은 상대적으로 고임금과 양질의 기업복지를 비롯한 좋은 노동조건을 가지고 있어 복지국가 건설을 위한 연대를 주도할 동기가 약할 수밖에 없었다.[21]

그러나 한국에서 조직노동으로 하여금 복지국가 건설에 나서게 하는 데 결정적 장애물이 되어왔던 것은 무엇보다도 기업별 노조체제라고 보아야 할 것이다. 많은 연구가 지적하듯이 복지국가의 발전에서 노조의 조직률만큼이나 중요한 것이 노조의 조직구조와 권위의 집중성이다.[22] 일반적으로 노동의 조직적 구성이 포괄적이고 단체협상의 수준이 높아질수록 노동자들 모두가 혜택을 볼 수 있는 공공복지를 요구하는 압력이 커지고, 이에 따라 사회지출 수준이 높아진다. 반면, 노동운동이 기업별로 이루어질 경우 대개의 조합원은 사회복지보다 기업 내 임금인상과 고용안정, 그리고 기업복지 등을 선

호해 공공복지의 발달은 상대적으로 지체될 가능성이 높아진다.[23]

한국의 기업별 노조체제에서도 '사회'복지는 노동운동에서 항상 낮은 순위 의제였다. 기업별 조직 형태는 노조로 하여금 1차 분배, 즉 기업 내 분배투쟁에 집중하게 하고 2차 분배, 즉 사회적 임금 투쟁운동으로 나아가지 못하게 하는 가장 큰 원인이 되었다.[24] 특히 2000년대 이후 노조운동은 점차 자신의 인적, 물적 자원을 '조합원' 인 조직노동자의 욕구만족에 집중하고 이를 기업 내에서 해결하려 하게 되면서, 연대적 노동운동을 통한 복지국가운동에는 소극적 태

| 표 4-1 | 근로자의 복지와 고용안정을 위해 필요한 공공정책에 대한 노동조합 간부들의 태도

전체응답자		사례 수	공공복지 강화	임금인상 + 기업복지	모름/ 무응답	합계
		N	%	%	%	%
전 체		(182)	63.2	35.2	1.6	100.0
가맹 상급 단체별	한국노총	(85)	50.6	47.1	2.4	100.0
	민주노총	(97)	74.2	24.7	1.0	100.0
노조 활동별	기업 수준(민간노조)	(54)	33.3	66.7	0.0	100.0
	기업 수준(공공노조)	(8)	50.0	50.0	0.0	100.0
	산별노조	(70)	71.4	28.6	0.0	100.0
	중앙 수준	(50)	86.0	8.0	6.0	100.0

해당 표는 연세대 SSK '작은복지국가연구' 사업단·한겨레사회정책연구소(2013)의 '공공정책에 대한 인식조사-노동조합'*을 토대로 했다.

* 이 조사는 일반 조합원들에 비해 높은 연대의식을 가지고 있을 것으로 기대되는 노조 간부를 대상으로 했다. 일반 조합원의 경우는 이보다도 훨씬 낮은 공공복지에 대한 선호도를 가지고 있다고 보아야 할 것이다. 복지 태도에 있어 노조 조직화 수준별, 기업 규모별, 민간·공공 분야별 차이를 확인해보고자 한 이 조사는 2012년 8월, 상급단체 노조 간부 30인(민주노총, 한국노총), 산별노조 간부 30인(금속노조/보건노조), 기업 단위 노조 간부 90인(대기업/중소기업/공공 부문 노조)을 대상으로 이루어졌다.

도를 보였다.[25] 〈표 4-1〉은 이런 노조원들의 조합주의적 복지 태도의 일단을 보여준다. 기업별 노조체제에서 노동운동의 중심을 이루는 대기업 민간 부문 노조의 간부들은 근로자의 복지를 위해서는 공공복지보다 임금인상과 기업복지의 확대가 필요하다고 압도적으로 높은 비율로 답하고 있다.

실정이 이러함에도 불구하고 기업 수준이든, 산별 수준이든 노조 내에서 목적의식적인 복지 관련 교육은 극히 미미했다. 그리고 이는 조합원들의 복지제도에 대한 이해 자체가 매우 낮은 상황을 지속시켰다. 이는 연금개혁 등 중요한 복지 이슈가 터질 때 일반 조합원은 사안을 잘 이해하지 못하고 지도부는 느리고 소극적인 대응을 하게 되는 원인이 되었다. 임금을 둘러싸고는 그토록 전투적 대치가 빈발했지만, 사회적 임금인 복지에는 큰 관심을 기울이지 않은 것이다.

총연맹 수준에서는 기업별 수준에서보다는 사회복지에 대한 관심이 높았다. 그러나 민주노총이든, 한국노총이든 총연맹 수준에서 조직노동이 지향하는 복지국가의 상을 적극적으로 제시하고 장단기 전략을 가지고 이를 지속적으로 추진하고자 하는 흐름은 존재하지 않았다. 복지문제에 대한 노조의 무관심은 양대 노총 내부에 복지 정책을 전담하는 인력이나 예산이 극히 적었다는 사실, 그리고 사업 방식도 무언가를 주도하기보다는 정부부처 위원회에 참여하여 입장을 개진하거나, 발표·시행되는 정부정책을 비판하는 식의, 주로 정부정책에 반응하는 형태를 띠어왔다[26]는 사실에서도 잘 드러난다.

기업 단위 현장의 실리주의적 분위기에 극명히 대조되는, 노조로 하여금 복지국가 건설의 핵심적 행위자로 나서지 못하게 하는 또 하나의 장애물은 진보적 노동운동 진영 내의 근본주의적 경향이었다.

복지를 노동자들의 생활 수준을 개선하고 시장에 대한 의존을 줄이는 사회적 임금이 아니라, 자본주의 체제를 유지하고 노동자들을 체제 내화하는 '개량'으로 보는 이런 최대강령주의적 경향은 어떤 복지 의제를 두고도 '전부 아니면 전무(all or nothing)' 방식의 논의를 진행시키는 원인이 되었다. 그리고 "대부분 구체적 결과 없이 노동운동의 현실 정치와 정책 개입력을 약화시키고 사회적, 정치적 고립을 자초"하게 만들었다.[27]

조직된 노동자들 스스로의 복지문제에 대한 관심이 이런 실정이었으므로, 미조직 취약노동자의 복지문제에 대한 연대적 관심이 부족했던 것은 어쩌면 당연한 귀결이었다. 노동시간이나 최저임금뿐만 아니라 복지와 사회적 안전망 문제 있어서도 조직노동은 취약노동자들의 요구에 적절히 대응하지 못하고 있다는 지적을 받아왔다. 일례로 박근혜 정부의 노동개혁 5대 법안에 대한 각종 토론회나 공청회에서 양대 노총은 고용보호를 약화시키는 것만 강력히 규탄했을 뿐, 고용보험을 불안정 노동자들에게 불리하도록 개악하는 것에 대해서는 아무런 언급도 없었다. 이에 대해 청년유니온 등 취약노동자들을 대표하는 노조와 사회운동단체들은 조직노동운동이 대기업 정규직의 관심사인 고용보호만을 우선시하고 불안정 노동자의 상황엔 무관심하다는 점에 대해 비판적 시각을 드러낸 바 있다. 대기업 정규직 노동자들이 스스로 고용보험료를 조금 더 내는 조건으로 고용주도 그만큼 더 내도록 하고, 이렇게 조성된 기금으로 불안정 노동자들이 혜택을 보도록 고용보험도 확대하고 실업부조도 만들어야 한다는 비정규노동운동의 일선에 서 있는 노동운동가들이나 진보정당 활동가들의 주장에 대해서도 조직노동은 별다른 반응을 보이지 않아왔다.[28] 이런 노동운동의 복지국가에 대한 태도는, 객관적 권력자원은 매우 취약했으나 일찍부터 복지문제에 깊은 관심을 가지고 다양한 정책들을 제안했던, 그래서 거대정당들의 벤치마킹 대상이 되기도 했던 민주노동당-정의당과 크게 대비된다.

한편 청년, 여성, 비정규직을 대표하는 사회운동적 특징을 갖는 초기업 단위 노조들은 사회적 임금으로서의 복지확대의 중요성을 인식하면서 복지정치에서 점차 목소리를 키워왔다. 청년유니온의 실업부조나 청년수당 도입 요구, 알바노조의 기본소득 요구, 여성노조나 지역노조들의 산재보험 확대 요구 등이 그것이다.[29] 그러나 이들은 임금이나 고용조건 등 보다 절박한 당면문제들에 집중하면서 복지문제에 대해서는 큰 사회적 반향을 일으키지는 못하고 있는 형편이다.

2) 시민운동

시민운동의 중요성이야말로 한국 복지정치의 가장 큰 특징 중 하나이다.[30] 한국은 민주화 이후 '시민사회의 부활'[31]을 경험했고, 이 과정에서 많은 시민운동조직들이 생겨났다.* 그리고 이들 중 과거 민주화운동에 뿌리를 둔 몇몇 조직들은 정당의 이익대변 기능이 취약한 상태에서 '대의의 대행'[32]을 얘기할 정도의 위상을 가지게 되었다.

시민운동단체들은 이런 위상을 기반으로 복지정치에서도 커다란 영향력을 행사했다. 참여연대, 경실련, 건강연대 등으로 대표되는 시민단체는 일관되게 공익적 관점에서, 혹은 사회적 약자의 편에 서서

---

* 이하 두 문단은 필자의 다음 글에서 가져왔다. 김영순, 2011, "보편적 복지국가를 위한 복지동맹: 조건과 전망," 시민과 세계, 19: 22-23.

쟁점이 된 복지 이슈마다 강한 연대주의적 입장의 대안을 내세우고 캠페인을 전개했다. 복지정치에서 시민운동단체의 역할은 이런 사회적 약자들을 위한 이익표출(interest articulation)뿐만 아니라 이익집약(interest aggregation)과 조정(coordination) 기능, 나아가 정책작성(policy-making)으로까지 확장되었다. 시민운동단체들은 이해 당사자 간 갈등과 대립이 심했던 한-약분쟁과 의약분쟁에서는 조정안을 만들거나 이익집단들이 합의에 응하도록 분위기를 조성하기까지 했던 것이다.[33] 또한 국민기초생활보장법의 경우엔 거의 10년에 이르는 긴 기간 동안의 입법운동, 법의 골격 제시 및 보건복지부에의 정보 제공 및 자문, 자유주의적인 반대세력과의 싸움 등을 통해 이 법의 제정 전 과정에서 가장 중요한 행위자로 기능했다.[34] 세계의 놀라움을 산 단기간의 보육서비스 확대 역시 여성운동단체들의 제안과 개입을 빼놓고는 생각하기 힘들다. 사회적 약자를 대신하여 대변되지 않았던 이들의 이익을 표출하는 기능은 전통적인 시민운동의 역할이었지만, 이익집약과 조정, 정책 작성 기능은 전통적으로는 정당의 기능이었다. 이런 의미에서 복지 영역에서 한국의 시민운동의 역할은 일정 정도 정당을 대행한 측면이 있다 할 수 있겠다.

개별 복지정책의 개선을 위한 캠페인과 입법운동에 집중되었던 시민운동의 복지문제에 대한 정치적 개입은 2010년을 분기점으로 커다란 변화를 겪는다. 2010년 지방선거에서 무상급식 논쟁이 벌어지고 이를 기폭제로 보편적 복지국가가 본격적 정치 의제로 등장하게 되자 시민운동 역시 복지국가 수립을 위한 정치운동으로의 진화를 모색했던 것이다. 한편에서는 미국의 무브온(MoveOn.org)처럼 시민교육과 캠페인을 통해 복지국가에 대한 공감대를 확산하고 복지개혁을 추동하려는 비정당적 직접시민운동 단체가 나타났다. 다른 한편에서는 진보세력의 집권 비전과 정책개발을 목표로 하는 복지국가와 민주주의를 위한 싱크탱크 네트워크도 결성되었다. 참여연대가 주도하여 전통적 복지운동 단체는 물론, 민주노총, 한국노총, 전국실업단체연대, 한국여성연합, 그리고 교육, 노동, 여성, 주거, 의료 분야를 망라하는 400여 개 단체가 집결해 결성한 '복지국가실현연석회의'는 상층연대에 기반한 복지국가운동의 한 정점이었다고 할 수 있다.[35)]

시민운동이 전통적 복지국가 건설의 주체가 아니었듯, 시민운동 단체들이 복지국가 건설을 위해 동원한 권력자원도 전통적 복지국가의 주도세력들의 그것과는 크게 달랐다. 즉, 노조와 좌파정당이 동원했던 주된 권력자원이 조직과 재정, 입법권 등이었다면, 한국의 복지 관련 시민운동의 권력자원은 전문가들로부터 나오는 지식 기반 권력자원, 특정 국면에서의 여론 형성을 통한 대중으로부터의 지지 동원 능력, 제휴 형성 능력 등이었다. 예컨대, 1999년 국민기초생활보장제도 도입 과정은 이런 시민운동 단체의 새로운 권력자원이 어떤 힘을 발휘할 수 있는지 잘 보여준다. 국민기초생활보장법의 골간은 참여연대와 관련을 갖는, 국책연구기관과 대학의 진보적 연구자들에 의해 마련되었다. 시민운동단체가 제도도입을 촉구하는 데 그친 것이 아니라 자신이 가진 학문적, 법률적 전문성을 이용해 직접 제도를 디자인한 것이다. 이어 참여연대는 민주노총, 경실련, 한국여성단체연합 등 26개 사회단체와 연대하여 국회에 입법청원을 냈으며, 법 제정촉구대회를 열었다. 그리고 마침내 1999년 8월엔 여당인 새천년국민회의(현 더불어민주당의 전신)가 시민사회단체의 입법청원안을 토대로 국민기초생활보장법안을 당론으로 확정하고 입법을 추진하기로 결정했다.[36] 즉, 시민단체들은 스스로는 재정적, 조직적으로 취약성을 안고 있는 전문가와 활동가 중심의 단체였음에도 불구하고 전문지식을 이용해 법안 초안을 만든 뒤 여론 동원 능력과 제휴형성 능력을 통해 공공부조 개혁의 역사적 전기를 이룬 제도도입을 추동해냈던 것이다. 초기 권력자원론자들이 중시한 권력자원이 공식적 조직과 제도에 기반한 경성 권력자원(hard power resources)이라면, 이런 시민단체들이 자신의 운동에 동원한 요소들은 연성 권력자원(soft power resources)라고 부를 수 있을 것이다.[37]

3) 정당

20세기 유럽 복지국가의 확대에서 가장 중요한 주체세력은 사회민주주의정당이었다. 노동조합은 조직화라는 무기를 통해 경제적 약자인 노동자들의 이익을 추구했지만, 경제주의적 조합주의에 머무르기 쉬웠다. 또 생산 부문이나 노동시장에서의 지위에 따라 이해관계가 분열되어 노동자계급 전체의 연대를 추구하지 못하는 경우도 많았다. 반면 정치세력으로서의 사민당은 집권을 위해서는 자신의 가장 중요한 지지 기반인 노동자계급 전체의 연대를 달성해야 했다. 또 중간계급도 견인해야 했다. 나라마다 복지국가 태동의 기원은 달랐으나, 황금기 복지국가의 발전은 대부분 이렇게 계급 내 연대와 계급 간 동맹에 기반해 집권을 추구해야 했던 사민당의 정책적 기획의 결과물이었다.* 그리고 이런 의미에서 좌파정당은 복지국가 발전에 있어 가장 중요한 행위자였다고 할 수 있다.

그러나 민주화 이후 한국 사회에서는 노동조합뿐만 아니라 진보정당 역시 매우 취약한 권력자원을 가지고 있었다. 진보정당은 민주화 이후로도 17년이 지난 후에야 의회에 진출할 수 있었다. 또 의회에 진출한 이후에도 지극히 미미한 의석만을 점유할 수 있었다. 이렇게 진보정당의 권력자원이 취약했던 것은 진보정당이 뿌리내리기 어려운 한국 사회의 구조적 제약조건에 기인한 바 컸다.

첫째, 분단체제라는 조건은 대중적 진보정당 성장의 결정적 장애물이었다. 군부 독재 시기에는 냉전 이데올로기를 이용한 각종 비민주적 악법과 정치적 탄압으로 진보정당의 결성 자체가 불가능했다. 민주화 이후 이런 노골적 탄압이 사라지고 선거법이 개정됨에 따라, 그리고 김대중·노무현정부의 햇볕정책으로 전 사회적 대북 적대감이 완화되면서, 진보정당은 가까스로 제도 정치권으로 진입할 수 있었다.

그러나 이명박·박근혜 정부 시기 동안 다시 남북관계가 경색되고 간헐적 군사적 충돌이 이어지는 가운데 북한의 핵개발이 지속되자 남한 내부의 북한에 대한 적대감은 강화되었다. 그리고 이는 북한에 대한 실제 입장과 무관하게 진보정당 모든 분파의(그리고 햇볕정책을 추진했었던 중도정당의) 정치적 입지를 좁히는 역할을 했다. 진보=종북이라는 보수 언론의 프레임이 작동하는 가운데 사회경제적 진보는 계속해서 정치적 진보와 분리되었고,[38] 이는 다시 진보정당들에 대한 응집된 지지를 어렵게 했다.[39] 어렵게 일구어낸 진보정당의 분열과 역량 약화를 추동했던 가장 중요한 변수가 진보정당 내부에 존재하는 북한에 대한 상이한 입장이었다는 사실도 분단체제

---

* 복지국가가 가지고 있는 연대적이면서 동시에 타협적인 성격은 이런 정당이 결집해낸 분배동맹의 결과물로서의 성격을 잘 보여준다.

가 한국의 진보정당에 드리운 짙은 그림자를 웅변적으로 보여준다.

둘째, 보수독점을 유지하는 법과 제도도 진보정당 성장의 또 하나의 중요한 장애물이었다. 민주화 이후로도 오랫동안 복수노조 금지, 노조의 정치활동 금지, 그리고 시민사회단체의 정치활동 및 정치자금 제공 금지 등 법적·정치적 장애물들[40]은 진보정당의 성장을 어렵게 했다. 그리고 마침내 이런 장애물들이 사라졌을 때는 진보정당이 조직화된 계급적 토대를 갖기 어렵게 된 이후였다. 노동자계급의 이익을 대변하려는 정당이, 노동자들이 분단-권위주의체제의 보수주의, 자유주의 이념을 내면화하고 지역주의에 포획된 데다가, 탈산업화로 노동의 이질화가 심화되기 시작한 후에야 출범할수 있었던 것이다. 진보정당들의 당원, 그리고 선거 때 진보정당들에 투표하는 사람들의 대부분이 화이트칼라라는 현실이 이를 잘 대변한다.

진보정당의 성장을 제약한 법적 장애물들은 1997~98년의 노동관계법 개정으로 대부분 사라졌다. 그러나 비례성이 약한 선거제도는 여전히 진보정당의 발목을 잡는 강고한 제도적 제약이 되고 있다. 1987년 이후 정착된 한국의 국회의원 선거제도는 소선거구제-단순다수제에 기초하고 있었다. 비례제에 의한 전국구가 존재하긴 했으나, 전국구 의석수가 지역구에 비해 매우 적은 데다, 지역구 득표율에 따른 의석배분의 방식도 비례제의 원래의 취지와는 동 떨어진 것이었다. 이 제도는 결국 2004년 선거법 개정에 의해, 1인 2표를 통해 단순다수제로 지역선거구 대표자들을 뽑고, 여기에 전국을 단일선거구로 하여 정당명부 투표에 의해 선출되는 비례대표가 산술적 합산 방식을 통해 각 정당에 할당되는 혼합형 다수대표제(혹은 지역구-정당명부 혼용 방식)로 바뀌었다. 새 선거제도는 과거보다는 표의 비례성을 개선시켰고 이로 인해 민주노동당은 마침내 10석이라는 의미 있는 의석을 가지고 국회에 진입할 수 있었다. 그러나 지역구 의석수의 1/5도 안 되는 비례의석이 단순다수제 선거제도로 인한 불비례성(disproportionality)을 완화시키는 효과는 매우 미약하다. 게다가 2016년 20대 총선 직전 이루어진 선거법 개정으로 비례대표 의석은 54석에서 47석으로 더 줄어들었다.

이런 선거제도는 이중, 삼중의 의미에서 진보정당에 불리하다. 우선 1위만 당선되는 단순다수제 선거제도는 유권자들로 하여금 사표방지를 위해 당선가능성이 높은 거대 기성정당 후보에 전략적으로 투표하게 하는 효과를 갖는다. 이뿐만 아니라 비례성이 낮은 선거제도는 진보정당이 어렵게 얻은 지지조차도 의석 점유로 연결되지 못하게 한다. 지역구 의석의 1/5밖에 안 되는 상태에서, 진보정당이 정당투표에서 얻은 지지는 극소수의 의석으로 축약되는 결과를 가져오는 것이다. 2012년 19대 총선에서 통합진보당이 얻은 의석수는 13석이었으나, 독일식 정당명부비례대표제를 도입했을 경우 33석이 된다는 시뮬레이션 결과[41]는 현행 선거법이 작은 정당을 얼마나 불리하게 하는지를 잘 보여준다.

소선거구제가 갖는 정책투표 저해 경향도 진보정당엔 불리한 요소다. 사르토리(Sartory)는 소선거구-단순다수제 선거제도는 정치의 지역화 혹은 선거구 중심의 정치를 결과하는 경향이 있다고 지적했다.[42] 그에 따르면 소선거구-단순다수제에서 유권자들은 전국적인 수준의 정책을 준거로 정당에 투표하기보다는 선거구 수준의 쟁점을 준거로 후보자 개인에 대한 인물 중심 투표를 하게 된다. 반면 비례제는 정책 중심 경쟁을 유도한다.*

한국의 단순다수제 소선거구제 선거제도는 실제로 여야 지도자들이 정치적으로 동원한 지역주의와 상호작용하면서 '정책 없는 정당체제'를 확대재생산했다. 민주화 이후 지역맹주로 자리 잡은 여야의 정치지도자들은 단순다수제 선거제도의 대표적 수혜자로서 선거에서 지역주의를 최대한 동원했고, 결국 지역적으로 밀집된 지지와, 이로 인해 언제나 득표율보다 높은 비율의 의석을 확보할 수 있었다. 이는 정당들로 하여금 정책경쟁에 소홀하게 했고, 유권자의 입장에서 볼 때는 후보자들이 정책적으로 차별화되지 않아 다시 지역을 준거로 투표하게 하는 원인이 되었다.[43] 정책과 이념으로 승부하고자 하는 진보정당이 설 자리는 그만큼 좁아질 수밖에 없었다.

결과적으로, 이렇게 취약한 권력자원을 가진 상태에서 진보정당은 사실상 복지국가 발전을 위해 별다른 역할을 하지 못해왔다. 2004년에야 국회에 진입한 민주노동당은 사회연대국가란 비전과 복지정책의 패키지를 제시했다. 그러나 거대정당 사이에 낀 소수정당의 비전과 정책은 입법화는커녕 제대로 토론되고 검증될 기회조차 얻지 못했다. 진보정당의 몇몇 복지정책은 양대 정당에 의해 일부 모방, 수용되기도 했으나 전체적으로 복지정치에서 그 영향력은 미미했다.

그렇다면 민주화 이후 진보정당이 이렇게 오랫동안 제도정치권 밖에 묶여 있는 동안, 그리고 제도정치에 진입한 후에도 영향

---

* 문우진은 정치정보가 적은 저소득층 유권자들은 고소득층 유권자들에 비해 비정책적 요소에 의해 투표를 하는 경향이 있기 때문에 인물투표를 촉진시키는 선거제도는 우파정부의 집권을 가져오고 결국 소득불평등을 심화시킨다고 주장한다. 그는 다수제 투표제도가 가지고 있는 인물투표 촉진 성향이 소득불평등을 심화시킨다는 것을 경험적 분석을 통해 보여주고 있다(문우진, 2011: 75-79).

력 없는 군소정당으로 머물러 있는 동안 '서민층'과 사회적 약자들을 대변한다고 자임하며 이들의 표를 구해왔던 자유주의적 중도정당, 즉 더불어민주당과 그 전신이었던 정당들은 어떤 역할을 해왔는가? 민주화 이후 이들이 보유해온 권력자원은 적지 않았다. '민주당들'은 지역패권 정당체제의 피해자이기도 했지만, 또한 그에 기대어 적지 않은 의석수를 차지해온 보수독점 정당체제의 한 축이었고, 1997~2008년간은 정권을 차지하기도 했다. 그러나 이들은 진보정당을 희생해 실제 지지기반에 비해 더 많이 획득한 권력자원으로, 진보정당이 대변하려 했던 사회경제적 약자들을 대변하는 데는 매우 인색했다. 이는 복지정치에서도 마찬가지였다.

첫째, 2007년 국민연금 개혁(및 기초연금 도입) 이전에는 여야를 막론하고 한국의 정당들은 복지문제를 둘러싼 시민사회의 이익을 집약하고 이익집단들 간의 갈등을 조정하는 데 무능력하기 짝이 없었다. 예컨대 김대중 정부 시기였던 1999년 국민연금의 도시자영자로의 확대 과정에서 벌어졌던 연금파동에서 여당인 새천년국민회의는 아무런 역할도 하지 않았다. 1998~2001년에 걸쳐 의약분업을 둘러싸고 사상 초유의 의원 폐업사태가 벌어지고, 의보통합에 반대해 직장의료보험조합 노조가 무리한 반대운동을 전개하는 상황에서도 여당은 야당과 더불어 소극적이기만 했다. 2004년 '국민연금 8대 비밀'* 소동은 정당들을 통해 정치권으로 접합·집약되지 않는 연금문

---

* 2004년 '국민연금 8대 비밀'이라는 글에 많은 사람들이 공감하면서 인터넷 커뮤니티를 중심으로 '안티 국민연금' 운동이 확산되었다. 이 운동은 부정확한 정보와 공적연금의 속성에 대한 몰이해에 기반하고 있었으나, 급기야 국민연금 폐지운동으로까지 번졌다. 국민연금에 대한 사람들의 불신이 어느 정도인지를 단적으로 보여준 사건이다.

제를 둘러싼 시민사회의 불안과 불만이 인터넷 공간에서 폭발한 것이었다.[44]

둘째, 중도정당은 또한 정책 형성에도 무능했다. 김대중 정부나 노무현 정부의 집권여당은 복지 분야에서 뚜렷한 비전이나 정책을 가지고 있지 못했고, 정책 형성 과정에서 아무런 주도권도 발휘하지 못한 채 행정부가 의뢰한 법안을 국회에서 처리해주는 역할을 맡는 경우가 많았다. 이렇게 정당들이 이익대표와 정책 형성에서 제구실을 하지 못하고 관료에 의존해 복지개혁의 골격이 짜이는 과정에서 사회적 약자들의 이해가 제대로 반영되고 정책화될 여지는 그만큼 좁아졌다. 복지정치에서 보수정당들 역시 자신의 지지 기반인 상층계급의 이해관계를 충실하고 섬세하게 대변한 것은 아니었지만, 이들의 이해관계는 로비 등 다른 채널로도 얼마든지 대변될 수 있었다. 그러나 사회적 약자들의 이해관계는 노조나 사회적 협의기구, 그리고 중도-좌파정당에 의해 대변되지 않을 때 정책이나 입법에 반영되기 어려웠다.

한편, 2010년대로 접어들면서부터는 전통적인 친복지정당으로 간주되던 좌파정당이나 중도정당 외에도 보수정당의 역할, 혹은 정당 간 선거 경쟁의 치열화가 복지국가 확대에서 차지하는 역할이 현저히 커지는 현상이 관찰된다. 이명박 정부 출범 이후 성장에 의한 낙수효과에의 기대가 좌절되고 불평등과 양극화가 심화되면서 대중들의 재분배와 복지에 대한 요구는 2010년 무상급식이라는 다소 의외의 지점에서 터져나왔다. 그리고 이를 계기로 동력을 얻은 복지 이슈는 이후 2010년 지방선거와 2012년 총선을 거쳐 그해 대선에 이르는 기간까지 제도정치권을 뒤흔들었다.

격렬해진 선거 경쟁의 과정에서 복지 이슈의 현저성(salience)이 높아지자 정당들은 앞다투어 복지공약을 개발하고 이를 통해 유권자들의 표를 구함으로써 복지정치의 핵심 행위자로 자리 잡게 된다. 정당들은 일상적으로도 주도적으로 정책을 입안하고 여론을 형성하며 능동적으로 자신의 지지 세력의 이익을 결집하고 대의하는 모습을 보여주었다. 그리고 이런 정당들의 활발한 전략적 상호작용이 법안의 구체적 내용을 결정했다. 여전히 선진 복지국가들만큼은 아니지만, 의회와 정당의 역할이 복지정치에서 차지하는 비중이 높아지게 된 것이다.

이 과정에서 진보정당=재정확대와 복지확대, 보수정당=감세와 복지축소라는 과거의 단순 등식 역시 흔들리게 된다. 보수정당 역시 적극적으로 복지공약 경쟁에 뛰어들었고, 무상보육의 도입 과정이 보여주듯이 어느 정당보다도 더 급진적인 복지정책을 내걸고 실행하기도 했던 것이다. 물론 복지 이슈를 둘러싼 정당 간 당파성이 사라진 것은 아니다. 이명박, 박근혜 정부 시기 3~4세가 아닌 1~2세부터의 무상보육 전면화, 무상보육 예산의 지방정부로 떠넘기기, 보다 최근의 아동수당 보편화 반대나 사립유치원 파동 등, 정책적 입장과 정치 과정을 면밀히 들여다보면 정당 간 차이는 여전히 존재했다. '공로 주장'이 아니라 '비난 회피'가 중요한 증세에 대해서는 입장 차이가 더 두드러진다. 그러나 우파정당의 태도는 선성장 후분배를 금과옥조로 삼고 거의 모든 복지를 '퍼주기'로 공격하던 과거에 비하면 격세지감을 불러일으킬 만큼 변화한 것도 사실이다. 그리고 그 밑에는 2010년 이후 치열해진 선거 경쟁이 자리하고 있었다.

4) 대통령과 관료제

대통령제라는 권력구조와 대통령의 역할은, 몇몇 예외를 제외하면, 그간 사회정책연구들에서 충분히 강조되지 않아왔다. 발전한 복지국가를 가지고 있는 나라는 대부분 의회제 정부를 가지고 있는 서유럽국가들이다 보니, 정치제도와 복지국가 발전에 관한 이론들도 의회제 정부를 전제로 한 선거제도와 정당체제에 주로 초점이 맞추어졌기 때문일 것이다. 그러나 대통령제를 채택하고 있는 나라에서 대통령은 행정부 수반으로서 정책 결정 및 집행 과정에서 강력하고 포괄적인 권한을 지닌다. 이는 복지정책의 경우에도 당연히 마찬가지이다. 특히 한국은 민주화 이후로도, 제왕적 대통령제나 위임대통령제[45]라는 말이 나올 정도로 대통령의 권한이 강력한 나라로서 복지정책의 큰 줄기나 방향을 결정하는 데 있어 대통령의 영향력은 절대적이었다. 구체적으로 다음과 같은 점에서 대통령제라는 정치제도와 행위자로서의 대통령은 한국의 복지정치에 지대한 영향을 미쳐왔다고 할 수 있다.

첫째, 국회의원 선거와 달리 대통령 선거는 전국이 하나의 선거구가 되기 때문에 정당들 간의 중요한 정책 대결이 벌어지는 장이 된다. 지역구 개발사업이 아니라 복지나 노동이 중요한 쟁점으로 떠오를 수 있으며, 공약 경쟁을 통해 이런 분야의 정책에서 중대한 변화가 일어나는 계기가 될 수 있다.[46] 게다가 대통령이 갖는 막대한 권력으로 인해 대통령 선거에서의 정당 경쟁은 국회의원 선거보다 훨씬 격렬해지는 경향이 있다.[47] 그리고 이럴 경우 정당의 정책들은 선거 당시 '무드'에 강한 영향을 받으면서 대통령 선거에서의 승리를 위해 유연하게(라기보다는 거의 무원칙하게) 조정될 수 있다.

한국의 경우 1997년 정부수립 이후 최초의 정권교체가 이루어지고 보수, 진보 간의 정치경쟁이 점점 첨예해지면서 복지정책은 점차 중요한 대선의 쟁점이 되어왔고 2010년 이후로는 특히 더 그러했다. 경제민주화와 복지확대에 대한 유권자의 관심이 높아진 상태에서 치러진 2010년 이후 두 번의 대선에서, 보수정당인 한나라당은 복지, 노동, 경제공약을 현격히 중간 쪽으로 이동시켰고 이는 중도정당이었던 민주당의 왼쪽으로의 이동을 촉진하면서 복지국가 확대의 중요한 계기를 만들었다.

둘째, 대통령의 권한이 강력한 나라라는 특징은 복지정치 전반뿐만 아니라 구체적 복지정책 결정에서도 매우 중요한 맥락이 되어왔다. 2015년에 이루어진 한 조사의 결과는 이를 잘 보여준다. 사회정책 결정 과정에서 공식적 권한을 갖고 있는 여·야당의 국회의원, 해당 핵심 부처 공무원(기획재정부와 보건복지부), 그리고 자문위원·연구용역 등으로 정책결정 과정에 영향을 미치는 전문가 집단을 대상(총 361명)으로 한 이 조사에서 모든 응답자군은 복지 관련 입법과 해당 예산 확보에서 가장 중요한 역할을 하는 행위자로 하나같이 대통령을 꼽았다.[48] 이렇게 보면 사실상 한국과 같은 나라에서는 복지국가를 확대하는 데 있어 가장 중요한 권력자원이 되었던 것은 친복지정당이 의회에서 차지하는 의석수의 증대라기보다는 대통령실을 차지하는 것이었다고 할 수 있겠다. 김대중, 노무현 정부 시기를 비롯해 한국에서 대부분의 획기적 복지개혁은 사실상 대통령의 강력한 의지와 권력에 의해 이루어진 경우가 많았다.

이와 같은 대통령의 막강한 권한은 한국의 복지발전에 양날의 칼과 같은 의미를 갖는 것으로 보인다. 한편으로는 대통령이 강력한 의지가 있을 때 단기간에 획기적인 복지확대가 가능하다. 대통령제의 속성은 논리적으로는 확대만큼이나 그 반대의 역진도 그만큼 쉬울 수 있다는 뜻이 된다. 그러나 현실 정치에서는 그렇지 않은 경우가 대부분이다. 즉 복지확대가 갖는 대중적 인기로 인해, 대개의 경우 다음 선거를 의식하는 어떤 정당도 이미 만들어진 복지혜택을 되돌리기 어려운 경향이 있기 때문이다. 이런 의미에서 정치제도로서의 한국의 대통령제는 한국의 정치 상황과 결합하면서 복지확대에 기여한 바가 상당히 크다고 보아야 할 것이다.

그러나 다른 한편, 대통령의 강력한 권한은 정책결정에서 그렇지 않아도 취약한 정당과 의회의 역할을 계속 취약하게 하고 관료에의 의존을 지속시키는 역기능을 하기도 한다. 관료들은 기본적으로 의회나 정치적 집행부(political executive)가 결정하는 정책방향대로 정책을 집행하는 집단이지만, 정책결정 이전 정책대안 탐색이나 집행 과정에서의 조정을 통해 실질적인 영향력을 행사한다. 또한 일반적으로 법률 형태의 정책결정의 경우, 의회는 골격입법(skeleton legislation)만을 하고, 보다 구체적이고 명확한 조정은 집행을 담당하고 있는 행정부처에 일임하는 경우가 많다.[49] 정당이나 국회가 정책기능을 충분히 발휘하지 못해왔던 한국의 경우 이런 관료집단의 재량권이 더 컸다고 할 수 있는데, 대통령의 강력한 권한은 이를 뒷받침하는 중요한 배경으로 작동하고 있는 것이다. 정책 형성에서 행정관료에 대한 의존 심화는 관료제 내에서 기획재정부의 강력한 영향력을 고려할 때 정책 디테일이 이들의 입장에 맞게 조정될 여지를 키우는 것이기도 하다. 시행령과 시행세칙 제정 과정에서 신자유주

의적 요소가 강해진 국민기초생활보장법 제정 과정이 그 좋은 예라고 할 수 있겠다.[50]

3. 쟁점과 전망

쟁점 1 **복지국가 건설에서 노동운동의 역할**

2010년 이후 복지정치의 활성화 국면에서 조직 노동운동이 소극적 자세로 일관함에 따라 복지정치에서 노동에 대한 기대는 점점 낮아져왔다. 급기야 2015년 4월에 열린 한국노동사회연구소 창립 20주년 기념 토론회에서는 복지국가운동에서의 노조의 역할에 대한 실망과 비난을 넘어 '노조 없는 복지국가는 불가능한가?'라는 근본적인 회의론까지 표출된 바 있다.[51]

그렇다면 이제 한국의 복지국가 건설에서 노동조합의 역할은 기대할 수 없는 것인가? 노조의 역할에 대해서는 양극단의 견해가 존재한다. 복지국가를 지향하는 데 있어 "노동자계급 중심성이라는 이미 유럽에서도 낡아버린 역사철학적 허상 같은 것에 집착할 필요도 없다"[52]는 주장이 한편에 있다. 반면, 노동이 주도하지 않는 복지국가는 이론적, 경험적으로 불가능하다는 주장[53]도 여전히 한편에 있다.

대부분의 연구자는 적어도 중단기적으로는 복지국가 건설에서 노동운동이 주도적 역할을 할 가능성은 적다고 진단하고 있다. 그러나 노동운동이 한국에서 복지국가 건설에서 어떤 역할을 할 수 있을 것인지는 여전히 그 자신의 선택과 혁신에 맡겨진 문제이다. 노조는

총 150여만 명의 조합원(민주노총 70만 명, 한국노총 80만 명)과 1만여 명의 전임 간부, 그리고 막대한 재정적 자원을 보유한, 여전히 한국의 시민사회에서 그 어떤 조직보다 큰 권력자원을 지닌 존재이다. 이런 노조가 '대공장 정규직 중심 조합주의'를 넘어서 사회적 연대를 통한 사회적 임금의 확대를 위해 나선다면, 일거에 복지국가 건설의 주력으로 부상할 수 있을 것이다.[54]

복지국가의 확대를 위해 조직 노동운동이 가장 먼저 실천해야 할 것은 기업 조직 내부로 한정된 연대의 폭을 기업 내 비정규직, 타기업, 그리고 취약 미조직 노동자를 포함하는 사회적 약자로까지 확장하는 것이라고 지적되어왔다.[55] 예컨대 청년, 여성, 비정규직 등 취약노동자들이 사각지대에 놓여 있는 산재보험이나 실업급여, 실업부조 등의 문제를 조직노동이 자신의 문제로 인식하고 개선의 노력을 보여주는 것은 연대를 위한 작은 출발점이 될 수 있다. 이렇게 할 때 대기업 노조도 정규직 이기주의라는 사회의 따가운 시선에서도 벗어날 수 있고, 노동시장 내부자와 외부자 간의 사회적 연대도 이룰 수 있으며, 그 정당성을 바탕으로 노동개혁 정국에서 주도권을 잡을 수 있을 것이다.[56]

이런 목표를 실현함에 있어, 기업 수준을 넘어서는 복지문제의 속성상, 전국적 수준의 사회적 대화에의 참여는 매우 중요한 통로가 될 수 있다. 대기업의 조직 노동자들뿐만 아니라 미조직 취약노동자들에게도 사회적 대화의 장은 복지 관련 이익대변의 중요한 통로가 될 수 있을 것이다. 그러나 문재인 정부 출범 이후에도 경제사회노사정위의 역할과 위상, 협의의 수준, 참여주체의 범위 등을 두고 핵심주체 간의 합의가 이루어지지 않은 상태에서 민주노총이 불참한 채 경제사회노사정위가 출범함에 따라 복지문제에 대한 사회적 대화의 가능성은 그리 전망이 밝지 않은 상태이다.[57]

쟁점 2 시민운동의 역할과 정치적 중립성

복지국가 건설에서 시민운동의 역할은 무엇인가? 시민운동이 복지국가 건설의 주체로 논의될 수 있는가는 그 자체로 논쟁거리이다. 한쪽에서는 이질적 구성으로 다양한 분화요인을 가지고 있는 시민운동은 복지국가운동의 주체가 되기 어렵다고 주장한다.[58] 반면, 다른 한쪽에는 복지국가야말로 시민적 기획이어야 한다는 주장[59]도 존재한다. 하지만 어쨌든 그동안 시민운동이 한국 복지국가의 발전 과정에서 상당한 역할을 해왔다는 점은 아무도 부인하지 않는다. 그렇다면 지금까지 시민운동이 했던 역할들을 앞으로도 계속 기대할 수 있을까?

시민운동은 여전히 복지국가운동의 중요한 주체가 될 수 있으나 향후의 역할은 정당이나 노조, 혹은 이익집단의 역할이 비활성화되었던 시기와는 다른 형태가 되어야 할 것이다. 자주 지적되듯이 시민사회의 운동조직들은 노조와 달리 다양한 이질적 이해관계를 갖는 구성원으로 이루어져 있으며, 특정한 생산 조직 속에서 매일매일의 상호작용을 통해 정치적 정보와 의식을 교환하며 공동의 집합의식을 발전시키지 않는다. 즉, '조직적 닻'[60]을 가지고 있지 않다. 또조직적 응집력, 규모, 정치적 위협력에 있어서도 노조와 비교되기 어렵다. 그러나 복지가 저발전하고 노조와 좌파정당이 약한 사회에서 이들은 복지동맹의 한 축으로서 중요한 역할을 할 수 있다. 한국의 복지개혁을 추동해온 시민운동단체들이나 미국의 의료보험개혁에 중요한 역할을 담당한 무브온의 예가 보여주듯이, 사회운동단체들 역시 복지국가를 위한 고유의 권력자원을 동원할 수 있는 중요한 행위자인 것이다. 권력자원이 '자신에 유리한 법과 정책을 제정하고 이를 통해 자원분배 질서에 영향을 미칠 수 있는 힘의 원천'이란 의미를 가지고 있다면, 이를 복지라는 물질적 이슈에 집중하는 사회운동에 적용하지 못할 이유가 없을 것이다. 그리고 여전히 복지를 가장 필요로 하는 사람들이 자신의 목소리를 낼 조직을 가지고 있지 못한 한국 사회에서 여전히 시민운동의 역할은 큰 의미를 갖는다.

그러나 복지 부문에서의 시민운동이 의미 있는 역할을 계속하기 위해서는 새로운 변신도 필요할 것으로 보인다. 우선 연성 권력자원을 이용한 여론의 동원과 압력행사를 통한 정책변화의 방식은 이제 일정한 한계에 도달한 것으로 보인다. 조직이나 재정 등 경성 권력자원을 가지지 못한 한국의 시민운동은 자신의 장점을 잘 살리는 방식, 즉 여론 동원(awareness raising)과 단기적이나 포괄적인 연대세력 형성 등 연성 권력자원의 동원을 통한 정책결정 라인 압박에 의해 자신의 목표를 효율적으로 달성해왔다. 이런 방식은 단기적으로 거대한 제휴체를 만들어 극대화된 영향력을 행사할 수도 있지만, 지속성을 갖지 못하고 일거에 파편화될 위험성을 가지고 있다.

2011년 복지국가 연석회의의 실패는 이런 시민운동의 특성을 적나라하게 보여주었다. 연석회의에는 고조되는 복지국가운동의 흐름을 타고 무려 400여 개 단체가 집결했으나 일반시민들이 대중운동에 참여할 수 있는 실제적인 운동기획을 만들어내지 못했다. 그리고 복지국가의 사회적 기반을 형성하는 중장기적인 구상과 핵심적 과제를 외면한 채 정치적 기회구조를 활용한 과도한 정치적 목표를 앞

세우고 단기적으로 성패를 걸려 했으나 결국 실패하고 말았다.[61]

좌파정당이나 노조가 사회경제적 약자들의 이익대변자 역할에서 취약하게 남아 있는 한, 시민운동단체의 이런 공익대변과 주창 역할은 앞으로도 일정 부분 계속될 것이다. 실제로 복지 관련의 대변형 시민운동단체들은 복지정치에서 정당의 기능이 활성화되자 '대의의 대행자'에서 '진보적 공론장 형성자'로서의 자신의 정체성을 더욱 분명히 해왔다.[62] 시민단체들은 강화된 전문성으로 무장하고 연구활동이나 토론회 등을 통해 복지문제에 있어서 정부의 정책들을 감시, 비판하고 보다 정교한 정책대안을 내세우는 데 집중하고 있다. 그리고 계속해서 기성정당들과 조직적 연관은 가지지 않는다는 의미에서의 당파적 중립성을 유지하는 한편, 필요한 경우 사안별로 진보정당이나 중도정당과 협력관계를 유지하고 있다.

한편으로는 그동안 큰 역할을 해왔던 대변형 전문가 조직이 아니라 풀뿌리운동에 기반한 복지국가운동으로의 발전도 한편에서 진행되고 있다. 미국의 무브온 같은 조직이 온라인 기반의 풀뿌리 조직을 가지고 있었던 데 비해, 그간 한국의 영향력 있는 복지 관련 시민사회운동은 전문가와 활동가 중심의 운동이었고, 그 하부는 소수의 매우 느슨하게 조직화된, 혹은 조직화되지 않은 다중들로 구성되어 있었다. 그리고 이는 특정한 복지 이슈를 두고 형성되는 대중들의 지지와 관심이 강한 휘발성과 유목성을 지니게 되는, 따라서 지속성과 견고성을 결여하게 되는 원인이 되었다. 이에 따라 2010년 무상급식 문제의 의제화로부터 시작해 2011년 대선국면까지의 복지정치의 활성화 국면이 가라앉자, 이제 풀뿌리운동에 기반한 진지전이 필요하다는 지적이 대두되었다. 과거의 복지 시민운동이 상층 전문가,

활동가 중심의 기동전이었다면 이제 각 영역과 지역에서 의제별 당사자들이 나서는 '아래로부터의 운동'이 필요하다는 것이었다.[63]

실제로 2010년 〈건강보험하나로〉 운동 이후 〈내가만드는복지국가〉, 〈세상을바꾸는사회복지사〉, 〈노년유니온〉 등 풀뿌리 복지시민운동들이 만들어지고 있다. 또한 지역 풀뿌리운동들에서도 복지 이슈에 관심을 가지고 초청강연이나 토론회를 여는 경우가 과거보다 훨씬 많아지고 있다. 각종 지역운동 조직에서 주민조례나 주민발의, 주민참여 예산제도 등 기존 제도를 적극 이용하는 복지정책 수립에 개입하는 것, 그리고 여러 층위의 사회적 대화기구들이나 서비스 이용자 단체에의 참여를 통해 복지 제도들의 민주적 협치를 구현해가는 것 역시 보편적 복지국가 건설을 위한 주체형성에 매우 고무적인 징후라고 할 수 있다.[64]

이런 진지들을 기초로 시민의 복지요구가 정치적으로 표출되고 결집될 수 있으며, 복지국가운동도 지속성을 가지고 성장할 수 있을 것이다. 또 이런 조직들은 특정 복지쟁점이 불거질 때 이를 적절한 틀로 프레이밍해주고, 정확한 이해를 형성할 수 있게 하는 교육 기능을 수행할 수 있다. 결국 이런 과정을 통해서만 자신의 사회권에 대한 인식과 더불어 권리에 대한 책임, 타인과의 연대 등의 필요성을 체계적으로 인식할 줄 아는 복지정책에 대한 가독능력(literacy)을 가진 시민이 형성될 수 있을 것이다.

그렇다면 시민운동은 기성 정치권과 어떤 관계를 맺어야 하는가? 복지 관련 시민운동과 관련해 제기되는 또 하나의 쟁점은 시민운동이 기성의 정치권이나 국가 부문과 어떤 관계를 맺어야 하는가이다. 김대중 정부 이래 시민운동 출신의 인사들이 정당이나 행정부에 진출함으로써 시민운동이 추구했던 사회정책 의제들을 국정에 반영하고 상당한 정책적 성과를 거둔 것이 사실이다. 그러나 일각에서는 이런 현상에 대한 부정적 문제제기도 꾸준히 있어왔다. 시민운동의 독립성에 대한 의문을 불러일으키고 시민운동조직을 기성 정치권으로의 진출을 위한 전초기지처럼 보이게 만든다는 것이다.

그러나 시민운동의 경력을 기반으로 정책결정 통로에 접근함으로써, 복지개혁의 성과를 도출하는 접근 방식은 앞으로도 상당 기간 지속될 것으로 보인다. 그 가장 중요한 이유는 한국의 정치제도적 특성이다. 정책변화를 위해서는 현실적으로 여론전을 통한 압력 행사 외에 보다 직접적으로 정책 형성 라인에 접근해야 하는데, 한국의 선거제도는 사회운동이 정당으로 변신하기에 아주 어려운 특징을 가지고 있다. 즉, 앞서도 언급한 바와 같이 단순다수제-소선거구제라는 국회의원 선거제도의 특징은 비례성이 높은 선거제도들과 달리 거대정당에 유리하고 신진세력, 소수정당의 의회진출에 지극히 불리한 구조를 가지고 있어 의회진입을 어렵게 하는 것이다. 이런 선거제도들은 유권자들의 사표방지 심리를 자극하여 거대정당에 전략적으로 투표하게 만들기 때문이다. 2016년 시민운동단체이자 싱크탱크로서는 상당한 영향력을 지녔던 '복지국가소사이어티'가 '복지국가당'을 창당하고 선거에 참여했으나 별다른 성과를 거둘 수 없었던 경험은 이런 한국의 현실을 극명히 보여준다.

이런 제도적 장벽 앞에서 결국 복지운동의 일각에서 택했던 정책 변화의 통로는 기존 정당과의 연합, 혹은 정당에 부분 흡수되는 방식의 개인적 참여였다.[65] 민주화 직후인 김대중 정부 시기에는 주로 대통령실 및 행정부에의 직접참여라는 형태를 띠었고, 이후에는 정당과 국회로 확대되었다. 이와 같은 정당과의 정책적 협력이나 시민운동 출신 인사들의 기성정치권 진입이 이루어질 때 시민운동 내부에서는 운동의 정체성이나 순수성 문제 등을 두고 많은 논란을 벌였다. 그러나 한 연구자의 지적처럼 이런 한국 시민운동의 정치적 중립성에 대한 집착은 사실은 자발적 선택이라기보다는 선거제도의 장벽과 정치동맹의 부재 속에서 안정적 관계의 구축보다는 간헐적 정치 도전과 개인적 정치 충원 외에 다른 길이 없었던 한국의 시민운동-정당 간의 관계의 특수성이 낳은 결과일 뿐이다.[66] 사정이 이렇다면, 현재 논란 중에 있는 한국의 선거제도가 좀 더 비례성을 높이는 방향으로 바뀌지 않는 한 이런 시민운동의 정치, 혹은 정책채널에의 접근 양상은 향후로도 당분간 지속될 수밖에 없을 것으로 보인다.

쟁점 3 좌파정당 및 여타 정당들의 역할

앞서 언급한 바와 같이 복지국가의 역사에서 가장 중요한 행위자는 사회민주주의정당이었다고 할 수 있다. 그러나 복지확대를 통한 재분배를 자신의 핵심적 임무로 삼아왔던 좌파정당은 최근 들어 세계 어디서나 난관에 봉착하고 있다. 이런 난관을 가져오는 두 가지의 중요한 요인은 세계화와 노동시장의 변화이다. 과거 유럽 주요 나라에서 사회민주주의정당은 노동자계급의 견고한 지지를 기초로 중간계급 일부를 견인해 복지동맹을 구축하여 집권할 수 있었다. 그러나 세계화로 인한 이민노동력의 유입은 이주민에게 일자리를 빼앗겼다고 믿는 미숙련 하층 노동자들의 우파정당으로의 이동을 가져왔다. 영국의 브렉시트 사태, 미국의 트럼프 현상, '독일을 위한 대안

(AFD)'을 비롯한 유럽 각국에서의 극우정당의 부상과 사회민주주의 정당들의 고전(苦戰)은 이를 잘 보여준다.

한편 기술혁명의 진행 속에서 이루어지고 있는 노동시장의 파편화는 여러 세력 간의 동맹에 입각해 복지국가의 확대를 추진해왔던 사회민주주의정당에 더 짙은 그림자를 드리우고 있다. 과거에도 중간계급과 노동자계급의 복지욕구와 조세에 대한 입장을 조율하는 것은 사회민주주의정당들에게 쉽지 않은 과제였다. 여기에 이제는 노동의 파편화에 따라 노동자계급 내부의 이해관계 분열도 깊어지고 있다. 호이저만(Häusermann)과 슈반더(Schwander)가 주장하듯이[67] 저숙련이면서 노동시장 내부자인 전통적인 노동자계급은 사회보험 같은 기여-급여가 연동되는 복지제도를 선호한다. 반면 저숙련-노동시장 외부자는 실업부조나 사회수당 같은 기여에 무관한 재분배정책들을 지지한다. 또 고숙련-노동시장 외부자들은 사회투자정책을 선호한다. 이런 다양한 이해관계들을 조정해서 복지동맹을 유지하면서 복지국가를 새로운 환경에 적응시켜야 하는 것이 사회민주주의정당의 과제이다. 그러나 최근 프랑스 사회당이나 독일 사민당의 선거 성적표는 이 과제가 얼마나 어려운지 여실히 보여준다.

한국의 진보정당에게 이런 문제들은 더 절박한 다른 문제에 가려져서 당장은 급박한 문제로 보이지 않을 수 있다. 오히려 포괄정당(catch-all party)의 면모를 강하게 가지고 있는 중도 자유주의정당에게 좀 더 자기 문제로 다가올 가능성이 높다. 그러나 조직노동과 미조직 취약노동자들의 대립, 자영자들과 저임금노동자들의 '을들의 전쟁'에서 보이듯이 한국에서도 복지국가를 통한 재분배의 정치를 지향하는 세력에게 이는 해결해야 할 중요한 과제가 될 것이다.

한국의 진보정당에게 보다 절박한 과제는 아마도 다음과 같은 것일 것이다. 첫째, 복지국가의 확대를 바라는 세력으로부터 대표적 복지정당으로 공인받고 정치적 지지를 얻는 일이다. 분단체제가 진보정당의 성장에 가한 구조적 제약이 복지정치에도 투영되는 현상은 복지 태도의 계급성이 뚜렷해진 2010년 이후[68]에도 여전히 건재한 것으로 보인다. 노정호·김영순은 2016년 총선 유권자조사를 자료로 한국에서 복지확대를 원하는 사람들이 친복지정당이라고 할 수 있는 더불어민주당이나 정의당에 투표하는지, 그렇지 않다면 왜, 누가 복지확대를 원하면서도 친복지정당에는 투표하지 않는지 분석했다.[69] 연구결과는 청년층 및 중년층에서는 친복지 성향이 친복지정당 지지로 이어지고 있으나, 노년층에서는 그러하지 못한 것으로 나타났다. 특히 노년층에서도 친복지 성향을 보이는 유권자들은 그렇지 않은 유권자보다 민주당에는 더 호감을 보이고 있으나, 정의당에는 전혀 그렇지 않은 것으로 나타났다. 요컨대 고령층에서 친복지적 태도가 친복지정당 지지로 가는 것을 방해하는 정도는 정의당의 경우에 민주당보다 훨씬 강하게 나타나며, 이는 정의당의 친복지세력 동원에는 민주당보다 훨씬 더 거대한 세대장벽이 존재함을 의미하는 것이라고 보아야 할 것이다. 다만, 남북관계의 개선이 분단체제 변화의 질적으로 새로운 단계로의 진입으로 연결된다면, 그리고 이에 따라 계급균열이 보다 중요한 정치균열로 부상할 수 있다면 이런 상황이 상당히 달라지기를 기대해볼 수 있을 것이다.

둘째는 2019년 선거법 개정의 결과 만들어진 정치적 기회를 최대한 이용하여 복지정치, 나아가 사회개혁 정치의 중심으로 진입하는 일이다. 진보정당을 향한 지지가 의석수에 보다 잘 반영되게 하는 선거법 개정은 진보정당의 오랜 숙원이었다. 2019년 12월 우여곡절 끝에 마침내 국회의원 선거법 개정안이 통과되었다. 그러나 애초의 개혁안과는 달리 최종 통과된 선거법은 전체 의석 중 비례의석의 수를 전혀 늘리지 않은 데다가, 완전연동제가 아니라 준연동제를 적용하고, 그나마 2020년 총선에서는 30석 상한이라는 '캡'까지 씌운 누더기 법안이다. 설상가상으로 선거제 개혁에 미온적이거나 반대했던 거대 양당은 비례제용 위성정당들을 만들어 제도를 해킹하고 개혁을 무력화했다. 결국 선거법의 변화가 복지확대를 주장하는 진보정치의 입지 강화에 기여할 가능성은 최소화되고 말았다.

한편, 진보정당이 세력을 확장하기 어려운 한국의 특수한 조건에서 '중산층·서민'의 이익을 대변하는 복지정당의 역할을 자임해온 것은 자유주의적 중도정당, 곧 현재의 더불어민주당과 그 전신이었던 정당들이었다. 그리고 실제로 이 정당 출신의 대통령들이 집권했던 김대중, 노무현 정부 시기 동안 상당한 복지개혁이 이루어졌다. 그러나 이 두 정부를 거치는 동안 집권여당-행정부의 권력자원이 복지국가의 발전을 위해 얼마나 제대로 쓰였는지에 대해서는 부정적 평가도 적지 않다. 특히 재정적 제약 때문에 단기적으로 한계가 있을 수밖에 없는 재분배나 불평등 감소 효과를 차치하더라도, 복지정책 집행을 위한 제도적 기반의 정비나 정책 패러다임의 정립 및 복지동맹의 형성이라는 중장기적 과제에서도 비전의 결여와 미숙한 지지 동원 및 제휴 형성 능력으로 큰 성과를 거두지 못했다는 점은 주어진 권력자원조차 제대로 활용할 수 없었던 두 정부의 한계로 지적된다.[70] '생산적 복지'나 '사회투자국가' 등 신자유주의적 시대 분위기에 압도되어 스스로의 손발을 묶는 복지담론을 유포한 것 역시 중요한 한계로 지적할 수 있겠다.

우려되는 것은 많은 기대 속에 출범한 문재인 정부가 오랜 집권 준비 기간에도 불구하고 여전히 잘 준비된 복지국가의 청사진을 가지고 있지 않아 보인다는 점이다. 현 정부는 대통령 선거운동 당시부터 개별 프로그램들에 대한 복지공약과 복지지출 증대 계획을 공약했을 뿐 어떤 복지국가를 어떤 경로를 통해 만들겠다는 비전을 제시하지 않았다. 몇 년도까지 어떤 선진 복지국가의 지출 수준을 따라잡는다는 '예산기획적 접근'으로 비전을 대신했던 '몰비전의 〈비전 2030〉'으로부터 크게 나아지지 않은 모습만을 보여주었던 것이다. 정부 출범 후 몇 달이 지나고 나서야 포용적 복지국가의 '설계도' 작성을 '시작'한다는 보도나 국민연금 개혁을 둘러싼 난맥상은 이런 준비되지 않은 정부에 대한 우려를 더욱 증폭시키고 있다. 또한 대선 선거운동 시기 이래, 복지공약들을 뒷받침할 구체적인 재원 조달 방안을 제시하지 않고 있는 것과 재정개혁특위의 미미한 성과도 과거의 '증세 없는 복지' 정책들의 전철을 밟게 되는 것 아닌가 하는 우려와 의구심을 불러일으키고 있다.

2010년 이후 선명해진 정당 간의 경쟁이 복지국가의 확대에 기여하게 되는 현상은 향후로도 당분간 계속될 것으로 보인다. 박근혜 대통령 탄핵국면 이후 정당 지지도가 약화된 보수정당들이, 복지정책들을 통해 유권자들의 지지를 동원하려 할 가능성이 높기 때문이다. 최근 자유한국당이 그동안 스스로가 반대해왔던 아동수당 보편화에 찬성 입장으로 돌아서고 그 획기적 증액과 '청소년 내일 수당'의 도입 등을 주장한 것[71]은 복지가 여전히 정당 간 지지경쟁의 핵심 영역으로 남아 있음을 보여주는 현상이라고 할 수 있을 것이다.

경쟁적 복지공약의 제시와 그 일부가 현실화되는 형태의 복지확대는 2020년 총선이 가까워지면서 더욱 가열될 것으로 보인다. 특히 남북관계의 변화로 안보 쟁점에서의 우위가 사라질 경우 보수정당이 선거에서 복지확대라는 유인을 사용하고자 할 가능성은 더욱 높아질 것이다.

4. 지속 가능한 복지국가를 위한 지속 가능한 복지동맹

선진 복지국가의 경험이 보여주듯이 복지국가의 건설과 확대는 견고한 복지동맹을 필요로 한다. 그렇다면 저하되는 성장잠재력과 급속한 인구고령화, 그리고 고도로 파편화된 노동시장 환경이란 현재 한국의 조건 속에서 보편적, 제도적 복지국가의 건설을 위한 지속 가능한 복지동맹은 어떻게 구축될 수 있을까? 여건은 만만치 않으나, 역으로 한국 사회가 직면한 경제위기와 인구위기라는 이중의 위기와 그로부터 배태되는 위기의식은 다양한 세력들의 동맹에 의한 복지국가 건설의 가능성을 제공한다. 세계 최저 출산율과 최고 자살률은 한국 사회 그 자체의 지속 가능성이 위기에 처해 있다는 무엇보다도 직접적인 증거이며, 사람들은 각자도생의 피로감을 호소하고 있기 때문이다.

무엇보다도 한국에서 보편적 복지국가를 위한 복지동맹은 불리한 조건 속에서 가능한 자원을 최대한 결집하는 형태가 되어야 할 것이다. 이는 산업화 시대 서구의 사민당 + 조직화된 계급들의 동맹을 넘어서는 형태의 복지동맹이 필요함을 의미한다. 즉, 조직노동과 미조직 취약노동자들, 시민운동, 각종 생존권운동, 풀뿌리운동의 연대가 필요하다. 이들 이질적인 운동 간에는 이해관계와 지향의 차이도 존재하지만 복지동맹으로 결집을 가능하게 하는 공통분모도 크다. 저소득층이나 취약노동자뿐만 아니라 중간층이나 10% 내외의 조직된 노동자 역시, 노후, 건강, 주거 등 각종 사회적 위험으로부터 결코 자유롭지 못하며, 자식 세대의 문제까지 고려한다면 모두가 복지확대에 절박한 이해관계를 가지고 있다.

이런 복지동맹의 핵심 축은 장기적으로는 진보정당, 단기적으로는 자유주의적 중도정당 내의 진보파가 될 것이다. 복지국가는 궁극적으로는 정치적으로 결정되는 재분배체계로서 법과 정책을 통해 실체를 가질 수 있기 때문에, 복지정당(들)의 집권 없이는 사실상 실현 불가능하다. 노동의 조직역량과 정치적 역량이 매우 취약하고, 가장 복지를 필요로 하는 집단과 가장 조직화된 집단이 불일치하여, 시민사회 내에 견고한 중심세력이 없는 채 정치적 호명을 통해 복지동맹이 구성되어야 하는 우리 상황에서 정당의 역할은 서구보다 훨씬 더욱 중요할 수밖에 없다. 진보정당, 그리고 자유주의정당 내 복지국가 건설세력들은 연대의 문화를 경험하지 못한 조직노동자, 정치에 관심을 가질 여력이 없는 취약노동자와 빈민, 사회적 불안전으로부터 자유롭지 못하나 '각자도생'의 틀에서 벗어나지 못하는 중간층의 연대를 '정치적'으로 구성해야 하는 과제를 안고 있다.

어떤 정당이 복지국가 건설을 주도할 것인가는 선험적으로 결정될 문제는 아니다. 역사적 경험으로 보면 장기적으로는 진보정당의 강화와 집권이 한국에서도 복지국가 건설의 길이 될 것이다. 단기적으로는 중도 자유주의정당이 주도하는 가운데 진보정당과의 정책연합, 혹은 연정이 현실적인 복지국가 확대의 길이 될 것이다.

시민사회 쪽의 경우, 조직노동 쪽에서 당장 복지국가운동의 강한 추동력이 생겨나기는 어려울 것으로 보이며, 기존의 복지 관련 시민운동에 가세하는 여러 형태의 생존권운동, 풀뿌리운동들의 연대가 복지동맹의 핵심 부분이 될 전망이다. 주창활동을 핵심으로 했던 기존의 복지 관련 시민운동의 역할은 아직도 상당 부분 유효하다. 여전히 우리 사회에는 정치적으로 대변되지 못하고, 자신의 조직도 갖지 못한 저소득층, 취약노동자들이 많기 때문이다. 그러나 과거의 복지 관련 시민운동이 상층 전문가, 활동가 중심의 '기동전' 위주였다면 이제 이와 더불어 풀뿌리운동에 기반한 '진지전'이 함께 필요할 것이다. 기초연금, 국민기초생활보장제도, 실업부조처럼 각 영역과 지역에서 의제별 당사자들이 나서는 '아래로부터의 운동'이 필요한 것이다.[72] 이런 아래로부터의 운동조직은 복지국가 확대의 중요한 플랫폼이 될 수 있다.

한편, 복지동맹의 건설을 위해 조직 노동운동이 가장 먼저 실천해야 할 것은 기업 조직 내부로 한정된 연대의 폭을 사회적 약자로까지 확장하는 것이다. 조직 노동이 중심이 되어 취약노동자들과 연대를 구축하고 이 연대를 기반으로 사회적 임금으로서의 국가복지를 요구해야 하고, 국가복지가 다시 조직노동의 기업복지 의존을 줄이고 노동자 간의 계층화를 완화하여 연대에 기여하는 선순환의 사이클로 들어가야 한다. 초기업 단위 취약노동자 노조들도 사회적 임금으로서의 복지문제에 더 많은 관심을 가지고 요구를 조직화할 필요가 있다. 사회보험 사각지대 문제는 최저임금 문제만큼이나 강한 폭발력을 가질 수 있는 사안인 것이다. 사회적 대화는 기업 단위를 넘어서 이런 연대를 실현할 수 있는 중요한 장이 될 수 있다. 유의미한 사회적 대화를 위한 모든 당사자의 적극적 노력, 특히 조직노동의 보다 전향적이고 적극적인 자세가 필요하다.

5장

한국 소득보장제도의
유산과 쟁점

1. 이중적 도전과 지속 가능한 소득보장제도

이번 장에서는 사회보험, 공공부조, 사회수당을 포괄하는 소득보장제도를 중심으로 한국 사회보장제도의 발전, 특징 및 유산을 간략히 조망하고, 이를 토대로 사회·경제적 맥락의 변화에 따른 지속 가능한 사회보장체계의 구축을 위한 쟁점을 도출할 것이다.

한국의 경우 서구 복지국가와는 달리 지속 가능한 소득보장제도 구축을 둘러싼 이중적 도전에 직면해 있다. 한편으로는 1970년대 중반 이후 후기산업사회의 도래와 함께 급속히 진행되고 있는 경제·사회 구조의 변화에 대응하여 정합성 있는 소득보장체계를 구축해야 한다. 노동시장의 양극화 및 불안정성의 심화, 새로운 고용 형태의 확대, 생애주기의 변화 및 욕구의 유동화, 인구 및 가족구조의 변화 등 안정된 고용 및 기여, (남성) 가구주의 전형적 사회적 위험 및 욕구를 전제하고 설계된 사회보험 중심의 소득보장체계의 기반을 침식하는 경제·사회적 변화의 압력에 대응해야 하는 것이다. 다른 한편으로는 한국의 경제·정치·사회적 맥락과 조응하여 역사적으로 발전된 소득보장제도의 유산에 대한 대응이 필요하다. 즉, 권위주의적 발전국가 체제 아래 핵심 (남성) 노동자 보호를 위해 사회보험 중심으로 발달해온 한국의 소득보장제도에는 광범위한 사각지대, 계층화, 내부자-외부자 문제, 저부담-저급여 체계를 특징으로 하는 제도적 유산이 여전히 존재하며, 이에 대한 대응과 극복이 필요한 것이다. 이러한 이중적 도전에 어떠한 방식으로 대응하여 지속 가능한 소득보장체계를 구축할 것인가에 대한 논의가 핵심적 쟁점이 될 것이다.

이 장의 분석 틀 및 개요가 〈그림 5-1〉에 제시되어 있다. 2절에서는 한국 소득보장제도의 형성 및 발전을 사회보험, 공공부조, 사회수당을 중심으로 간략히 조망하고, 소득보장제도 유산의 핵심적 특징을 정리한다. 경제·정치체제의 맥락과 조응하여 역사적으로 형성·발전된 소득보장제도는 이후의 제도 발전을 위한 조건 또는 경로제약으로 작용할 수 있기 때문에 지속 가능한 사회보장체계 구축을 논의함에 있어 제도의 유산 및 성격을 살펴보는 것이 무엇보다 중요하다. 제3절에서는 소득보장체계의 보편성 및 지속 가능성에 대한 논의와 함께 지속 가능성이 높은 보편적 소득보장체계 구축을 위한 몇 가지 방향에 대해 살펴본다. 이러한 논의를 바탕으로 제4절에서는 지속 가능한 소득보장체계의 구축을 위해 논의되어야 하는 핵심 쟁점을 도출할 것이다.

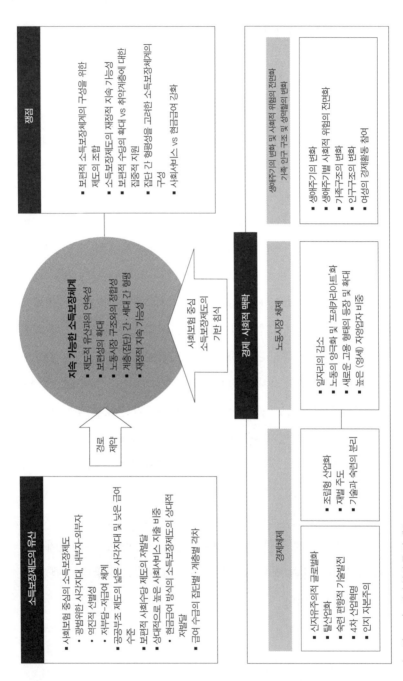

소득보장제도의 유산

- 사회보험 중심의 소득보장제도
- 광범위한 사각지대, 내부자-외부자
- 역진적 선별성
- 자부담-지급의 체계
- 공공부조 제도의 넓은 사각지대 및 낮은 급여 수준
- 보편적 사회수당 제도의 저발달
- 상대적으로 높은 사회서비스 지출 비중
- 현금급여 방식의 소득보장제도의 상대적 저발달
- 급여 수급의 집단별·계층별 격차

지속 가능한 소득보장체계

- 제도적 유산과의 연속성
- 보편성의 확대
- 노동시장 구조와의 정합성
- 계층(집단) 간·세대 간 형평
- 재정적 지속 가능성

경로
제약

사회보험 중심
소득보장제도의
기반 침식

쟁점

- 보편적 소득보장체계의 구성을 위한 제도의 조합
- 소득보장제도의 재정적 지속 가능성
- 소득보장 수급의 확대 vs 취약계층에 대한 집중적 지원
- 집단 간 형평성을 고려한 소득보장체계의 구성
- 사회서비스 vs 현금급여 강화

경제·사회적 맥락

경제체제

- 신자유주의적 글로벌화
- 탈산업화
- 숙련 편향적 기술발전
- 4차 산업혁명
- 인지 자본주의

노동시장 체제

- 조립형 산업화
- 재벌 주도
- 기술과 숙련의 분리

- 일자리의 감소
- 노동의 양극화 및 '프레카리아트'화
- 새로운 고용 형태의 등장 및 확대
- 높은 (명세) 자영업자 비중

생애주기의 변화 및 사회적 위험의 전면화
가족 인구 구조 및 성역할의 변화

- 생애주기의 변화
- 생애주기별 사회적 위험의 전면화
- 가족구조의 변화
- 인구구조의 변화
- 여성의 경제활동 참여

| 그림 5-1 | 5장의 분석 틀 및 개요

2. 한국 소득보장체제의 유산

1) 한국 소득보장제도의 형성 및 발전

1960년대 박정희 정부가 들어선 이후 1980년대 중반까지의 한국 복지체제의 성격으로 발전주의·생산주의 복지체제에 주목하는 학자들이 많다.[1] 권위주의적 산업화 시기 국가의 모든 자원은 성장에 집중되었으며, 성장에 도움이 되는 영역을 중심으로 제한적인 복지제도의 도입이 이루어졌고, 이 시기 높은 수준의 경제성장률 및 실질임금의 증가, 이로 인한 절대빈곤의 감소는 발전주의 국가가 복지국가의 기능적 등가물이 되는 것을 가능하게 했다.

사회보험 중심 사회보장제도의 제도적 기틀이 마련된 것도 이 시기라고 할 수 있다. 1960년 공무원연금법, 1961년 군인연금법, 1963년 의료보험법 및 산업재해보상보험법, 1973년 사립학교교원연금법, 1977년 의료보험법 등 사회보험을 중심으로 사회보장제도가 도입되었다. 발전주의 체제하에서 사회보험 중심의 소득보장제도 도입은 크게 두 가지 측면에서 생각해볼 수 있는데, 첫째, 국가의 재원 부담을 최소화하기 위해 사용자와 노동자가 공동으로 부담하는 사회보험 중심으로 제도가 도입되었고, 정부의 낮은 재정 투입 능력과 기업의 부담 능력을 고려하여 대기업을 중심으로 도입되었다.[2] 둘째, 중화학공업, 대기업 중심의 수출주도형 경제체제하에서, 핵심 생산계층인 (남성) 숙련노동자의 보호 및 재생산을 위해 사회보험을 적용하는 '선별적 탈상품화'가 나타났다.[3] 다른 한편으로, 권위주의적 정권의 정치적 기반 및 정당성을 강화하기 위한 목적으로 공무원,

군인, 사립학교 교직원을 대상으로 상대적으로 관대한 사회보험 제도를 도입했다. 이 시기 발전주의적 복지체제의 성격은 국민연금 도입의 추진 과정에서도 잘 드러나는데, 경제발전을 위한 내자동원의 필요에 따라 국민연금의 도입이 추진되었으며, 앞서 언급한 것처럼 국가재정의 투입을 최소화하기 위해 사회보험 형식으로 설계되었다.

공공부조의 경우 「조선구호령」에 기초한 「생활보호법」이 1961년에 도입되었는데, 근로 능력이 없는 빈곤층을 대상으로 최소한의 구호를 제공하는 것이 목적이었다. 「생활보호법」은 수급자격의 엄격성, 낮은 급여 수준의 특징을 보였고, 정부의 일반재정이 투입되는 보편적 사회수당 등은 고려조차 되지 않았다. 요컨대 발전주의 체제하에서 국가의 재정투입이 최소화될 수 있는 사회보험을 중심으로 소득보장의 제도화가 이루어졌으며, 상대적으로 안정적인 고용과 소득수준을 보이는 중산층, 대기업, 특수직역 노동자를 중심으로 사회보험을 통한 보장이 이루어졌다. 고용주 및 노동자에게 높은 사회보험료 부담을 부과할 수 없었기 때문에 이 시기의 사회보험은 저부담-저급여의 특징을 보이며, 이로 인해 사회보험에 가입된 핵심부(남성) 노동자들도 공적 복지를 통한 높은 수준의 보장성을 누릴 수는 없었다.

민주화 이후 1990년대 한국 복지체제의 성격에 대해서는 다양한 주장이 존재한다. 예컨대 최영준은 1990년대 김영삼 정부 시기를 '생산주의 복지체제 기반의 침식'으로 보았으며, 양재진, 남지민, 권(Kwon) 등은 생산주의·발전주의 복지체제가 근본적으로는 지속되고 있는 것으로 바라보고 있다.[4] 이 시기 복지체제의 특징을 어떻게 정의하건 간에 1990년대 김영삼 정부 시기 동안 사회보험의 적용 범위는 지속적으로 확대되었다. 1992년 산업재해보상보험이 5인 이상 사업장으로 확대되었고, 의료보험 역시 1988년 농어민, 1989년 도시자영업자로 확대되었다. 1988년 10인 이상 사업장을 대상으로 도입된 국민연금 역시 1992년 농어민, 1995년 5인 이상 사업장으로 확대되었다. 1995년 30인 이상 사업장을 대상으로 도입된 고용보험은 IMF 경제위기와 맞물려 전체 사업장으로 적용 범위가 빠르게 확대되었다. 최영준은 이러한 사회보험의 적용 범위 확대에 주목하여 비생산적 계층이 공적 복지제도 내로 포섭되기 시작한 것으로 평가하고 있다.[5]

이러한 적용 범위의 확대에도 불구하고 이 시기 한국의 복지체제는 발전주의 체제의 기본 틀을 벗어나지 못한 것으로 보인다. 1987년 민주화운동을 거치면서 공민권과 정치권이 일정 부분 회복되었고 사회권(복지권)을 확보할 수 있는 기회가 마련되었지만 국가복지의 확대를 위한 요구보다는 작업장 내 인권보장, 단결권, 임금인상에 대한 요구가 주를 이루었다.[6] 민주화를 통해 분출된 노동계급의 분배에 대한 욕구가 공적 복지의 확대보다는 대기업의 내부노동시장 형성과 조응하여 개별 사업장 내에서의 임금 상승 및 기업 복지를 통해 흡수된 것이다.[7] 1988년 시행된 국민연금은 정치적 논리가 우선하여 보험요율 3%, 소득대체율 70%라는 재정적으로 지속 불가능한 '저부담-고급여' 체계의 특징을 보였고, 1995년 도입된 고용보험 역시 정부 재정 부담의 최소화, 핵심 노동자의 보호 등을 포함하는 발전주의적 성격을 벗어나지 못하고 있다.

IMF 경제위기와 친복지적 정권으로 평가할 수 있는 김대중 정부의 수립으로 1990년대 후반 이후 복지국가의 지속적인 확대·발전이 이루어졌다. 김대중 정부 이후 한국 복지국가의 성격에 대해서는 다양한 논쟁이 존재하지만,[8] 적어도 발전주의 복지국가의 해체 또는 성격의 변화가 이루어진 시기로 볼 수 있을 것이다. GDP 대비 사회보장예산의 비율이 1997년 0.93%에서 2001년 1.92%로 증가했는데,[9] 경제위기로 인한 일시적 지출 증가의 성격을 포함하고 있다고 하더라도 사회보장제도를 확대하기 위한 노력을 반영한다. 소득보장제도를 중심으로 제도의 변화를 간략히 살펴보면, 국민연금의 도시지역 확장을 통한 전 국민 연금시대의 시작(1999년), 통합주의·조합주의 논쟁을 통한 의료보험 통합 및 건강보험의 출범(2000년), 고용보험의 적용 범위 확대(1998년), 산재보험의 전체 임금근로자 적용 확대(2000년) 등 사회보험 적용 범위의 보편성이 적어도 제도적으로는 급속히 강화되었다. 공공부조의 경우 국민기초생활보장제도의 도입으로(2000년) 근로 능력자가 급여 대상에 포함되는 획기적인 변화가 이루어졌다.

그러나 이러한 발전에도 불구하고 다양한 한계가 존재한다. 사회보험의 경우 법적으로는 전 국민으로 적용 범위가 확대되었으나 광범위한 사각지대가 존재했고, 4대 보험 통합, 자영업자 등 소득 파악 개선, 사회보험료 기여-징수 업무의 국세청 이관 등 사회보험의 인프라 구축과 관련된 주요 현안은 제도 도입으로 연결되지 못했다.[10] 공공부조의 경우도 국민기초생활보장법의 도입으로 근로 능력자를 포함한 급여 대상자의 확대, 예산 및 급여액 개선, 주거 급여 신설, 자활지원 인프라 개선 등 다양한 진전이 이루어졌지만, 엄격한 급여 자격 기준, 낮은 급여액, 탈빈곤을 억제하는 급여 유인구조 등으로 경제위기 이후 급격히 증가하는 빈곤과 불평등의 문제에 대응하기

에는 많은 한계가 존재한 것으로 평가할 수 있다.[11]

 김대중 정부에 이어 출범한 노무현 정부 시기를 간략히 살펴보면, 사회복지지출의 증가율이 20%에 달하는 등 사회복지정책의 총량이 급격히 증가했다. 이전 정부에서 제도적으로 완비된 사회보험 및 공공부조제도의 내실화가 일정 부분 이루어졌는데, 2002~2007년간 비정규직의 국민연금 적용률이 21.6%에서 33.3%로, 건강보험은 24.9%에서 35.0%로, 고용보험은 23.2%에서 32.2%로 확대되었고, 국민기초생활보장제도의 부양의무자 기준과 자산평가 기준이 완화되면서 수급자 및 관련 예산이 대폭 증가했다.[12] 근로장려세제 도입(2008년), 준보편적 사회수당 성격의 기초노령연금 도입(2008년) 등 새로운 제도의 도입도 이 시기 이루어졌다.

 그러나 비정규직의 사회보험 가입률은 여전히 낮아 사회보험의 광범위한 사각지대가 유지되었고, 국민기초생활보장제도에서 배제되는 비수급 빈곤층의 문제는 여전히 해결되지 못했다. 또한 정치적인 이유로 저부담-고급여의 성격으로 도입된 국민연금은 지속적으로 경로의존적 제약으로 작용했는데,[13] 1999년 국민연금의 도시 지역 확장 시 소득대체율을 60%로 낮추었고, 이후 2007년 연금개혁 시 9%의 보험요율은 유지하면서 소득대체율을 2028년까지 40%로 낮추었다. 국민연금의 낮은 소득대체율을 보전하고, 높은 수준의 노인 빈곤율 및 광범위한 사각지대에 대응하기 위해 기초노령연금의 대상을 65세 이상 소득 하위 70%로 확대하고, 급여 수준을 2020년까지 국민연금 급여 A값의 10%로 인상하는 등 국민연금과 기초노령연금을 중심으로 노후소득보장제도의 변화가 이루어졌다.

 요컨대 외환위기 이후 자유주의 정부 10년의 시기 동안 소득보장제도의 확대 및 발전이 이루어졌지만, 안정된 고용과 임금이 보장된 계층에 공적 소득보장제도가 집중되는 '역진적 선별성'의 성격은 강화 또는 적어도 유지된 측면이 있다.[14] 이는 소득보장제도의 핵심을 이루는 사회보험과 공공부조제도의 보편성 확대에도 불구하고, 역사적으로 형성·발전된 소득보장제도의 제도적 유산, 그리고 한국의 경제체제 및 노동시장 구조의 변화와 결합한 결과라고 할 수 있다. 김대중 정부, 노무현 정부의 복지지출 확대 및 사회보험, 공공부조의 보편성 확대 노력에도 불구하고 전반적인 소득불평등 및 빈곤은 심화되었는데, 신자유주의적 경제체제에 기반한 구조조정 및 노동시장 유연화로 인한 시장소득의 불평등 심화를 복지제도를 통해 충분히 낮추기에는 역부족이었을 것이다. 사회보험의 제도적 틀은 갖추었으나 광범위한 사각지대가 존재했고, 국민기초생활보장제도 역시 근로 능력이 있는 저소득층으로 확대되었으나 엄격한 자격조건으로 광범위한 사각지대 존재하는 등 한국 소득보장제도의 제도적 유산들이 유지된 측면이 있다. 국민연금의 소득대체율을 낮추면서 기초노령연금이 도입되었으나 준보편적 성격의 사회수당이었고, 아동수당 등 보편적 성격의 사회수당의 도입은 이루어지지 않았다.

　노무현 정부에 이어 출범한 이명박 정부 시기 사회복지정책에 대한 평가는 신자유주의 복지국가체제로의 개편 경향을 보인다거나,[15] 연금 및 건강보장제도를 중심으로 점진적 시장화 전략을 추구하는 것으로 평가되는 등[16] 대체로 부정적인 의견이 많다. 그러나 이명박 정부 시기 동안의 사회복지지출 추이를 살펴보면 지출의 증가율은 다소 둔화되었더라도 양적 확대의 경향은 지속되고 있음을 알 수 있다.[17] 물론 노무현 정부 후반기에 도입되었던 장기요양보험, 근로장려세제 등이 이명박 정부 초기에 실시되는 등 복지지출의 양적 확대를 이명박 정부의 적극적인 정책 노력의 산물로 보기에는 무리가 있지만, 적어도 감축의 노력은 없었다고 평가된다.[18] 국민기초생활보장제도의 경우 부양의무자 기준이 완화되는 등 다소의 개선이 이루어졌지만, 부양의무자 기준의 폐지, 맞춤형 개별급여로의 전환 등은 논의만 되었을 뿐 실현되지 못했다. 또한 국민기초생활보장제도의 부정수급자 선별 등 행정적 효율성이 강조되면서 수급자 및 관련 예산이 감소하는 모습을 보였다.[19]

이명박, 박근혜 정부 시기 동안 사회보험 제도 측면에서의 획기적인 변화는 일어나지 않았으며, 사회보험제도의 유산 및 노동시장 구조와의 부정합성으로 인한 광범위한 사각지대가 지속되는 상황에서 실질적인 적용 범위 및 급여 수준을 높이기 위한 노력들은 부족했다. 저소득층, 영세사업장 사용자 및 노동자에 대한 사회보험료 지원(2012년) 등 제도적 노력들이 이루어졌으나, 이러한 사업의 효과성에 대해서는 회의적인 시각도 존재한다.[20] 소득보장제도와 관련하여 한 가지 주목할 사항은 박근혜 정부의 기초연금 도입일 것이다. 모든 노인에게 A값의 10%에 해당하는 20만 원의 기초연금을 지급한다는 것이 선거 공약이었으나, 실제로는 소득 하위 70%의 노인에게 20만 원을 지급하는 형태로 도입되었다. 준보편적 사회수당의 성격을 가진 기초연금제도가 유지된 것이다. 박근혜 정부에서 실시한 국민기초생활보장제도의 개정으로 맞춤형 개별급여체계로의 전환이 이루어졌으나 수급자 선정 기준에 대한 개선 없이 급여체계만을 개편함으로써 빈곤의 사각지대를 해소하기에는 한계가 존재했다. 또한 부양의무제, 재산의 소득환산, 추정소득 등의 제도적 요소

들이 유지되면서 빈곤층에 대한 소득보장제도로서의 기능을 충분히 할 수 없는 근본적 한계가 있었다.[21]

이상에서 소득보장제도를 중심으로 한국 사회보장제도의 형성 및 발전에 대해 간략히 조망했다. 사회보험 중심 소득보장제도의 제도적 유산 및 한국의 노동시장 구조와의 부정합성에서 기인하는 광범위한 사각지대로 역진적 선별성의 특징이 유지되는 것으로 보이며, 사회보험의 보호를 받는 상대적으로 안정된 고용과 임금의 노동자들 역시 사회보험의 낮은 급여 수준으로 인해 공적 복지를 통한 안정성을 누리지는 못하고 있다. 사회보장의 최후의 안전망이라 할 수 있는 공공부조 역시 부양의무제, 재산의 소득환산, 추정소득제도 등이 유지되면서 상당한 수준의 비수급 빈곤층이 존재한다. 국민연금의 사각지대, 낮은 소득대체율, 높은 수준의 노인 빈곤 문제에 대응하기 위해 기초연금이 도입·확대되었으나 선별적 성격을 유지하고 있고, 아동수당 등 보편적 사회수당의 도입이 최근 이루어지고 있으나 여전히 저발달된 수준이라 할 수 있다.

2) 한국 소득보장제도의 유산 및 특징

이상의 논의를 바탕으로 한국 소득보장제도의 유산 및 특징을 몇 가지 차원 중심으로 정리하면 다음과 같다.

국가복지의 지속적 확대

한국의 사회복지지출 추이가 〈그림 5-2〉에 제시되었다. 발전주의적 복지체제가 해체 또는 적어도 전환되었다고 평가할 수 있는 IMF 외

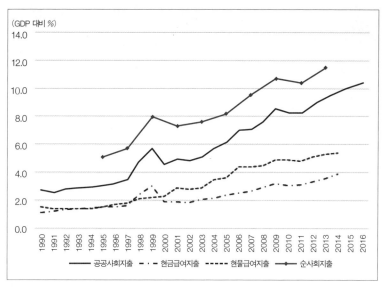

(GDP 대비 %)

——— 공공사회지출　- ‐ ‐ 현금급여지출　‐‐‐‐‐ 현물급여지출　——◆—— 순사회지출

| 그림 5-2 | 한국의 사회복지지출 추이

환위기 이후 공적 복지지출이 빠른 속도로 증가하고 있음을 알 수 있다.

특히 2000년 이후 장기요양보험의 도입, 사회서비스 전자바우처 사업의 실시, 보육서비스의 강화 등으로 사회서비스 지출의 비중이 빠른 속도로 증가하여 현금급여 지출에 비해 사회서비스 등 현물급여 지출의 비중이 더 높은 상황이다. 민간복지지출, 사회복지급여에 대한 조세 및 조세비용을 고려한 순사회지출은 공공사회지출에 비해 상당히 높은 수준으로 나타나고 있다. 민간 영역 복지에 대한 상대적 의존도가 여전히 높고, 높은 수준의 조세지출을 특징으로 하는 한국 복지국가의 성격을 반영한 것으로 볼 수 있다.

다음으로 한국의 사회보험 중심의 소득보장제도 구성을 〈그림 5-3〉을 통해 확인할 수 있다. 전체 사회복지지출 중 공공부조와 사

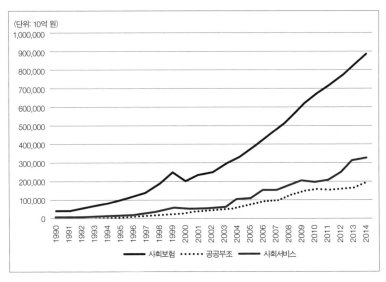

(단위: 10억 원)

| 그림 5-3 | 제도별 사회복지지출 추이

회서비스의 지출이 꾸준히 늘고 있으나 여전히 사회보험지출의 비중이 높게 유지되고 있다. 2014년 기준 전체 사회복지지출 약 144조 원 중 사회보험지출이 약 88조 원으로 61%를 차지하며, 2003~2014년 기간 동안 전체 프로그램 증가액의 60%가 사회보험지출의 증가이다.[22] 적어도 제도적 측면에서는 사회보험 중심의 소득보장제도가 보편성 확대의 방향으로 발전해왔다고 할 수 있다.

소득불평등 및 빈곤의 심화

한국의 소득불평등 및 빈곤 추이를 제시한 〈그림 5-4〉에 의하면 1990년대 후반 외환위기 이후 국가복지의 확대에도 불구하고 소득불평등 및 빈곤이 심화되고 있다. 소득분배지표를 측정하는 공식자료로 활용되어온 가계동향조사의 경우 소득불평등 및 빈곤을 과소

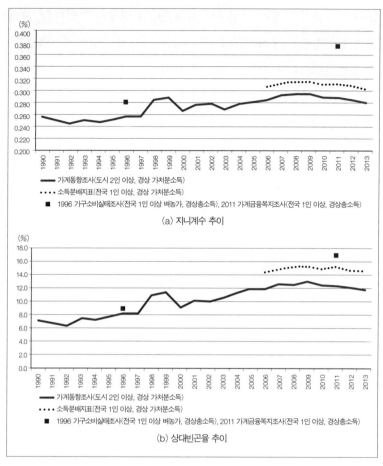

(a) 지니계수 추이

(b) 상대빈곤율 추이

| 그림 5-4 | 한국의 소득불평등 및 빈곤 추이

추정할 수 있음을 고려하면[23] 실제 소득불평등 및 빈곤의 심화는 더욱 심각할 수도 있다. 이러한 역설적 상황은 노동시장에서의 불평등 증가에 국가복지가 충분히 대응하지 못했기 때문일 것이다.

또한 한국의 경우 고용 및 기여에 기반한 사회보험 위주로 소득보장제도가 형성되었으며, 사회보험 제도설계의 문제와 한국의 노동시장 구조가 맞물려 광범위한 사각지대가 발생하고 있다.[24] 상대적으로 안정된 고용과 임금을 향유하는 소수의 집단에게 사회보험을 통한 보호가 제공되는 '역진적 선별성'은 국가복지의 확대에도 불구하고 소득불평등 및 빈곤의 심화가 개선되지 않고 있는 또 다른 이유가 될 수 있다.

사회보험제도의 광범위한 사각지대

한국 소득보장제도의 유산에 기반한 사회보험의 제도적 설계와 한국 노동시장 구조의 특성이 결합하여 사회보험의 광범위한 사각지대를 낳고 있다. 예를 들어 국민연금제도의 경우 국민연금 적용 대상 인구의 약 17.1%가 미가입자로 추정되고 있으며, 국민연금 가입자 중 장기체납자도 약 6.1%에 달한다(〈그림 5-5〉 참고). 고용보험의 경우도 〈그림 5-6〉에서 제시된 것처럼 상당한 수준의 제도적 사각지대를 보이고 있으며, 적용 대상 중 미가입자의 경우도 27.7%에 이른다.

　중요한 것은 사회보험의 사각지대가 특정 계층, 집단에 집중되

18~59세 총인구 32,807천 명					
비경제활동 인구 9,842천 명	경제활동인구 22,965천 명				
	실업자 832천 명	취업자 22,133천 명			
		국민연금 적용대상 20,526천 명			특수직연금 가입자 1,607천 명 (2016.12. 기준)
		비가입자(추정) 3,529천 명	국민연금 가입자 16,997천 명		
			장기체납자 1,042천 명	보험료 납부자 15,955천 명	
30.00%	2.54%	10.76%	3.18%	48.63%	4.90%

| 그림 5-5 | 국민연금 사각지대 추정

	15세 이상 총인구 4,166만 명(100%)				
비경제활동인구 1,604만 명 (38.5%)	경제활동인구 2,562만 명(61.5%)				
	실업자 76만 명(1.8%)	취업자 2,486만 명(59.7%)			
		비임금근로자 716만 명 (17.1%)	임금근로자 1,773만 명(42.6%)		
			적용 제외 286만 명 [16.1%]	적용 대상 1,487만 명 [83.9%]	
				실제 가입자 1,076만 명 ⟨72.3%⟩	미가입자 412만 명 ⟨27.7%⟩
공식적으로 제외		제도적 사각지대 (적용의 사각지대)	고용보험 수혜 대상	고용보험 수혜자	실제 사각지대

| 그림 5-6 | 고용보험 사각지대 추정

주: 1) 고용보험 가입 실업자 중 180일 미만의 경우 실업급여 수급자격 상실. 한 시점에서 임금근로자 중 실직 시 실업급여 수급자격 대상은 10% 내외로 추정됨.
　2) ( ) 안은 15세 이상 인구 대비 비중, [ ] 안은 임금근로자 대비 비중, ⟨ ⟩ 안은 임금근로자의 적용 대상 대비 비중

고 있다는 점이다. 즉, 한시근로, 시간제, 비전형근로 등을 포함하는 비정규직 및 저소득층 등 공적 복지를 통한 보호가 필요한 취약계층의 경우 사회보험으로부터 더욱 배제되고 있는 것이다. 정규직과 비정규직의 사회보험 가입률을 비교하여 제시한 〈그림 5-7〉과 〈그림 5-8〉을 살펴보면, 정규직의 사회보험 가입률은 지속적으로 증가하여 90%에 달하고 있으나, 비정규직의 사회보험가입률은 그 절반에도 미치지 못하고 있다.

　특히 비정규직의 사회보험 가입을 확대하려는 다양한 노력에도 불구하고(예: 두루누리 사회보험료 지원사업 등), 비정규직의 사회보험 가입률은 크게 제고되지 않고 있다. 또한 〈표 5-1〉에 제시된 임금수준별 사회보험 가입률을 살펴보면, 임금수준별로 사회보험 가입률의 격차가 매우 크다는 것을 알 수 있다.

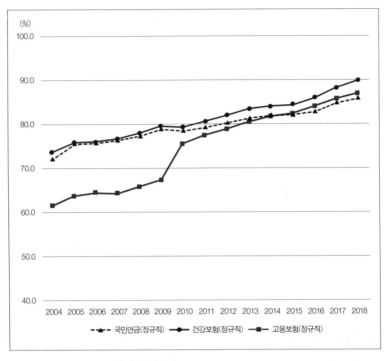

| 그림 5-7 | 사회보험 가입률 추이(정규직)

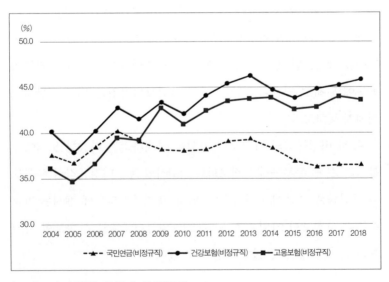

| 그림 5-8 | 사회보험 가입률 추이(비정규직)

| 표 5-1 | 임금수준별 사회보험 가입률(2017)

구분	국민연금	건강보험	고용보험
100만 원 미만	11.9	17.4	16.2
100~200만 원 미만	58.2	67.3	65.1
200~300만 원 미만	79.9	83.6	82.2
300~400만 원 미만	90.7	92.8	91.2
400만 원 이상	95.1	97.2	94.9
총계	69.6	74.8	71.9

낮은 사회보험 급여 안정성

사회보험을 중심으로 한 소득보장제도의 적용 범위와 더불어 급여의 수준이 얼마나 적절한가를 살펴보는 것이 중요하다. 앞서 살펴본 것처럼 한국의 경우 발전주의 체제의 맥락에서 사회보험제도가 도입되었기 때문에 기업에 부담을 주는 높은 수준의 사회보험료 부과는 기대하기 어려웠고, 낮은 수준의 사회보험료는 낮은 수준의 급여 수준으로 귀결된다. 이는 사회보험을 중심으로 한 소득보장제도의 보편성을 확대하는 데 한계로 작용할 수 있는 제도적 유산 또는 제약 조건이라 할 수 있는데, 사회보험제도가 상대적으로 안정된 고용 및 소득을 향유하는 집단을 중심으로 보장을 제공한다고 해도 급여의 수준이 충분히 높지 않다면 공적 복지를 통한 보장이 충분히 이루어지지 않을 수 있는 것이다. 스웨덴 등 보편주의 복지국가의 발전 경로를 살펴보면 소득비례연금을 통해 중산층 및 화이트칼라 노동자를 공적 복지체계로 포함시키는 것이 중요한데, 저부담-저급여를 특징으로 하는 한국의 사회보험제도는 이러한 기반이 약할 수 있다는 것이다. 한국을 포함한 OECD 국가의 소득수준별 순연금급여

OECD 가입국	연금수급 연령	개인소득, 평균소득의 배수		
		0.5	1	1.5
호주	67	95.0 (91.8)	42.6 (38.8)	45.4 (41.4)
오스트리아	65	92.2	91.8	90.9
벨기에	65	62.6	66.1	50.1
캐나다	65	62.2	53.4	38.5
칠레	65	48.3 (45.6)	40.1 (36.3)	40.6 (36.7)
체코	65	88.3	60.0	48.7
덴마크	74	110.3	80.2	76.2
에스토니아	65	73.7	57.4	51.1
핀란드	68	66.9	65.0	65.1
프랑스	64	70.4	74.5	70.3
독일	65	54.7	50.5	49.8
그리스	62	60.7	53.7	54.1
헝가리	65	89.6	89.6	89.6
아이슬란드	67	85.5	75.7	77.8
아일랜드	68	70.0	42.3	32.4
이스라엘	67 (64)	100.4 (91.9)	75.1 (67.4)	54.9 (49.3)
이탈리아	71	93.0	93.2	93.8
일본	65	52.6	40.0	35.3
한국	65	63.8	45.1	33.7
라트비아	65	55.7	59.5	59.0
룩셈부르크	60	98.3	88.4	83.6
멕시코	65	35.1	29.6 (27.7)	29.3 (27.5)
네덜란드	71	105.1	100.6	100.2

OECD 가입국	연금수급 연령	개인소득, 평균소득의 배수		
		0.5	1	1.5
뉴질랜드	65	80.7	43.2	30.5
노르웨이	67	64.8	48.8	41.3
폴란드	65 (60)	37.2 (35.3)	38.6 (34.1)	37.9 (33.8)
포르투갈	68	92.9	94.9	93.1
슬로바키아	68	85.0	83.8	83.5
슬로베니아	60	57.3 (60.3)	56.7 (59.2)	54.1 (56.6)
스페인	65	79.3	81.8	81.7
스웨덴	65	62.4	54.9	67.6
스위스	65 (64)	57.4 (56.8)	44.9 (44.5)	31.5 (31.2)
터키	61 (59)	99.1 (95.0)	102.1 (97.9)	105.8 (101.4)
영국	68	52.1	29.0	20.7
미국	67	59.9	49.1	42.4
OECD	65.8 (65.5)	73.2 (72.7)	62.9 (62.2)	58.9 (58.2)
아르헨티나	65 (60)	98.9 (90.3)	91.0 (83.1)	89.3 (81.3)
브라질	55 (50)	92.4	76.4 (58.1)	76.4 (58.1)
중국	60 (55)	104.4 (89.7)	83.0 (71.3)	77.0 (66.3)
인도	58	99.3 (94.4)	99.3 (94.4)	99.3 (94.4)
인도네시아	65	65.4 (60.8)	65.5 (60.9)	66.1 (61.6)
러시아연방	60 (55)	53.0 (47.2)	38.8 (32.9)	33.5 (27.7)
사우디아라비아	45	65.4	65.4	65.4
남아프리카	60	32.1	17.1	11.9
EU28	65.9 (65.5)	79.7 (79.6)	70.6 (70.4)	66.8 (66.6)

| 그림 5-9 | 소득수준별 순연금대체율

■ 남성과 여성의 순연금대체율이 상이한 경우 여성의 순연금 대체율을 ( ) 안에 제시했다.

대체율이 〈그림 5-9〉에 제시되었다. 한국의 경우 평균소득자의 순연금대체율이 45.1% 수준이며, 저소득층(평균소득자 소득의 50%) 및 고소득층(평균소득자 소득의 150%)의 경우 순연금대체율이 각각 63.8%, 33.7% 수준을 보이고 있다. 특히 중산층 이상 고소득층의 경우 다른 국가들에 비해 순연금대체율이 낮아 이들에 대한 연금 급여의 안정성이 여전히 낮은 수준임을 알 수 있다.

계층별, 집단별 복지급여의 격차

역진적 선별성의 특징을 가진 한국 소득보장제도의 유산은 소득분위별 평균 공적이전소득을 근로연령인구와 노인인구로 나누어 살펴본 〈그림 5-10〉에서 잘 드러난다. 근로연령대 인구의 경우 소득 1분위의 평균 공적이전 수급액이 가장 높은 편이지만 시계열적으로 지난 10년간 증가하는 추세를 보이지는 않고 있다. 소득수준이 가장 높은 10분위의 평균 수급액이 그다음을 차지하고 있으며, 중산층 이상을 포함하는 5~9분위의 평균수급액은 지속적으로 증가하는 추세를 보이고 있다. 반면 2~4분위의 경우 가장 낮은 수준의 평균 공적이전 수급액을 보이면서, 시계열적 추세 역시 등락을 반복하고 있다. 〈그림 5-10〉의 하단에 제시된 노인인구의 경우 소득분위가 높을수록 공적이전 평균 수급액이 뚜렷하게 높아지고 있다. 즉, 사회보험 중심의 소득보장체계, 저소득층, 비정규직 등 취약계층을 중심으로 한 소득보장제도의 광범위한 사각지대로 인해 공적 복지를 통한 보장의 필요성이 높은 집단이 오히려 배제가 되는 현상을 반영하고 있는 것이다.

한국의 소득보장제도군의 효과를 실증적으로 분석한 강신욱에

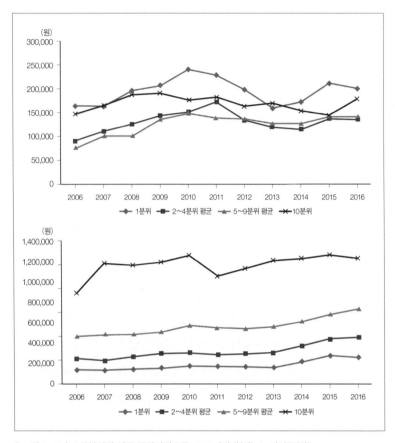

| 그림 5-10 | 소득분위별 평균 공적이전소득: 근로연령대(상), 노인인구(하)

따르면 중위소득 50% 빈곤선을 기준으로 빈곤층의 약 35%가 어떠한 제도의 혜택도 받지 못하는 것으로 나타났다.[25] 특히 비노인(근로연령인구) 집단 및 실업자 집단에 대한 급여 포괄성과 충분성이 낮은 것으로 나타나 저소득층 근로연령인구 집단이 공적 복지에서 배제되고 있음을 확인했다.

3. 소득보장체계의 보편성과 지속 가능성

앞서 언급하였듯이 복지체제는 경제(생산)체제, 노동시장 구조, 사회적 맥락과의 관계 속에서 총체적으로 이해될 필요가 있다. 신자유주의적 글로벌화, 숙련 편향적 기술변화, 탈산업화·서비스산업화, 4차 산업혁명 및 인지자본주의 등 경제체제의 변화, 조립형 산업화, 재벌 중심, 기술-숙련의 분리 등 한국 생산체제의 특징 및 이와 결합한 양극화·불안정성의 심화, 프레카리아트화(Precarization, 불안정 노동자화), 높은 자영업자 비중, 새로운 고용 형태의 등장 등 노동시장 구조의 변화는 안정된 고용 및 기여를 기반으로 하는 사회보험 중심의 소득보장제도의 기반을 침식하고 있다.*

다른 한편으로 사회적 맥락의 변화 역시 사회보험 중심의 소득보장제도에 도전을 가하고 있다. 생애주기의 변화, 새로운 사회적 위험의 등장 및 전면화 등으로 인한 욕구의 유동화,[26] 가족구조 및 인구구조의 변화, 여성의 경제활동 참여는 (남성) 가구주 중심의 고정적, 전형적 욕구에 기반한 사회보험 중심의 소득보장제도의 기반을 침식하고 있으며 사회보험 배제의 주된 원인이라 할 수 있다.

그렇다면 한국 소득보장제도의 제도적 유산 및 변화하는 경제·사회적 맥락을 고려할 때 지속 가능한 소득보장체계의 구축을 위해 어떠한 방식의 변화가 필요한가? 다시 말해서 한국 소득보장제도의 제도적 유산 및 경로를 유지하면서 제도의 합리적 개선을 통해 배제의 문제를 해결할 수 있는가? 아니면 경제·사회적 맥락의 변화 속

---

* 복지체제를 둘러싼 경제체제, 노동체제에 대한 구체적인 논의는 이 책의 1~4장에 자세하게 논의되어 있다.

에서 새로운 패러다임의 소득보장체계가 필요한가? 본 절에서 소득보장체계를 둘러싼 보편성과 지속 가능성의 의미에 대해 간략히 살펴본 후 다음 절에서는 지속 가능한 소득보장체계 구축을 위한 핵심 쟁점들에 대해 논의할 것이다.

사회보험 중심의 한국 소득보장제도의 핵심 문제 중 하나는 광범위한 사각지대, 즉 공적 소득보장의 보호가 필요한 취약계층의 제도적 배제 및 저부담-저급여 체계로 인한 급여 안정성의 부족을 의미하는 실질적 배제를 포함하는 보편성의 결여라고 할 수 있다. 이러한 제도적 유산은 변화하는 노동시장시장 구조 및 인구·사회적 변화의 맥락과 맞물려 보편성의 결여가 점차 심화될 수 있는 상황이다. 이러한 문제의식 아래 보편성을 확대하는 방향으로의 지속 가능한 사회보장체계의 구축을 위한 쟁점에 대한 논의가 필요하다.

쟁점에 대한 구체적 논의에 앞서 한국의 소득보장체계가 추구해야 하는 보편성 및 지속 가능성의 개념에 대해 간략히 살펴보도록 하자. 2010년 전후 무상급식 논쟁을 전후로 한국 사회에서 보편주의와 선별주의가 복지 분야의 핵심 쟁점으로 대두되었고, 이 시기 학계에서도 보편성과 선별성의 개념, 보편주의 복지국가의 의미에 대한 논의가 활발하게 이루어졌다.[27] 이 장에서는 보편성의 두 가지 측면에 초점을 둔다. 첫째, 보편성의 확대라고 할 때 욕구(needs)가 있는 모든 사람이 급여 대상으로 포함되는 급여할당 원리로서의 보편성과 함께 충분한 수준의 급여를 받을 수 있는 실질적 배제의 측면을 포함한 보편성에 초점을 둔다. 둘째, 급여할당 원리로서의 보편성을 넘어서 복지국가체제 관점에서의 보편성에 주목한다. 복지국가체제의 관점으로 보편성의 개념을 확장하면, 보편주의와 선별주의는 상호 대립되는 개념이라기보다 다양한 형태의 제도적 결합이 가능해진다. 예를 들어, 장지연은 이러한 관점에서 스웨덴 복지모델의 보편성을 논의하고 있다.[28]

한편, 사회보장체계의 지속 가능성의 개념은 다양한 차원으로 구성될 수 있다. 지속 가능성을 논의할 때 핵심적으로 포함되는 재정적 지속 가능성뿐 아니라 경제적, 정치적, 사회적 지속 가능성을 포괄하는 개념인 것이다.[29]

보편성 강화를 중심으로 지속 가능한 소득보장체계의 구축을 위한 쟁점을 도출할 때 확대된 보편성의 개념, 다차원적 지속 가능성의 개념을 명확히 하는 것은 중요한 의미가 있을 수 있다. 예를 들어 적용 범위뿐 아니라 급여 수준을 고려하는 보편성의 개념 및 체제적 관점에서의 보편성의 개념을 받아들이면, 다양한 제도적 조합을 통한 소득보장체계의 대안들을 모색하는 것이 가능해진다. 또한 확대된 보편성과 지속 가능성 간의 중요한 연결고리가 만들어질 수 있는데, 예를 들어 사회보험, 공공부조, 사회수당, 기본소득 등 다양한 원리의 제도 결합을 통한 보편성을 추구하게 되면 하나의 제도에 의존하는 경우에 비해 재정적 지속 가능성이 높아질 수 있다. 또한 '재분배의 역설'[30]이 주장하듯이 급여 대상의 보편성과 함께 중산층 이상에 대한 충분한 급여를 보장함으로써 복지국가의 정당성 및 정치적 지속 가능성이 강화될 수도 있다.

4. 지속 가능한 소득보장체계 구축을 위한 쟁점

변화하는 사회·경제적 맥락 속에서 안정적 고용 및 보험료 기여를 전제로 하는, 남성 가구주 중심의 고정적, 전형적 욕구에 대응하는 사회보험 중심의 소득보장제도는 정합성이 낮아지고 있다. 특히 한국의 경우 제도적 유산으로 인한 사회보험의 광범위한 사각지대, 저부담-저급여 등의 문제에 대응하면서, 사회·경제적 맥락 변화의 압력에도 대응해야 하는 이중적 부담을 안고 있다. 이러한 상황에서 제도적 유산의 제약을 극복하고, 변화하는 사회·경제적 맥락과 정합성을 갖는 대안적 소득보장제도의 모색과 관련된 논의가 활발하게 이루어지고 있다.

대안적 소득보장체계 구축에 대한 논의는 크게 세 가지 흐름으로 나누어볼 수 있는데, 첫째, 사회보험제도의 법적, 제도적 보편성이 이루어졌음에 주목하고 비정규직 등 취약계층에 대한 실질적 적용 범위를 높이기 위한 제도적 노력들을 제안하는 흐름이다. 두루누리사업 등 사회보험료 지원사업, 가입 회피에 대한 유인감소 및 제재 강화, 국세청 등을 활용한 징수체계 개선 등을 구체적으로 제안한다. 그러나 사회보험을 둘러싼 이중적 압력에 직면한 한국의 상황에서 이러한 노력으로 소득보장제도의 보편성을 강화할 수 있을지는 의문이며, 실제 다양한 제도적 노력에도 불구하고 배제의 문제는 쉽게 해결되지 않고 있다. 둘째, '기본소득' 등 현 제도의 틀을 뛰어넘는 새로운 패러다임을 모색하는 흐름이 존재한다.[31] 물론 다수의 기본소득론자들은 적어도 중·단기적으로는 기본소득에 의한 기존 소득보장제도의 완전한 대체보다는 사회보험과 기본소득이 병존하면서 각자의 역할을 담당하는 모형을 제시하고 있다.[32] 그러나 '완전 기본소득'을 위한 이행의 관점에서의 기본소득은 좀 더 장기적이고 충분한 논의가 필요한 대안이라고 할 수 있다.

이 장에서 주목하는 세 번째 흐름은, 사회보험, 공공부조, 사회수당, (부분) 기본소득, 조세지출 등 다양한 제도의 결합을 통해 체제 또는 체계로서의 보편성을 확대하는 대안들이다.[33] 그러나 다양한 원리의 제도들을 결합함에 있어 사회보험 중심성을 어떻게 가져가야 할 것인가에 대한 논의가 필요하다. 사회보험제도가 성숙된 상황에서 사회·경제적 맥락 변화의 압력에 대응하는 서구 복지국가와 달리 한국의 경우 사회보험제도의 포괄성 및 급여 수준 확대와 다양한 원리의 제도 결합을 통한 보편성 강화를 동시에 이루어야 하기 때문에, 사회보험과 다른 원리의 다양한 제도들을 결합함에 있어 사회보험의 역할과 위치를 어느 정도로 가져갈 것인가에 대한 논의가 중요한 쟁점으로 등장하는 것이다.

제도적 유산 및 변화하는 경제·사회적 맥락에 따른 사회보험의 한계를 인정하고, 사회보험의 역할을 다양한 제도 결합에서 하나의 구성요소로 바라보는 경우의 문제점(급여수급의 이중화, 사회보험에 대한 가입유인의 약화, 중산층에 대한 안정성 부재로 인한 사회보험 이탈 및 민간보험 등 사적보장체계 활용의 강화 등) 및 사회보험을 중심으로 한 소득보장체계의 강화에 주력하고 부족한 부분을 타 제도로 메워나가는 방식의 문제점(급여수급의 계층화 현상, '역진적 선별성'의 강화 가능성 등) 등을 면밀히 고려하여 대안을 모색할 필요가 있다.

또한 사회보험과 다양한 원리의 제도를 결합하는 방식으로 보편성을 강화한다고 할 때 보편적 사회수당(또는 부분 기본소득)과 취약계층에 대한 우선적 지원 중 어느 측면에 초점을 둘 것인가에 대한 논의도 필요하다. 예를 들어 제도의 결합에 있어 계층별, 집단별로 다른 방식의 제도 결합을 고려해볼 수 있다. 노인 및 아동 집단의 경우 정책의 목표 및 제도 도입에 대한 정치적 가능성 등을 고려할 때 기초연금 및 아동수당 등 보편적 수당 방식의 결합이 타당할 수 있으나, 근로연령인구, 청년 집단의 경우 정책의 목표와 대상이 다양한 점 등을 고려하여 취약계층 또는 특정 집단에 대한 우선지원을 고려할 수 있다.[34] 이 외에도 보편성을 강화하고 지속 가능한 소득보장체계 구축을 위한 대안을 논의함에 있어 경로의존적 관점에서 한국 소득보장제도의 유산과의 연속성, 정치적 지속 가능성의 핵심 요인이 될 수 있는 세대 간·집단 간 형평성, 재정적 지속 가능성 등에 대한 다양한 논의가 필요하다.

이상의 논의를 바탕으로 지속 가능한 소득보장체계 구축을 위해 단기 또는 중기적으로 논의할 필요가 있는 쟁점들을 보다 구체적으로 제시하면 다음과 같다. 논의의 편의상 쟁점들을 각각 나열했으나, 각 쟁점은 서로 연관되어 함께 논의되어야 할 것이다.

쟁점 1 보편적 소득보장체계의 구성을 위한 제도의 조합

소득보장제도의 강화가 필요하다는 것은 누구나 동의하는 부분일 것이나 어떠한 방식으로 소득보장제도의 보편성을 확대해나갈 것인가에 대해서는 다양한 논의가 존재한다. 소득보장체계의 광범위한 사각지대를 해소하고 적절한 수준의 급여를 제공하기 위한 몇 가지 대안이 존재하는데, 사회보험을 중심축으로 소득보장체계를 강화하는 방안, 사회수당(또는 부분·한시적 기본소득)을 강화하는 방안, 공공부조를 강화하는 방안 등이 있을 수 있다. 예컨대 현재 진행 중인 노후소득보장 체계의 강화 논의를 살펴보면 크게 두 가지 상이한 개혁 방향이 존재한다. 사회보험제도인 국민연금 강화론의 경우 자영업자 등을 포함한 사회보험료 지원의 확대, 연금 크레딧 확대, 국민연금 기여 회피에 대한 제재 강화 등을 통해 국민연금의 사각지대를 해소하고, 소득대체율 및 이에 따른 보험료율의 인상을 통해 국민연금을 중심으로 노후소득보장체계를 강화할 것을 주장한다. 이러한 주장에 따르면, 국민연금 강화를 통해 적절한 수준의 급여 안정성을 유지해야 실질적인 노후소득보장이 가능할 것이며, 스웨덴의 경험이 보여주듯이 중산층 이상의 이해관계를 공적연금체계 내로 편입시킴으로써 보편적 복지국가의 기반이 되는 연대를 강화할 수 있다.

반면, 보편적 사회수당 방식의 기초연금 강화론에 따르면 한국의 제도적 유산, 노동시장 및 인구학적 구조의 변화를 고려하면 사회보험의 사각지대를 근본적으로 해소하는 것은 현실적으로 어려우며, 세대 간·세대 내 형평성의 문제가 클 수 있음을 지적한다. 이에 정부의 일반재정으로 재원이 충당되는 기초연금의 강화를 통해 노후소득보장 문제를 해결해야 한다고 주장한다. 그러나 이러한 방식은 이중화의 문제, 중산층 이상의 공적연금체계 이탈 유인 강화, 보편적 복지국가를 향한 연대의 약화 등의 문제를 보일 수 있다. 또한 사회보험료의 인상보다 기초연금의 재원 마련을 위한 증세가 더 어려울 수 있다는 점도 고려해야 한다. 사회수당 또는 공공부조를 통해 사회보험 사각지대를 메우는 방안은 사회보험이 충분히 발전된 서구의 경우에는 유효할 수 있는 대안이나, 사회보험의 사각지대가 광범위하고 급여 수준이 낮은 한국의 상황은 다를 수 있다. 이러한 쟁점에 대한 논의를 바탕으로 보편적 소득보장체계의 구축을 위한 제도의 조합에 있어 사회보험 중심성을 어떻게 가져가야 할 것인지에 대한 고민이 필요할 것이다.

쟁점 2 소득보장제도의 재정적 지속 가능성

지속 가능한 소득보장제도를 위한 대안을 마련하는 데 있어 재정적 지속 가능성에 대한 논의가 충분히 이루어져야 한다. 특히 생산체제 및 노동시장구조의 변화, 새로운 고용 형태의 등장, 저출산·고령화 등으로 사회보험의 기여 기반이 약화되는 상황에서 소득보장제도의 재정적 지속 가능성 문제는 무엇보다 중요한 문제일 수 있다. 재정적 지속 가능성을 높이기 위한 대안을 고려할 때 서구의 경험들에 주목할 필요가 있다. 스웨덴의 경우 공적연금의 재정적 지속 가능성의 문제에 직면하여 사회수당식 기초연금과 부과 방식의 공적연금을 폐지하고, 순수 소득비례 방식의 명목확정기여(NDC: Notional Defined Contribution) 방식의 연금과 저소득층 노인을 대상으로 하는 정부의 일반예산 기반 보충급여형 연금을 도입했다. 또한 스웨덴 사회보험의 핵심 특징 중 하나는 재정 기반의 다양성 및 유연성이다. 사회보험의 하위 영역들 간 재정적 칸막이가 뚜렷하지 않으며, 사회보험 기여와 조세를 뚜렷하게 구분 짓지 않는다.[35] 최근 프랑스의 사회보장제도 개혁안의 주요 특징 중 하나도 임금 기반 사회보험료의 폐지 및 사회보장조세인 일반사회기여금을 통한 재원의 확대를 포함하고 있다.[36] 앞서 언급한 것처럼 사회보험의 기여기반이 불분명해지고 약화되는 상황에서 소득보장제도의 재정적 지속 가능성을 높이기 위해서는 재원의 유연성을 높이고 다양화하는 대안을 고려할 필요가 있으며, 소득보장제도, 특히 사회보험의 재원으로 정부의 일반재정을 투입하고 필요에 따라 비중을 높여나가는 방안에 대해 충분히 논의할 필요가 있다.

쟁점 3 **보편적 수당의 확대 vs 취약계층에 대한 집중적 지원**

소득보장제도를 강화하기 위한 대안을 구축하는 데 있어 보편적 성격의 수당을 확대할 것인가, 취약계층에 대한 선별적 급여를 집중적으로 제공할 것인가에 대한 논의는 여전히 필요하다. 보편적 수당 방식과 취약계층에 대한 집중적 지원은 각각 장·단점이 있기 때문에 어느 하나의 방향으로 나아가야 한다고 단언하기 어렵다. 한 가지 고려해볼 수 있는 측면은 대상·집단별로 상이한 방식의 급여 제공이 고려될 수 있다는 점이다. 예를 들어 아동에 대한 급여의 경우 욕구의 보편성, 급여 제공의 원리가 부모가 아닌 아동의 사회권을 바탕으로 하고 있다는 점 등을 고려하여 보편적 방식의 수당이 적절할 수 있다. 노인에 대한 급여의 경우 보편적 수당 방식의 기초연금 또는 보충급여 방식의 최저보장연금 중 어느 방식이 효과적인가에 대한 논쟁이 있을 수 있으며, 청년층의 경우 욕구 및 급여 목적의 다양성 등을 고려하여 취약계층에 대한 집중적 지원이 적절할 수도 있다. 대상·집단별 욕구의 특성과 정책목표 등을 고려한 논의가 필요하다.

쟁점 4 **집단 간 형평성을 고려한 소득보장체계의 구성**

지속 가능한 소득보장체계를 구축함에 있어 집단 간 형평성에 대한 고려가 중요한 쟁점으로 등장할 수 있다. 앞서 언급했듯이 계층별·

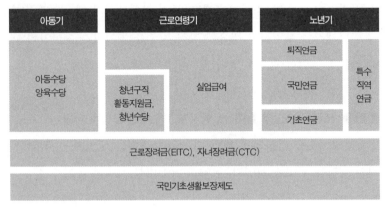

아동기	근로연령기		노년기	
아동수당 양육수당	청년구직 활동지원금, 청년수당	실업급여	퇴직연금	특수 직역 연금
			국민연금	
			기초연금	
근로장려금(EITC), 자녀장려금(CTC)				
국민기초생활보장제도				

- 장애인의 경우 장애인연금 및 장애(아동)수당
- 한부모가족의 경우 한부모가족 자녀 양육비

| 그림 5-11 | 연령 집단별 소득보장제도

집단별 복지수급의 격차는 한국 소득보장제도의 주요 유산 중 하나라 할 수 있는데, 특히 근로연령층에 대한 소득보장제도가 미비하다는 것이 많은 연구들을 통해 밝혀지고 있다.[37] 근로연령층에 대한 소득보장제도를 강화할 수 있는 방안에 대한 논의가 필요하다. 예를 들어 근로연령층에 대한 대표적인 소득보장제도인 실업급여의 적용 범위를 확대하고 급여 수준을 높일 수 있는 방안에 대한 논의가 필요하며, 더불어 실업급여에 제도적으로 배제되어 있는 청년층에 대해 어떠한 방식으로 소득보장을 제공할 것인가에 대한 심층적인 논의가 이루어져야 할 것이다. 다음의 다양한 쟁점에 대한 논의가 이루어질 필요가 있다. 훈련지원 및 고용촉진을 강조할 것인가? 소득보장에 주력할 것인가? 현금급여를 제공한다면 실업부조 방식이 적합한가, 보다 보편적인 사회수당 또는 (부분) 기본소득 방식이 적합한가?

쟁점 5 **사회서비스 vs 현금급여 강화**

사회서비스와 관련된 쟁점은 본 연구의 다른 장에서 다루어지는 주제이나 포괄적인 측면에서 현금급여와 사회서비스 중 상대적으로 어떤 급여를 강화하는 방향으로 나아가야 할 것인가에 대한 논의는 필요하다. 사회투자국가, 성장 친화적 복지국가 담론의 맥락에서 사회서비스 지출의 중요성이 강조되어왔으며, 실제 서구 복지국가를 대상으로 한 실증적 연구의 결과들도 사회서비스 지출과 경제성장 간의 정적 관계를 확인하고 있다.[38] 그러나 서구 복지국가와 한국의 경우는 큰 차이가 존재한다. 서구 복지국가의 경우 구사회적 위험에 대응하는 사회보험이 완비된 상황에서 신사회적 위험에 대한 대응으로 사회서비스를 확대해나가는 과정에 있었다. 반면, 한국의 경우 구사회적 위험에 대응한 사회보험제도가 저발달된 상황에서 급격히 증가하는 사회서비스에 대한 욕구에 대응하기 위해 보육서비스, 장기요양서비스를 중심으로 사회서비스 지출이 급격히 증가하고 있는 상황이다. 앞서 〈그림 5-2〉에서 살펴보았듯이 한국의 경우 현금급여 지출에 비해 사회서비스 지출이 더 큰 비중을 차지하고 있다. 사회서비스의 확대는 지속적으로 이루어져야 하지만 현금급여의 강화를 통해 균형을 맞추는 것이 중요하며, 적어도 단기적으로는 현금급여의 확대 및 강화가 필요할 것으로 판단된다. 이러한 논의를 바탕으로 사회서비스와 현금급여 간의 균형을 어떤 수준에서 어떠한 방식으로 만들어나갈 것인가에 대한 심층적인 논의가 필요하다.

6장

한국 사회서비스제도의
유산과 쟁점

1. 사회서비스의 개념과 전개

산업화와 민주화 과정에서 발생한 문제 해결을 위해 사회가 어떻게 대응하는지에 따라 사회서비스를 포함한 사회보장에 대한 요구가 달라질 수 있다. 따라서 사회보장정책의 형성, 변화, 발전 과정을 이해하기 위해서는 산업화에 따른 사회서비스의 자원 형성 배경과 민주화 과정을 통한 정치·사회세력 간의 권력관계를 살펴볼 필요가 있다.

여러 서구국가에서는 산업화 이후 질병, 재해, 실업 등 사회적 위험들로 인해 발생하는 소득 감소나 상실에 대응하고자 소득보장제도를 확립했다. 자본주의 사회에서 시민의 인간다운 삶을 보장하기 위해서 일차적으로 일정 수준 이상의 안정적인 경제적 자원을 확보할 수 있도록 도와주는 제도가 필수적이지만, 소득 외에도 돌봄서비스를 포함한 다양한 형태의 사회서비스가 수반될 필요가 갈

수록 커져왔다. 특히 20세기 중반 이후 여성의 경제활동 참여가 증가하고 인구 구조의 고령화가 심화됨에 따라 사적 돌봄 제공 가능성이 약화되는 동시에 공적 돌봄서비스와 일상적 돌봄서비스 지원의 중요성이 증가했다. 과거에는 아동, 장애인, 노인 중에서 요보호 대상자를 선별하여 시설에 수용해 돌보는 지원 방식이 주를 이루었다. 하지만 지금은 보다 많은 사람의 일상생활을 지원하는 사회적 돌봄서비스를 공적 돌봄서비스의 형태로 지원하는 방식으로 변화할 필요성이 커졌다.

서구 복지국가에서는 이러한 신사회적 위험에 대응하기 위해 1960년대부터 돌봄을 사회적 책임 영역으로 포괄해 사회정책의 공식 영역 안으로 제도화했다. 즉, 돌봄서비스는 가족에 의한 돌봄이 제대로 이루어지지 못하는 경우에 한해 선별적·제한적으로 제공되는 서비스가 아닌, 사회서비스의 보편성에 기초하고 있음을 보여준다.

한국전쟁 이후 개발도상국의 길을 걸어왔던 한국의 사회서비스 발전 과정은 산업화·민주화 과정과 깊은 연관성을 가지고 있다. 1970, 80년대만 해도 가부장성과 성불평등이 여전히 사회 전반에 뿌리 깊게 자리 잡고 있는 상황에서 여성의 노동시장 참여율이 낮았고, 돌봄의 책임이 주로 가족과 민간에 있었다. 20세기 후반에 들어서면서부터 한국 역시 여성의 노동시장 참여 증가, 저출산·고령화의 인구 및 가족구조 변화에 따라 국가의 대응 영역이 기존 사적 영역으로 인식되어왔던 가족과 민간으로 확대될 필요가 더욱 커지게 되었다. 즉, 실업, 질병, 노령 등의 기존 사회적 위험뿐만 아니라 출산, 양육, 간병, 수발 등까지 포괄하는 신사회적 위험에 대해 대응할 책임을 가족과 민간에게 계속 남겨둘 것인가 아니면 그 책임을 가족과 민간으로부터 공공으로 이동할 것인가에 대한 문제가 지속 가능한 사회보장체계 구축을 위해 매우 중요한 전략적 선택이 된 것이다. 이와 더불어 취약계층에 대한 사회서비스 강화와 보편성 확대, 지방분권시대의 공공과 민간 간의 역할 및 관계 구축, 시민과 지역사회 참여를 통한 공공성 확보 등의 이슈가 한국 사회가 함께 고민해야 할 주요한 쟁점이라 할 수 있다.

사회서비스에 대한 본격적인 논의에 앞서 사회서비스의 개념과 범위를 살펴볼 필요가 있다. 사회서비스의 개념은 국가별 정치사회적 배경에 따라 다양하게 정의되어왔다. 영국의 경우 사회서비스는 소득보장, 보건, 고용 등을 포괄하는 광의와 지원, 원호, 보호서비스를 제공하는 협의의 개념을 의미하는 반면 미국의 경우 소득보장, 교육, 의료서비스 등을 제외한 휴먼서비스를 사회서비스로 규정한다.[1]

발레(Bahle) 등은 사회서비스의 목적, 동기를 강조하여 사회서비스의 특성을 대인사회서비스, 사회적 욕구 충족, 사회적 상호작용, 사회적 중요성 등 네 가지로 정의했다.[2] 이봉주 외, 정경희 외 등은 '사회서비스를 이윤 추구를 일차적 목적으로 하지 않고 사회적 욕구 충족에 초점을 두는 집합적이고 관계지향적인 활동'으로 규정했다.[3] 카메론(Cameron)과 모스(Moss)는 사회적 돌봄서비스(social care services)가 정규적이고 빈번한 면대면(face-to-face)을 바탕으로 한 국가의 지원 영역으로서 아동 대상 보육, 교육, 시설보호 및 위탁보호서비스, 노인과 장애인 대상 재가돌봄 및 시설돌봄서비스를 포괄하는 것으로 정의했다.[4] 김은정 역시 개인의 선호를 바탕으로 하는 시장적 서비스와 달리 사회서비스는 서비스 공급과 관리, 사용의 방식에서 '사회적' 서비스의 측면이 강조되고, 따라서 국가의 개입이 요구되거나 정당화되는 특성이 있음을 강조했다.[5] 종합하면 사회서비스는 '사회적' 욕구 충족에 일차적 목적을 두고 이루어지는 '집합적'이고 '관계지향적'인 활동이라 할 수 있다.

한국의 경우 2000년대 중반 이후 사회서비스에 대한 학문적 논의가 본격화되었으나 학문 분야나 학자에 따라 다양하게 정의되고 있고, 개념에 대한 이론적 숙의가 이루어지기 전에 행정기관별 사업에 따라 임의로 규정되면서 개념의 혼선이 있어왔다. 법률적 차원에서 살펴보면 「사회보장기본법」 제3조 제1항에서는 "'사회보장'이란 출산, 양육, 실업, 노령, 장애, 질병, 빈곤 및 사망 등의 사회적 위험으로부터 모든 국민을 보호하고 국민 삶의 질을 향상시키는 데 필요한 소득·서비스를 보장하는 사회보험, 공공부조, 사회서비스를 말한다"고 정의하고, 기존의 사회복지서비스와 관련복지제도라는 용어 대신에 이를 통합한 '사회서비스'를 사용하면서 그에 대한 정의를 "국가·지방자치단체 및 민간 부문의 도움이 필요한 모든 국민에게 복지, 보건의료, 교육, 고용, 주거, 문화, 환경 등의 분야에서 인간다운 생활을 보장하고 상담, 재활, 돌봄, 정보의 제공, 관련 시설의 이용, 역량 개발, 사회참여 지원 등을 통하여 국민의 삶의 질이 향상되도록 지원하는 제도를 말한다"고 규정하고 있다. 이 밖에 「사회적 기업 육성법」, 「사회서비스 이용 및 이용권에 관한 법률」 등에서 사회서비스를 다루고 있으나 사회서비스 개념에 대한 정의가 일관되지 않고, 범주 역시 광의와 협의가 혼재되어 다양하게 규정되고 있다.

다만 이 장에서는 이와 같이 다의적이고 광의적 개념 아래 포괄될 수 있는 여러 사회서비스의 면면을 자세히 살펴보는 데 목적을 두기보다는 정치와 경제의 변화 과정 속에서 한국의 사회서비스 정책의 유산, 현황 및 특성, 변화의 방향을 살펴봄으로써 아동, 장애인, 노인 등을 포함한 요보호계층을 위한 돌봄의 사회적 욕구에 대하여 지금까지의 한국 사회서비스가 어떻게 대응해왔는지를 분석하고, 공공성을 중심으로 한 사회서비스 관련 주요 쟁점을 바탕으로 지속가능한 사회보장체계의 수립을 위해 어떠한 목표를 지향하고 어떠한 방향으로 나아가야 할지에 대한 논의를 전개하고자 한다.

특히 한국 돌봄서비스의 과도한 시장화로 인해 기관 경영의 불투명성, 돌봄서비스의 질 저하, 종사자에 대한 열악한 처우, 이용자의 낮은 만족도 등 각종 다양한 부정적 폐해가 지속적으로 제기되고, 이는 더 나아가 사회서비스 전반에 대한 시민들의 불신과 갈등을 유발하기에 이르렀다는 것이 다수의 진단이다. 이러한 문제를 해결하기 위한 해법으로 제시되고 있는 사회서비스의 공공성 강화를 중심으로 어떻게 보편성을 담보하고 보장성을 확대할 것인지, 그리고 이를 위해 중앙 및 지방정부 간 역할분담, 시민 참여를 통한 실질적 민주성 확보를 위한 방법은 무엇인지 모색하고자 한다.

2. 한국 사회서비스의 유산

1950년 한국전쟁 이후 대규모 구호욕구에 대한 대응으로 시작한 한국 사회서비스의 변화는 공급체계의 변화에 따라 크게 3단계로 구분하여 제시될 수 있다.[6) 즉, 정부의 특별한 역할보다는 민간이 대형생활시설 중심으로 서비스를 담당했던 시기인 1세대, 지역사회복지기관이 급증했던 시기인 2세대, 이용자 선택 방식으로 서비스 공급이

| 표 6-1 | 시기별 사회서비스의 변화

구분	1960~1970년대	1980~2000년대 중반	2000년대 중반 이후
급여 대상	공공부조수급자 중심	공공부조수급자, 저소득층	공공부조수급자, 저소득층, 일반계층
급여 종류	생활시설서비스 중심	생활시설서비스, 이용시설서비스	생활시설서비스, 이용시설서비스, 방문재택서비스 등
재원	일반조세	일반조세, 사회보험	일반조세, 사회보험, 서비스 이용료
재정지원 방식	공급기관지원(보조금)	공급기관지원(보조금), 공급기관지원(위탁계 약)	공급기관지원(보조금), 공급기관지원(위탁계 약), 이용자 지원
공급 주체 유형	민간 비영리	민간 비영리	민간 비영리, 민간 영리
공공 부문 역할	중앙정부 주도(보건복지부 중심)		중앙정부 범부처 확대, 지방정부 역할 강화

확충된 시기인 3세대를 거치면서 현재의 사회복지서비스 지형이 형
성되어왔다(〈표 6-1〉 참조).

1) 사회서비스의 1세대(한국전쟁 이후~1970년대)

한국전쟁 직후 정부가 제대로 기능을 하지 못한 시기를 비롯하여
1960~70년대 '선성장 후분배' 일변도의 개발독재정부 시기에 이르
기까지 정부 차원의 복지공급은 억제된 채 사회복지서비스 공급의
재원은 대부분 외국원조에 의존했다. 그 과정에서 정부보다는 민간
자원(voluntary) 부문의 역할을 강조하는 미국의 사회사업적 모형이
자연스레 한국 사회서비스 공급체계의 원형이 되었을 뿐만 아니라

이후 사회서비스의 발전 경로를 제약하는 기제로서 작용했다.

이 시기에는 대규모 외국원조 재정을 기반으로 구호 대상자나 사회적 격리 대상자를 수용하는 '보육원', '복지원' 등 집단생활 유형의 시설 중심 사회서비스가 주를 이루었다. 즉, 사회서비스 공급은 지역사회-외부(외국원조, 정부)로부터 받은 후원을 자원으로 하고 민간이 투자해서 보유한 자산과 시설을 활용하여 대상자들의 격리수용을 위주로 하는 생활서비스 제공 방식이라고 할 수 있다.

1970년대 말 아동상담보호 서비스들과 같은 비수용시설 서비스 등이 일부 등장했고, 1970년 제정된 「사회복지사업법」을 근거로 정부가 형식적인 규제자로서의 활동을 강화하기 시작했다고도 볼 수 있지만, 주된 공급 방식은 1970년대 말까지도 큰 변화가 없었다는 것이 일반적인 해석이다.[7] 또한 이처럼 외국 원조를 바탕으로 한 민간 시설 중심의 1세대 공급 방식은 이후 한국 사회서비스 공급체계에 있어 민간서비스 생산자가 주도하는 형태의 역사적 경로의 시발이라 할 수 있다.

2) 사회서비스의 2세대(1980년대~2000년대 중반)

대략 1980년대부터 2000년대 중반까지 한국 사회서비스는 정부가 투자하여 설치한 이용서비스 위주의 시설 및 프로그램을 민간에 위탁한 다음 이에 대한 운영비를 지원하는 방식으로 특징지을 수 있다.[8] 1세대 서비스에서 구축한 인프라를 바탕으로 한 사회복지법인이 민간서비스 생산 위탁자로서 대거 참여했고, 그 결과 공급체계의 외관상 모형 변화 이상의 새로운 가치와 전문성에 바탕을 둔 서비스 변화를 가져오지는 못한 것으로 평가된다.

과거에는 시설을 통한 돌봄서비스가 주를 이루었다면, 이 시기에 서비스 이용자들이 자신의 주거지를 크게 벗어나지 않고 서비스를 받고자 하는 경향이 증가하면서 정부가 시설을 설립하고 시설의 운영을 민간법인에 위탁하는 위탁계약 방식을 중심으로 지역사회기관이 급격히 확대되었다. 이와 더불어 민간법인 자신의 토지에 건물을 지어 정부에 기부하고 정부는 이를 설립한 민간기관에 위탁하여 운영하는 형태, 민간법인의 토지에 정부가 건물을 짓고 토지를 소유한 민간법인에 위탁하는 형태, 정부의 토지에 민간법인이 건물을 짓고 정부가 이를 민간법인에 위탁하는 형태 등 다양한 방법으로 기관들이 설립·운영되었다. 설립 형태와 관계없이 서비스의 운영에 소요되는 비용은 보조금 형태로 정부가 재정을 부담했고, 이는 현재까지 유지되고 있다.[9]

역사적으로 보면 1980년 중후반 민주화의 물결과 함께 분배 이념을 중심으로 분출된 복지욕구에 절대빈곤계층뿐만 아니라 저소득층에 대한 사회서비스의 확대 필요성이 대두되었다. 하지만 이미 신자유주의 이념 아래 세계화와 작은 정부론이 세계적인 담론으로 여러 나라에 영향을 미치는 시기였고 한국 역시 이 흐름에서 정부의 역할이 제한적으로 구현될 수밖에 없었다. 또한 상술한 바와 같이 1세대 사회서비스의 경로 제약도 여전히 작용했다.

다만 기존 1세대 수용시설 서비스보다 새로이 도입된 이용시설 서비스의 비중이 커짐에 따라 1세대 사회서비스에 비해 대상자 및 서비스의 형태가 다양해졌다. 즉, 이 시기에는 종합사회복지관, 노인복지관, 장애인복지관 등 재가 이용서비스 형태의 생활지원, 교육,

자활, 상담, 케어 등의 사회서비스가 확대되었고, 기존 1세대 대상이었던 절대빈곤층이나 부랑인 중심에서 벗어나 지역사회에 거주하는 일반 저소득층까지 그 대상이 확대되었다. 하지만 우선시되는 정책은 여전히 빈곤층에 대한 기초생활 지원이었다는 점에서 한계로 지적될 수 있다.

한편 정부 부문에 의한 재정 공급이 확대되면서 책무성 확보와 규제의 필요성도 증가했다. 특히 1997년 「(신)사회복지사업법」 개정으로 정부지원시설에 대한 평가가 의무화되면서 정부 부문에 의한 규제자로서의 역할이 확대되었다. 또한 1990년대 후반에는 사회서비스 공급체계에서 사회복지공동모금회, 기업재단 등 민간 부문 재정공급자의 참여가 확대되는 등 프로그램 위탁형 원조 방식도 함께 나타났다.

3) 사회서비스의 3세대(2000년대 중반 이후 현재까지)

카메론과 모스의 유럽 돌봄서비스 정책 비교 연구에 따르면,[10] 대부분의 국가들에서 돌봄서비스에 대한 수요가 꾸준히 증가해오고 있으며, 그 증가속도 또한 더욱 빨라지고 있다고 진단하고, 이에 대한 주요한 이유로 여성들의 경제활동 참여 증가에 따른 비공식 돌봄서비스의 감소와 평균수명의 증가로 인한 고령인구 증가, 지속적 돌봄을 필요로 하는 장애인의 수 증가 등을 들었다. 한국의 경우도 2000년대 이후 저출산·고령화로 인해 보편적 돌봄 욕구 충족을 위한 공적 재원 확대의 정당성을 확보해왔다고 할 수 있다. 특히 아동, 노인, 장애인, 여성 및 가족 등 관련 사회서비스 예산이 매해 크게 증가해왔고, 생활시설이나 이용시설 중심의 서비스에서 벗어나 보육, 노인장기요양, 장애인활동지원, 지역사회투자 서비스 등 다양한 형태의 돌봄 및 일상생활지원 서비스, 방문형 재택서비스들이 크게 확대되면서, 이전 세대 사회서비스의 제한적 대상에서 벗어나 인구사회학적 속성에 따라 다양한 욕구를 가진 일반 인구 대상으로의 확대를 가져왔다.

3세대에 들어서 사회복지서비스의 소비자가 대상자를 넘어 이용자로 확대되었다는 점에서 사회서비스의 기존 잔여적 성격에서 점차 보편적 성격을 띠게 되었다고 할 수 있다. 이러한 보편적 사회서비스의 확대 전략은 신사회적 위험을 완화하고 고용을 창출·증대할 수 있는 양면적 목적에 유효한 정책으로 채택되었다.[11] 재원 및 재정지원 방식을 살펴보면, 사회서비스가 최초로 제공되기 시작한 1세대에는 생활시설서비스 제공 기관에 조세에 기초한 직접 보조금을 지원하는 형태가 주를 이루었다. 그러나 2세대에 접어들면서 지역사회이용시설 서비스가 확대되어 서비스 구매나 위탁계약 방식이 증가하였고, 3세대인 2000년 중반 이후에는 여기에 이용자에게 직접 재정을 지원하는 바우처 방식이 도입되었다.

사회서비스에 대한 수요 집단의 규모와 범위가 커짐에 따라 서비스 이용자들의 개별적 상황에 따라 서비스의 형식과 내용이 유연할 수 있는 이른바 대상별 맞춤형 서비스 제공의 필요성이 더욱 커지는 가운데, 바우처 방식은 소비자가 생산자를 선택하는 이용자의 권리를 강화할 수 있다는 점에서 이론적으로 강점을 가진다.[12] 또한 이러한 이용자 재정지원 방식은 서비스 공급기관들 간의 경쟁을 통해 서비스 품질을 높일 수 있다는 긍정적 전망도 있지만, 실제로는 서비스 제공 기관, 특히 영리 부문의 사회서비스 진입과 양적 증대를 유도했다. 예를 들어 바우처를 매개로 전달되는 장애인 활동지원서비스

등과 바우처를 사용하지 않는 이용자 선택제도인 노인요양서비스에서는 이전의 시설(기관)들이 별도의 지정을 받아 서비스 제공 기관으로 참여하기도 했고, 개인이나 사단법인 등이 새롭게 제공 기관으로 진입하기도 했다. 즉, 이 시기에 비영리법인이 운영하는 민설민영 방식도 확대되었지만, 개인이 설립하여 운영하고 이용자에게 제공한 서비스 대가를 정부가 지불하는 사설사영 형태가 급증했다.[13]

또한 사회서비스의 양적 확충과정에서 신규 일자리가 생겨나고 제공 기관이 다양하게 증가했다는 측면도 있지만, 그 이면에는 제공 인력의 불안정한 고용과 서비스의 접근성 및 전문성 등 서비스 품질에 대한 불신이 문제로 나타났다.[14] 따라서 새로운 정책 시도의 정착이라는 이면에 공공성, 보장성, 고용안전성을 약화시키는 요인으로 지적되어왔다. 결국 한국 사회에서 공공 부문의 사회서비스는 초기부터 현재까지 제공 주체로서의 역할을 다하고 있지 못한 실정이다.

요컨대 한국 사회서비스는 서구 국가에 비해 급속하게 변화하면서 설립 주체와 운영 주체 구성의 각 단계가 병존하며 고착되었고, 비용 조달의 측면에서 정부가 운영보조금 또는 이용자 단위의 보조금, 지원금 방식으로 조달하는 것으로 변화해왔다. 특히 3세대에서는 법인과 개인을 포함한 민간이 설립하고, 정부와 서비스 이용자에게 대가로 수입을 얻는 방식으로 운영되는 기관의 경우 매출을 높이는 데 주력해야 하는 제도적 유인이 존재한다는 점에서,[15] 공공성의 가치에 반하는 상황이 얼마든지 일어날 수 있다. 또한 2세대 시기에 급격히 확대된 종합사회복지관, 장애인복지관, 노인복지관 등 역시 사회복지법인, 종교법인, 사단법인 등 운영법인이 책무성을 방기한 채 부실 운영하는 사례가 적지 않게 발생하고 있다.

따라서 복지서비스 전달과 관련하여 기존에는 제도의 협소한 대상자 범위와 공급량 부족이 주요한 문제였다면, 최근에는 제도의 내용, 재정, 공급기반, 전달체계 등 사회서비스 시스템의 포괄적 변화의 필요성이 강조된다. 지속적인 서비스 수요의 창출, 서비스 공급량의 확충, 서비스 품질 제고를 위한 제도적 보완, 자원관리의 효율화 등의 과제에 직면했다. 한편 사회서비스의 시장화, 저소득취약계층의 서비스 이용에 대한 부실화, 저임금·불안정한 일자리의 양산 등에 대한 대응책 마련이 필요한 시점이다.[16]

3. 공공성 강화를 위한 사회서비스의 변화와 개선

상술한 바와 같이 돌봄서비스를 포함한 한국의 사회서비스는 지나치게 민간 중심 시장 의존적인 공급체계로 특징지을 수 있고, 그간 적지 않은 민간시설·기관의 불투명성, 비민주성, 효과성의 결여 등이 고질적인 문제로 지적되어왔다. 이러한 문제들을 해소·완화할 수 있는 대안으로 사회서비스 분야의 공공성을 강화하는 시스템으로의 전환 논의가 현재 활발하게 진행 중이다.

물론 공공성의 의미, 필요성과 강화 전략에 대해서는 다양한 시각이 있을 수 있지만,* 이 절에서는 공공성의 고정적 실체로서 공공

---

* 사회서비스의 공공성 강화 필요성에 대해서 관련 영역에 있는 제공 기관, 사회서비스 종사자, 이용자 모두가 동의하면서도 정작 이해당사자들이 생각하는 공공성 강화의 방향성은 다를 수 있다. 즉, 제공 기관에서는 기관의 안정적 운영을 위해 정부 지원을 확대해야 한다는 입장이고, 제공 인력 측에서는 고용의 안정을 보장하는 일자리의 양과 질의 문제를 우선시하며, 이용자 입장에서는 이용자 중심의 책임 있는 서비스 제공으로 공공성을

재, 가치재 여부에 관한 관심보다는 공공성이 형성되는 과정에 주목하고자 한다. 즉, 사적 문제를 넘어서 공적 문제에 대한 해결을 위해 이해당사자들의 참여 절차를 통한 집단적 합의 형성 과정이 공공성 강화의 핵심이라고 보고, 결국 이러한 방향이 사회 전체에 유익하다는 정책적 접근을 확보하는 것이 필요하다는 입장이다. 이러한 인식 아래 공공성 강화를 중심으로 한국 사회서비스의 변화와 개선을 위한 주요 쟁점을 살펴보고자 한다.

1) 보편성 확대와 공공성 강화

대부분의 국가에서 돌봄에 대한 수요의 규모는 크게 증가하고 있고, 이에 대한 정책적 대응의 효과성과 효율성이 갈수록 중요해지고 있다. 상기한 바와 같이 과거에는 혼자 스스로 생활하기 어렵고 가족원에 의해 돌봄서비스를 제공받기 어려운 대상에게 국가가 제공했던 서비스는 주로 대형시설을 중심으로 분리 보호하는 방식이었다

이해하는 경향이 있다. 특히 사회서비스에서 공공성 논의는 훨씬 복잡한 양상을 띤다. 조대엽은 공공성을 다음과 같이 세 가지 구성요소로 나눠 설명했다. 첫째, 주체 차원은 공민성으로, 공공성 개념에 내재된 민주주의, 정치, 정부 등이 이에 포함된다. 둘째, 제도와 규범 차원에서 공익성이 중요하며, 셋째, 행위의 차원에서 공개성의 요소를 포함한다고 주장한다. 양성욱과 노연희는 공공성을 본질적 가치와 수단적 가치로 나눠, 본질적 가치는 사회통합, 사회적 연대, 사회구성원들의 권리 보호, 이용자의 삶의 질 향상에 있고, 이를 위한 수단적 가치로서 적절성, 반응성, 전문성, 지속성, 신뢰, 상호존중, 공평성, 적법성, 투명성, 책임성 등을 제시했다. 이는 영리 기관까지 사회서비스를 제공하게 된 공급 환경에서 공공뿐만 아니라 민간, 특히 영리 역시 공공성의 책무가 요구됨을 시사한다. 조대엽, 2007, "공공성의 재구성과 기업의 시민성," 한국사회학, 41(2): 1-26; 양성욱·노연희, 2012, "사회서비스의 공공성은 무엇을 의미하는가?─서비스 주체에 따른 공공성의 내용을 중심으로," 사회복지연구, 43(1): 31-57.

면, 소득이나 교육 수준 등에서 취약성이 없는 대다수의 중산층까지 서비스 이용인구로 포괄되면서 사회서비스의 수요가 증가함에 따라 정부의 대인서비스 방식도 이에 대응하여 발전했다.[17]

사회서비스 대상의 확대 방향성은 선별적 특성과 보편적 특성의 조합 방식에 따라 달라지고, 국가마다 사회서비스 수요에 대한 사회적 대응 방식에 있어서 다양한 형태를 보인다. 노인, 장애인, 아동에 대한 돌봄을 공공성의 주요 가치로 보는 여러 유럽국가에서는 공공서비스적 관점에서 돌봄서비스 정책을 설계함에 따라 시장재화나 서비스의 제공 방식과는 다른 특성을 갖는다. 반면 미국, 캐나다 등을 포함한 시장 중심적 국가들은 기본적으로 돌봄에 대한 서비스 수요의 증가가 시장의 공급을 증가시키고, 적정선에서 수요와 공급이 균형점을 찾을 것으로 인식한다. 다만 이러한 서비스를 구매하기 어려운 인구집단에 대해 공적인 차원에서 제한적으로 재정적 보조를 해주는 형태를 띠고 있다.[18]

한국의 사회서비스 전개과정에서 기존의 생활서비스와 지역사회 이용시설 서비스의 경우 대부분 최저생계비 기준을 적용하여 대상자를 선정해왔으며, 일부 바우처 서비스 역시 이러한 기준을 사용했다. 그러나 2000년대 중반 이후부터 보육서비스, 노인장기요양서비스, 장애인활동지원서비스 등 최근 사회서비스 정책에서는 급여 대상자 선정에서 소득기준에 앞서 욕구기준을 중요시하면서 보편성을 확대해왔다. 현재 다수의 일상적 돌봄지원서비스나 지역사회서비스 등 역시 소득기준을 완화하여 대상자를 선정한다.

티트머스(Titmuss)는 보편적 프로그램과 선별적 프로그램에 대해 사회복지의 궁극적 목표에 근거하여 양자 모두의 필요성을 강조했다.[19] 즉, 복지국가의 목표는 기본적 서비스를 통해 기본적인 삶을 보장하는 것에 머무르지 말고 불운이 초래하는 자연적 불평등을 보완하는 것까지 목표로 해야 한다는 점이다.[20] 이와 같은 긍정적 선별주의 관점에서는 보편주의와 선별주의 중 취사선택하는 것이 아니라 보편적 서비스와 선별적 서비스가 어떤 영역을 담당하게할 것인지를 배분하는 것이 중요하다는 것을 강조한다.[21] 따라서 서비스 이용 가능 대상은 보편적으로 확대하되, 욕구 충족의 시급성이더 높은 취약계층에 대해서는 추가적인 지원이 가능하도록 함으로써 사각지대와 돌봄의 공백을 최소화는 방향으로 전개될 필요가 있다.[22] 이를 위해서는 개별 제도의 대상 기준에 기초한 단일 서비스제공에 그치는 것이 아니라 생애주기에 걸친 복합적 문제와 욕구에대응하기 위한 통합적, 전문적 사례관리와 지원이 중요하다.

한편, 서비스 수혜자로서의 대상자들이 이제는 이용자로서 개인의 기능적 수준을 높일 수 있는 개별적인 선택과 지원이 강조되면서여러 국가들에서 제공 기관의 경쟁을 전제하는 시장적 기제가 활용되어왔다.[23] 특히 영국, 미국 등 다수의 서구 국가들은 사회서비스특히 돌봄서비스를 제공하는 방식에 있어 복지 효율성 증대를 내세우며 시장 기제를 도입했다. 한국 역시 노인장기요양, 보육, 장애인활동지원 등을 이용자 선택 방식으로 실시해왔다.

이는 서비스 욕구를 분절적 단위로 나누고 각각을 충족할 수 있는 서비스의 공급량을 증가시키는 방식이 누적된 결과라 해석된다.[24] 하지만 시장 기제에 기반을 둔 공급 방식은 사회서비스의 본래 가치인 공공성을 훼손할 수 있다는 우려가 꾸준히 제기되어왔다.즉, 이용자에게 선택권을 부여하여 유효수요를 확대하고 다양한 공급자의 경쟁을 유도하는 방식을 통해 서비스 제공 주체들의 효율성을 증진시킬 수 있다는 가정은 시장화에 대한 지지를 이끌어왔지만, 이윤 추구에 몰입하는 영리 조직이 서비스 제공에 참여하면서 사회서비스의 질과 지속적인 서비스의 제공을 담보할 수 없다는 것이다.[25] 또한 효율성이 강조되는 시장의 논리에서는 사회서비스의 외부효과, 즉 돌봄 욕구에 대한 일차적 대응을 넘어서 정치 및 경제에 미치는 사회적 가치가 간과되기 쉽다. 결국 이는 신사회적 위험에 대응하는 사회보장의 범위와 내용을 제한함으로써 공공성을 약화할 수 있다는 지적이다.

2) 현행 사회서비스 공급체계의 문제점과 공공성 강화

사회서비스의 구성은 급여의 형태, 전달체계, 재정 등의 차원에서 매우 복잡하고 다양하게 제도적으로 구조되어왔다. 정부가 서비스 비용을 제공하는 형태에서도 공급자에게 비용을 주고 맡기는 방법이 있는가 하면 이용자에게 서비스를 구매할 권한을 주고 공급자를 선택하도록 하는 방법도 있다. 전통적인 현물 중심으로 제공하던 방식에서 개인예산, 서비스 현금지불제도 등을 통해 현금으로 제공되기도 한다. 또한 정부가 서비스 제공 기관에 재정 교부하는 데 있어 지출 용도를 특정하여 지원하는 범주적 보조금 방식이 있는가 하면 정부가 재정 지원을 하되 구체적인 지출 세목은 융통성 있게 집행할 수 있는 포괄적 보조금 방식도 있다. 이러한 사회서비스의 복잡 다양한 속성 안에서 국가, 비영리조직, 개인이나 영리법인 등 여러 제공 주체들이 존재하게 된다.

앞서 살펴본 바와 같이 사회서비스 모델은 서구국가와 마찬가지로 1세대의 의존(보호) 모델, 신자유주의 강화와 함께 개인의 자율성과 선택을 강조하는 자립(소비자주의) 모델, 자립 모델이 사람들 간의 상호연관성을 제대로 반영하지 못한다고 비판하면서 등장한 상호의존 모델로 변화하고 있다.[26]

한국의 초기 사회서비스는 생활시설서비스가 주를 이룬 반면 1990년대 이후 지역사회 이용시설 서비스가 확대되었다. 서비스 대상의 규모가 커지면 개별적 욕구에 부응하며 서비스 통합과 조정 역할을 주도적으로 담당할 수 있는 공공 부문의 역할이 중요하다.[27] 하지만 현재 전체 사회서비스 제공 기관의 대부분은 민간기관이며 공공의 비율은 미미한 수준이다. 사회복지시설 현황을 살펴보면, 2017년 기준 노인, 아동, 장애인 등 모든 시설은 6만 130개소이며, 이 가운데 정부가 설치하고 직영하는 곳은 1,240개소(2.06%)에 불과하다. 민간에 위탁하는 시설 3,571개소(5.94%)를 국공립 시설로 포함해도 약 8%에 지나지 않는다(〈표 6-2〉 참조).

특히 이용자 재정지원 방식으로 제공되는 서비스 중 보육, 장기요양, 기타 바우처 서비스 등을 살펴보면 공공 부문의 역할이 미미한 편이며 민간 부문 중에서도 영리기관의 비중이 상당히 높게 나타난다. 이러한 상황에서 서비스의 보편화가 확대되는 것은 서비스 이용자가 중심이 되기보다는 제공 기관의 이해관계에 묶여 서비스의 내용이나 공급 방식 등이 변질될 수 있다.[28]

개인의 선택을 확대한다는 명목하에 추진돼온 사회서비스의 민영화는 오히려 서비스 이용의 불평등을 확산하는 것으로 보고되고 있다. 사회서비스의 제공 주체가 민간, 특히 영리기관이 중심이 되

| 표 6-2 | 사회복지시설 현황(2017)

구분	총계	정부 지자체 설치				민간 설치							
		직영		민간 위탁		사회복지법인		기타 법인		단체		개인	
		수	%	수	%	수	%	수	%	수	%	수	%
계	60,130	1,240	2.06	3,571	5.94	6,516	10.84	4,704	7.82	535	0.89	43,564	72.45
노인	9,274	61	0.66	765	8.25	2,444	26.35	1,102	11.88	29	0.31	4,873	52.54
아동	5,061	23	0.45	118	2.33	726	14.34	658	13.00	299	5.91	3,237	63.96
장애인	3,429	14	0.41	588	17.15	1,502	43.80	944	27.53	-	-	381	11.11
정신보건	413	-	-	17	4.12	180	43.58	71	17.19	8	1.94	137	33.17
노숙인	151	-	-	37	24.50	47	31.13	42	27.81	4	2.65	21	13.91
지역자활	251	12	4.78	-	-	85	33.86	115	45.82	38	15.14	1	0.40
사회복지관	460	28	6.09	289	62.83	125	27.17	18	3.91	-	-	-	-
어린이집	41,064	1,102	2.68	1,757	4.26	1,402	3.41	1,752	4.26	157	0.38	34,914	84.98

는 경우 서비스 대상자가 비용을 지불할 수 있는 계층으로 한정되거나, 이윤 확보를 위해 서비스의 질을 저하시키는 문제를 초래할 수 있다.

이와 같이 오랫동안 고착되어온 민간 중심의 사회서비스 공급체계의 문제에 대한 해결책으로 다음의 대안들이 제시될 수 있다. 우선 사회서비스의 공공 인프라 확충이다. 공공의 비율을 높임으로써 민간 영역과 선의의 경쟁을 통해 서비스 질을 향상시킬 수 있고, 결국 공공성과 효율성을 동시에 추구할 수 있는 방안이라고 할 수 있다.[29] 물론 공공기관의 확대만으로 공공성을 확보했다고 등치하기는 어렵다. 따라서 공공성은 서비스 제공 주체의 문제라기보다는 급여지원 대상의 보편성, 재정적 부담 없는 서비스 이용, 사회서비스의 표준적 품질 유지 및 향상을 위한 공적 규제나 관리체계 확보 등이 담보될 필요가 있다(〈그림 6-1〉 참조).

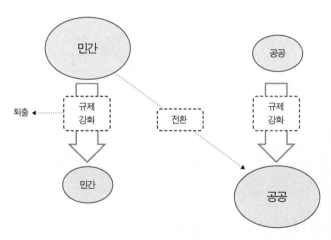

| 그림 6-1 | 사회서비스 공급체계 개편 방향

또한 사회서비스는 서비스 확충으로 인한 일자리 창출 효과가 크다. 생애주기별·영역별 서비스 보장성 강화를 실현하기 위해서는 사회서비스 일자리 확대가 전제되어야 한다는 점에서 중요하다. 유럽의 경우 돌봄서비스의 수요가 눈에 띄게 늘어난 1980년부터 1990년대 말까지 약 1,900만 개의 일자리가 관련 분야에서 창출되었으며, 다른 여러 업종에서의 고용창출의 규모와 비교했을 때 가장 크다고 한다.[30] 한국의 경우 문재인 정부는 복지-고용-경제의 삼각모형을 바탕으로 복지확대와 공공일자리 창출을 주요한 정책 방향으로 설정하여 추진해오고 있다. 이에 보육·돌봄·여가 분야 사회서비스 일자리를 2019년 9만 5천 개 늘리고 2022년까지 사회서비스 일자리 34만 개를 창출한다는 목표를 계획했다.[31]

하지만 이와 같이 사회서비스 부문이 주요한 고용창출 영역 중 하나로 자리 잡고 있음에도, 사회서비스의 특성상 복지 대상자에 대한 이해와 관계 형성을 통한 지속적인 서비스 제공이 필요하기 때문에 단기적·일시적 일자리 양적 확대는 지양해야 한다. 특히 저임금 일자리 양산이란 특성 때문에 고용창출에 대한 실질적 효과가 있는지에 대한 의구심이 여전히 남아 있다.[32] 즉, 사회서비스의 확대 논리의 주된 근거로 공급 측면에서의 고용창출을 들 수 있지만, 이러한 공급 위주의 논리는 저임금, 저숙련 일자리 위주의 서비스 확대의 이면이 존재한다. 그간 사회서비스 일자리 정책이 서비스 인력 양적 확충에 주력하면서 저소득, 비숙련, 경력단절 여성 등에게 고용 기회를 제공하는 방식으로 추진되어 저임금, 고용 불안정 노동자를 양산하는 결과를 초래했다.[33] 예를 들어, 보육서비스의 경우 일종의 3D 업종으로 인식되면서 보육교사 인력의 비전문화, 고령화 현상이 두드러지게 나타난다.[34] 보육직종은 20대 청년 여성들의 첫 일자리로서뿐만 아니라 40대 이상 중장년 여성들의 재취업 일자리로 자리 잡아왔고, 시간제 일자리 증가와 함께 보육자격증 취득 경로가 다양해지고 단기 자격코스가 무분별하게 생겨나는 등의 상황들이 비전문직으로 인식되게 만드는 데 기여하고 있다.[35]

노인돌봄서비스의 경우 주로 여성노동이 주를 이루고 처우 및 노동시간, 승진가능성 등이 낮은 것으로 분석되었다.[36] 황덕순의 연구에서도[37] 지역별 고용조사 자료를 통해 사회복지전문직과 의료복지서비스직은 상용직에 비해 임시직과 일용직의 연령이 훨씬 높고, 여성이 다수를 차지하고 있음을 확인했다.

이는 사회서비스 부문 인력의 체계적 관리 및 처우 개선을 통해 서비스의 질을 향상시킬 수 있고 더 나아가 국민의 삶의 질 역시 높아진다고 볼 수 있고, 이 역할을 지속 가능하게 할 수 있는 서비스 공급 주체는 결국 정부 중심이라는 논의로 이어진다. 즉, 임금수준을 높이는 것 외에도 직업의 전문성을 제고하기 위한 체계적 자격관리 및 보수·교육 체계를 정비함으로써 지속적 고용을 유지할 필요가 있다. 사회서비스는 대인서비스가 주를 이룬다는 점에서 서비스 제공인력과 이용자 간의 상호작용 품질이 서비스 품질의 핵심인데, 이러한 품질은 상당 부분 서비스 제공인력의 태도나 전문성, 의사소통 능력 등에 의해 좌우된다고 할 수 있다.[38] 예를 들어, 영국의 돌봄품질위원회(Care Quality Commission)는 서비스 제공인력 관리와 규제 등을 담당하는 독립적 기구로서, 서비스 제공 기관들을 대상으로 품질을 평가하고 인증하는 과정에서 서비스 제공인력에 대한 기관자체적인 품질 관리 노력을 주요하게 평가한다.[39] 또한 사회적 돌봄서비스를 제공하고자 하는 모든 기관은 기관장과 서비스 제공인력 관련 개인 정보를 제출하고 이를 검증받아야 한다.[40] 사회적 돌봄서비스 제공 기관 등록 후 일정 품질 수준 이상의 서비스를 제공하는지를 평가·인증하는 체계, 즉 국가최저품질(National Minimum Standards)의 적용과 관리를 꾸준히 수행해오고 있다.[41]

한편 보건복지 분야뿐만 아니라 고용, 교육, 문화 등 다양한 영역에서 비슷한 기능을 가진 관련 서비스들이 각기 다른 공급체계를 통해 제공됨에 따라 사회서비스 영역의 중복, 사각지대, 비통합성의 문제가 심각하다. 이에 사회서비스 전반에 대한 검토와 함께 통합적 서비스 제공을 위한 조정 및 지원 역할을 담당할 수 있는 컨트롤 타워의 필요성이 강조된다. 서구 국가들에서도 공공 부문이 직접적인 돌봄서비스를 제공하는 비율은 감소해왔지만 재정적 지원이나 정책기획, 관리감독 등의 서비스 기획자로서의 역할은 강조되고 있다.[42]

예를 들어 대부분의 유럽 국가에서 공공 부문이 아동청소년 대상 시설보호서비스나 위탁돌봄서비스를 비롯하여 사회서비스 법제화와 품질관리 등에 대하여 거의 전적인 책임을 지고 있다.[43] 따라서 유럽 국가들에서는 사회서비스 제공인력의 자격조건, 돌봄노동의 조건, 사회서비스의 내용과 범위, 서비스 제공 기관에 대한 품질관리 등이 중요한 정책적 쟁점으로 다뤄진다. 이는 사회서비스 공급체계의 근본적인 패러다임 전환을 꾀하는 한국 사회에도 현재 또는 앞으로 주요하게 논의되어야 할 이슈이기도 하다.

3) 지방분권과 공공성 강화

한국 사회서비스의 1세대부터 3세대에 이르기까지 지역사회 기반의 사회서비스 토대가 좀처럼 자리를 잡지 못하고 있는 실정이다. 30년의 지방자치 역사에도 불구하고 현재 중앙정부와 지방정부의 관계가 상호의존적인 관계인 중첩 권위형이라기보다는 중앙정부가 지방정부를 포괄하는 포괄 권위형에 가깝다는 평가다.[44]*

2005년 분권교부세를 통한 지방화, 분권화의 영향으로 사회서비스 제공 주체로서 중앙정부와 지방정부 간의 역할 범위, 협력 방식 구도의 변화 필요성이 점차 확대되어왔지만, 이는 단지 재정과 행정 권한의 정부 간 이전(중앙정부→지방정부)에 불과했다.[45] 2015년 분권교부세가 폐지되고 대신 보통교부세로 통합되면서 복지사업에 대한 지방의 부담문제는 일부 해소되었다고 볼 수 있지만 이면에는 자체재정이 열악할수록 복지사업 예산을 축소시키는 결과로 이어졌다는 지적이 있다.[46]

기존 사회서비스 전달 방식은 대부분 중앙정부의 보조금과 지방정부의 분담금을 바탕으로 지방정부가 사회서비스 공급기관을 선정하여 지원하고, 공급기관이 이용자를 선택하여 서비스를 제공하는 전달체계로 이루어져왔다. 이러한 전달 방식에서는 지방정부 및 일선 서비스 공급자가 서비스 이용자의 개별적 욕구를 바탕으로 한 지원보다는 중앙정부가 정해준 지침에 따라 표준화된 틀에 맞는 대상자에게 서비스를 공급하는 집행자 역할에 머무르게 된다.[47] 즉, 지방

---

* 중첩 권위형은 중앙과 지방정부의 관계가 경쟁적이거나 상호의존적인 관계인 반면, 포괄 권위형은 중앙정부가 지방정부를 포괄하고 있는 형태를 말한다.

정부는 중앙사업을 대리하고, 사회보장위원회의 허가가 있는 경우 부분적인 자체 사업을 통해 추가적 욕구에 잔여적 성격의 서비스로 대응하는 한계를 지니고 있다. 이러한 상황에서 소규모 자체 사업에도 버거워하는 지자체의 경우 중앙정부 차원에서 새로운 사업이나 표준이 만들어지기 전까지 새로운 욕구에 즉각적으로 대응하기 힘들 수밖에 없다.[48] 따라서 사회서비스의 변화에 따라 나타나는 여러 참여 주체들 간의 관계를 새롭게 조정하기 위해서는 과거 복지서비스 전달체계와는 분명 다른 조정 및 협력 방식이 요청된다.

지방화 및 분권화가 가속화하며 기초자치단체는 사회복지정책 수행의 기초단위로서의 역할 강화가 요구됨에도 지방정부의 재원 확대나 자치역량 강화가 병행되지 못한다는 비판이 오랫동안 제기되어왔다. 사회서비스 분권구조가 제대로 확립되기 위해서는 지방정부들이 지역주민들의 복지증진을 위한 자체 사업을 시행해야 하고 이를 위한 세입분권이 전제되어야 함에도 여전히 국고보조사업이 전체 복지예산의 절대비중을 차지하고 자체 사업은 10% 정도에 그치는 실정이다. 또한 매칭사업의 특성상 국고보조금사업이 증가함에 따라 지방정부의 분담금 비중도 증가했다.[49]

특히 지방정부 간 재정자립도는 매우 상이하며, 서비스 양과 질에 있어 큰 편차가 존재하고 수요를 감안한 재정지원이 충분하지 못한 경우가 많다. 지방정부가 사회적 돌봄서비스 제공을 공적 운영체계로 전환하여 노동자들을 직접 고용하는 것은 상당한 재정적 부담이 될 수 있다. 많은 광역지자체 내 국공립 어린이집 확대가 더딘 큰 이유가 바로 지방정부의 재정 부담이 크기 때문이다.[50]

재원별 예산을 분석한 연구[51]에서 국고지원사업의 경우 1인당 사회복지비 예산, 1인당 영유아보육예산, 1인당 노인복지예산 모두 2008년 이후 지속적으로 지역 간 불평등이 완화된 반면, 기초지자체 자체 사업의 경우 지역 간 불평등 수준이 전반적으로 증감을 반복한 것으로 나타남으로써 분권교부세 도입과 국고보조사업의 확대로 인한 지방정부의 재정부담 증가가 결국 기초자치단체의 재정능력에 따른 사회복지서비스의 불평등을 유지하거나 악화시키는 것으로 파악되었다.

이러한 맥락에서 신진욱과 서준상은 지방분권화 이후에도 지방정부의 복지사업들이 정책적으로나 재정적으로 여전히 국가에 크게 의존함으로써, 중앙정부 주도성이 강하게 나타나는 지방분권 체제에서는 중앙복지정책을 지방으로 확산시키는 것으로 진단했다.[52]

그렇다면 이러한 문제적 상황 속에서 중앙정부와 지방정부는 어떻게 역할을 재정립하고 분담할 것인가? 이에 대한 대안으로 최영준 등은 이상적인 돌봄서비스의 경우 A+B+C+E+F+G+H에 해당하는 돌봄 수요에 대응할 수 있어야 하는데,[53] 만약 중앙에서 A+B+E+F에 해당하는 돌봄욕구에 대한 서비스만 제공한다면 C, G, H 등은 서비스 욕구의 사각지대로 남게 된다고 지적하면서, 결국 이러한 상황에서 한편으로 지역의 자체 사업으로 서비스를 제공함으로써 욕구를 충족시킬 수 있다고 제안했다(〈그림 6-2〉 참조).

이러한 맥락에서 최영준과 최혜진은 중앙정부 역할의 변화와 함께 사회서비스 결정 재량에 있어 더 작은 단위의 점진적이고 체계적인 이전을 주장했다.[54] 즉, 중앙정부가 수직적인 행정계통으로 관리·감독을 통해 사회서비스의 재량과 결정권한을 독점하는 것이 아니라 지방정부와 민간 주체들과 재량과 결정권한을 공유하면서 서로

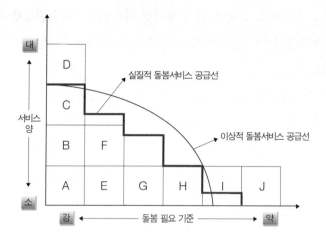

| 그림 6-2 | 돌봄서비스 공급선

의 역할을 수평적으로 보완할 수 있는 동반자적 관계유형으로 변화해야 한다. 중장기적으로 중앙정부는 사회보험이나 현금 중심의 복지급여에 집중하면서 충분한 자원을 동원하는 역할을 담당하되, 지방정부의 자율성을 확대하여 사회서비스를 담당하게 할 필요가 있다는 것이다.

그러나 몇 차례의 지역사회보장(구 지역사회복지)계획을 통해서 드러난 바와 같이 지역의 기획력이 지역복지에 특화된 창의적이고 혁신적인 경우는 그리 많지 않다. 중앙정부 주도의 하향식 정책 수립을 벗어나 권한과 책임을 제고하기 위해서는 지방정부가 기획·자원·시설 관리 등의 업무에 우수한 공무원을 충분히 배치하고, 교육·훈련과 컨설팅을 제공하는 등 역량을 강화해야 한다.[55] 한편 현재 서울시나 경기도 등을 비롯하여 몇몇 지역에서 지역복지재단을 적극적으로 활용하여 지자체 차원의 사회서비스를 기획하고 수행하려는 노력을 해오고 있다. 다만 제한된 인력으로 사회서비스를 효과적이고 효율적으로 실행하기 위해서는 지역사회와의 적극적인 협업이 필요하다.

결국 지자체의 역량강화는 중앙정부 제도 집행의 기능적 역할을 넘어서 지역사회 차원의 수평적 사회복지 전달체계 구성을 완성하는 데 있어 중요한 의미를 가진다. 지역사회의 특성과 자원을 반영한 지자체 고유사업을 개발하고 수행하기 위해서는 지역 단위에서 공공-민간의 네트워크 구축과 동시에 복지뿐만 아니라 관련 분야와의 적극적인 연계를 시도할 필요가 있다. 이는 더 나아가 사회서비스의 국가-시장-시민사회 간 연계구조의 논의로 이어질 수 있다.

4) 시민과 지역사회 참여를 통한 민주성 확보와 공공성 강화

상술한 바와 같이 과거 사회서비스의 주요 대상은 가족에 의해 돌봄을 받기 어려웠던 취약계층이었다면, 현재 사회서비스는 대다수의 중산층까지 서비스 이용 인구를 포괄하고 있다.[56] 이들은 적극적인 서비스 구매자로서 가장 적절한 방식으로 국가의 공적 지원을 활용하고자 하는 경향을 보인다.[57] 이러한 상황 속에서 사회서비스의 공공성 실현은 공공성 강화를 위해 필요한 과정과 기제를 어떻게 마련할 수 있는지가 전제되어야 한다. 이해당사자들이 참여하여 의견을 자유롭게 제시하고 공정한 토론 절차를 통해 공적 문제로 받아들여짐으로써 비로소 공공성이 확보될 수 있다.[58]*

하지만 사회서비스 공급체계에 대한 기존 대부분의 논의들에서는 이용자 역할의 중요성은 간과되거나 과소평가된 경향이 있다.[59]

물론 전에도 이용자 욕구에 부응하는 서비스를 제공하기 위해서 서비스 공급자와 전문가들이 어떻게 서비스를 제공해야 하는가에 대한 논의가 있어왔지만 최근 들어서는 이용자가 서비스 형식과 내용에 대한 능동적인 선택능력을 높이는 방안이 점차 강조되고 있다.[60]

사회서비스의 효과성과 공공성을 담보하기 위해서는 사회서비스 생산과 소비와 관련된 이해 당사자들과 시민이 사회서비스 제공 기관의 운영에 참여할 수 있는 실질적 민주성을 확보해야 한다. 즉, 사회서비스의 제공에 있어 공공 부문 간, 공공과 민간 부문 간뿐만 아니라 소비자 부문이 서비스 공급에 대한 실질적 참여를 강화할 수 있는 메커니즘이 마련될 필요가 있다.[61] 더 나아가 지역사회공동체적 입장이 사회서비스에 어떻게 반영되고 강화될 것인지에 대한 좀 더 심도 깊은 논의가 진행되어야 한다. 예를 들어 아동보육시설을 이용하는 학부모, 교사, 담당 공무원 등 관계 당사자뿐 아니라 지역 주민들이 보육시설 운영 및 관리에 대해 함께 토론하고 결정에 참여할 수 있는 시스템을 제도화할 때 보육 돌봄서비스의 공공성이 확보될 수 있다.

조대엽과 채장수는 시민사회가 국가와 시장 사이에 있는 사회적 상호작용의 영역으로서, 공적 담론의 생산과 소통의 영역이자 결사와 연대에 기초하여 국가 및 시장을 견제하고 감시하는 비시장적이고 공적인 역할을 담당한다고 주장했다.[62] 즉, 시민사회는 국가 공공성의 관치화를 예방하고 시장의 과잉을 견제하는 역할을 적극적으

---

* 공동체주의적 관점에서는 공공성을 특정의 공동체가 공동체 내부의 사회문화적인 관계를 통해 형성하는 공동체의 가치와 공통의 이익으로 본다. 따라서 공공성을 구성하는 내용적 가치로 공익, 정의 등에 주목하면서 공공성이 형성되는 절차와 과정에 초점을 맞춘다.

로 수행할 의무와 권리를 지닌다. 이러한 차원에서 공공성을 담보하는 전통적 주체로서 국가와 함께 NGO, NPO 등의 시민사회단체에 주목할 필요가 있다. 이들은 공적 여론의 형성, 자발적 공공서비스, 사회운동이나 일상적 권력 감시활동 등을 통해 공공성 확보를 위한 중요한 역할을 담당해왔다.[63]

정부와 민간기관의 협력을 강조하는 지역복지거버넌스 또한 이러한 맥락에서 논의될 수 있다. 돌봄서비스의 공공성 강화를 위해 지역사회거버넌스 체계 구축의 필요성을 제기한 양기용은 현재 사회서비스 분야의 복지혼합과 시장화 경향이 일면 공공성 강화를 의미한다고 보고 서비스 이용자이자 다원화된 공급 주체이기도 한 지역 주민들의 욕구와 이견을 조정하기 위한 거버넌스 체계가 공공성 강화의 요건이 된다고 주장했다.[64] 이러한 맥락에서 스웨덴 사회서비스 분권화 모델은 보다 구체적인 차원에서 아이디어를 제시할 수 있다.[65] 그 핵심은 조직분리와 시민으로부터의 통제이다. 조직분리는 사회서비스 전달계약을 위해 경쟁하는 준시장 형성 접근으로, 사회서비스 일부를 준자율공기업에 위탁함으로써 관료의 통제보다는 수요자, 즉 지역주민의 권한을 확대하는 방식이다. 시민으로부터의 통제는 근린협의회(neibourhood council), 이용자 이사회(user board of directors), 중앙정부의 이용자 특별보조금(special user-run grant) 등의 도입을 통해, 지역사회 민주주의 강화를 도모한다.[66]

한편 사회서비스 관련 정보의 공유는 서비스 이용자와 공급자의 접점임과 동시에 이를 통해 서비스의 효율성 제고를 꾀할 수 있다. 즉, 이용자는 각 서비스의 공급 주체, 비용, 품질 관리 등과 관련된 정보에 쉽게 접근하고 선택할 수 있어야 하며 공급자는 교육훈련 정보 및 자격기준 등에 대한 정보를 수집할 수 있어야 한다. 이러한 차원에서 중앙정부 및 지방정부 단위로 서비스 수요자와 공급자의 접근이 용이한 전산망을 구축하고 서비스 제공 주체에 대한 정보 제공의 의무를 가진다.

5) 사회서비스원과 커뮤니티케어

이상의 쟁점들을 토대로 한국 사회서비스의 패러다임 전환의 시도로서 문재인 정부가 추진 중인 핵심 사업이 바로 '사회서비스원'과 '커뮤니티케어'이다. 우선 사회서비스원에 대해 살펴보면, 문재인 정부 출범 당시 사회서비스 직접 공급 및 운영·관리, 공공사회서비스 일자리 창출, 서비스 제공 인력의 처우 개선, 서비스 품질 향상 등을 목적으로 추진되었다. 처음 가칭 '사회서비스공단'(안)이 기능과 역할에 대한 논의에 따라 '사회서비스진흥원'에서 '사회서비스원'으로 명칭이 변경되어왔다(〈그림 6-3〉 참조).

광역지자체가 설립하는 사회서비스원에서는 보육과 장기요양에 대한 국공립시설 직접 운영, 가정방문형 돌봄서비스 제공, 공공센터 운영, 민간 제공 기관 운영 지원 등의 역할을 담당한다. 시설별로 고용계약을 체결했던 사회복지시설 종사자들을 사회서비스원이 직접 고용해 일자리 안정 및 처우 개선을 위해 적극적인 역할을 담당한다. 재가 서비스 역시 전국적으로 종합재가센터를 설치해 직접 제공한다. 한편 보건복지부 산하 사회서비스지원단을 통해 사회서비스원의 사업운영기준 제시, 경영평가컨설팅, 사회서비스 관련 연구개발, 신규서비스 발굴 및 사업화 등을 지원받는다는 계획이다.[67]

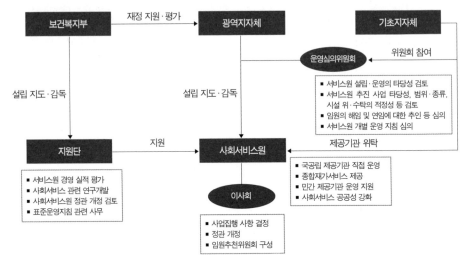

| 그림 6-3 | 사회서비스원의 구조

우선 2019년 서울, 대구, 경남, 경기도 등 4개 지역이 사회서비스
원을 시범적으로 추진함과 동시에, 중앙정부 차원에서도 사회서비
스원 중앙지원단을 설립하고 한국보건복지인력개발원에 그 운영을
위탁했다. 이후 2020년 추가적으로 7개, 2022년까지 전국 17개 시·
도에 사회서비스원을 설립·운영하기로 했다.[68]

그러나 사회서비스원 설립 관련하여 보육, 장기요양 등 주요 서
비스 영역 관계자들의 이해가 충돌하면서 정부직영방식 확대의 적
절성, 공공성 강화의 실효성, 직영 및 위탁 사업의 범위, 본부 및 산
하 시설 운영을 위한 재원 조달 방법 등에 대한 논쟁이 여전히 진행
중이다.[69] 김용득은 정부가 직접 제공하는 서비스가 확대되어야 하
는 필요성에는 동의하면서도, 누가 운영 주체가 되느냐를 강조하는
접근은 공공 주체가 약한 한국에서 단기적으로는 타당한 방향이라
할 수 있지만 근본적이거나 장기적인 방향과는 거리가 있으며, 사회

서비스 영역의 확장성에 기여하기 어려울 수 있다고 지적한다.[70] 즉, 공공성을 둘러싼 논의는 공공성이 국가 또는 정부와 동일시되거나 국가의 통제를 받는 공적 조직이 갖추어야 할 조건을 바탕으로 한 주체 관련 개념을 넘어서 공공성을 구성하는 내용과 절차에 관한 논의로 확장되고 있다.[71]

결국 사회서비스의 공공성 강화를 위해서 일부 운영 주체의 변경을 넘어서 사회서비스 영역에 대한 접근방식의 근본적이고 총체적인 변화가 요구되는 시점에서, 이러한 사회서비스원의 청사진을 계획대로 추진하고 그것이 지속 가능하기 위해서는 다음의 사안에 대해 심도 깊은 논의가 필요하다.[72] 첫째, 사회서비스원이 지원기관을 넘어 공급기관으로 확실히 자리매김하기 위해서는 기존의 민간 중심의 서비스 공급체계를 공적으로 재구조화하는 차원에서 직영 제공시설 및 서비스의 범위를 명확히 규정할 필요가 있다. 또한 국공립 시설을 위탁받은 민간기관의 공공성 제고를 위해 모니터링 및 평가, 서비스 질 관리, 네트워크 구축, 교육 및 컨설팅 등의 다양한 지원을 하되, 서비스를 표준화하여 일정 수준 이하의 시설에 대해서는 과감히 퇴출시킬 수 있는 관리 규제 체계를 갖추는 것이 중요하다.

둘째, 사회서비스원의 성공적인 안착을 위해서는 중앙정부의 전폭적인 국고 지원이 필요하다. 현재 사회서비스원의 시·도 본부 재정은 국고지원으로 운영되지만 산하 개별시설들은 독립채산제 방식으로 운영할 계획으로, 이 경우 시장성이 없어 기피되는(또는 적자운영이 불가피한) 사업의 경우 재정 부담이 가중되고 이는 더 나아가 일자리의 양적·질적 수준까지 위협하는 문제로 이어질 수 있다.

셋째, 현재 민간 중심의 사회서비스 공급체계에서 사회서비스원 설립을 통한 국공립 시설 확충·직영 계획이 민간시설, 특히 운영자들에게는 기존 민간서비스 시장을 잠식하는 것을 넘어 고사시킬 수 있다는 우려가 많다. 또한 국공립 시설과 민간시설의 격차로 인해 이용자 및 종사자의 국공립시설로의 쏠림 현상이 생기게 되고 이는 심각한 경영난으로 이어질 수 있다는 것이 불안을 넘어 현실로 나타나고 있다. 따라서 인구구조의 변화와 함께 포화된 민간서비스 시장을 국공립 시설로 전환하는 방식이 점차 확대되고 있는 상황 속에서 민·관의 사회적 대화 과정을 통해 민간시설(운영자)들이 사회서비스원 설립을 통한 국공립시설 확충·직영 정책에 동조할 수 있게 하는 유인책과 전환 계획을 마련하는 것이 필요하다.

이러한 맥락에서 사회서비스 영역의 공공성 강화를 위해 김용득은 정부의 역할을 〈표 6-3〉과 같이 제시하면서 향후 사회서비스원의 역할 역시 이와 같은 확장성과 입체성을 가질 수 있도록 설정되어야 한다고 주장한다.[73]

한편, 공공성 강화를 위한 정부의 역할에 대해 석재은은 정부가 이용자, 제공 인력, 제공 기관의 삼자관계가 합리적이고 긍정적이 되도록 관리할 필요가 있다고 강조하면서[74] 이를 위해 다음의 내용을 포괄할 것을 주장한다. 첫째, 형식적 자유주의에서 벗어나 안전하고

| 표 6-3 | 정부의 사회서비스 운영 책임의 유형

접근방법 \ 대상	제공 기관	제공 인력
규제	서비스 기관 지정, 승인, 등록, 평가	서비스 자격제도 신원(범죄경력)조회 제도
촉진	자체 혁신 컨설팅, 서비스 R&D 지원	서비스 기술개발 지원, 교육훈련

보증할 만한 제공 기관만 진입이 가능하게 하고, 참여 주체들이 공공가치를 실현하는 데 자발적으로 참여하도록 문화규범을 정비하며, 이용자의 과도한 자기 결정도 공공가치에 비추어 제한 가능하도록 하는 투명한 개입주의로 전환해야 한다. 둘째, 공급기관 자격관리를 강화하고 공급량을 조정함과 동시에 역량 있는 서비스 인력의 재생산 체제를 안정화하며, 수가의 개선 및 투명화를 통하여 안전하고 규제된 시장이 되도록 해야 한다. 셋째, 단속 처벌적 규제에서 벗어나 인력 배치 및 정원 기준 등을 유연하게 적용하고, 기관장 및 중간 관리자 교육의 제도화 등을 통한 교육 지도적 규제와 컨설팅 기능을 강화해야 한다.

한편, 돌봄이 필요한 주민들이 자기 집 등 지역사회에 거주하면서 개인의 욕구에 맞는 복지급여와 서비스를 제공받을 수 있는 새로운 사회서비스체계로서 현재 보건복지부에서 적극적으로 추진 중인 사업이 '커뮤니티케어'다(〈그림 6-4〉 참조). 커뮤니티케어의 주요 추진방향은 돌봄, 복지 등 사회서비스 확충, 지역사회 중심 건강관리 체계 강화, 돌봄이 필요한 사람의 지역사회 정착지원, 병원과 시설의 합리적 이용 유도 등 크게 네 가지를 들 수 있다.[75] 2019년 6월부터 사업에 착수한 8개 시군구 외에도 관련 연계사업을 실시하는 8개 시군구를 추가로 선정하여 연내 16개 지자체로 사업을 확대하고, 2020년까지 약 20개로 확대해나갈 예정이다.[76]

하지만 커뮤니티케어의 성공적 안착을 위해서는 몇 가지 넘어야 할 산이 있다. 첫째, 커뮤니티케어를 지역사회 공공전달체계의 중심으로 하는 지역사회 기반의 통합적 서비스의 네트워크 구축이 필요하다. 포괄적 문제 진단과 지속적 문제 해결을 지원하는 통합사례관

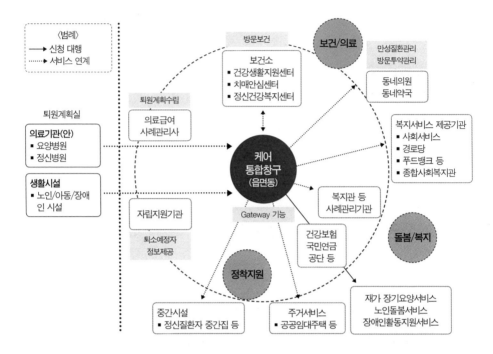

| 그림 6-4 | 커뮤니티케어 개념도(안)

리를 위한 경력 있는 인력과 전문 역량 개발 체계가 부족하고, 사회
복지관을 비롯한 서비스기관 간 사례관리의 연계체계가 제대로 이
뤄지지 않는 상황에서는 단편적, 분절적 서비스의 한계를 근본적으
로 해결하기 힘들다는 지적이다.[77] 종합 및 단종 복지관들이 전문적
사례관리와 서비스 제공 기능을 담당하고 있는 경우 그 역량을 최대
한 활용하되, 지자체는 서비스 이용자가 체감할 수 있는 통합적 사
례관리를 할 수 있는 기제를 강화할 필요가 있다. 이와 관련하여 돌
봄 인력에 대한 장기적 수급계획 및 전문 인력의 교육·훈련 시스템
을 마련해야 할 것이다.

둘째, 커뮤니티케어 성공의 열쇠 중 하나는 지방분권의 실현이다. 기존 지자체의 자율적 권한과 자율성이 충분히 확보되지 않은 상황에서 중앙정부에서 정한 사업 지침에 따라 실행해온 방식으로는 커뮤니티케어의 지속성을 낙관하기 어렵다. 사회서비스의 공공성이 충분히 확보되지 않은 환경에서 커뮤니티케어가 자칫 공공의 역할과 재원을 축소하거나, 지방재정의 부담을 가중시킬 가능성이 있다.[78] 따라서 커뮤니티케어를 위한 재원분담의 수준에 있어 지방자치단체의 특성을 반영해 다양한 방법으로 결정되어야 할 것이다.[79]

셋째, 사회서비스 분야와 보건의료 분야가 어떻게 접목해야 갈등을 줄이고 시너지를 낼 수 있을지에 대한 고민이 필요하다. 커뮤니티케어의 무게 중심이 어느 한 분야에 치우친 채 편향적으로 진행된다면 이는 공급자, 이용자 모두에게 매우 큰 불행이 아닐 수 없다. 따라서 이용자 중심의 서비스를 바탕으로 두 분야의 전문가 및 일선 인력 간의 전문성에 대한 이해와 상호 합의가 전제되어야 할 것이다.

4. 사회서비스 관련 주요 쟁점과 과제

앞에서 지속 가능한 사회보장체계의 수립을 위해 공공성을 중심축으로 하여 우선 한국 사회서비스의 유산을 살펴보았다. 대규모 외국원조 재정을 바탕으로 구호대상자 혹은 사회적 격리 대상자들을 수용하는 시설 중심 사회서비스 1세대(1950~70년대)를 거치면서 한국 사회서비스 공급체계는 민간서비스 생산자 주도 형태가 시작되었고, 이때 제도화되고 공고해진 민간기관은 사회서비스 2세대(1980년~2000년대 중반)에서는 정부가 투자·설치한 이용서비스 위주의 시설들을 위탁·운영하는 형태로 참여했다. 한편, 이 시기에 사회서비스의 대상이 일반 저소득층으로 확대되었으나 여전히 기초생활 지원에 머무르는 한계가 있었다. 이후 2000년대 인구구조의 변화와 함께 서비스 대상이 일반 인구로 확대되면서 이용자를 직접 지원하는 바우처 방식이 도입되었다. 사회서비스의 3세대라 할 수 있는 이 시기에 영리 부문의 사회서비스 진입이 용이해지면서 양적으로 급증했다.

이러한 역사적 변화를 통해 현재 한국 사회서비스는 지나치게 시장 의존적인 공급체계를 갖고 있다고 할 수 있다. 사회적 위험이나 서비스 욕구에 사회적 차원에서 적절히 대응하기 위해서 이용자의 소득수준이나 계층과 관계없이 보편주의적 가치에 의해 국가-시장-가족의 공급 주체가 공동으로 돌봄을 책임지되, 그 역할분담에서 현재의 민간에 치중된 무게중심을 공공으로 옮김으로써 공공 영역의 역할을 키우는 것이 한국적 상황에서의 서비스 공급 주체 간 바람직한 파트너십이 될 것이다.

이러한 사회서비스의 공공성 강화가 지속적인 서비스 수요의 창출, 서비스 공급량의 확충, 서비스 품질 제고를 위한 제도적 보완, 자원관리의 효율화 등의 과제에 효과적이고 효율적으로 대응할 수 있다는 인식하에, 상술한 사회서비스 관련 주요 쟁점들을 정리하면 다음과 같다.

쟁점 1 이용자 확대와 서비스 욕구 증가에 따른 사회서비스의 공공성 강화

첫째, 사회서비스 이용자 확대와 서비스 욕구 증가에 대응하여 어떻게 공공성을 강화할 것인가이다. 사회서비스 이용자 확대와 사회서비스 수요의 급증과 함께 개인의 다양한 욕구를 충족시키고 개인의 선택을 확대한다는 명목하에 추진되어온 사회서비스의 민영화와 바우처 제도는 오히려 서비스 이용의 불평등을 확산하는 것으로 보고되고 있다. 민간 중심의 사회서비스 공급체계의 문제에 대한 해결책은 무엇인가? 우선 사회서비스의 공공 인프라 확충이다. 공공의 비율을 높임으로써 민간 영역과의 경쟁을 통해 서비스 질을 향상시킬 수 있고, 결국 공공성과 효율성을 동시에 추구할 수 있는 방안이라고 할 수 있다. 하지만 공공기관의 확대만으로 공공성을 확보했다고 보기는 어렵다. 따라서 공공성 확보를 위해서는 서비스 제공 주체의 문제도 중요하지만, 급여지원 대상의 보편성, 재정적 부담 없는 서비스 이용, 사회서비스의 표준적 품질 유지 및 향상을 위한 공적 규제나 관리체계 확보 등이 담보될 필요가 있다.

한편 사회서비스는 서비스 확충으로 인한 일자리 창출 효과가 크다. 유럽뿐만 아니라 한국의 경우에도 여러 연구에서 사회서비스 부문 전체의 인력 수요가 꾸준히 증가하고 있다. 다만 사회서비스 부문이 주요한 고용창출 영역 중 하나로 자리 잡고 있음에도 여전히 저임금 일자리 양산이란 특성 때문에 고용창출에 대한 실질적 효과가 있는지에 대한 의구심이 여전히 남아 있다. 한편 유사한 기능을 가진 관련 서비스들이 각기 다른 공급체계를 통해 제공됨에 따라 사회서비스 영역의 중복, 사각지대, 비통합성의 문제가 심각하

다. 이에 사회서비스 전반에 대한 검토와 함께 통합적 서비스 제공을 위한 조정 및 지원 역할을 담당할 수 있는 컨트롤 타워의 필요성이 강조된다.

쟁점 2 중앙정부와 지방정부의 역할 재정립

두 번째 쟁점은 지방분권시대 30년, 사회서비스 제공에 있어 중앙정부와 지방정부는 어떻게 역할을 재정립하고 분담할 것인가의 문제이다. 지방화 및 분권화가 가속화되며 기초자치단체는 사회복지정책 수행의 기초단위로서의 역할 강화가 요구됨에도 지방정부의 재원 확대나 자치역량 강화가 병행되지 못한다는 비판이 오랫동안 제기되어왔다. 특히 지방정부 간 재정자립도는 매우 상이하며, 서비스의 양과 질에 있어 큰 편차가 존재하고 수요를 감안한 재정지원이 충분하지 못한 경우가 많다. 또한 지방정부가 공적 운영체계로 전환하여 사회서비스를 제공하는 경우 상당한 재정적 부담이 될 수 있다. 그렇다면 이러한 문제적 상황 속에서 중앙정부와 지방정부는 어떻게 역할을 재정립하고 분담할 것인가? 중앙정부가 수직적인 행정계통으로 관리·감독을 통해 사회서비스의 재량과 결정권한을 독점하는 것이 아니라 지방정부와 민간 주체들과 재량과 결정권한을 공유하면서 서로의 역할을 수평적으로 보완할 수 있는 동반자적 관계유형으로 변화해야 한다. 그러나 몇 차례의 지역사회보장(구 지역사회복지)계획을 통해서 드러난 바와 같이 지역의 기획력이 지역복지에 특화된 창의적이고 혁신적인 경우는 그리 많지 않은 것이 사실이다. 지자체의 역량강화는 중앙정부 제도 집행의 기능적 역할을 넘어서 지역사회 차원의 수평적 사회복지 전달체계 구성을 완성하는 데 있어 중요한 의미를 가진다. 지역사회의 특성과 자원을 반영한 지자체 고유사업을 개발, 수행하기 위해서는 지역 단위에서 공공-민간의 네트워크 구축과 동시에 복지뿐만 아니라 관련 분야와의 적극적인 연계를 시도할 필요가 있다.

쟁점 3 공공성 확보를 위한 시민과 지역사회의 역할

셋째, 사회서비스의 공공성 확보를 위해 시민과 지역사회의 역할은 무엇인지에 대한 논의이다. 사회서비스 공급체계에 대한 기존 대부분의 논의들에서 이용자 역할의 중요성은 간과되거나 과소평가된 경향이 있다. 사회서비스의 효과성과 공공성을 담보하기 위해서는 사회서비스 생산과 소비와 관련된 이해 당사자들과 시민이 사회서비스 제공 기관의 운영에 참여할 수 있는 실질적 민주성을 확보해야 한다. 더 나아가 커뮤니티케어 추진 사업에서 보듯이 지역사회공동체적 입장이 사회서비스에 어떻게 반영되고 강화될 것인지에 대한 좀 더 심도 깊은 논의가 진행되어야 한다. 시민사회는 공공성을 물질적으로 담보하는 자조적 측면과 더불어, 국가 공공성의 관치화를 예방하고 시장의 과잉을 견제하는 역할을 적극적으로 수행할 의무와 권리를 지닌다. 이러한 차원에서 공공성을 담보하는 전통적 주체로서 국가와 함께 NGO, NPO 등의 시민사회단체의 역할에 주목할 필요가 있다. 정부와 민간기관의 협력을 강조하는 지역복지거버넌스 또한 이러한 맥락에서 논의될 수 있다.

쟁점 4 '사회서비스원'과 '커뮤니티케어'의 적합한 운영

이상의 논의들을 종합적으로 반영하여 추진 중인 공급·운영체계 중

하나가 '사회서비스원'이다. 사회서비스원 설립은 시장화의 폐해를 줄이기 위해 공공 부문이 사회서비스를 직접 공급하고 그 체계를 운영·관리하는 시도이다. 다만 사회서비스원 설립과 관련하여, 사회서비스원과 같이 정부가 사회서비스를 직접 운영하는 일종의 정부직영 방식의 확대가 적절한지, 또한 정부가 일정 비율로 사회서비스를 직접 운영한다 할지라도 개인 또는 민간법인이 운영하는 형태가 여전히 다수를 차지하는 상황에서 정부직영이 공공성 강화의 실효성 있는 대안인지 등에 대한 논쟁이 여전히 진행 중이다. 한편 돌봄 욕구가 나날이 증가하는 현실 속에서 기존 사회복지서비스를 넘어 보건 영역과 결합하여 공공의 적극적 역할 아래 보편적 서비스의 확충에 초점을 두고, 현재 추진 중인 사업이 '커뮤니티케어'다. 절대 부족인 (특히 지역사회 주거 기반) 서비스의 확대와 더불어 파편화된 돌봄서비스 연계 및 조정 가능한 지역사회체계 구성과 지방정부의 역할 강화가 핵심 과제라 할 수 있다. 결국 사회서비스원과 커뮤니티케어를 효과적이고 지속적으로 진행하기 위해서는 공공의 책무성을 바탕으로 중앙-지방정부의 역할분담, 지역의 민-관, 민-민의 협력이 뒷받침되어 돌봄 공동체를 구축할 수 있는 제도적, 실천적 기제가 마련되어야 한다.

결론적으로 6장에서는 서비스 이용 가능 대상은 보편적으로 확대하되, 욕구 충족의 시급성이 더 높은 취약계층에 대해서는 추가적인 지원이 가능하도록 하는 방향으로 전개될 필요가 있다고 주장했다. 또한 여전히 중앙정부 중심의 수직적 사회서비스 전달체계에서 벗어나 지역사회 차원의 수평적 사회서비스 전달체계를 구성하기 위해서는 지자체를 중심으로 한 공공(중앙정부–지방정부), 민·관 간의 역할과 연계를 명확히 하는 체계 개편이 필수적이라 할 수 있다. 더 나아가 사회서비스의 공공성을 담보하기 위해서는 사회서비스의 제공에 있어 소비자 부문의 서비스 공급·운영에 대한 실질적 참여를 강화할 수 있는 방안이 마련되어야 한다. 돌봄을 포함한 사회서비스는 이젠 더 이상 선별적, 제한적으로 제공되는 것이 아니라 보편성에 기초한 사회정책의 공식 영역으로서, 사회서비스 이용자의 선택권 확대와 사회서비스의 공공적 특성을 조화시키기 위해서는 정책적 차원의 보다 면밀한 설계와 사회적 합의가 필요하다.

7장

한국 사적 보장체제의
유산과 쟁점

1. 복지체제 전환의 조건

한국은 산업화 이후 지금까지 저부담-저복지 체제를 유지해왔다. 경제발전을 위해 국가가 복지지출을 극도로 억제했다는 것은 잘 알려진 사실이다. 하지만 이것이 곧 그동안 복지수단들이 전혀 없었다는 것을 의미하지는 않는다. 오히려 이러한 복지국가의 공백을 대체하기 위한 다양한 복지수단들이 발달했다. 관대한 기업복지와 퇴직금, 가계저축 및 생명보험 가입을 장려하는 다양한 금융·세제상 혜택, 조세감면 등을 바탕으로 사람들은 사적인 방식으로 복지욕구를 해결해왔다. 그리고 이렇게 사회정책 이외의 다양한 정책수단이 효과적으로 활용되었기 때문에 비록 국가의 복지지출 수준은 매우 낮았지만 상대적으로 평등하고 안정된 사회를 유지할 수 있었다.

하지만 복지국가 부재에도 불구하고 사람들의 생활을 그럭저럭 지탱해주던 이러한 사적 보장체제가 곳곳에서 파열음을 내고 있다.

가정경제의 대표적인 안전망이라고 할 수 있는 가계저축은 외환위기 이후 급격히 하락한 반면, 이와 정반대로 가계부채는 급격히 증가하고 있다. 자산불평등도 점점 심화되고 있다. 소득계층별로 생명보험 등 보험소비의 양극화가 진행되고 있을 뿐만 아니라 자가소유율 격차 또한 벌어지고 있다. 더욱이 젊은 세대의 내 집 마련이 점점 힘들어지면서 주택문제가 저출산의 주요 요인 중 하나로 지적될 정도이다. 전통적인 가족주의까지 흔들리면서 그동안 한국 사회를 지탱해오던 사적 보장체제도 기능부전에 빠지게 되었다.

지금의 한국 사회는 기존의 사적 보장체제와 어떻게 단절하고, 어떤 방향으로 새로운 복지체제를 구축할 것인가가 중요한 당면과제이다. 기존의 사적 보장체제가 곳곳에서 파열음을 내기 시작하면서 저부담-저복지 체제에서 탈피하려는 다양한 노력이 있었다. 지난 20년 동안 복지지출도 지속적으로 증가했고, 기초연금, 아동수당, 무상보육 도입 등 제도적 측면에서 질적인 발전도 있었다. 그럼에도 이러한 복지체제 전환 과정은 지지부진하다. 복지확대에 대한 사회적 공감대는 있지만 누가 얼마나 비용을 부담할 것인가에 대한 사회적 합의는 부재하다. 또한 복지지출은 증가하고 있지만 주거비나 교육비 부담은 완화되지 않는 반면, 원리금 상환 부담은 증가하는 등 살림살이가 팍팍해지고 있다. 복지혜택에 대한 체감도도 개선되지 않고 있다.

이런 맥락에서 이 장에서는 한국 사회가 그동안 어떻게 사적 보장체제를 형성·발전시켜왔는지 살펴보고, 이러한 사적 보장체제가 초래하고 있는 문제는 무엇이며, 새로운 복지체제를 구축하기 위해서 선결되어야 할 과제는 무엇인지 살펴본다. 사적 보장체제를 뒷받침해온 핵심적인 복지대체수단으로는 재정복지와 자산기반복지를 중심으로 논의를 전개할 것이다. 기존 연구들은 복지대체수단으로 보통 기업복지나 퇴직금, 생명보험 등에 주목했다. 반면 이 글은 그동안 많이 논의되지 않았던 재정복지와 자산기반복지라는 측면에서 사적 보장체제의 문제점들을 살펴본다.

이 글은 재정복지와 자산기반복지가 저부담-저복지 체제를 재생산해온 핵심적인 요인임을 살펴보고, 낮은 조세부담과 사적 자산에 대한 의존성이 결과적으로는 고비용사회를 초래하고 자산불평등을 심화시키고 있음을 지적할 것이다. 그리고 저부담-저복지 체제에서 중부담-중복지 혹은 고부담-고복지 체제로 전환하기 위해서는 무엇보다도 재정복지와 자산기반복지에 대한 의존성에서 탈피하는 것이 중요하며, 이를 위한 정책적 대안들을 고민해야 한다는 점을 강조할 것이다. 결론적으로 이 글은 앞으로 새로운 복지체제로 전환하는 과정은 증세에 대한 사회적 합의와 함께 '부동산 인질사회'에서 벗어나는 것과 불가분의 관계에 놓여 있음을 지적하고자 한다.

2. 재정복지와 자산기반복지

1) 재정복지

재정복지란 티트머스가 제기한 개념으로 사회복지, 기업복지와 함께 복지분업구조(social division of welfare)를 구성하는 핵심 요소 중의 하나이다. 부양가족 등을 고려하여 소득세 납세자에게 세금감면 혜택을 제공하는 것이 재정복지라고 할 수 있다. 누진적 소득세 체계하에서 부양가족 등을 고려하여 세금을 감면해주는 것이 실제로 가족수당과 같은 현금수당을 지급하는 것과 동일한 효과를 갖기 때문에 재정복지로 불린다.[1]

한국에서는 매년 연말정산 등을 통해 세금감면 혜택을 받는 것이 재정복지의 대표적인 형태라고 할 수 있다. 뒤에서 보다 자세히 살펴보겠지만 우리는 산업화 시기부터 이미 근로소득공제나 인적공제 (기초공제, 배우자공제, 부양가족공제) 등을 소득보전수단으로 매우 폭넓게 사용해왔다. 각종 공제제도를 활용한 세금감면 효과가 매우 관대해서 소득세 납세자가 전체 납세의무자의 절반에도 미치지 못하는 경우도 왕왕 있었다.[2]

하지만 재정복지가 이렇게 관대하게 활용되어왔음에도 불구하고 재정복지는 조세지출 개념과 혼동되어 한국 복지국가 연구에서는 큰 주목을 받지 못했다.[3] 조세지출은 각종 세금혜택으로 인한 세수의 손실을 파악하기 위해 도입된 개념으로 '특정한 조세체계를 지표 또는 규준으로 하고 조세체계가 이 규준으로부터 벗어나는 부분'을 말한다.[4] 대체로 미국이나 영국 등 자유주의 복지국가에서 조세지출 규모가 크게 나타나며, 공적인 사회지출과 조세지출을 함께 고려할 경우 자유주의 유형의 복지국가도 유럽 복지국가 못지않게 복지에 많은 돈을 쓰는 것으로 나타났다. 미국의 경우 사회복지 목적의 조세지출 규모는 공적 사회지출 규모의 절반 정도에 달하는 것으로 추정된다.[5] 이러한 이유로 OECD도 국가 간 복지지출을 비교할 때 조세지출을 사회지출의 중요한 요소로 간주한다.[6]

여기서 주의할 것은 조세지출의 포괄범위와 재정복지의 포괄범위가 일부 중복되긴 하지만 같지는 않다는 점이다. 조세지출과 재정복지 간의 중요한 차이점은 지원 대상의 특정성 여부이다. 만약 조세 혜택이 특정 집단, 특정 활동에만 국한된다면 이는 조세지출로 간주된다. 반면 재정복지란 사회정책적 목적으로 제공하는 세금혜택을 모두 포괄하는 것으로, 여기에서는 세제혜택의 특정성 여부는 중요한 고려사항이라고 할 수 없다. 따라서 부양가족공제나 배우자공제 같이 사회정책적 목적으로 세금감면이 이루어지더라도 특정 집단에만 적용되는 것이 아닌 이상 이것은 조세지출로 파악되지 않는다.[7]*

한국의 관대한 소득세 감면 혜택이 국제적인 비교에서 두드러지게 나타나지 않는 이유는 조세지출과 재정복지 개념의 차이에서 비롯된다. 한국의 소득세 감면 혜택은 특정 집단이나 특정 활동에 표적화된 혜택이 아니다. 소득세 감면 혜택의 대표적인 형태인 근로소득공제는 근로소득자 모두에게 적용되며, 인적공제는 근로소득자뿐만 아니라 개인사업자에게까지 모두 적용된다. 그러므로 특정 집단이나 특정 활동에 표적화된 세금감면 혜택을 제공하는 미국과 달리 한국의 경우에는 조세지출로 소득세 감면 혜택을 파악할 경우 그 규모가 작을 수밖에 없다.[8] 하지만 이는 조세지출과 재정복지의 간의 개념적 차이뿐만 아니라 한국 조세제도의 특수성을 간과한 것에 불과하다.

이 장에서는 재정복지라는 차원에서 그동안 조세정책이 어떻게 소득보전수단으로 활용되어왔는지 살펴볼 것이다. 다음에서 자세히

---

* 조세지출과 재정복지의 또 다른 차이점은 조세지출은 사회복지 목적의 세금혜택으로 국한되지 않는다는 점이다. 정의상 사회복지 목적이건 산업지원 목적이건 특정 집단 혹은 특정 활동에 세금혜택이 돌아갈 경우 이것은 모두 조세지출로 파악된다. 반면 재정복지는 사회정책적 목적의 조세 혜택으로 한정된다. 이런 이유로 복지국가 논의에서 조세지출은 사회정책적 목적의 조세지출로만 한정된다.

다루겠지만 재정복지라는 측면에서 보면 한국은 소득세 감면을 중요한 복지대체수단으로 적극 활용한 경우라고 할 수 있으며, 이런 점에서 재정복지는 저부담-저복지 체제를 뒷받침해온 매우 핵심적인 복지대체수단이라고 할 수 있다.

2) 자산기반복지

한국 사회에서 가계자산이 복지대체수단으로서 맡아왔던 역할은 매우 크다. 공적 사회보장제도의 역할이 충분하지 않은 상황에서 가계저축은 주택 마련이나 결혼, 자녀교육 등의 기본적인 복지욕구뿐만 아니라 만일의 사고나 소득상실의 위험에 대처하는 거의 유일한 수단이었다. 이와 함께 내 집 마련은 주거불안을 해소하면서 동시에 가계의 자산형성을 도움으로써 노후대책 등 소득상실의 위험에 대비하는 수단으로서 중요한 역할을 담당했다. 이렇듯 자산을 복지욕구 충족을 위해 활용한다는 점에서 자산기반복지는 그동안 공적 사회보장제도의 공백을 메우는 매우 핵심적인 수단이었다고 할 수 있다.[9]

하지만 복지대체수단으로서 가계자산의 중요성이 매우 컸음에도 불구하고 자산기반복지는 그동안 별다른 주목을 받지 못했다. 민간복지의 대표적인 형태로서 생명보험이나 민간연금에 대한 관심은 컸지만, 이러한 관심이 가계저축 일반이나 부동산에 대한 관심으로 확장되지는 않았다. 하지만 민간연금이나 생명보험 등까지 아우르는 개념인 가계저축은 에스핑-안데르센도 지적하듯이 생애주기 위험에 대처하는 중요한 수단이다.[10]

주택자산도 마찬가지다. 소득보장의 측면에서, 자기 집을 소유하고 있을 경우 임대료와 같은 주거비가 들지 않기 때문에 결과적으로 필요생계비를 낮추는 효과가 있다. 노년기에는 불가피하게 현금소득이 줄어들게 되는데, 자기 집을 소유한 경우에는 임대비 절약을 통해 소득수준의 하락을 상쇄할 수 있다. 또한 주택은 자산유동화를 통한 현금소득 창출도 가능하다. 최근 역모기지제도 혹은 주택연금제도가 도입됨에 따라 주택을 매각하지 않고도 현금화할 수 있는 방법이 개발됨에 따라 주택의 소득보장 기능은 더욱 커지게 되었다.[11]

이러한 점을 고려할 때 가계자산은 가계저축의 형태이든 주택자산의 형태이든 한국 사람들에게 매우 중요한 개별적인 안전망 역할을 해왔다고 할 수 있다. 비록 가계자산과 복지의 관계가 모호하기 때문에 그동안 큰 주목을 받지 못했지만, 경제성장기에 가계저축률이 매우 높았고, 부동산에 대한 집착이 상당히 강하다는 점을 고려하면 가계자산을 자산기반복지라는 관점에서 복지국가의 공백을 메우는 대표적인 복지대체수단으로 검토할 필요가 있다.

3. 사적 보장체제의 형성 과정

1) 재정복지와 저부담-저복지 체제의 형성

일반적으로 서구 복지국가의 발전은 실업, 질병, 고령 등에 대응한 사회보장제도의 발전과 궤적을 같이한다. 반면 한국과 같은 후발국가의 경우는 빠른 경제성장으로 인해 실업의 위험이 낮았고, 젊은 인구로 인해 고령에 따른 노후소득보장 필요성도 상대적으로 낮았던 것이 사실이다. 이런 맥락에서 산업화 시기 한국 복지제도가 실업이나 연금보다 교육이나 의료 중심으로 발전한 것은 어찌 보면 당연한 결과라고 할 수 있다.

하지만 후발국가의 급속한 산업화는 서구와는 상이한 사회적 위험을 초래하는 것도 사실이다. 무엇보다도 저임금체제에서 경제성장에 따른 인플레이션은 실질임금 하락의 위험을 초래하고, 급속한 도시화는 심각한 주거문제를 초래할 가능성이 높다. 이러한 문제에 대처하는 방식은 나라마다 다양하지만, 한국의 경우 산업화 시기 실질임금 하락에 대응하는 주된 방식은 소득세 감면이었다. 1970년대 초반 오일쇼크 직후 대폭적인 소득세 감면 조치가 취해진 것이 대표적이다. 오일쇼크와 급격한 물가인상에 대응해 유신정부는 인적공제와 함께 근로소득공제, 특별공제 등을 통해 소득세 부담을 낮추는 방식으로 생계비를 보장하고자 했다.[12]

산업화 시기 소득세 감면 논의 과정을 보면 각종 공제 혜택을 통한 생계비 보장과 생활안정이 국가복지의 공백을 메우는 매우 중요한 정책수단이었음을 알 수 있다. 다음은 1970년대 국회 재무위원회 회의록을 통해 소득세 감면을 둘러싼 야당 의원들의 주장을 발췌한 것이다.*

"적어도 이 기초공제액을 결정하려면 정부가 적어도 국민들의 생계비는 보장해주는 그런 기초공제액으로 결정해야 된다는 것 하나 또 하나

---

* 여기서 인용하고 있는 회의록 내용은 다음 글에 인용된 내용을 재인용한 것이다. 김도균, 2018a, 『한국 복지자본주의의 역사: 자산기반복지의 형성과 변화』, 서울대학교출판문화원.

는 사회보장제도가 한국에는 잘 안 되고 있는 실정, 또 이것이 앞으로도 확충될 가망이 없는 실정 아래에서는 최소한도 의료비공제만은 당연히 있어야 된다."(1974년 제90회 재무위원회 회의록 12호, 신민당 의원 발언, pp.20-22)

"5인 가족 평균가계비가 교육비 의료비 다 합쳐서 10만 원이 안 된다고 하면 이것은 거짓말이에요 … 세금을 많이 물리는 나라에 있어서는 사회보장제도가 완비되어 있어요. 그러나 한국 사회보장제도는 너무나 형편없습니다. … 이러한 실정하에서 각자가 아플 때에는 다 책임을 져야 하고 각자가 교육을 다 맡아야 되는 이러한 실정하에서 이 10만 원을 너무 많다 이렇게 애기하는 것은 너무나 어불성설이다."(1975년 제94회 재무위원회 회의록 8호, 신민당 의원 발언, pp.84-85)

"오히려 사회복지예산은 명년에 가서 줄어! 물가는 올라가! 기초공제액은 그대로 있어! 생계비는 늘어! 이러한 상태에 놓여 있는 것이 이 나라의 대부분의 공무원 회사원 서민들이라는 것을 잘 아실 것이에요."(1975년 제94회 재무위원회 회의록 9호, 신민당 의원 발언, pp.13)

이러한 내용들은 당시 유신권위주의하에서 정치 과정이 극도로 위축된 상황에서도 소득세 감면이 사회정책적 측면에서 얼마나 중요한 사안이었는지를 잘 보여준다. 유신체제라고 해도 국가복지가 부재한 상황에서 조세정책이 최소한도의 소득보전수단으로 활용되지 않고서는 사회안정이 유지되기 어려웠을 것임을 짐작할 수 있다.

그런데 이렇게 1970년대에 복지국가의 공백을 메우기 위해 제도화되기 시작한 소득세 감면제도들이 지금까지도 지속되고 있다는 점에서 그 중요성이 매우 크다. 1974년 대폭적으로 소득세 감면 조치가 시행된 이후 소득세 감면은 1970년대는 물론 민주화와 세계화를 거치면서 지금까지도 중요한 소득보전수단으로 활용되고 있다. 요즘도 1년에 한 번씩 하는 연말정산이 중요한 이슈가 되고 있다는 점이 이러한 중요성을 단적으로 보여준다.

민주화 이행기에 이러한 경로와 단절할 수 있는 계기가 있었다. 1980년대 초반 반인플레이션 정책과 노동자 대투쟁 이후 실질임금이 상승하게 되면서 1970년대식의 소득세 감면정책의 중요성은 줄어들었다. 게다가 민주화를 계기로 복지와 분배에 대한 요구가 사회적으로 증가했기 때문에 복지확대를 위한 증세의 필요성이 제기되었다. 그러므로 당시 저부담-저복지체제에서 중부담-중복지 혹은 고부담-고복지체제로 전환하는 것에 대한 사회적 합의만 있었다면 1970년대식의 소득세 감면을 통한 소득보전이 아니라 증세를 통한 소득보장으로의 전환이 가능했을 것이다.

하지만 한국 사회는 민주화와 노동자 대투쟁 이후 고부담 조세체제로의 전환에 실패했다. 무엇보다도 조세부담의 형평성 문제가 부각되면서 증세에 대한 사회적 합의를 형성하는 데 실패했다. 급속한 산업화를 추진하는 과정에서 각종 특혜를 받은 재벌 대기업들과 자본소득에 대한 비과세혜택을 받은 부유층에 대한 과세가 먼저라는 견해가 지배적이었다. 이를 위해서는 금융실명제와 금융소득종합과세와 같은 제도개혁이 선결되어야 했다. 하지만 1980년대 후반 금융실명제 실시가 무기한 연기되면서 증세를 위한 사회적 합의는 사실상 불가능해졌다.[13]

결과적으로 실질임금의 상승에도 불구하고 저임금체제에서 소득보전수단으로 활용되었던 소득세 감면정책은 지속되었다. 오히려 조세형평성 차원에서 근로소득 소득공제 외에 근로소득 세액공제 같은 혜택이 추가되는 등 대규모 소득세 감면이 추진되었다. 결국 한국 사회는 민주화라는 중요한 계기에도 불구하고 저임금체제에서는 벗어나게 되었지만, 저부담 조세체제에서 벗어나는 데는 실패하고 말았다. 증세에 대한 사회적 합의 실패로 인해 복지국가 발전에도 제약이 발생했음은 물론이다.

소득공제를 통한 재정복지는 근로자의 소득을 보장하는 여러 수단 중 하나일 뿐 유일한 수단은 아니다. 그러므로 근로자의 생계비나 필요경비 등이 상승하더라도 이를 국가가 소득세 경감 조치가 아니라 공적이전지출을 통해 보장해줄 수도 있다. 실제로 서구 복지국가들은 근로자들의 소득보장을 위해 저소득층을 과세 대상에서 배제하는 대신 적극적인 소득보장정책을 통해 생계비를 지원해왔다. 북유럽의 보편주의적 복지국가의 경우에는 관대한 사회보장제도가 존재하는 반면, 조세부담 수준이 매우 높고, 인적공제 등 사회정책적 성격의 소득공제 혜택 또한 거의 없는데,[14] 이것은 소득공제, 즉 재정복지와 공적 소득보장이 대체관계에 놓여 있음을 잘 보여준다.*

반면, 한국의 경우는 산업화 이후 줄곧 근로자의 복지 향상과 생계비 보장, 그리고 국민생활의 안정이라는 명목으로 소득공제 수준을 대폭 증가시켜왔다. 한국 사회가 이러한 경로를 형성하게 된 일

---

* 북유럽 복지국가의 경우 거의 대부분의 소득계층이 조세부담을 진다는 것은 잘 알려져 있는 사실이다(Steinmo, 2010).

차적인 이유는 국가가 복지지출을 극도로 억제하면서 가용자원을 모두 산업화를 위해 투자했기 때문이다. 그리고 복지국가의 공백이 심각한 상황에서 정책 당국은 소득세 감면을 소득보전을 위한 수단으로 활용하지 않을 수 없었다. 비록 민주화를 계기로 이러한 경로에서 단절할 수 있는 기회가 있었지만 조세형평성 문제와 증세에 대한 합의 실패로 인해 소득세 감면을 통해 재정복지가 공적인 소득보장을 대체하는 방식으로 저부담-저복지 체제가 재생산되어왔다고 할 수 있다.

2) 저축장려와 자산기반복지의 경로 형성

그렇다면 사적 자산을 통해 각종 사회적 위험에 대응하는 자산기반복지 전략은 어떻게 형성되었을까? 보통 공적 복지가 미흡했던 점이 한국 사회에서 민간복지에 대한 의존성이 강한 이유라고 인식되곤 한다. 물론 어느 정도 타당한 지적이긴 하다. 하지만 이 글에서 강조하고자 하는 바는 민간복지, 그리고 더 일반적으로 자산기반복지의 성장은 복지국가 부재에 따른 자연스런 결과라기보다는 국가가 산업화 과정에서 저축동원을 위해 다양한 저축장려정책을 추진한 결과였다는 점이다.

한국 사회는 1960년대까지만 하더라도 가계저축률이 매우 낮아서 자본형성에 심각한 문제를 보였다. '빈곤의 악순환'이 말하듯이 후발국가가 산업화를 추진할 때 가장 핵심적인 난관은 낮은 저축률과 자본부족 문제를 어떻게 해결할 것인가이다. 더구나 한국은 산업화 초기에 매우 심각한 자본부족 문제에 직면해 있었다. 그러므로 국가는 경제개발5개년계획 수립을 통해 경제성장 목표치를 제시하는 것과 함께 이에 필요한 자본조달 목표를 함께 제시했고, 이러한 목표를 달성하기 위해 다양한 저축캠페인과 저축장려 조치들이 도입되었다.[15]

국가는 저축률을 끌어올리기 위해 국민의 일상생활과 가정경제에 개입해 들어가기 시작했는데, 그 방식은 대체로 저축장려운동, 저축계몽 및 저축교육의 강화와 같은 캠페인 방식이었다. 한국의 높은 가계저축률을 유교적 전통이나 문화적 요인으로 설명하려는 경향이 있는데, 이는 사실과 다른 측면이 많다. 1960년대만 해도 저축률은 마이너스에 머물 정도로 극도로 낮았는데, 그 주된 요인 중 하나로 관·혼·상·제와 같은 전통적인 의례로 인한 낭비가 지목되었다. 따라서 국가는 다양한 캠페인과 계몽활동을 통해 가정경제의 모범적인 상을 제시하고, 근대적인 가정학 지식에 기초하여 의식주를 합리화하고 생활을 과학화하는 등 저축증대를 위해 생활개선을 강조했다. 「가정의례준칙」을 만들어 이를 따르도록 한 것이 대표적인 사례이다.

하지만 이러한 노력들에도 불구하고 가계저축률은 빠르게 증가하지 않았다. 그 주된 이유는 경제성장과 투자촉진을 위해 정책당국이 저금리정책을 유지해왔기 때문이다. 자발성에 근거한 민간저축은 실질금리가 보장되지 않을 경우 사실상 저축증대를 기대하기 어렵다. 그런데 국가가 금융통제를 통해 산업화를 추진하는 상황에서는 실질금리를 보장하기 매우 어려웠다. 실질적인 고금리 보장은 민간의 유휴자금을 금융저축으로 끌어들이는 데 매우 유리하지만, 기업의 투자 마인드를 저하시킨다. 그러므로 기업투자를 촉진하기 위해서는 오히려 의도적으로 저금리 수준을 유지할 필요가 있다. 정책

당국이 저축장려를 통해 내자를 조달하려는 과정에서 직면했던 기본적인 딜레마가 바로 이러한 고금리정책과 저금리정책 간의 모순이었다.[16]

이러한 금리정책의 딜레마를 해소하기 위해 정책당국이 채택한 것이 저축에 다양한 보조금이나 세제혜택을 주어 가계저축을 유도하는 것이었다. 이 가운데 특기할 만한 것은 1970년대 중반에 도입된 '근로자 재산형성저축제도(이하 재형저축)'이다. 유신체제가 성립한 후 가계저축 증대를 통한 내자동원은 중화학공업화의 핵심 과제가 되었지만 가계저축은 기대만큼 자본조달의 역할을 하지 못했다. 결국 정책당국은 재형저축과 같은 보조금 형태의 저축촉진책을 추진하게 되었다. 재형저축은 아시아에서는 일본에 이어 두 번째로 도입되었을 정도로 매우 빨리 도입되었을 뿐만 아니라 저축장려를 위한 구체적인 인센티브를 제공했다는 점에서도 기존 저축장려 조치들과는 차별적이었다.[17]

또한 사채시장에 모여 있는 자금을 제도권 금융으로 끌어들이기 위해 제2금융권을 육성하기 시작했다. 국가는 제2금융권 육성을 위해 금융통제를 완화하고 금리 결정에 어느 정도 자율성을 부여해서 자금이 유입될 수 있도록 했다. 또한 재벌 대기업들의 참여를 허용하여 대기업들이 제2금융권을 통해 자금을 조달할 수 있는 통로를 일정 정도 보장해주었다. 생명보험회사가 성장하기 시작한 것은 국가의 제2금융권 육성정책과 밀접한 관련이 있다.

이렇듯 국가가 산업화를 추진하는 과정에서 자본동원을 위해 가계저축을 장려하고 제2금융권을 육성하기 시작하면서 1970년대부터 가계저축률도 점진적으로 증가하기 시작했다. 그리고 1980년대

3저호황과 실질임금 상승을 거치면서 한국의 가계저축률은 세계 최고 수준에 달할 정도로 빠르게 증가했다. 이러한 점에서 한국 사회에서 자산기반복지는 국가주도 산업화 과정에서 자본동원의 필요를 충족시키기 위한 국가의 정책적 목적과 가계가 최소한의 안전장치로서 가계저축에 의존할 수밖에 없었던 상황이 맞물려서 형성된 것이라고 할 수 있다.

3) 주거불안과 부동산 의존성 심화

마지막으로 가계자산 중에서도 금융자산이 아니라 부동산 자산에 대한 의존성이 증가하게 된 이유를 살펴보도록 하겠다. 한국 사회가 '부동산 인질사회'[18]가 된 이유도 따지고 보면 복지국가의 부재와 밀접한 관련이 있다. 국가가 복지지출을 극도로 억제했을 뿐만 아니라 주거문제를 해결할 의지도 없는 상황에서 부동산은 주거문제 해결이라는 일차적 목적과 함께 가족주의를 지탱하는 물적 토대이자 최후의 안전망으로서 작동해왔다.

산업화 시기에 정부는 복지는 최소화하는 대신 산업자금 조달을 위해 저축을 장려했다. 모든 가용한 자원이 산업 부문에 할당되었기 때문에 복지지출이 억제된 것은 물론이고, 은행예금까지 모두 산업화를 위해 동원되었다. 반면 주택 부족이 심각했음에도 불구하고 주택 공급에 필요한 자본 공급은 매우 부족했다. 주택 마련을 위한 가계대출이 불가능했음은 말할 필요도 없다. 그러므로 가계의 입장에서는 어떻게든 저축해서 집부터 장만하는 것이 필수였다.

그런데 도시화는 급격히 진행되는 데 비해 주택 공급이 부족했기 때문에 집값이 천정부지로 치솟기 시작했고, 여기에 더해 1970년대 강남 개발과 아파트 건축이 본격화하면서 부동산을 통한 자산 형성에 대한 학습효과가 나타나기 시작했다. 어차피 국가가 사회안전망을 제공하지도 않고 주거문제를 해결할 의지도 없는 현실에서 부동산을 활용해 각자도생하는 것이 규범처럼 자리 잡기 시작한 것이다. 일단 열심히 저축해서 종잣돈을 마련하고, 아파트를 분양받아 집 한 채 장만하고, 집을 늘려나가고, 가능하면 다주택자가 되는 것이 중산층 전략으로 고착되기 시작한 것이다. 국가 또한 가계저축을 장려하는 데에는 적극적이었기 때문에 재산 형성을 촉진함으로써 경제성장의 과실을 향유케 하는 독특한 재분배 메커니즘이 구축될 수 있었다.

민주화는 재산 형성에 집착하는 경향을 전환하기보다는 오히려 이를 확산시키는 데 일조했다. 민주화 이행기에 주택문제는 가장 뜨거운 분배 이슈였다. 당시는 베이비부머들이 본격적으로 사회에 진출하면서 가정을 꾸릴 나이였기 때문에 주택 부족은 심각한 사회문제였다. 하지만 민주화 이행에서 살아남은 권위주의 세력의 해결책은 복지국가, 즉 주거복지를 통한 주거불안 해소가 아니라 내 집 마련 지원을 통한 중산층 육성 전략이었다. 주택 200만 호 건설이 대표적인 예라고 할 수 있다. 더구나 증세에 대한 사회적 합의가 부재한 상황에서 주거복지확대를 통해 주거불안을 해소한다는 것 자체가 실행하기 어려운 선택지이기도 했다. 결국 민주화와 격렬한 분배 갈등에도 불구하고, 국가가 사회안전망을 제공하는 복지국가 전략 대신 부동산 의존적인 사회구조가 더욱 확대 재생산되는 결과가 초래되고 말았다.

4. 역기능에 빠진 사적 보장체제

앞에서 언급한 것처럼 한국 사회는 외환위기 이전까지만 해도 공적 복지지출이 매우 낮았음에도 불구하고 상대적으로 평등하고 안정된 사회를 유지해왔다. 하지만 외환위기 이후에는 상황이 완전히 바뀌었다. 가계저축은 급격히 축소된 반면 가계부채가 급격히 증가하기 시작했고, 자산불평등도 심화되었다. 민간보험 소비의 양극화나 내 집 마련의 양극화가 단적인 예라고 할 수 있다. 그 결과 일반 가계들이 시장복지를 구입하기 위해, 그리고 교육과 주거문제 해결을 위해 막대한 지출을 함에도 불구하고, 한국 사회는 점점 더 불평등한 사회로 전환되었다. 그동안 사적 보장체제가 일정 정도 삶의 안전망으로 기능하고, 중산층으로서의 정체성을 형성하는 데 중요한 기여를 했지만, 자산불평등이 심화되고 가계부채가 증가하면서 사적 보장체제의 기능도 한계에 다다른 것으로 보인다. 이런 맥락에서 이 절에서는 민간보험 소비나 내 집 마련의 양극화 문제와 가계부채 문제를 짚어봄으로써 예전에 순기능을 하던 복지대체수단들이 어떻게 역기능을 하게 되었는지 살펴보고자 한다.

1) 민간보험 소비의 양극화

한국 사회는 그동안 공적 복지가 미흡한 상황에서 민간보험이나 개인연금 등 민간복지수단이 중요한 역할을 했다.[19] 하지만 민간복지는 가계의 경제적 능력에 따라 가입여부가 좌우되기 때문에 소득불평등 심화는 민간복지 소비의 양극화로 귀결될 가능성이 높다.

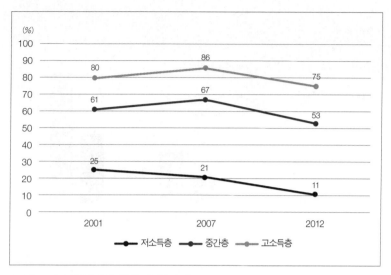

| 그림 7-1 | 소득계층별 생명보험 가입률 추이

〈그림 7-1〉은 소득계층별로 생명보험 가입률 추이를 살펴본 것이다. 전반적으로 생명보험 가입률이 2000년대 중반까지 증가하다가 하락하는 것을 알 수 있다. 하지만 소득계층별로 보면 저소득층의 생명보험 가입률이 더 빠르게 하락하고 있다. 2001년 시점에서 생명보험 가입률이 고소득층은 80%, 중간층은 61%, 저소득층은 25%에 달했는데, 2012년 시점에서는 고소득층은 75%, 중간층은 53%, 저소득층은 11%로 하락했다. 고소득층은 5%p, 중간층은 8%p 정도 하락한 데 반해, 저소득층은 14%p가 하락하여 소득계층별로 생명보험 가입률 하락 경향에 차이가 있음을 알 수 있다.[20]

생명보험 가입률뿐만 아니라 생명보험 납입액 규모에서도 소득계층별 차이는 뚜렷하다. 생명보험 납입액 규모가 고소득층은 2001년 256.5만 원에서 2012년 477.6만 원, 중간층은 2001년 110.5만 원에

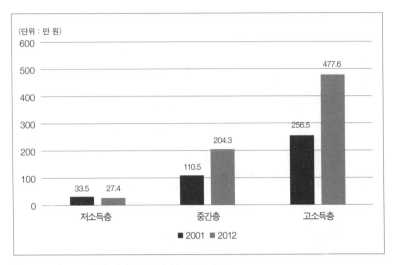

(단위 : 만 원)

| 그림 7-2 | 소득계층별 생명보험 납입액(연평균) 추이

서 2012년 204.3만 원으로 증가한 반면, 저소득층은 2001년 33.5만 원에서 2012년 27.4만 원으로 오히려 하락했다. 소득계층별로 생명보험 소비 여력에 뚜렷한 차이가 있으며, 이러한 경향은 2000년대 들어 점점 더 심화되고 있음을 알 수 있다.[21] 중하위 소득계층의 보험가입 여력이 약화되고 있어 저소득층의 경우 생명보험과 같은 민간복지 수단이 사실상 제 기능을 하지 못할 것으로 추측된다.

2) 내 집 마련의 양극화

한국 사회는 내 집 마련 규범이 강하게 작동해왔지만 다른 나라에 비교해봤을 때 자가보유율이 높은 편은 아니다. 독특한 전세제도로 인해 민간임대 부문이 상대적으로 큰 비중을 차지해왔다.[22] 하지만 최근 들어 연령계층과 소득계층별로 내 집 마련의 양극화가 더욱 심화되는 양상을 보이고 있다.

　부동산 시장의 고질적 문제로 지적되는 다주택자 문제를 연령계층별로 보면, 연령이 증가할수록 다주택자들이 증가해온 것을 알 수 있다. 〈그림 7-3〉을 보면 이러한 경향이 지난 10여 년 동안 더욱 강화되어왔음을 알 수 있다. 인구주택총조사 자료에서 타지주택 소유 가구 수는 2005년 179만 3,836가구에서 2015년 262만 2,226가구로 80만 가구 이상 증가했다. 이러한 타지주택 소유 가구에서 2주택이상 보유한 가구의 연령별 분포를 2005년과 2015년 시점에서 비교해보면, 그동안 50대 이상 연령층에서 다주택자가 빠르게 증가한 것을 알 수 있다. 60대 초반의 경우에는 다주택자 비율이 9.6%에서 12.7%로 2.1%p 증가했다. 이것은 은퇴를 앞둔 혹은 은퇴한 고령자들이 노후대비 목적으로 부동산을 활용하는 경향이 더욱 강화돼왔

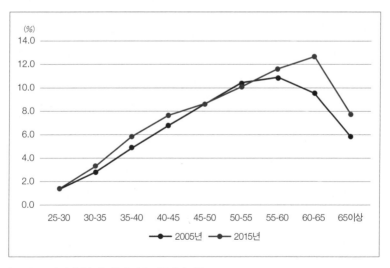

| 그림 7-3 | 연령계층별 2주택 이상 다주택자 비율

기 때문으로 보인다.*

하지만 중·고령층을 중심으로 한 다주택자의 증가는 반대로 젊은 세대의 내 집 마련이 점점 더 어려워지고 있음을 의미한다. 주택이 지속적으로 공급되어왔지만 이들 중 상당수를 기존 주택 소유자들이 추가로 구입함에 따라 무주택자의 주택 마련 기회는 줄어들 수밖에 없기 때문이다.

소득계층별로도 자가소유율 격차가 증가하고 있다. 주거실태조사 자료에 따르면, 2006년 이후 10년 동안 부침은 있지만 고소득층의 자가소유율은 2006년 67.0%에서 2017년 73.5%로 증가하고 중간층의 경우는 55.3%에서 60.2%로 증가한 반면, 저소득층의 자가

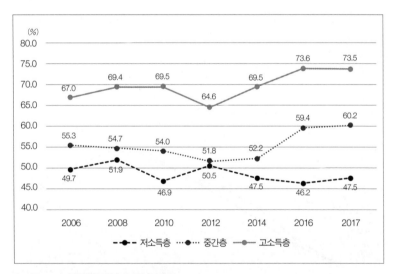

| 그림 7-4 | 소득계층별 자가소유율 변화

* 인구주택총조사에서는 '타지주택소유' 여부를 묻는 문항이 있다. 여기에는 2주택 이상 보유가구가 주로 포함되지만, 1주택 보유자이면서 다른 곳에 세들어 사는 경우도 포함된다. 그러므로 타지주택소유자가 모두 다주택자는 아니다.

소유율은 49.7%에서 47.5%로 오히려 하락했다. 그동안 주택 공급은 꾸준히 증가해왔지만 이러한 공급이 연령계층·소득계층별로 상이하게 분배됨으로써 자가소유율 격차도 더 벌어지고 있음을 알 수 있다.

3) 부동산 인질사회와 가계부채 증가

그렇다면 이러한 자산불평등 심화, 특히 내 집 마련의 양극화는 가정 경제 및 복지 태도에 어떤 영향을 미치는가? 〈그림 7-5〉는 연령계층별로 전체 가구 및 부채 보유 가구별로 원리금 상환 부담이 어떻게 차이가 나는지 비교해서 보여주고 있다. 이자를 제외한 원금 상환분은 결국 자산으로 축적되는 것이긴 하지만 일종의 강제저축처럼 기능하기 때문에 가구의 소비 여력 및 납세 여력을 위축시키는 효과가 있다. 가구소득 대비 원리금 상환액 비중이 30~40대에서 가

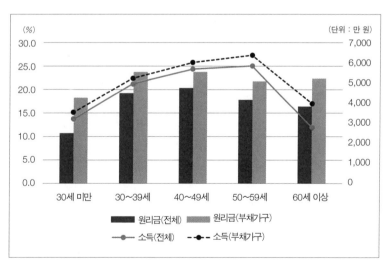

| 그림 7-5 | 연령계층별 부채 유무에 따른 원리금 상환 부담(2012~2017년 평균)

장 높은 것을 알 수 있다. 전체 가구를 기준으로 할 경우에는 가구소득 대비 원리금 상환액 비중이 30대 19%, 40대 20% 정도에 달하고 있으며, 부채 보유 가구만을 기준으로 볼 때는 30대와 40대 모두 가구 소득의 24% 정도를 원리금 상환에 쓰고 있음을 알 수 있다.

이번에는 연령계층별로 금융부채보유 여부 및 규모, 부채조달 목적을 살펴보도록 하자(〈표 7-1〉). 부채보유 여부의 경우 30세 미만에서는 45.2%에 머물고 있지만, 40대에 70.9%까지 증가하고, 50대부터는 하락하는 경향을 보인다. 평균 부채보유 액수는 30세 미만의 경우 3,289만 원에 머물고 있지만, 연령이 증가할수록 점차 증가하여 50대에는 9,427만 원까지 증가하는 것을 알 수 있다.

부채조달 목적을 보면 30세 미만의 경우 전월세 보증금과 교육비 명목으로 빚을 지는 비중이 높은 반면, 30대에서는 거주주택 마련과

| 표 7-1 | 가구주 연령별 금융부채 보유 및 부채조달 목적

(단위: %, 만 원)

연령	부채 보유	부채 평균	부채조달 목적						
			거주 주택	부동산*	전월세 보증금	부채 상환	사업 자금	생활비	교육비
30세 미만	45.2	3,289	18.0	2.6	30.8	2.1	1.5	16.4	15.4
30~40세 미만	68.6	6,841	39.7	5.8	20.2	2.6	8.1	21.3	2.6
40~50세 미만	70.9	8,530	40.2	9.5	10.0	4.4	17.9	25.8	4.1
50~60세 미만	64.2	9,427	32.5	10.2	6.5	4.3	20.7	23.0	8.6
60세 이상	33.7	7,839	25.2	8.8	6.2	4.5	23.0	20.1	2.7
총계	55.0	8,216	34.2	8.7	10.5	4.0	17.7	22.7	5.0

* 거주주택 이외 부동산 마련 관련 부채임.

전월세 보증금 마련 비중이 높고, 40대에서는 거주주택 마련과 거주주택 이외 부동산 투자, 그리고 사업자금 마련 목적의 부채조달 비중이 높아진다. 50대 이후로는 거주주택 마련 목적의 부채조달 비중은 하락하는 경향을 보이지만 거주주택 이외 부동산 구입이나 사업자금 조달 목적 비중은 증가하는 경향을 보인다. 30대와 40대의 경우 거주주택 마련을 위해 부채를 지고, 이에 따른 원리금 상환부담도 함께 증가하는 것을 알 수 있으며, 50대를 전후해서는 거주주택 이외 부동산 투자 등을 위해 부채를 지는 경우가 많은 것을 알 수 있다.

소득계층별 부채 유무에 따른 원리금 상환부담의 경우에는 격차가 훨씬 크게 나타난다(〈그림 7-6〉). 소득 1분위에 해당하는 부채보유 가구의 경우 원리금 상환부담은 40%에 육박하고, 소득2분위의 경우도 29%로 매우 높은 수준이다. 소득수준이 높아질수록 원리금 상환 부담 비중은 점차 줄어들지만 소득 3분위와 4분위의 경우에도

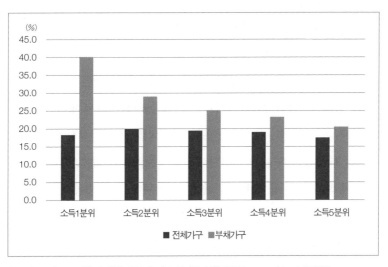

| 그림 7-6 | 소득계층별 부채 유무에 따른 원리금 상환 부담(2012~2017년 평균)

원리금 상환 부담 비중은 25% 정도에 달할 정도로 상당히 높은 편이다.

내 집 마련 규범이 강하고 노후에 부동산에 대한 의존성이 심한 한국 사회에서는 부동산 구입을 위해 빚을 지는 경우가 많고 그로 인해 원리금 상환 부담도 상당히 크다. 이로 인해 소득이 증가할수록 가계부채도 함께 증가하고, 증가된 소득이 부동산과 가계부채로 잠식되어 가계의 소비 여력이나 증세 여력 증가로 이어지지 못하고 있다.[23] 소득증가가 소비증가와 경제활성화로 이어지지도 못하고 있을 뿐만 아니라, 자산불평등이 심화되어 젊은 세대의 경제적 독립을 점점 더 어렵게 하고 있다.

주택 마련을 위한 가계부채 증가는 복지 및 조세 문제에도 부정적 영향을 끼칠 가능성이 높다. 주거체제와 복지국가에 관한 연구들은 자가소유 규범이 강한 사회에서는 국가의 소득보장이 최소 수준으로 머무는 경향이 있는 반면, 공공임대가 중심인 사회에서는 국가의 소득보장도 잘 발달하는 경향이 있다고 지적한다. 이유인즉, 자가소유 규범이 강하면 젊은 시절부터 내 집 마련에 많은 비용을 쏟아 부어야 하기 때문에 관대한 복지를 뒷받침할 만한 납세 여력이 안 되는 반면, 공공임대 비중이 높은 사회에서는 내 집 마련을 위한 부담이 상대적으로 적기 때문에 복지 증세를 위한 사회적 합의를 이끌어내기가 용이하다는 것이다. 또한 자가소유 사회에서는 일단 집을 소유하게 되면 주거비용을 줄일 수 있는 데다가 주택자산을 유동화해서 노후소득으로 활용할 여지도 있기 때문에 공적 복지에 대한 의존성이 줄어드는 반면, 임대 비중이 높은 사회에서는 노후에 기댈 수 있는 보유자산이 적기 때문에 공적 복지에 대한 의존성이 클 수밖에 없다는 것이다. 그래서 이들은 공공임대가 잘 발달되어 있는 스웨덴 같은 사회민주주의형 복지국가들에서는 관대하고 보편적인 복지가 발달한 반면, 자가소유 규범이 강한 미국 같은 자유주의형 복지국가들에서는 복지도 잔여적이고 최소한의 수준에 머무는 경향이 있다고 지적한다.[24]

이러한 가설에 비추어볼 때, 부동산 의존성의 심화는 저부담-고비용 체제 전환을 어렵게 하는 걸림돌이라고 할 수 있다. 내 집 마련이 일차적인 목표가 될 수밖에 없는 젊은 세대들은 빚을 져서라도 집을 구입해야 할 유인이 크다. 소득의 상당 비중을 부동산 혹은 가계부채에 저당잡힐 수밖에 없는 구조이기 때문에 소득이 증가하더라도 증세를 감당할 여력이 되기 어려울 것이다. 반면 이미 내 집 마련에 성공한 중·고령자들은 복지보다는 부동산에 대한 의존성이 증가하기 때문에 자본과세 강화 등에 강하게 반대하는 경향을 보일 것이다.

4) 공사혼합과 복지비용

한국 사회는 그동안 저부담-저복지 체제를 유지해왔지만 각 개개인이 사회적 위험을 개별적으로 대처해야 했기 때문에 결코 가계의 부담이 적었다고 하기 힘들다. 앞에서 살펴본 것처럼 내 집 마련을 위해 과도하게 원리금 상환 부담을 져야 하는 것이 대표적이다. 하지만 이외에도 민간보험이나 개인연금 구입 등을 위해 지출하는 비용도 상당히 큰 편이다.

〈그림 7-7〉은 OECD 국가들의 공적보험료와 사적보험료 부담을

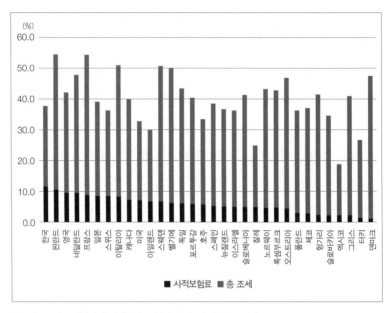

| 그림 7-7 | 조세부담과 사적보험료 부담 국가 간 비교(OECD)

비교한 것이다. GDP 대비 민간보험 납부액 규모가 한국이 11.8%로
가장 큰 것을 알 수 있다. 핀란드, 영국, 프랑스, 네덜란드, 일본 등이
그 뒤를 잇고 있다. 반면 한국의 GDP 대비 조세부담률은 총 32개국
중 다섯 번째로 낮은 수준이다. 한국의 경우 공적 보험료와 사적 보
험료 부담 규모가 국제적 기준으로 봤을 때 매우 대조적임을 알 수
있다. 한국에서 시민들의 공적 보험료 및 조세부담은 상대적으로 낮
은 편이지만 민간복지 구입을 위해 얼마나 많은 돈을 쓰고 있는지 잘
알 수 있다. 조세부담률과 사적보험료 부담 비중을 종합할 경우 한국
은 OECD 평균에 약간 못 미치는 수준이다. OECD 국가의 조세부
담률과 사적보험료 부담 평균은 40%인 반면, 우리의 경우는 37.8%
에 달한다. 공사혼합(public-private mix)이라는 측면에서 볼 때 한

국 사회는 평균 정도의 지출을 하고 있지만, 사회적 위험에 대응하기 위해 상당한 비중을 사적 보험료로 지출하고 있음을 알 수 있다.

에스핑-안데르센도 지적하듯이 공적 복지의 비중이 크건 작건, 그래서 복지국가를 유지하기 위한 비용이 크건 작건, 가정경제의 관점에서 보면 각각의 가구가 삶의 안전장치를 마련하기 위해 지출하는 공적 복지 비용과 민간복지 비용의 총합은 크게 다르지 않다. 복지국가의 역할이 매우 작은 미국의 경우는 일반적으로 조세부담이 작지만 대신 주거·교육뿐만 아니라 질병·사고, 노후준비까지 각자 알아서 해결해야 하기 때문에 결국 시장복지를 구입하기 위한 비용이 증가할 수밖에 없다. 반면 스웨덴의 경우는 대부분의 가구들이 상당한 규모의 조세부담을 지지만 대신 시장복지를 구입하기 위해 막대한 비용을 부담할 필요는 없다. 결국 복지국가를 유지하기 위해 부담해야 하는 조세규모나 시장복지를 구입하기 위해 지출해야 하는 비용이나 가정경제의 입장에서 보면 크게 차이가 나지 않는다. 복지의 민영화 혹은 시장화는 사회 전체적으로 복지 비용을 줄이는 것이 아니라 단지 복지 비용을 각 개개인에게 전가하는 효과만이 있을 뿐이다.[25]

한국은 민간복지를 중심으로 한 사적 보장체제를 유지해왔고, 이런 점에서 미국과 매우 유사한 특징을 공유한다. 물론 건강보험 등과 같이 구체적인 정책 영역에서는 미국과 한국은 상당히 다르다. 하지만 전체로서의 복지체제라는 관점에서 보면 한국은 미국처럼 세금이나 공적 보험료 부담은 작지만, 시장복지나 주거·교육 관련해서 지출하는 복지 관련 지출이 매우 높은 편이다.

하지만 동일한 비용을 지출하더라도 공적 복지를 통해 사회적 위험에 대응하는 것과 민간복지를 통해 사회적 위험에 대응하는 것은 그 효과가 매우 다르다. 공적 복지가 잘 갖추어져 있다면 민간복지를 구매할 여력이 없는 저소득계층도 보호를 받을 수 있다. 하지만 민간복지를 통해 각자 알아서 사회적 위험에 대응해야 하는 사회에서는 민간복지를 구매할 여력이 안 되는 저소득계층은 사회적 위험에 그대로 노출될 수밖에 없다. 사적 보장체제가 사회적 위험과 시장변동에 훨씬 취약할 수밖에 없는 구조임을 알 수 있다.

현재 한국 사회가 직면한 문제가 이와 관련된다. 한국 사회는 그동안 국가의 복지지출 규모가 작았음에도 불구하고 평등한 사회를 이룩한 국가로 주목을 받았다. 급속한 경제성장의 결과 상당수 사회구성원이 민간복지를 구매할 수 있는 능력이 향상되었기 때문이다. 하지만 성장률이 하락하고 실업이나 불안정고용 등이 증가하면서 민간복지를 구매할 여력 또한 급격히 하락하고 있다. 불평등과 빈곤 문제가 심각해지고 있는 상황은 이러한 문제를 잘 보여준다. 경제성장을 바탕으로 그동안 어느 정도 작동해오던 사적 보장체제가 경제상황이 악화되면서 더 이상 순기능을 하지 못하고 있는 것이다.

5. 복지체제 전환의 쟁점

복지체제의 전환이란 새로운 사회적 규범과 새로운 사회적 합의를 요구한다. 그러므로 복잡하게 얽히고설킨 실타래를 하나씩 풀어나가기 위해서는 중장기적 계획을 갖고 하나씩 풀어나가야 한다. 이 글은 지금까지 한국의 사적 보장체제가 어떻게 형성되어왔고, 무엇을 중심으로 작동해왔는지 살펴보았다. 이를 통해 우리가 도출할 수 있는 복지체제 전환의 쟁점은 두 가지이다. 첫째, 부동산 인질사회에서 벗어나는 것이 복지체제 전환의 중요한 전제조건 중 하나라는 사실이다. 둘째, 공적 복지 중심으로 복지체제를 전환하기 위해 요구되는 증세에 대한 합의를 이끌어내는 문제이다.

쟁점 1 부동산 인질사회에서 벗어나기*

한국 사회에서 부동산은 단지 욕망이나 투기의 문제로만 국한되지 않고 생존의 문제이기도 하다는 점에서 해결이 쉽지 않다. 부동산이 생존의 문제와 관련되기 때문에 부동산에 대한 집착이 더 클 수밖에 없고, 이로 인해 집을 가진 사람이나 그렇지 못한 사람이나 부동산 문제에서 자유로울 수 없다.

베이비부머 입장에서 한번 생각해보자. 이들이 현재 다주택자 문제나 집값 폭등의 중심에 있기 때문에 이들이 처한 상황을 이해하는 것은 현재 부동산 문제를 이해하는 데에도 도움이 될 것이다. 요점은 이들이 부동산을 활용하지 않고서 중산층 정도의 생활을 유지할 수 있는 방법이 마땅치 않다는 것이다. 이들은 한국 경제가 잘 나가던 시절에 안정적인 직장생활을 경험하기도 했지만, 외환위기 이후 정리해고와 명예퇴직, 일상화된 조기퇴직으로 50대 초반에 주된 일자리에서 쫓겨난 경우가 많다. 제2의 인생으로 시작하는 자영업은 생존확률이 극히 낮고, 국가의 소득보장 수준은 보잘 것 없는 데다, 자식들은 취업난에 허덕이는 경우가 많다. 이런 상황에서 부동산은 이들이 기댈 수 있는 거의 유일한 수단이다. 최근 서울 집값 중위수

---

* '쟁점 1'은 다음의 글에서 내용 일부를 발췌한 것이다. 김도균, 2018, "부동산과 복지국가 전략, 부동산 인질사회에서 벗어나는 법," 현안과정책 제242호.

가 8억 원을 넘어섰는데, 이를 소득으로 환산하면 한 달에 200만 원씩 33년을 생활할 수 있는 금액이다. 8억 원짜리 주택을 담보로 65세에 정액형 종신지급 방식 주택연금에 가입해서 받을 수 있는 돈이 한 달에 200만 원이다. 상황이 이렇다 보니 집 한 채 잘 장만하는 것만큼 성공적인 노후대책도 없는 것은 분명해 보인다. 어차피 집은 있어야 하는데, 잘만 하면 노후문제도 해결할 수 있고, 부동산 차익까지 기대할 수 있으니 이보다 더 매력적인 대안도 없는 것이 사실이다. 그러므로 정도의 차이는 있겠지만 기회가 되면 어떻게든 부동산에 투자하려는 경향이 나타나는 것도 무리는 아니다.

이번에는 아직 집 장만을 하지 못한 무주택자 입장에서 생각해보자. 주거는 기본적인 욕구이다. 내 집이든 아니든 살 집은 있어야 한다. 그런데 주거복지가 미흡하니 결국 내 집 마련이 중요할 수밖에 없다. 하지만 이미 집값이 오를 대로 오른 상태라 집을 사기도 어렵다. 집값이 떨어질 것 같으면 상투 잡는 격이 돼서 살 수가 없고, 집값이 오르기 시작하면 구매 여력이 안 되어서 살 수가 없다. 결국은 집값이 상승하는 국면에서 내 집 마련을 서두를 수밖에 없는데, 이 경우 십중팔구 자신의 구매능력을 훨씬 넘어서는 집을 사야 되니, 결국 빚을 질 수밖에 없고, 빚을 지고 내 집 마련을 하는 순간부터 이들도 집값이 오르길 바라는 처지가 된다.

이렇게 집 장만을 하기 전까지는 주거불안이 해소되지 않고, 집 장만을 하고 나면 집값 상승을 바랄 수밖에 없는 상황, 그리고 부동산을 활용하지 않고는 노후에 중산층 정도의 생활을 유지하기도 어려운 상황, 즉 부동산이 주거불안이나 노후불안 등 생존의 문제와 얽히고설켜 있는 것이 한국 사회가 부동산이라는 족쇄에서 벗어나기 힘든 이유라고 할 수 있다.

하지만 이로 인해 초래되는 문제는 자못 심각하다. 누군가가 부동산을 활용해 노후대비를 하려다 보니 누군가는 결혼과 출산을 포기해야 하는 상황이 초래되고 있기 때문이다. 그동안 자가소유율 증가의 상당 부분은 50~60대가 주도해왔다고 해도 과언이 아니다. 게다가 앞에서 살펴본 것처럼 이들은 다주택자의 상당수를 차지하고 있기도 하다. 반면 젊은 세대의 자가소유율은 과거에 비해 더 하락했다. 결국 주거복지도 미흡한 상황에서 내 집 마련까지 힘들어지면서 아예 결혼과 출산을 포기하는 상황까지 이르고 말았다.

한국 사회가 직면한 문제는 실로 다양하고 어느 하나 중요하지 않은 것이 없다. 노인빈곤 문제를 해결하기 위해서는 공적 소득보장을 강화해야 하고, 저출산 문제를 해결하기 위해서는 공보육 서비스와 아동수당 등을 확대해야 한다. 빈곤계층을 보호하기 위해서는 기초생활보장제도도 강화해야 한다. 청년문제를 해결하기 위해서는 일자리 정책부터 구직수당이나 청년수당 지급 등 다양한 정책이 요구된다.

하지만 이러한 다양한 정책리스트 중에서 굳이 우선순위를 꼽자면 주거문제 해결이 가장 중요한 정책 이슈가 아닐까 한다. 앞에서도 지적한 것처럼 한국 사회는 각자 알아서 주거불안을 해소해야 했고, 그 과정에서 부동산에 대한 의존성이 심화되어왔다. 그리고 이러한 주거불안은 여전히 해결되지 않은 채, 한국의 사적 보장체제를 재생산하는 중요한 요인으로 작용하고 있다. 더구나 내 집 마련 문제는 가계부채 증가를 통해 현재 국민들의 살림살이를 팍팍하게 만드는 핵심적인 요인이다. 그러므로 저부담-저복지-고비용사회에서 벗어나서 중부담-중복지(혹은 고부담-고복지) 체제로 전환하기 위해서는 주택문제 및 내 집 마련 규범은 반드시 극복해야 할 문제라고 할 수 있다.

그렇다면 부동산 인질사회에서 벗어나기 위해서는 어떤 시나리오가 가능할까? 결론부터 말하면 부동산 인질사회에서 벗어나기 위해서는 먼저 사람들에게 집을 안 사도 충분히 안정된 삶을 살 수 있다는 확신을 심어줄 수 있어야 한다. 대다수 한국 사람들은 집은 하나 있어야 한다고 생각하는 경향이 있는데, 집은 없어도 된다고 하는 사고의 전환이 부동산 인질사회에서 벗어나서 복지국가로 이행하는 첫 단추라고 할 수 있다.

이와 동시에 공적 복지확대를 통해 노후불안을 해소해야 할 것이다. 그동안 상당수 중산층들은 노후불안 문제를 부동산을 통해 해결하려고 했다. 그러므로 주거불안을 해소하는 대책만으로는 부족하고 노후불안을 해소하는 방안을 함께 제시해야 한다. 그동안 내 집 마련으로 해결하던 주거불안과 노후불안을 복지국가 확대를 통해 해결해야 한다.

쟁점 2 조세개혁 마스터플랜 짜기

부동산 인질사회에서 벗어나는 노력과 함께 조세개혁에 대한 마스터플랜을 짜야 한다. 앞으로 복지지출은 지속적으로, 그것도 매우 빠른 속도로 증가할 것이다. 그러므로 증세는 불가피하다. 일본의 경험이 이를 잘 보여준다. 물론 일본은 제때 제대로 대응하지 못해 국가부채가 기하급수적으로 증가하고 있다. 한국이 일본과 같은 상황이 되지 않으려면 향후 조세개혁에 대한 구체적인 마스터플랜을 마련하고 이에 대한 사회적 합의를 형성해나가는 것이 매우 중요하다.

하지만 증세만큼 사회적 합의를 이끌어내기 어려운 이슈도 없을 것이다. 국제적으로 보면 한국은 조세부담률이 매우 낮은 나라에 속하지만 국민들이 실제로 느끼는 체감도는 그렇지 않다. 객관적으로는 조세부담률이 낮지만 사람들이 조세부담이 과하다고 느끼는 데에는 다양한 이유가 있을 것이다. 낸 만큼 복지혜택을 받지 못하고 있다고 느끼기 때문일 수도 있고(복지체감도 문제), 내가 낸 세금이 제대로 쓰이고 있지 않다고 생각하기 때문일 수도 있으며(국가신뢰·투명성 문제), 고소득자들과 재벌들이 세금을 적게 내고 있다고 생각하기 때문일 수도 있고(조세형평성 문제), 납세 여력이 안 되기 때문일 수도 있다(납세 여력 문제). 아마도 이러한 문제들이 모두 해결되지 않고서 증세에 대한 합의를 이끌어내기는 쉽지 않을 것이다.

물론 이러한 문제들이 하루아침에 해결될 가능성은 낮다. 그러므로 증세를 어렵게 하는 이유들을 어떻게 풀어나갈 것인지에 대한 종합적인 계획을 마련해야 한다. 지금처럼 그때그때 상황에 따라 임기응변적으로 정책을 실행해서는 안 된다. 조세형평성이 문제라면 선(先)자본과세-후(後)노동과세라는 시간표를 마련해서 국민적 동의를 구할 것이다. 납세 여력이 문제라면 주거 관련, 교육 관련 고비용사회 구조를 해결하는 것이 우선이다. 복지체감도가 낮아 증세가 어려운 것이라면 선(先)복지확대-후(後)증세라는 전략을 고민할 필요가 있다.

한국 사회는 그동안 저부담-저복지 체제에서 안 내고 안 받는 방식의 사회적 규범이 강하게 작동해왔다. 그리고 이러한 저부담-저복지-고비용사회 구조는 서로 맞물려 있어서 복지국가로 이행하기 위해서는 어떤 과제가 우선적으로 해결되어야 하는지를 결정하기가 어렵다. 저복지문제를 먼저 해결해야 할까, 저부담 문제를 먼저 해결해야 할까, 고비용 사회구조를 먼저 뜯어고쳐야 할까?

이 글의 핵심 주장은 다음과 같다. 집을 안 사도 안정된 삶을 살 수 있다는 비전을 제시하는 한편 공적 복지를 강화하기 위해서는 복지증세가 필요하다는 사회적 합의를 이끌어내야 한다는 것이다. 이 것은 지금까지 내 집 마련을 위해 지출하던 비용의 상당 부분을─집 값 안정을 통해서건, 공공임대주택 확대를 통해서건, 민간임대료 안 정을 통해서건─절약해서 이를 복지국가 확대를 위한 재원으로 전 환해야 한다는 것을 의미한다. 이것이 부동산 인질사회에서 벗어나 서 '고부담-고복지' 복지국가 경로로 나아갈 수 있는 방식이다.

6. 한국형 복지국가 전략

한국 사회는 그동안 저부담-저복지 체제를 유지해왔지만, 그 결과 개별 가계가 알아서 사회적 위험에 대응하고 내 집 마련 등을 해결 해야 했기 때문에 결과적으로 가계의 복지부담은 상당히 클 수밖에 없었다. 저부담-저복지 체제는 부동산에 대한 의존성을 증가시켜왔 으며, 내 집 마련은 주거불안을 해소하는 동시에 다양한 사회적 위 험에 대처하는 수단으로 작동해왔다. 하지만 강한 내 집 마련 규범 과 부동산 가격 상승으로 가계부채가 급격히 증가하면서 소득이 증 가해도 이것이 부동산과 가계부채에 잠식되는 등 경제에 부정적 영 향을 미치고 있을 뿐만 아니라 가계의 증세 여력에도 부정적 영향을 미치고 있다. 젊은 세대의 내 집 마련은 점점 더 어려워지고 있으며, 중·고령자 세대는 빈약한 공적 복지를 대신해 부동산에 의존하고 있는 실정이다. 이로 인해 모든 세대에서 원리금 상환부담이나 민간 복지 구입을 위한 부담이 증가해왔다. 하지만 이마저도 최근에는 불평등이 심화되면서 사적 자산에 의존해왔던 보장체제가 제대로 기능하지 못하는 상황에 처하게 되었다.

그렇다면 이렇게 기능부전에 빠진 사적 보장체제에서 벗어나는 방법은 무엇일까? 무엇보다도 대다수 중산층 혹은 잠재적 중산층이 내 집 마련 부담에 갇혀 있는 한 저부담-저복지-고비용 사회에서 벗어나서 복지국가 확대로 나아가기는 쉽지 않을 것으로 보인다. 복지확대의 필요성에 대해서는 사회구성원 상당수가 동의함에도 불구하고 복지확대가 쉽지 않은 이유는 무엇보다도 복지 비용을 누가 부담할 것인가의 문제와 관련이 있다. 앞에서 살펴본 것처럼 여전히 내 집 마련 규범이 강하게 작동하고, 각 개별 가구가 알아서 사회적 위험에 대처해야 하는 상황이 바뀌지 않는 한 보편복지를 위한 재원 조달은 쉬워 보이지 않는다.

다시 한번 강조하지만 한국 사회에서 부동산 문제가 복지국가의 저발전과 밀접한 관련이 있다는 사실은 곧 부동산 문제 해결이 복지국가로 이행하는 첫 단추이면서 동시에 복지국가 전략이 부동산 문제를 푸는 출발점이기도 하다는 것을 의미한다. 저부담-저복지-고비용 사회에서 벗어나서 새로운 복지체제를 구축하기 위해서는 먼저 사람들에게 집을 안 사도 충분히 안정된 삶을 살 수 있다는 확신을 심어주어야 하고, 이를 뒷받침하는 복지국가 전략을 제시해야 한다. 그리고 집은 안 사도 되는 대신 공적 복지를 강화하기 위해서 복지증세가 필요하다는 사회적 합의를 이루어야 한다. 이것이 사적 보장체제에서 복지국가로 이행하기 위한 기본 전제조건이다.

8장

무엇을 할 것인가

정치·경제적 유산을 통해 본 한국 복지국가의 핵심 쟁점한 사회의 복지체제는 그 사회의 정치경제적 특성과 무관하게 형성될 수 없다는 것은 분명해 보인다. 지금까지 검토한 것처럼 경제·정치·복지체제의 유산은 서로 긴밀하게 연관되어 있으며, 마치 하나의 유기체처럼 어떤 한 영역에서의 변화가 다른 영역에서의 변화를 유발했다. 복지체제를 이러한 관점에서 보면 한국 복지체제를 개혁해 한국이 '보편적 복지국가'로 나아가는 길은 단순히 사회보험과 공공부조의 사각지대를 줄이기 위해 세금을 더 걷고 복지지출을 늘리는 문제로 접근해서는 안 된다. 한 사회의 정치경제의 성격과 무관한 분배체계로서 복지체제는 지속 가능하지도 않고, 바람직하지도 않기 때문이다. 결국 한국 사회에서 복지체제를 개혁하기 위해 필요한 접근 방식은 단순히 개별 제도를 개혁하는 문제가 아닌 개별 복지제도의 개혁의 총합이 어떤 복지체제를 구성하며, 그렇게 구성된 복지체제가 한국 사회의 정치경제적 성격과 조응하는지를 고민하는 것이다. 이러한 문제의식에 기초해 이 책에서는 개별 제도의 개선이라는 문제의식은 물론 복지체제 차원의 문제의식을 넘어 성공적으로 한국 복지체제의 개혁을 이루어내기 위해 어떤 정치·경제적 개혁이 수반되어야 하는지를 드러내고자 했다. 이러한 인식에 기초해 8장에서는 지금까지의 논의를 바탕으로 한국 사회가 보편적 복지국가로 나아가기 위해 풀어야 할 쟁점을 정리했다.

1. 하나의 총체로서 복지-정치-경제

지금까지의 논의에 기초하면 결국 한국 사회에서 복지체제의 개혁은 지금까지 한국 경제의 성장을 가능하게 했던 경제체제의 개혁과 이러한 경제체제의 안정성을 보장했던 정치체제의 개혁이 병행적으로 이루어질 때 가능하다는 것을 확인했다. 이미 서장에서 확인했지만, 〈그림 8-1〉에서 보는 것과 같이 경제체제, 정치체제, 복지체제는 하나의 유기체와 같아서 다른 영역에서의 개혁 없이 한 영역에서의 개혁만으로는 지속 가능한 개혁이 불가능하기 때문이다. 예를 들어 1987년 민주화 이후, 특히 1997년 외환위기 이후 집권한 김대중 정부가 추진한 사회보험 중심의 복지확대가 불안정 고용 상태에 있는 많은 시민을 공적 사회보장의 사각지대에 방치하는 결과를 가져온 이유는 1990년대 이후 한국의 산업구조가 재벌 대기업이 주도하는 수출 중심의 조립형 성장 전략과 밀접히 관련되어 있다(서장, 1장, 2장 참고). 공정 자동화에 의존한 성장 전략은 한국 자본주의의 재생산에 필요한 노동자가 재벌 대기업의 자동화 공정을 관리할 수 있는 소수의 노동자로 제한되었다는 것을 의미하며, 노동을 배제한 정

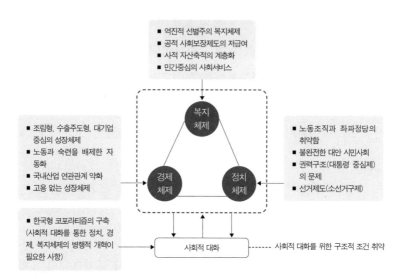

| 그림 8-1 | 사회적 대화를 통한 경제 · 정치 · 복지체제의 병행적 개혁

치체제는 필연적으로 조직노동이 단위 사업장에서 자신들의 경제적 이익을 최대화하려는 전투적 노동조합운동을 강화했다. 이렇게 형성된 노동조합은 결국 모든 계층의 사회적 임금을 높이는 복지국가 확대 전략보다는 자신의 사업장에서 임금과 노동조건을 개선하는 데 더 관심을 기울였다. 만약 한국 사회가 사회보험의 보편성과 급여 수준을 높이고자 한다면 경제 영역에서는 재벌 중심의 수출주도 조립형 성장체제를 개혁해야 하는 것이다.

정치적으로 보면 이런 성장체제와 복지체제가 지속할 수 있었던 중요한 이유는 한국의 정치구조, 정치제도, 권력자원이 공적 복지의 확대를 원하는 진영보다는 이에 우호적이지 않는 진영에게 유리한 구조로 만들어졌기 때문이다(3장, 4장 참고). 사회적 균열 구조가 계급의 이해를 대표하지 못하고, 정당체계는 자유주의정당과 보수정당이라는 두 거대 정당을 중심으로 구조화되어 있는 상황에서 보편적 복지확대를 위한 권력자원의 형성은 기대하기 어려웠을 것이다. 그러므로 성장체제의 개혁은 정치적으로는 노동과 '보편적 복지국가'를 지지하는 친복지세력이 배제되지 않는 정치제도로의 개혁이 동반되어야 한다. 이처럼 상대적으로 안정적 고용과 소득을 보장받는 계층의 사회적 위험에 대응하는 방식으로 제도화되어 있는 한국 복지체제의 개혁은 정치경제 영역에서의 개혁이 수반될 때 비로소 지속 가능한 개혁이 될 수 있다. 그럼 지금까지 논의에 기초해 개혁을 위한 중요한 쟁점을 살펴보자.

2. 경제 영역에서의 쟁점

경제 영역에서 한국 사회가 풀어야 할 쟁점은 명확하다. 재벌 대기업이 주도하는 수출을 위한 조립형 성장체제(이하 조립형 성장체제)를 대신할 수 있는 새로운 대안적 성장체제와 산업구조를 제시하고, 이를 실현하는 과정에서 발생할 쟁점을 풀어갈 해법을 준비하는 것이다. 1장에서 언급했듯이 기본적으로 조립형 생산체제는 노동자의 숙련에 기초해 생산성을 높이는 생산체제가 아니라 노동과 숙련을 자동화 기계로 대체할 수 있는 생산체제이기 때문에[1] 이러한 조립형 생산체제를 약화시키지 않고는 재벌 대기업과 중소기업이 동반성장하며, 생산의 부가가치가 국민국가 내에서 순환하는 성장체제를 만들 수 있는 길이 없기 때문이다. 실제로 〈그림 8-2〉에서 보는 것처럼 1997년 이후 중소기업과 대기업 간 생산성 격차는 점점 더

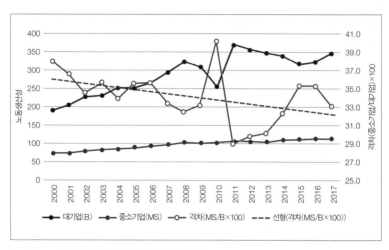

| 그림 8-2 | 대기업과 중소기업 간의 생산성 격차

벌어졌다. 2000년 대기업의 생산성은 중소기업에 비해 2.63배 높았지만, 2010년이 되면 3.47배로 높아졌다. 2010년 이후 둘 간의 생산성 격차가 다소 감소했지만 2015년부터 다시 증가해 2017년 현재 중소기업의 노동생산성은 대기업의 33.1%의 수준에 불과하다. 문제는 자료가 제시된 2000년부터 지금까지 중소기업의 노동생산성이 대기업에 비해 지속적으로 낮아지고 있다는 점이다. 중소기업의 생산성이 낮은 상황에서 중소기업이 좋은 일자리를 만들 수는 없으며, 중소기업의 일자리는 점점 더 불안정한 일자리가 되어갈 수밖에 없다. 이러한 문제는 2장에서 제시한 것처럼 기업 규모와 노동시장의 지위에 따른 노동시장의 중층적 이중구조화를 심화시키고, 사회보장제도에서의 불평등과 밀접한 관련을 맺고 있다.

결국 조립형 성장체제의 완화는 중소기업이 노동과 숙련에 기초해 생산성을 높이는 체제가 만들어지는 것을 의미한다. 이를 통해 대기업은 중간재와 부품을 해외에서 구입하는 비중을 줄이고 국내 비중을 늘려 국내 산업 간의 연관성을 높임으로써 부가가치의 해외 유출을 적절한 수준에서 통제할 수 있게 된다. 이러한 과제를 사회안전망 영역에서 접근하면 중소기업 노동자의 고용안정을 이루고 임금을 포함한 노동조건이 개선되면서 사회보험의 실질적 포괄 범위가 높아지고, 급여 수준이 높아질 수 있게 된다. 즉, 사회보험의 사각지대를 축소시킬 수 있게 된다. 구체적으로 쟁점은 다음과 같다. 어떻게 재벌 대기업이 주도하는 수출 중심의 조립형 성장체제를 완화하고 새로운 대안적 성장체제를 만들 것인가이다. 이는 결국 한국 사회가 한국 경제의 빠른 성장의 토대가 되었던 성장체제를 전면적으로 부정해야 한다는 것을 의미한다. 1장에서 정준호는 이를 "어떻게 현재의 제조업 생산체제를 창조적 파괴를 통해 혁신하고, 지속 가능한 새로운 생산체제를 구축할 것인가"라고 했다. 그리고 이러한 창조적 파괴 과정에서 한국 사회가 어떻게 재벌 대기업과 조직노동의 동의를 얻어낼 수 있을 것인가, 제품기술, 생산공정기술, 작업장 숙련 간의 비대칭적 혁신역량을 어떻게 균형적 혁신역량으로 전환할 것인가, 일터 혁신을 통한 숙련체제를 어떻게 형성할 것인가 등의 중요한 쟁점들을 풀어야 한다.

3. 정치 영역에서의 쟁점

정치 영역에서의 쟁점은 크게 두 영역을 다루어야 하는데 하나는 민주주의의 차원에서 정치제도를 어떻게 바꿀 것인가의 문제이고, 다른 하나는 생산체제를 창조적으로 파괴하고, 이로 인해 발생하는 문제와 새로운 생산체제에서 발생하는 사회적 위험에 대응하기 위한 복지체제를 새롭게 구축할 주체를 어떻게 만들어낼 것인가로 구분할 수 있다. 먼저 정치제도와 관련된 쟁점은 복지체제의 관점에서 검토하면 대안적 생산체제, 다시 말해 노동과 숙련을 배제하지 않는 내포적 생산체제가 작동하기 위해 필요한 '동기(incentive)'를 정치 영역에서 어떻게 만들 수 있는가와 관련된다.

이는 현재 한국의 대통령 중심제와 소선거구제로 대표되는 권력 구조와 선거제도가 복지국가 확장과 어떤 관련이 있는지 등의 문제 의식과 연관되어 있다. 일반적으로 대통령 중심제와 단순다수결제 · 소선거구제는 자원의 분배를 둘러싼 복지정치의 활성화를 통한 복지국가 확대에 부정적인 것으로 알려져 있다(3장 참고). 선거제도 또한 비례대표성이 강할수록 복지국가 확장에 우호적인 것으로 알려져 있다. 또한 대통령 중심제보다는 의원내각제가 복지확대에 더 친화적인 것으로 알려져 있다.

그러나 3장에서도 언급했듯이 이러한 주장이 항상 타당한 것은 아니다. 예를 들어, 〈그림 8-3〉에서 보는 것처럼 OECD 국가들에서는 비례대표성이 클수록 GDP 대비 사회지출 비중이 큰 것으로 나타났지만, 〈그림 8-4〉 남미의 사례를 보면 정반대의 결과가 나타났기 때문이다. 결국 어떤 제도가 복지국가 확장에 유리한지는 누가 그 제도를 어떻게 만들었는지가 더 중요하다는 것을 이야기한다.

그렇다면 우리가 쟁점을 풀어가는 방식도 서구의 경험과 서구의 모델에 기초해 한국의 문제를 바라보는 것이 아니라 한국의 정치 · 경제적 유산에 대한 비판적 성찰을 통해 보편적 복지국가를 확대와

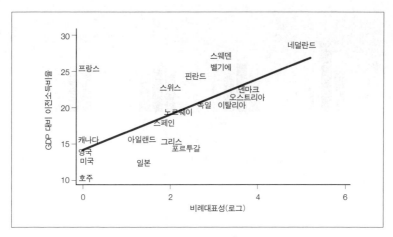

| 그림 8-3 | GDP 대비 사회지출과 비례대표성 간의 관계(OECD)

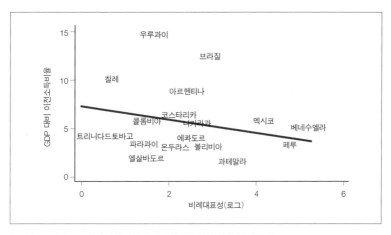

| 그림 8-4 | GDP 대비 사회지출과 비례대표성 간의 관계(남미국가)

친화성을 갖는 한국 사회에 적합한 제도적 대안을 내와야 할 것이다. 구체적으로 보면 보편성이 높은 복지체제로 전환화기 위해서는 다음의 질문에 답을 내와야 한다. 적합한 권력구조와 선거제도는 무엇인가? 권력구조의 측면에서 보면 대통령 중심제인가? 의원내각제

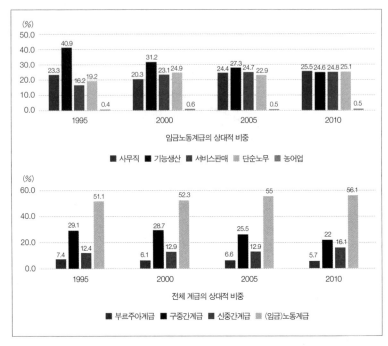

| 그림 8-5 | 계급구성의 변화

인가? 아니면 제3의 한국적 정치체제인가?

보편적 복지국가를 확대할 주체와 관련해서는 누가 한국 사회에서 보편적 복지국가를 만들어갈 주체인지를 밝히고, 이들을 과거의 방식이 아닌 새로운 형식으로 조직화하는 것이다. 보편적 복지국가를 만들어갈 주체가 북서유럽에서와 같이 반드시 (제조업 중심의) 노동계급일 필요는 없다. 더욱이 〈그림 8-5〉에서 보는 것처럼 한국 사회의 계급구조는 북서유럽에서 복지국가를 만들어가던 시기와는 너무 큰 차이가 있다. 더 이상 제조업 노동자는 일하는 사람들의 다수가 아니다. 오히려 중간계급이 다수를 차지하고 있고, 임금노동자 중 북서유럽에서 복지국가를 만들어갔던 제조업 노동자의 비율은 노동계급 중 소수에 불과한 실정이다. 다만 분명한 것은 어떤 방향으로든 복지국가를 확대하기 위해서는 그 확대를 추동할 수 있는 동인으로서 주체의 형성은 반드시 필요하다는 점이다. 그리고 한국 복지국가의 성격은 누가 복지국가를 추동하는가에 따라 상이한 특성을 가질 것이다.

구체적으로 보면 복지국가 주체와 관련해 한국에서의 쟁점은 그 역할을 조직노동이 할 수 있는지 여부와 만약 조직노동이 하지 못한다면 그 일을 시민운동이라는 대안세력이 할 수 있는지 여부에 집중되고 있다. 하지만 이러한 이분법적 선택이 필연적인 것은 아니다. 조직노동과 시민운동이 함께할 수 있는 길 또한 가능하기 때문이다. 예를 들어, 지난 2015년 민주노총은 박근혜 정부의 노동법 개악 투쟁을 벌였지만, 박근혜 정부의 노동법 개악을 저지하지 못했다. 또한 시민운동도 지난 2011년 복지국가 실현 연석회의라는 연대단체를 출범시켰지만, 조직노동이 적극적으로 참여하지 않으면서 실제로 아무런 일도 하지 못했다. 반면 2016~17년 촛불시민항쟁은 조직노동과 시민운동이 연대해 정권을 교체했다. 여기서 주목할 점은 조직노동(민주노총)은 촛불시민항쟁을 지원했지만, 자신의 조직적 요구를 전면화하지 않고 시민운동과 함께 박근혜 정부 퇴진이라는 공동의 목표에 집중했고, 결국 박근혜 정부를 퇴진시키고 정권을 교체하는 데 성공했다는 것이다.[2]

물론 정권교체가 노동의 이해를 대변하는 정부 수립으로 이어지지는 않았지만, 2016~17년 촛불항쟁의 경험은 시민과 노동이 어떻게 연대해야 하는지를 보여준 중요한 역사적 경험이라고 할 수 있다. 하지만 노동과 시민이 연대한다고 복지국가가 만들어지고 확대되는 것은 아니다. 그보다는 노동과 시민의 이해를 제도 정치권에서 실제적인 정책으로 실현할 수 있는 정당이 필요하다. 구체적 쟁점은 다음과 같다. 누가 한국 복지국가 형성의 주체가 될 수 있는가? 노동자계급 중심성은 이미 낡아버린 허상인가 아니면 여전히 유효한 것인가? 시민은 노동을 대신할 수 있는가? 아니면 시민과 노동은 연대해야 하는가? 연대한다면 어떻게 연대해야 하는가? 노동의 조직화를 위해서는 먼저 내부 계급투쟁이 필요한데 민주노총과 한국노총은 어떻게 연대할 것이며, 조직노동은 어떻게 비정규직, 불안정 고용상태에 있는 노동자와 연대할 것인가? 시민운동은 전문가와 활동가의 상층운동이 아닌 시민에 기초한 주체로 성장할 수 있는가? 성장한다면 어떻게 성장이 가능한가? 시민운동과 정당은 어떤 관계를 가져야 하는가? 누가 복지확대를 바라는 국민으로부터 대표적 복지정당으로 공인받고 정치적 지지를 얻을 수 있는가? 좌파정당인가, 자유주의정당인가? 아니면 보수정당인가? 더 나아가 2008년 촛불집회부터 2019년 9월 검찰개혁을 요구하는 시민들이 보여주었던 조직되지 않은 시민의 민주적 역량을 어떻게 '보편적 복지국가'를 확장하기 위한 정치적 힘으로 연결시킬 것인가는 한국 사회에 큰 숙제로 남아 있다.

4. 복지체제와 관련된 쟁점

복지체제와 관련된 쟁점은 크게 공적 사회보장(소득보장), 사회서비스, 사적 자산축적이라는 세 가지 영역을 종합적으로 연결해 검토할

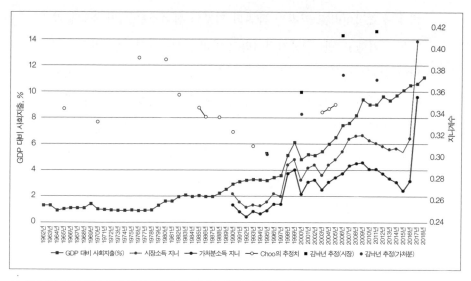

| 그림 8-6 | GDP 대비 사회지출의 변화와 지니계수로 측정한 불평등 지수*

* 1980년부터 1989년까지의 GDP 대비 사회지출 규모는 한국은행에서 제공하는 경제통계연보에서 1980년부터 1989년까지의 중앙
정부와 지방정부의 총 복지예산을 해당연도 GDP로 나눈 값이다. 이러한 산출 방식은 신동면이 산출한 1962년부터 1979년까지의
GDP 대비 사회지출 비중과 1990년부터 현재까지의 GDP 대비 사회지출 비중과는 그 산출 방식이 상이할 수 있기 때문에 대략적인
경향만 확인하는 정도로 이해할 필요가 있다.

필요가 있다. 핵심 쟁점은 성장을 통한 복지라는 개발국가 복지체제
가 해체된 이후 어떤 대안적 복지체제를 수립할 것인지와 관련되어
있다. 복지체제를 둘러싼 쟁점을 본격적으로 논의하기 전에 몇 가지
기본적인 현실을 다시 확인할 필요가 있다. 먼저 1990년대 초반을
지나면서 한국 사회는 경제성장에도 불구하고 불평등이 높은 수준으
로 유지되고 있다는 사실이다. 〈그림 8-6〉에서 보는 것처럼 1992년
이후 지니계수로 측정한 소득불평등은 계속 증가해 1990년대 초반
수준을 회복하고 있지 못하다. 1992년 이후 한국 사회는 성장을 하
면 할수록 불평등이 증가하는 사회가 되었다.

불평등과 관련해 또 하나 주목해야 할 사실은 상대적으로 복지확

대에 우호적이라고 알려진 국민의 정부와 참여정부 시기 소득불평등이 증가했고, 반(反)복지적이라고 알려진 보수정부 시기 불평등이 낮아졌다는 사실이다. 이는 앞서 정치적 유산을 다루면서 언급했듯이 한국에서도 2010년 무상급식 논쟁 이후 보수정당이 반드시 반복지적 정당이 아니라는 것을 보여주는 것이다. 다만 소득불평등과 관련해 자유주의 정부와 보수정부의 상반된 결과는 일국적 문제이기보다는 국제적 문제와 관련이 있다는 점 또한 기억할 필요가 있다. 1997년부터 2008년까지는 금융화로 대표되는 신자유주의의 전성기였다. 따라서 한국만이 아닌 대부분의 북서유럽 복지국가에서도 소득불평등이 증가한 시기이다. 또한 2008년 이후 소득불평등의 감소는 2008년 금융위기가 주로 금융소득이 있는 고소득층에게 큰 타격을 가했다는 점을 고려하면 이해할 수 있다. 즉, 소득불평등의 문제는 일국적 문제이기도 하지만 세계적 문제라는 점을 기억할 필요가 있다.

다른 하나는 1997년 이후 소득감소가 모든 소득계층에게 발생한 것이 아니라 상대적으로 소득이 낮은 계층에게 집중적으로 발생했다는 점을 기억할 필요가 있다. 〈그림 8-7〉에서 보는 것처럼 1997년부터 2012년까지 노동소득분배율의 변화를 보면 임금소득 상위 30%는 국민소득에서 비중이 증가했지만, 임금소득 하위 70%는 그 비중이 감소했다. 또한 자영업자와 임금노동자를 비교해보면 자영업자의 소득은 동 기간 동안 무려 57.7%나 감소했다. 이러한 현실은 최근 소득감소와 소득불평등의 증가가 모든 계층에게 발생했던 문제가 아니라 특정 소득계층에게 발생하는 문제라는 점을 확인할 수 있다.

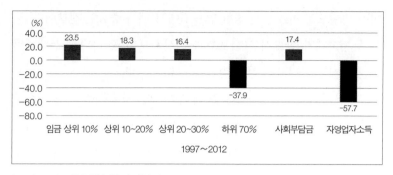

| 그림 8-7 | 노동소득분배율의 변화

　복지체제와 관련해 가장 중요한 쟁점은 사회복지를 어떤 제도를 중심으로 확대할 것인가와 관련되어 있다. 먼저 사회보험을 중심으로 확대할지와 비사회보험을 중심으로 확대할지가 쟁점이 될 수 있다. 최근 국민연금개혁과 관련해서도 정부의 개혁안은 크게 두 방향으로 나누어지는데 하나는 기초연금을 강화하는 방향이고, 다른 하나는 국민연금을 강화하는 방안이다. 기초연금 강화방안은 한국 사회보장제도가 주로 사회보험을 중심으로 확대되면서 사회보험에서 배제된 불안정 고용 상태에 있는 노동자와 영세자영업자의 노후소득을 보장해준다는 점에서 한국 사회보장제도의 정규직과 중·상위 계층 중심의 역진적 선별성 문제를 완화할 수 있는 대안처럼 보인다. 그러나 앞서 보았던 것처럼 큰 틀에서 보면 국민연금의 낮은 수준이 민간보험을 팽창시켰다는 점을 고려하면 기초연금 중심의 개혁이 타당한지 또한 검토가 필요하다. 특히 공적 사회보장을 강화할지 여부는 민간보험의 역할을 어느 정도까지 수용할지와 함께 논의될 필요가 있다. 더욱이 노후소득보장제도를 국민연금을 중심으로 강화할지 아니면 기초연금을 중심으로 강화할지는 한국 복지체제가

어떤 방향으로 갈지를 결정한다는 점에서 매우 중요한 선택이다. 물론 복지확대가 반드시 사회보험과 비사회보험 중 하나를 선택해야 하는 문제는 아니라는 점도 기억할 필요가 있다.[3]

두 번째 쟁점은 공적 복지를 확대한다면 급여 수준을 어느 수준으로 정할지에 대한 것으로, 이 또한 중요한 쟁점이 될 수 있다. 급여 수준이 낮으면 중·상위계층이 사회적 위험에 대응하기 위해 민간보험과 같은 사적 자산에 의존할 가능성이 높아지고, 공적 복지가 낮은 수준에서 대상만 확대하면 반대로 중·상위계층에게 민간보험과 같은 사적 자산을 축적할 동인을 높일 수 있기 때문이다. 즉, 사회적 위험에 대응하는 공적 복지와 개별 가구가 축적하는 사적 자산 간의 역할 구분을 검토할 필요가 있다. 왜냐하면 낮은 공적 복지 수준은 사적 자산축적을 촉진하고, 축적된 사적 자산은 다시 낮은 공적 복지를 요구할 수도 있기 때문이다. 물론 그 반대도 가능하다. 높아진 공적 복지는 사적 자산축적의 필요성을 줄이고, 줄어든 사적 자산은 다시 공적 복지의 확장을 요구할 수도 있다.

세 번째 쟁점은 공적 복지를 확대한다면 재원을 사회보험 기여금으로 할지 아니면 일반조세로 할지에 대한 것이다. 앞서 언급한 기초연금을 확대하는 것과 같은 방식은 필연적으로 증세를 수반할 수밖에 없고, 국민연금과 같은 사회보험 급여 수준을 높이는 방식은 사회보험료를 높여 중·상위계층과 대기업의 반대를 유발할 수 있다. 특히 기업복지가 상대적으로 잘 갖추어져 있는 대기업 노동자들의 경우 사회보험 기여금을 높이는 방식이건, 증세를 통해 급여 수준을 높이는 방식이건 모두 반대할 수 있다.

네 번째 쟁점은 사회복지급여를 보편적으로 확대할지 아니면 취약계층을 중심으로 확대할지에 대한 고민이다. 앞서 검토한 것처럼 소득이 감소하고 있는 주 계층은 모든 임금소득자가 아니라 하위 70%의 임금소득자와 자영업자이다. 다시 말해 복지급여를 확대해 생활의 안정을 보장해주어야 할 계층은 상대적으로 소득이 낮은 저소득계층이라는 점이다. 이렇게 보면 복지확대는 취약계층을 중심으로 꼭 필요한 사람에게 급여를 제공하는 방식이 타당해 보인다. 그러나 우리가 잘 알고 있듯이 소득·자산 조사를 통해 취약계층에게 급여를 제공하는 방식은 장기적으로 복지국가의 확대에 부정적이고, 취약계층의 소득수준을 높이지도 못한다는 것은 이미 입증된 사실이다. 이러한 점을 고려하면 복지확대는 보편성을 훼손하지 않으면서 복지가 필요한 계층에게 급여를 집중할 수 있는 대안을 모색할 필요가 있다.

다섯 번째, 소득불평등을 개선하기 위해 최저임금을 인상하는 것이 좋을지 아니면 사회적 임금을 확대하는 것이 좋을지에 대한 쟁점이다. 최저임금을 높이는 방식은 시장에서 한계기업을 퇴출시킬 가능성이 높다. 그렇기 때문에 최저임금 인상은 반드시 구조조정정책이 수반되어야 한다는 점에서 중장기적 산업구조정책의 방향 아래 집행될 필요가 있다. 반면 사회적 임금, 즉 복지급여를 확대하는 방식은 산업구조 개편 없이 단기적으로 해당 사회가 직면한 문제를 완화할 수 있다는 점에서 실용적이다. 하지만 산업구조 개편을 통해 노동시장에서 안정적인 일자리를 창출하지 못하고, 복지급여라는 사회적 임금으로 불평등을 완화하는 방식은 지속 가능하지 않다는 점 또한 고려해야 한다.

여섯 번째는 사회서비스와 관련해 공공성을 어떻게 확보할 것인가와 관련된 쟁점이다. 사회서비스의 공공성이 국가가 제공하는 서비스를 의미하지 않는다면 사회서비스의 공공성을 확보하기 위해 국가의 역할이 무엇인지에 대한 고민이 필요하다. 더불어 사회서비스의 공공성과 관련해 시민의 민주적 참여문제와 중앙정부의 역할과 지방자치단체(광역자치단체와 기초자치단체 간의 분권을 포함해서)의 역할 또한 어떻게 분담하는 것이 바람직한지도 검토될 필요가 있다.

일곱 번째 쟁점은 공적 복지의 확대가 지속 가능한 경제와 함께할 수 있는 방안에 대한 것이다. 공적 복지확대로 증가한 가구의 가처분소득은 반드시 소비를 통해 시장으로 흘러 들어가야 한다. 이러한 선순환을 만들기 위해서 반드시 필요한 정책이 부동산 시장을 안정화시키는 정책이다. 실제로 〈그림 8-8〉에서 보는 것처럼 2006년과 2016년을 비교했을 때 소득분위와 관계없이 모든 가구의 한계소비성향이 낮아졌고, 모든 소득분위에서 늘어난 소득을 빚을 갚는 데 사용했다는 점을 고려하면, 복지확대로 증가한 가구의 가처분소득이 소비로 연결될 가능성은 낮다. 그러므로 복지확대를 통해 증가한 가처분 소득을 어떻게 소비 증대로 연결시킬지는 지속 가능한 사회안전망 확충을 위해 반드시 풀어야 할 과제 중 하나이다. 이를 위해 필요한 것은 결국 사회적 위험에 대응하는 기제로서 공적 사회보장제도가 충분한 역할을 할 때 가능하다. 부동산과 같은 사적 자산을 축적하지 않아도 안정된 삶을 살아갈 수 있다면, 지금처럼 모든 사람들이 사적 자산을 축적하기 위해 부동산에 매달릴 이유가 없을 것이다. 이렇게 되면 복지확대가 생산과 소비가 선순환하게 하는 중요한 역할을 담당할 수도 있다. 한 사회에서 공적 복지와 사적 복지가

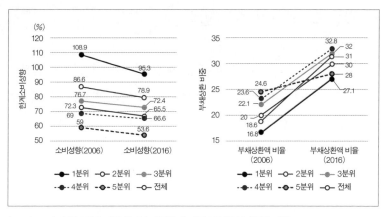

| 그림 8-8 | 소득분위에 따른 한계소비성향과 가구소득 중 부채상환 비율

어떤 모습을 하고 어떤 관계를 갖는지는 시장이 아닌 결국 국가의 역할에 달려 있는 것이다.[4]

마지막으로 여기서는 다루지 않았지만, 디지털 기술변화로 인한 산업과 노동시장의 변화에 대응해 어떻게 사회보장제도를 재구조화할지도 중요한 쟁점이 될 수 있다. 북서유럽에서 지금까지 사회적 위험에 성공적으로 대응했던 경험을 한국 사회의 유산에 기초해 재구조화하는 것이 대안이 될 수도 있고, 보편적 기본소득처럼 고용과 무관한 새로운 사회보장제도를 새롭게 구조화할 수도 있다. 그리고 그 중간에 다양한 길들이 놓여 있다. 디지털 기술변화가 당분간 특이점에 도달하지 않는다는 것을 전제로 지금까지 복지국가가 잘 해왔던 부분을 계승하고 새롭게 적용하는 방식이 아마도 현실적인 방안 중 하나가 될 수 있을 것 같다.

5. 결론 및 쟁점이 주는 함의

지금까지 검토했던 것과 같이 정치-경제-복지는 서로 매우 밀접하게 연관되어 있어 한 영역의 개혁은 다른 영역의 변화를 수반할 수밖에 없다. 이러한 이유로 복지체제를 개혁하는 과제는 단기적으로는 몰라도 중장기적으로 반드시 경제체제와 정치체제의 개혁이 수반될 때 지속 가능한 개혁이 될 수 있다. 그러나 복지체제를 제대로 작동하게 만드는 개혁도 어렵지만, 복지체제를 확대하는 것과 함께 권력구조를 바꾸고, 선거제도를 개혁하는 일, 지금까지 걸어왔던 조립형 성장체제 대신에 새로운 성장체제를 구축하는 일은 더 어려운 과제이다. 결국 핵심은 복지 영역이건 경제 영역이건 정치 영역이건 간에 한국 사회가 지향하는 비전을 향해 개혁의 방향이 모아져야 하고, 작은 개혁도 이러한 방향성 아래 고민할 필요가 있다. 이렇게 보면 단순히 현재의 어려움을 피하기 위해 임기응변식으로 제도를 확대하고, 저소득층에 대한 지원을 늘리는 방식은 보편적 복지국가로 가기 위한 잠정적 이행단계를 만드는 것에 부합한다고 보기 어렵다. 물론 현재 위기에 처한 취약계층의 절박한 어려움에 대응해야 한다는 점에서 임기응변식 대응 또한 중장기적 대안을 추진한다는 전제 하에 수용 가능할 수는 있다.

더 나아가 구조개혁은 반드시 승자와 패자를 낳기 때문에 이를 원만하게 조정할 수 있는 사회적 제도가 필요하고, 현재로서는 사회적 대화가 거의 유일한 대안이 될 수 있다. 하지만 한국 사회는 성공적인 사회적 대화를 위한 조건이 갖추어져 있지 않다는 것이 문제이다. 북서유럽의 경험을 보면 사회적 대화의 조건은 강력한 중앙집권화된 노동조합, 사회민주주의정당, 그리고 노동조합과 사회민주주의정당 간의 강력한 연계 등을 전제로 하고 있다. 권력구조의 측면에서 보면 대통령 중심제보다는 내각제가 사회적 대화에 더 우호적인 조건을 창출하는 것으로 알려져 있다. 다만 1990년대 이후 북서유럽에서 사회적 대화를 시도해 일정한 성과를 거두었던 아일랜드,* 이탈리아 등은 상대적으로 사회적 대화를 위한 전통적 조건을 결여하고 있었음에도 불구하고 사회적 대화를 통해 일정한 성과를 거두었다는 점에서 한국 사회가 주목할 필요가 있다.[5]

중요한 것은 개혁 자체가 아니라 개혁을 통해 중장기적으로 한국 사회의 구조적 제약을 극복할 수 있는 새로운 구조를 만들어가는 것이다. 그래야 개혁이 지속 가능하기 때문이다. 한국 또한 지금의 사회 조건에서 할 수 있는 것과 할 수 없는 것을 구분하고, 할 수 있는 것을 중심으로 개혁을 진행하되, 그러한 개혁 과정이 한국 사회가 갖고 있는 구조적 제약을 약화시키는 역할을 해야 한다. 즉, 우리가 처한 '가능성의 한계' 내에서 개혁을 시도하지만 '가능성의 한계' 내에서 하는 개혁은 그 개혁 자체의 성과와 함께 '가능성의 한계'의 범위를 확장시키는 개혁이어야 한다. 이러한 과정이 중층적으로 진행될 때 개혁은 단지 일회적으로 끝나는 것이 아니라 중장기적으로 지속될 수 있고, 이러한 과정을 통해 한국 사회가 구조적으로 결여하고 있는 정치·경제적 조건이 형성될 수 있다.

---

* 아일랜드는 1990년대 취약한 조건 속에서 사회적 대화를 통해 경제적으로 성공적인 성취를 이루었지만, 개혁이 현안문제를 해결하는 데 집중함으로써 아일랜드 사회가 노정한 구조적 한계를 거의 바꾸지 못했다. 결국 이러한 한계는 2000년대 들어서면서 사회적 대화의 쇠퇴와 개혁의 후퇴로 연결되고 있다.

서장 왜 한국은 복지국가가 될 수 없었던 것일까

이병천·유철규·전창환·정준호 엮음, 『한국의 민주주의와 자본주의: 불화와 공존』, 돌베개.

| 그림 9 | 탈산업화의 시기와 미국 산업화 대비 비중

출처: The Economist, 2014, "Arrested development: The model of development through industrialisation is on its way out," October 2nd, 2014.

| 그림 10 | 노동조합 조직률의 변화

출처: 통계청, 2019g, e-나라지표: 노동조합 조직현황. http://www.index.go.kr/potal/main/EachDtlPageDetail.do?idx_cd=1511 (접근일, 2019. 5. 29.).

1장 한국 생산체제의 유산과 쟁점

| 그림 1-1 | 한국의 제조업 GDP 규모 순위 추이

출처: UNCTAD.

| 그림 1-2 | 제조업 고용 비중 추이의 국제 비교

출처: 정준호, 2016, "한국 산업화의 특성과 글로벌 가치사슬," 이병천·유철규·전창환·정준호 엮음, 『한국의 민주주의와 자본주의: 불화와 공존』, 70-111, 돌베개.

| 그림 1-3 | 대기업과 중소기업 간 격차 추이(제조업 1인당 부가가치와 급여액)

출처: 광공업통계조사보고서, 통계청(http://kosis.kr).

| 그림 1-4 | 1인당 GDP 수준과 제조업 산출량 대비 로봇 대수 간의 상관관계

출처: Mckinsey Global Institute, 2012.

| 그림 1-5 | 한국 제조업의 로봇 밀도 추이

출처: IFR 및 통계청(http://kosis.kr).

| 그림 1-6 | 기술과 숙련 간의 분절을 심화시키는 생산체제

출처: 정준호, 2016, "한국 산업화의 특성과 글로벌 가치사슬," 이병천·유철규·전창환·정준호 엮음, 『한국의 민주주의와 자본주의: 불화와 공존』, 70-111, 돌베개.

| 표 1-1 | 2016년 상위 제조업 15개국의 현황

출처: UNCTAD.

| 표 1-2 | 한국 생산체제의 주요 특성

출처: 정준호, 2016, "한국 산업화의 특성과 글로벌 가치사슬," 이병천·유철규·전창환·정준호 엮음, 『한국의 민주주의와 자본주의: 불화와 공존』, 70-111, 돌베개.

| 표 1-3 | OECD 주요 국가의 로봇 밀도 추이

출처: IFR 및 OECD Stan Database.

| 표 1-4 | 제조업의 수출에서 차지하는 국내 부가가치 비중 추이의 국제 비교

출처: 정준호, 2016, "한국 산업화의 특성과 글로벌 가치사슬," 이병천·유철규·전창환·정준호 엮음, 『한국의 민주주의와 자본주의: 불화와 공존』, 70-111, 돌베개; OECD TIVA Indicators: 2018 edition.

2장 한국 노동시장의 구조와 쟁점

3장 한국 민주주의의 유산과 복지정치 전략

4장 한국 복지정치의 주요 행위자들과 복지국가의 발전

5장 한국 소득보장제도의 유산과 쟁점

8장 무엇을 할 것인가

Historical and International Prospects, Seoul: KDI; 통계청(2018); 윤홍식(2019) 재인용.

| 그림 8-7 | 노동소득분배율의 변화

출처: 이병희·황덕순·홍민기·오상봉·전병유·이상헌, 2014, 『노동소득분배율과 경제적 불평등』, 서울: 한국노동연구원의 내용을 재구성함.

| 그림 8-8 | 소득분위에 따른 한계소비성향과 가구소득 중 부채상환 비율

출처: 윤홍식·강병구·전병유·남찬섭·강신욱·김교성·정준호·이영수, 2018, 『복지, 성장, 고용의 선순환을 위한 복지정책 방향 연구』, 보건복지부·인하대학교.

서장 왜 한국은 복지국가가 될 수 없었던 것일까

1 OECD, 2010, Economic policy reforms: Going for growth. Paris: OECD Publishing.

2 T. Kim and Y. Jung, 2015, "Intergenerational economic mobility in Korea: Assessment, drivers, and lessons." In T. Kim and A. Mulakala, eds., *Asian Approaches to Social Mobility: Experience and lessons form Asia*, 7-24. Sejong-si: KDI.

3 오마이뉴스, 2015, "집값 낮은 46곳, 서울대 입학 0, 신임 법관 배출 1~2위 강남·서초," 2015년 9월 9일. http://www.ohmynews.com/NWS_Web/View/at_pg_w. aspx?CNTN_CD=A0002142488 (접근일, 2019. 9. 21.).

4 정책기획위원회, 2018, 『문재인 정부 '포용국가' 비전과 전략: 국민의 삶을 바꾸는 포용과 혁신의 사회정책』, 대통령직속 정책기획위원회·관계부처 합동.

5 G. Esping-Andersen, 1990, *Three Worlds of Welfare Capitalism*, Princeton, NJ: Princeton Univ. Press.

6 OECD, 2019a, Social expenditure-Aggregated data. https://stats.oecd.org/Index. aspx?DataSetCode=SOCX_AGG (Accessed on 21 September 2019); OECD, 2019b, Income inequality (indicator). doi: 10.1787/459aa7f1-en (Accessed on 21 September 2019).

7 감정기·최원규·진재문, 2010, 『사회복지의 역사(개정판)』, 서울: 나남.

8 남찬섭, 2000, "한국 복지제도의 전개 과정과 성격," 한국사회과학연구소 사회복지연구실 편, 『한국 사회복지의 현황과 쟁점』, 인간과 복지; 조흥식. 1996. "해방 50년과 남한의 공공복지," 『상황과 복지』 1: 13-38; 성경륭 (1991). "한국의 정치체제변동과 사회정책의 변화: 정치사회학적 분석," 『사회복지연구』, 3: 109-146.

9 김종일, 1991, "한국에서의 사회복지 형성과 공장체제의 변화: 1987년 이후를 중심으로," 『한국사회학』, 25: 71-119.

10 김연명, 1993, 『한반도의 냉전체제가 남북한 사회복지에 미친 영향』, 중앙대학교 사회복지학과 박사학위 논문.

11 정무권 편, 2002, 『한국복지국가 성격논쟁 II』, 서울: 인간과 복지; 김연명 편. 2002, 『한국복지국가 성격논쟁 I』, 서울: 인간과 복지.

12 P. Pierson, 1995, *Dismantling the Welfare State? Reagan, Thatcher and the Politics of Retrenchment*, NY: Cambridge University Press.

13 G. Ritter, 2005[1983], 『복지국가의 기원』, 전광석 옮김(*Sozialversicherung in Deutschland und England*). 서울: 법문사.

14 M. Stolleis, 2013. "Origins of the German welfare state: Social policy in Germany to 1945." *German Social Policy*, 2: 23-176.

15 박근갑, 2009, 『복지국가 만들기: 독일 사회민주주의 기원』, 서울: 문학과지성사; M. Stolleis, 2013. "Origins of the German welfare state: Social policy in Germany to 1945." *German Social Policy*, 2: 23-176; G. Ritter, 2005[1983], 『복지국가의 기원』, 전광석 옮김(*Sozialversicherung in Deutschland und England*). 서울: 법문사.

16 통계청, 2018a, e-나라지표: 건강보험 재정 및 급여율, 국민연금 재정현황, 고용보험 지출현황, 산재보험 징수 및 지급 현황. http://www.index.go.kr (접근일, 2019. 4. 7.); 통계청, 2018b, 군인연금 예산규모 및 수급자 추이. http://www.index.go.kr (접근일, 2019. 4. 7.); 사립학교교직원연금공단, 2018, 수입 및 지출 현황. http://www.alio.go.kr (접근일, 2019. 4. 7.).

17 한국보건사회연구원, 2018, 2018년 빈곤통계연보, 서울: 한국보건사회연구원; 통계청, 2019e, 가구수, http://kosis.kr/search/search.do?query=%EA%B0%80%EA%B5%AC%EC%88%98 (접근일, 2019. 9. 21.).

18 참여연대, 2019, "생계급여 부양의무자기준 조속히 폐지해야," 참여연대 사회복지위원회.

19 연합뉴스, 2016, "정부·지자체·사회 돌봄 공동체 구축, 공공성 높여야," 연합뉴스, 2016년 3월 13일. http://www.yonhapnews.co.kr (접근일, 2018. 8. 13.).

20 전용식·최예린·김유미·이혜은·김세중·이혜은·김진억·김유미, 2018, "2018년 수입보험료 수정 전망(부록)," CEO Report 2018-01. 서울: 보험연구원.

21 정책기획위원회, 2018, 『문재인 정부 '포용국가' 비전과 전략: 국민의 삶을 바꾸는 포용과 혁신의 사회정책』, 대통령직속 정책기획위원회·관계부처 합동.

22 장원석·강성호·이상우, 2014, 『소득수준을 고려한 개인연금 세제 효율화 방안: 보험료 납입단계의 세제방식을 중심으로』, 서울: 보험연구원.

23 최기춘·이현복, 2017, "국민건강보험과 민간의료 보험의 역할 정립을 위한 쟁점," 『보건복지포럼』, 2016년 6월호: 30-42.

24 국토교통부, 2019, 『주거실태조사: 통계보고서』, 서울: 국토교통부.

25 국토교통부, 2019, 앞의 책.

26 윤홍식, 2019b, 『한국 복지국가의 기원과 궤적 2: 반공개발국가 복지체제의 형성: 1945년부터 1980년까지』, 서울: 사회평론아카데미; 김미경, 2018, 『감세국가의 함정』, 서울: 후마니타스; 김도균, 2013, 『한국의 자산기반 생활보장체계의 형성과 변형에 관한 연구: 개발국가의 저축동원과 조세정치를 중심으로』, 서울대학교 대학원 사회학과 박사학위논문.

27 윤홍식, 2019b, 앞의 책.

28 박준경, 1989, 『경제의 국제화와 중소기업의 산업조정』, 서울: 한국개발연구원.

29 정이환, 2013, 『한국 고용체제론』, 서울: 후마니타스.

30 윤홍식, 2019b, 앞의 책.

31 이재회, 1990, "1980년대 한국자본주의의 성격," 『경제와 사회』, 7: 235-262; 이재회,

1999, "1970년대 후반기의 경제정책과 산업구조의 변화: 중화학공업화를 중심으로," 김명섭·이재희·김호기·김용호·마인섭 공저, 『1970년대 후반기의 정치사회변동』, 93-154. 서울: 백산서당; 정준호, 2016, "한국 산업화의 특성과 글로벌 가치사슬," 이병천·유철규·전창환·정준호 엮음, 『한국의 민주주의와 자본주의: 불화와 공존』, 70-111. 돌베개.

32 윤홍식, 2019c, 『한국 복지국가의 기원과 궤적 3: 신자유주의와 복지국가: 1980년부터 2016년까지』, 서울: 사회평론아카데미.

33 윤홍식, 2019c, 앞의 책.

34 The Economist, 2014, "Arrested development: The model of development through industrialisation is on its way out," October 2nd, 2014.

35 고용노동부, 2018, 『2017년 전국 노동조합 조직현황』, 고용노동부.

36 윤홍식, 2019c, 앞의 책.

37 윤홍식, 2019c, 앞의 책.

38 윤홍식, 2019c, 앞의 책; 박영선, 2014, "한국 복지국가운동 논쟁에 대한 비판적 연구: 복지국가실현연석회의 사례를 중심으로," 『한국정치연구』, 12(2): 263-287.

39 윤홍식, 2019c, 앞의 책.

40 G. Esping-Andersen, 1990, 앞의 책.

41 K. Andersen, 2019[1979], 『진보는 어떻게 다수파가 되는가: 미국의 뉴딜 연합(1928~36년)』, 이철희 옮김(The Creation of a democratic majority, 1928-36), 서울: 후마니타스.

42 G. Esping-Andersen, 1990, 앞의 책.

43 한귀영, 2013, "왜 가난한 이들은 보수정당을 지지했는가?" 이창곤·한귀영 엮음, 『18 그리고 19』, 24-41. 서울: 도서출판 밈.

1장 한국 생산체제의 유산과 쟁점

1 정준호, 2017a, "기술혁신과 경제성장 연구의 현황과 과제: 한국에 대한 논의를 중심으로," 기술혁신연구, 25(4): 47-77.

2 서익진, 2003, "한국 산업화의 발전양식," 이병천 엮음, 『개발독재와 박정희시대』, 파주: 창비.

3 M. H. Khan, 2000, "Rents, Efficiency and Growth." Khan, M. H. and Jomo, K. S. (eds.), Rents, Rent-Seeking and Economic Development: Theory and Evidence in Asia, Cambridge: Cambridge University Press.

4 B. Levy and W-J. Kuo, 1991, "The Strategic Orientations of Firms and the Performance of Korea and Taiwan in Frontier Industries: Lessons from Comparative Case Studies of Keyboard and Personal Computer Assembly," World

Development, 19(4): 363-374.

5 T. Fujimoto, 2006, "Architecture-Based Comparative Advantage in Japan and Asia," K. Ohno and T. Fujimoto (eds.), *Industrialization of Developing Countries: Analysis by Japanese Economics*, Tokyo: National Graduate Institute of Policy Studies.

6 핫토리 다미오, 2007, 『개발의 경제사회학』, 유석춘·이사리 공역(開発の社会経済学), 서울: 전통과 현대.

7 정준호, 2016, "한국 산업화의 특성과 글로벌 가치사슬," 이병천·유철규·전창환·정준호 엮음, 『한국의 민주주의와 자본주의: 불화와 공존』, 돌베개.

8 정준호, 2017a, "기술혁신과 경제성장 연구의 현황과 과제: 한국에 대한 논의를 중심으로," 기술혁신연구, 25(4): 47-77.

9 조성재·장영석·오재훤·박준식·善本哲夫·折橋伸哉, 2006, 『동북아 제조업의 분업구조와 고용관계(Ⅱ)』, 한국노동연구원.

10 B. Levy and W-J. Kuo, 1991, 앞의 글.

11 정준호, 2016, 앞의 글 및 정준호, 2017b, "이중화의 관점에서 본 한국경제: 80년대 후반 이후를 중심으로," 시민과 세계, 31: 123-164.

12 조성재 외, 2006, 앞의 책.

13 Mckinsey Global Institute, 2012, *Manufacturing the Future: The Next Era of Global Growth and Innovation*, London: Mckinsey & Company.

14 정준호, 2016, 앞의 글.

15 정준호, 2016, 앞의 글.

16 정준호, 2017a, 앞의 글.

17 정준호, 2017b, 앞의 글.

18 핫토리 다미오, 2007, 앞의 책, 248.

19 정준호, 2017b, 앞의 글.

20 서익진, 2003, 앞의 글.

21 정준호, 2017b: 153-156, 앞의 글.

22 노중기, 1997, "한국의 노동정치체제 변동: 1987년~1997년," 경제와 사회, 36: 128-156.

23 조성재 외, 2006, 앞의 책.

24 정준호, 2016, 앞의 글.

25 전병유, 2016, 앞의 글.

26 정준호, 2016, 앞의 글.

27 이근, 2014, 『경제 추격론의 재창조: 기업·산업·국가 차원의 이론과 실증』, 오래.

28 정준호, 2017a, 앞의 글.

29 예를 들면 조성재 외, 2006, 앞의 책 등이 있다.

30 정준호, 2017a, 앞의 글.

2장 한국 노동시장의 구조와 쟁점

1 정이환, 2018, "한국 노동시장의 분절구조와 대안모색," 노동연구원 개원 30주년 기념세미나 발표문.
2 김유선, 2016, 『한국의 노동 2016』, 한국노동사회연구소.
3 김유선, 2016, 위의 책.
4 T. Aidt and Z. Tzannatos, 2002, *Unions and Collective Bargaining : Economic Effects in a Global Environment*, Washington, DC: The World Bank; OECD, 2004, "Wage-setting Institutions and Outcomes," *Employment Outlook 2004*, Paris: OECD; ILO, 2004, *World Employment Report 2004-05*, Geneva: Swiss.
5 OECD, 2004, 위의 글.
6 김유선, 2016, 앞의 책.
7 정이환, 2018, 앞의 글 ; 조성재, 2018, "격차 축소를 위한 연대임금과 일터혁신," 노동연구원 개원 30주년 기념세미나 발표문.
8 조성재, 2018, 위의 글.
9 정이환, 2018, 앞의 글.
10 정이환, 2018, 앞의 글.
11 조성재, 2018, 앞의 글.
12 S. Bowles and H. Gintis, 1976, *Schooling In Capitalist America: Educational Reform and the Contradictions of Economic Life*, Haymarket Books.
13 H. M. Wachtel and C. Betsy, 1972, "Employment at Low Wages," *The Review of Economics and Statistics*, 54: 121-129.
14 P. B. Doeringer and M. J. Piore, 1971, *Internal Labor Markets and Manpower Analysis*, Heath Lexingtoin Books.
15 M. Reich, D. M. Gordon and R. C. Edwards, 1973, "Dual Labor Markets: A Theory of Labor Market Segmentation," *The American Economic Review*, 63(2): 359-365.
16 S. Jacoby, 1984, "The Development of Internal Labor Markets in American Manufacturing Firms," P. Osterman (ed.), *Internal Labor Markets*, Cambridge: The MIT Press.
17 P. Cappelli, 2001, "Assessing the Decline of Internal Labour Markets," I. Berg and A. L. Kalleberg (ed.), *Sourcebook of Labour Markets: Evolving Structures and Processes*, Springer.
18 A. Lindbeck and D. J. Snower, 1988, "Cooperation, Harassment, and Involuntary Unemployment: An Insider-Outsider Approach," *The American Economic Review*, 78(1): 167-188; A. Lindbeck and D. J. Snower, 2001, "Insiders versus Outsiders," *Journal of Economic perspectives*, 15: 165-188.
19 A. Lindbeck and D. J. Snower, 2001, 위의 글.

20 J. Berg, 2015, "Labour Market Institutions: the Building Blocks of Just Societies," J. Berg (ed.), *Labour Markets, Institutions and Inequality*, Edward Elgar Publishing.

21 M. Keune, 2015, "Shaping the Future of Industrial Relations in the EU: Ideas, Paradoxes and Drivers of Change," *International Labour Review*, 154(1): 47-56.

22 M. Keune, 2015, 위의 글.

23 Rubery, 2015, "Re-regulating for inclusive labour markets," ILO, Conditions of Work and Employment Series, No.65.

24 Rubery, 2015, 위의 글.

25 김유선, 2003, 『한국 노동시장의 비정규직 증가원인에 대한 실증연구』, 고려대학교 경제학 박사학위 논문, 김유선, 2004, 『노동시장 유연화와 비정규직 고용』, 한국노동사회연구소.

26 김유선, 2007, 『한국의 노동 2007』, 한국노동사회연구소.

27 D. Weil, 2014, *The Fissured Workplace*, 송연수 역, 2015, 『균열일터』, 황소자리.

28 D. Weil, 2014, 위의 책.

29 P. Emmenegger, S. Häusermann, B. Palier and M. Seeleib-Kaiser (Eds.), 2012, *The Age of Dualization: The Changing Face of Inequality in Deindustrializing Societies*, 노동연구원 번역, 2012, 『이중화의 시대: 탈산업 사회에서 불평등 양상의 변화』, 한국노동연구원.

30 조성재, 2018, 앞의 글; 전병유, 2018, "우리나라 노동시장 분절화의 구조와 시사점," 노동연구원 개원 30주년 기념세미나 발표문.

31 Emmenegger et al., 2012, 앞의 책.

32 J. Lindvall and D. Rueda, 2014, "The Insider-Outsider Dilemma," *British Journal of Political Science*, 44(2): 460-475.

33 변양균, 2018, 『경제철학의 전환』, 바다출판사.

34 Rubery, 2015, 앞의 글.

3장 한국 민주주의의 유산과 복지정치 전략

1 A. H. Meltzer and S. F. Richard, 1981, "A Rational Theory of the Size of Government," *Journal of Political Economy*, 89(5): 914-927; P. Flora and J. Alber, 1981, "Modernization, Democratization, and the Development of Welfare States in Western Europe," P. Flora and A. Heidenheimer (eds.), *The Development of Welfare States in Europe and America*, New Brunswick and London: Transaction Publishers, 37-80.

2 L. Bartels, 2008, *Unequal Democracy: The Political Economy of the New Guild Age*, Princeton: Princeton University Press; C. Crouch, 2004, *Post-Democracy*,

Cambridge, UK, and Malden, MA: Polity; A. Stepan and J. Linz, 2011, "Comparative Perspectives on Inequality and the Quality of Democracy in the United States," *Perspectives on Politics*, 9(4): 841-856.

3   권혁용, 2007, "한국의 소득불평등의 정치경제: 탐색적 분석," 아세아연구, 50(1): 209-281; 문우진, 2011, "정치정보, 정당, 선거제도와 소득불평등," 한국정치학회보, 45(2): 73-97; 신진욱, 2015, "불평등과 한국 민주주의의 질: 2000년대 여론의 추이와 선거정치," 한국사회정책, 22(3): 9-39; 최장집, 2008, 『한국 민주주의 무엇이 문제인가』, 폴리테이아.

4   R. Bendix, 1967, "Tradition and Modernity Reconsidered," *Comparative Studies in Society and History*, 9(3): 292-346; A. Giddens, 1987, *The Nation-State and Violence*, Berkeley and Los Angeles: University of California Press.

5   D. Acemoglu and J. A. Robindon, 2006, *Economic Origins of Dictatorship and Democracy*, Cambridge: Cambridge University Press; A. H. Meltzer and S. F. Richard, 1981, "A Rational Theory of the Size of Government," *Journal of Political Economy*, 89(5): 914-927.

6   I. Gough, 1978, *The Political Economy of the Welfare State*, London: Macmillan; C. Offe, 1984, *Contradictions of the Welfare State*, Cambridge, MA: MIT Press.

7   W. Korpi, 1978, *The Working Class in Welfare Capitalism*, London: Routledge.

8   G. Esping-Andersen, 1985, *Politics against Markets. The Social Democratic Road to Power*, Princeton, NJ: Princeton University Press.

9   S. Ersson and J. E. Lane, 1996, "Democracy and Development: A Statistical Exploration," A. Leftwich (ed.), *Democracy and Development: Theory and Practice*, Cambridge, UK: Polity.

10   D. Acemoglu and J. A. Robindon, 2006, 앞의 책.

11   F. Castles and R. D. McKinlay, 1979, "Public Welfare Provision, Scandinavia, and the Sheer Futility of the Sociological Approach to Politics," *British Journal of Political Science*, 9: 157-171.

12   S. M. Lipset and G. Marks, 2000, *It Didn't Happen Here: Why Socialism Failed in the United States*, New York; W. W. Norton & Company; S. Rokkan, 1999, *State Formation, Nation-Building, and Mass Politics in Europe: The Theory of Stein Rokkan*, S. Kuhnle, P. Flora and D. Urwin (eds.), Oxford: Oxford University Press; T. Skocpol and E. Amenta, 1986, "States and social policies," *Annual Review of Sociology*, 12: 131-157.

13   E. E. Schattschneider, 1935, *Politics, Pressure, and the Tariff*, New York: Prentice-Hall, 288.

14   S. Kumlin and I. Stadelmann-Steffen (eds.), 2014, *How Welfare States Shape the Democratic Public: Policy Feedback, Participation, Voting, and Attitudes*, Cheltenham, UK: Edward Elgar; P. Pierson, 2000, "Increasing Returns, Path

Dependence, and the Study of Politics," *American Political Science Review*, 94(2): 251-267.

15 S. Rokkan, 1999, *State Formation, Nation-Building, and Mass Politics in Europe: The Theory of Stein Rokkan*, S. Kuhnle, P. Flora and D. Urwin (eds.), Oxford: Oxford University Press.

16 S. N. Eisenstadt, 1999, *Paradoxes of Democracy. Fragility, Continuity, Change*, Baltimore, MA: Johns Hopkins University Press.

17 S. M. Lipset and S. Rokkan, 1967, "Cleavage Structures, Party Systems, and Voter Alignments: An Introduction," S. M. Lipset and S. Rokkan (eds.), *Party Systems and Voter Alignments: Cross-national Perspectives*, New York: Free Press.

18 D. Bell, 1970, *The End of Ideology. On the Exhaustion of Political Ideas in the Fifties*, Glencoe, IL: The Free Press.

19 R. Inglehart, 1990, *Culture Shift in Advanced Industrial Societies*, Princeton, N.J.: Princeton University Press.

20 R. J. Dalton, 2013, *The Apartisan American. Dealignment and Changing Electoral Politics*, Los Angeles et al.: Sage.

21 S. M. Lipset, 1996, *American Exceptionalism: A Double Edged Sword*, New York: W. W. Norton & Company; S, M. Lipset and G. Marks, 2000, *It Didn't Happen Here: Why Socialism Failed in the United States*, New York: W. W. Norton & Company.

22 S. Mainwaring and M. Torcal, 2006, "Party System Institutionalization and Party System Theory after the Third Wave of Democratization," R. S. Katz and W. Crotty (eds.), *Handbook of Party Politics*, Los Angeles et al.: Sage.

23 M. Mann, 1988, *States, War, and Capitalism: Studies in Political Sociology*, Oxford and New York: Basil Blackwell; K. Sikkink, 1991, *Ideas and Institutions: Developmentalism in Brazil and Argentina*, Ithaca: Cornell University Press.

24 M. Mann, 1993, *The Sources of Social Power. Volume 2: The Rise of Classes and Nation States 1760-1914*, New York: Cambridge University Press; T. Skocpol, 1985, "Bringing the State Back In: Strategies of Analysis in Current Research," P. B. Evans, D. Rueschemeyer, and T. Skocpol (eds.), *Bringing the State Back In*, Cambridge et al.: Cambridge University Press, 3-37; C. Tilly and S. Tarrow, 2007, 『Contentious Politics』, Boulder and London: Paradigm Publishers.

25 T. Skocpol and K. Finegold, 1982, "State Capacity and Economic Intervention in the Early New Deal," *Political Science Quarterly*, 97(2): 255-278.

26 T. Besley and T. Persson, 2009. "The Origins of State Capacity: Property Rights, Taxation, and Politics," *American Economic Review*, 99(4): 1218-44.

27 J. K. Hanson, 2015, "Democracy and State Capacity: Complements or Substitutes?" *Studies in Comparative International Development*, 50: 304-330.

28 H. Bäck and A. Hadenius, 2008, "Democracy and State Capacity: Exploring a

J-Shaped Relationship," *Governance*, 21(1): 1-24.

29 J. Linz, 1990, "The Perils of Presidentialism," *Journal of Democracy*, 1(1): 51-69.

30 W. Ismayr, 2009, "Die politischen Systeme Westeuropas im Vergleich." W. Ismayr (eds.), *Die politischen Systeme Westeuropas*, Wiesbaden: VS Verlag für Sozialwissenschaften, 9-64.

31 T. Iversen and D. Soskice, 2006, "Electoral Institutions and the Politics of Coalitions: Why Some Democracies Redistribute More Than Others," *American Political Science Review*, 100(2): 165-181; A. Lijphart, 1999, *Patterns of Democracy. Government Forms and Performance in Thirty-Six Countries*, New Haven and London: Yale University Press.

32 G. Lardeyret, 2006, "The Problem with PR," L. Diamond and M. F. Plattner (eds.), *Electoral Systems and Democracy*, Baltimore: Johns Hopkins University Press.

33 H. Obinger, F. Castles, and S. Leibfried, 2005, "Introduction: Federalism and the Welfare State," H. Obinger, S. Leibfried, and F. Castles (eds.), *Federalism and the Welfare State: New World and European Experiences*, New York: Cambridge University Press; M. Sellers and A. Lidström, 2007, "Decentralization, local government, and the welfare state," *Governance: An International Journal of Policy, Administration, and Institutions*, 20(4): 609-632.

34 A. Alesina and E. Glaeser, 2004, *Fighting Poverty in the US and Europe: A World of Difference*, Oxford: Oxford University Press. (알레시나·글레이저, 2012, 『복지국가의 정치학: 누가 왜 복지국가에 반대하는가?』, 전용범 역, 생각의 힘)

35 F. G. Castles, 1978, *The Social Democratic Image of Society. A Study of the Achievements and Origins of Scandinavian Social Democracy in Comparative Perspective*, London: Routledge; W. Korpi, 1983, *The Democratic Class Struggle*, London: Routledge.

36 W. Korpi and J. Palme, 2003, "New Politics and Class Politics in the Context of Austerity and Globalization: Welfare State Regress in 18 Countries, 1975-95." *American Political Science Review*, 97(3): 425-446; S. Svalfors, 2007, *The Political Sociology of the Welfare State: Institutions, Social Cleavages, and Orientations*, Stanford: Stanford University Press.

37 G. Esping-Andersen, 1985, *Politics against Markets. The Social Democratic Road to Power*, Princeton, NJ: Princeton University Press.

38 M. G. Schmidt, 2001, "Ursachen und Folgen wohlfahrtsstaatlicher Politik: Ein internationaler Vergleich," M. G. Schmidt (eds.), *Wohlfahrtsstaatliche Politik: Institutionen, politischer Prozess und Leistungsprofil*, Opladen: Leske+Budrich.

39 K. van Kersbergen, 1995, *Social Capitalism: a Study of Christian Democracy and of the Welfare State*, London and New York: Routledge; M. Seeleib-Kaiser, S. van Dyk, and M. Roggenkamp, 2008, *Party Politics and Social Welfare: Comparing Christian*

and Social Democracy in Austria, Germany and the Netherlands, Cheltenham: Edward Elgar.

40   O. Kirchheimer, 1966, "The Transformation of the Western European Party Systems," J. La Palombra and M. Weiner (eds.), *Political Parties and Political Development*, Princeton: Princeton University Press.

41   A. Downs, 1957, *An Economic Theory of Democracy*, New York: Harper & Row.

42   C. Barrilleaux, T. Holbrook, and L. Langer, 2002, "Electoral Competition, Legislative Balance, and American State Welfare Policy," *American Journal of Political Science*, 46(2): 415-427; M. Comiskey, 2004, "Electoral Competition and the Growth of Public Spending in 13 Industrial Democracies, 1950 to 1983," *Comparative Political Studies*, 26(3): 350-374; A. Hicks and D. Swank, 1984, "On the Political Economy of Welfare Expansion: A Comparative Analysis of 18 Advanced Capitalist Democracies, 1960-1971," *Comparative Political Studies*, 17(1): 81-119; F. C. Pampel and J. B. Williamson, 1988, "Welfare Spending in Advanced Industrial Democracies, 1950-1980," *American Journal of Sociology*, 93(6): 1424-56.

43   E. T. Jennings, 1979, "Competition, Constituencies, and Welfare Policies in American States," *American Political Science Review*, 73(2): 414-429; S-G. Kang and G. B. Powell, Jr., 2010, "Representation and Policy Responsiveness: The Median Voter, Election Rules, and Redistributive Welfare Spending," *Journal of Politics*, 72(4): 1014-1028.

44   R. J. Dalton, 2013, *The Apartisan American. Dealignment and Changing Electoral Politics*, Los Angeles et al.: Sage; K. J. Morgan, 2013, "Path Shifting of the Welfare State: Electoral Competition and the Expansion of Work-Family Policies in Western Europe," *World Politics*, 65(1): 73-115.

45   W. de Koster, P. Achterberg, and J. van der Waal, 2012, "The New Right and the Welfare State: The Electoral Relevance of Welfare Chauvinism and Welfare Populism in the Netherlands," *International Political Science Review*, 34(1): 3-20.

46   W. van Oorschot, M. Opielka, and B. Pfau-Effinger (eds.), 2008, *Culture And Welfare State: Values and Social Policy in Comparative Perspective*, Cheltenham: Edward Elgar.

47   C. Brooks and J. Manza, 2007, *Why Welfare States Persist: The Importance of Public Opinion in Democracies*, Chicago: The University of Chicago Press, 129.

48   F. R. Baumgartner and C. Mahoney, 2005, "Social Movements, the Rise of New Issues, and the Public Agenda." D. S. Meyer, V. Jenness, and H. Ingram (eds.), *Routing the Opposition: Social Movements, Public Policy, and Democracy*, Minneapolis: University Of Minnesota Press; P. Burstein and A. Linton, 2002, "The Impact of Political Parties, Interest Groups, and Social Movement Organizations on Public Policy," *Social Forces*, 81(2): 381-408; G. Martin, 2001, "Social Movements,

Welfare and Social policy: a Critical Analysis," *Critical Social Policy*, 21(3): 361-383.

49 E. Amenta, N. Caren, and S. J. Olasky, 2005, "Age for Leisure? Political Mediation and the Impact of the Pension Movement on U.S. Old-A Policy," *American Sociological Review*, 70(3): 516-538; E. Amenta, K. Dunleavy, and M. Bernstein, 1994, "Stolen Thunder? Huey Long's "Share Own Wealth," Political Mediation, and the Second New Deal." *American Sociological Review*, 59(6): 678-702..

50 신진욱, 2017, "왜 불평등의 심화는 계급균열로 이어지지 않는가? 후발 민주화 사회에서 균열형성 지체의 역사적 조건," 민주사회와 정책연구, 32: 86-123.; 이현우, 2008, "사회균열이론의 후발민주국가 적용과 한계," OUGHTOPIA, 23(2): 145-176.

51 김만흠, 1995, "정치균열, 정당정치 그리고 지역주의," 한국정치학회보, 28(2): 215-237; 조성대, 2008, "균열구조와 정당체계: 지역주의, 이념, 그리고 2007년 한국 대통령 선거," 현대정치연구, 1(1): 169-198..

52 이갑윤·박경미, 2014, "지역발전과 지역적 정당투표," 이갑윤·이현우 엮음, 『한국의 정치균열 구조: 지역, 계층, 세대 및 이념』, 오름.

53 어수영, 2007, "세대와 투표양태," 어수영 편저, 『한국의 선거(V)』, 오름; 이현우·이정진, 2014, "세대별 이념갈등의 이질성: 세대 내 이슈태도 분석을 중심으로," 이갑윤·이현우 엮음, 『한국의 정치균열 구조: 지역, 계층, 세대 및 이념』, 오름.

54 문우진, 2011, "정치정보, 정당, 선거제도와 소득불평등," 한국정치학회보, 45(2): 73-97.

55 심지연, 2009, 『한국 정당 정치사: 위기와 통합의 정치』, 증보판, 백산서당.

56 정태영, 2007, 『한국 사회민주주의정당의 역사적 기원』, 후마니타스.

57 박종민·윤견수, 2014, "한국 국가관료제의 세 가지 전통," 한국행정학보, 48(1): 1-24.

58 엄석진·이서영·라서영·양종욱, 2017, "한국의 국가발전과 행정, 1948: 2016: 국가기구론의 시각에서," 한국사회와 행정연구, 28(3): 1-52.

59 김미경, 2013, "조세체제와 자본주의 다양성," 국제정치논총, 53(4): 225-257; 양재진 외, 2015, 『복지국가의 조세와 정치』, 파주: 집문당; 윤홍식, 2011, "복지국가의 조세체계와 함의," 한국사회복지학, 63(4): 277-299.

60 김동춘, 2006, 『1997년 이후 한국사회의 성찰: 기업사회로의 변환과 과제』, 길.

61 정진민, 2008, 『한국의 정당정치와 대통령제 민주주의』, 인간사랑, 168-173.

62 김영순, 2009, "노무현 정부의 복지정책: 복지국가의 제도적, 정치적 기반 형성 문제를 중심으로," 경제와 사회, 82: 161-185; 김태일, 2007, "'지방분권'의 정치 동학," 한일공동연구총서, 16: 127-147; 신진욱, 2018, "민주주의와 복지국가의 관점에서 본 분권지상주의의 문제와 과제," 월간 복지동향, 236: 5-12; 신진욱·서준상, 2016, "복지국가, 지방분권, 지방정치: 역사·비교론적 관점에서 본 한국의 복지 분권화의 특성," 한국사회정책, 23(4): 61-89.

63 성경륭, 2014, "한국 복지국가 발전의 정치적 기제에 관한 연구: 노무현 정부와 이명박 정부의 비교," 한국사회학, 48(1): 71-132; 양재진, 2014, "제도주의적 권력자원론과 한국의 노동, 자본, 정치가의 복지정책 선호에 관한 실증연구," 한국정치학회보, 48(2): 79-102; 양재진·정의룡, 2012, "복지국가의 저발전에 관한 실증 연구: 제도주의적

신권력자원론의 타당성 검토," 한국정치학회보, 46(5): 79-97; 유진숙 · 김원섭, 2015,
"지방정부 복지정책과 정당: 학교급식정책 사례," 한국정치학회보, 49(4): 363-389.

64　마인섭, 2018. "민주화 이후 한국의 불평등과 민주주의의 질," 박종민 · 마인섭 엮음.
『한국 민주주의의 질: 민주화 이후 30년』, 박영사.

65　C. Aspalter, 2006, "The East Asian Welfare Model," *International Journal of Social Welfare*, 15: 290-301.

66　심지연 · 김민전, 2006, 『한국 정치제도의 진화경로: 선거 · 정당 · 정치자금 제도』,
백산서당.

67　R. Dahl, 1971, *Polyarchy*, New Haven: Yale University Press.

68　임현진, 2009, 『한국의 사회운동과 진보정당』, 서울대학교출판문화원.

69　김원섭 · 남윤철, 2011, "이명박 정부 사회정책의 발전: 한국 복지국가 확대의 끝?"
아세아연구, 54(1): 119-152; M. Estévez Abe and Y-S. Kim, 2014, "Presidents, Prime Ministers and Politics of Care: Why Korea Expanded Childcare Much More Than Japan," *Social Policy & Administration*, 48(6): 666-685; R. Goodman and I. Peng, 1996, "The East Asian Welfare State," G. Esping-Andersen (eds.), *Welfare States in Transition*, London: London: Sage.

70　강원택, 2003, 『한국의 선거정치: 이념, 지역, 세대와 미디어』, 푸른길; 김욱, 2007,
"16대 대선에서 세대, 이념, 그리고 가치의 영향력," 어수영 편. 『한국의 선거(V)』, 오름;
조성대, 2008, "균열구조와 정당체계: 지역주의, 이념, 그리고 2007년 한국 대통령 선거,"
현대정치연구, 1(1): 169-198.

71　강원택, 2013, "한국 선거에서의 '계급 배반 투표'와 사회 계층," 한국정당학회보,
12(3): 5-28; 장승진, 2013, "2012년 양대 선거에서 나타난 계층균열의 가능성과
한계," 한국정치학회보, 47(4): 51-70; 한귀영, 2013, "2012년 대선, 가난한 이들은 왜
보수정당을 지지했는가?" 동향과 전망, 89: 9-39.

72　전병유 · 신진욱, 2014, "저소득층일수록 보수정당을 지지하는가? 한국에서 계층별 정당
지지와 정책 태도, 2003-2012," 동향과 전망, 91: 9-48.

73　김영순 · 여유진, 2011, "한국인의 복지태도: 비계급성과 비일관성 문제를 중심으로."
경제와 사회, 91: 211-240.

74　이영환, 2005, "사회복지운동의 전개과정," 이영환 엮음, 『한국의 사회복지운동』, 인간과
복지.

75　고원, 2012, "한국에서 복지의제의 지배적 정치담론화 과정 분석," 경제와 사회, 95: 12-38; 김영순, 2011, "보편적 복지국가를 위한 복지동맹: 조건과 전망," 시민과 세계, 19: 14-33.

76　남찬섭, 2000, "한국 복지제도의 전개 과정과 성격," 한국사회과학연구소
사회복지연구실 편, 『한국 사회복지의 현황과 쟁점』, 인간과 복지;
신진욱 · 김진두 · 정보영, 2018, "사회운동은 어떻게 보수정당의 복지정책을 바꾸는가?
정치매개모형을 통한 반값등록금운동 사례 분석, 2008~2011," 한국사회학, 52(1):
1-37; 유형근, 2015, "청년 불안정노동자 이해대변 운동의 출현과 성장: 청년유니온과

알바노조." 아세아연구, 58(2): 38-77.

77 R. Bendix, 1967, "Tradition and Modernity Reconsidered," *Comparative Studies in Society and History*, 9(3): 328.

78 홍경준, 2010, "정치제도가 사회정책의 발전에 미치는 효과에 관한 비교 연구," 한국사회복지학, 62(3): 141-162.

79 I. Holliday, 2000, "Productivist Welfare Capitalism: Social Policy in East Asia," *Political Studies*, 48(4): 706-723.

80 A. Gramsci, 1971, *Selections from the Prison Notebooks*, edited and translated by Quentin Hoare and Geoffrey Nowell Smith, London: Lawrence & Wishart, 411.

4장 한국 복지정치의 주요 행위자들과 복지국가의 발전

1 W. Korpi, 2006, "Power Resources and Employer-centered Approaches in Explanations of Welfare States and Varieties of Capitalism: Protagonists, Consenters, and Antagonists," *World Politics*, 58(2): 167-206.

2 W. Korpi, 1978, *The Working Class in Welfare Capitalism*, London: Routledge, Kegan, and Paul; W. Korpi, 2006, 앞의 글.

3 J. Stephens, 1979, *The Transition from Capitalism to Socialism*, Chicago: University of Illinois Press; W. Korpi, 1983, *The Democratic Class Struggle*, London: Routledge; M. Shalev, 1983, "Class Politics and Western Welfare State," S. E. Spiro and E. Yuchtman-Yarr (eds.), *Evaluating the Welfare State*, Academic Press; A. Hicks and J. Misra, 1993, "Political Resources and the Growth of Welfare in Affluent Capitalist Democracies, 1960 - 1982," *The American Journal of Sociology*, 99(3): 668-710.

4 G. Esping-Andersen, 1990, *Three Worlds of Welfare Capitalism*, 16-18, Princeton, NJ: Princeton Univ. Press.

5 김영순, 2013, "누가 어떤 복지국가를 만드는가?: 서구 복지국가들의 형성 및 발전과정이 한국의 보편주의 논의에 주는 함의," 경제와 사회, 97: 192-225.

6 P. Swenson, 2002, *Capitalists against Markets: The Making of Labor Markets and Welfare states in the United States and Sweden*, Oxford: OUP.

7 M. Estévez-Abe, T. Iversen and D. Soskice, 2001, "Social Protection and the Formation of Skills: A Reinterpretation of the Welfare State," P. Hall and D. Soskice (eds.), *Varieties Of Capitalism: The Institutional Foundations of Comparative Advantage*, Oxford: Oxford University Press.

8 W. Korpi, 2006, 위의 글.

9 T. Fagan, and P. Lee, 1997, "'New' Social Movements and Social Policy: A Case Study of the Disability Movement," M. Lavelette and A. Pratt (eds.), *Social Policy: A*

Conceptual and Theoretical Introduction, London: Sage.

10 G. Martin, 2001, "Social Movements, Welfare and Social policy: a Critical Analysis," *Critical Social Policy*, 21(3): 361-383.

11 A. Hicks and D. Swank, 1984, "On the Political Economy of Welfare Expansion: A Comparative Analysis of 18 Advanced Capitalist Democracies, 1960-1971," *Comparative Political Studies*, 17(1): 81-119; S. Schneider and P. Ingraham, 1984, "The Impact of Political Participation on Social Policy Adoption and Expansion," *Comparative Politics*, 17(1): 107-122; F. C. Pampel and J. B. Williamson, 1989, *Age, Class, Politics, and the Welfare State*, Cambridge: Cambridge University Press; J. Myles and J. Quadagno, 2002, "Political Theories of the Welfare State," *Social Service Review*, 76(1): 34-57; 성경륭, 2014, "한국 복지국가 발전의 정치적 기제에 관한 연구: 노무현 정부와 이명박 정부의 비교," 한국사회학, 48(1): 71-132.

12 양재진. 2008, "한국 복지정책 60년: 발전주의 복지체제의 형성과 전환의 필요성," 한국행정학보, 42(2): 327-349.

13 성경륭, 2014, 앞의 글.

14 A. S. Orloff and T. Skocpol, 1984, "Why not Equal Protection?: Explaning the Politics of Public Social Spending in Britain, 1900-1911, and the United States, 1880s-1920," *American Sociological Review*, 49: 726-750; T. Skocpol, 1992, "State Formation and Social Policy in the United States," *American Behavioral Scientist*, 35(4-5): 559-584; D. Rueschemeyer and T. Skocpol (eds.), 1996, *States, Social Knowledge, and the Origins of Modern Social Policies*, Princeton: Princeton UP.

15 김연명, 2002, "김대중 정부의 사회복지 개혁과 불확실한 미래: 국민연금·의료보험 개혁을 둘러싼 이해집단간 갈등을 중심으로," 경제와 사회, 55: 35-60.

16 M. Estévez-Abe and Y-S. Kim, 2014, "Presidents, Prime Ministers and Politics of Care: Why Korea Expanded Childcare Much More Than Japan," *Social Policy & Administration*, 48(6): 666-685.

17 이주호, 2016, "노동조합의 역할," 이태수 외, 『한국 복지국가 모델 구축 연구』, 비판과대안을위한사회복지학회(미출판).

18 김태현, 2011, 『노동존중 복지국가: 민주노총의 노동복지 대안』, 민주노총 복지국가워크숍.

19 이주호, 2016, 앞의 글, 310.

20 박영선, 2014, "한국 복지국가운동 논쟁에 대한 비판적 연구: 복지국가실현연석회의 사례를 중심으로," 한국정치연구, 23(2): 263-287.

21 신정완, 2010, "스웨덴 연대임금정책의 정착과정과 한국에서 노동자 연대 강화의 길," 시민과세계, 18: 59-74.

22 P. Katzenstein, 1985, "Small Nations in an Open International Economy: the Converging Balance of State and Society in Switzerland and Austria," P. B. Evans, D. Rueschemeyer and T. Skocpol (eds.), *Bringing the State Back In*, Cambridge:

Cambridge University Press; M. Golden and J. Pontusson, 1992, *Bargaining for Change: Union Politics in North America and Europe*, Cornell University Press; Esping-Anderson, 1990, 앞의 책.

23 양재진·정의룡, 2012, "복지국가의 저발전에 관한 실증 연구: 제도주의적 신권력자원론의 타당성 검토," 한국정치학회보, 46(5): 79-97.

24 이주호, 2016, 앞의 글.

25 이상호, 2011, "민주노조의 사회연대전략과 복지국가," 시민과 세계, 20: 28-44.

26 박명준, 2014, "한국노동조합의 복지정책 역량," 조흥식·장지연 엮음, 『평화와 복지, 경계를 넘어』, 이매진.

27 이주호, 2016, 앞의 글.

28 김영순, 2017, "청년 노동조합운동의 복지의제와 복지국가 전망: 청년유니온과 알바노조를 중심으로," 한국정치학회보, 51(1): 233-259.

29 김영순, 2017, 위의 글.

30 김영순, 2012, "한국의 복지국가와 복지정치의 제도들: 안정적 제도화의 조건과 과제," 조흥식 편, 『대한민국 복지국가의 길을 묻다』, 이매진.

31 G. O'Donnell and P. C. Schmitter, 1986, *Transition from Authoritarian Rule: Tentative Conclusion about Uncertain Democracies*, Baltimore: The Johns Hopkins Univ. Press.

32 H-Y. Cho, 2000, "Transition to Democracy and Changes in Korean NGOs," *Korea Journal*, 40(2): 275-304.

33 원석조, 2000, "한국의 이익집단과 사회복지," 한국사회복지학회 추계학술대회 발표문.

34 안병영, 2000, "국민기초생활보장법의 제정과정에 관한 연구," 행정논총, 38(1): 1-50.

35 박영선, 2014, 앞의 글.

36 안병영, 2000, 앞의 글.

37 김영순, 2011, "보편적 복지국가를 위한 복지동맹: 조건과 전망," 시민과 세계, 19: 14-33.

38 강원택, 2013, "한국 선거에서의 '계급 배반 투표'와 사회 계층," 한국정당학회보, 12(3): 5-28.

39 장지연, 2014, "누구와 함께 평화복지국가를 도모할까," 조흥식·장지연 편, 『평화와 복지, 경계를 넘어』, 이매진.

40 박재묵, 2001, "한국 시민운동의 정치세력화 방향: 환경운동연합과 대전지역 시민운동단체의 지방선거 참여사례를 중심으로," 권태환·임현진·송호근 공편, 『신사회운동의 사회학』, 서울대학교 출판부.

41 국민일보, 2014, "독일식 정당명부제 도입 땐… '지역주의' 엷어지고 '제3당' 나온다," 2014년 11월 17일자 4면. http://news.kmib.co.kr/article/view.asp?arcid=0922848535&code=11121300&cp=nv (접근일, 2017. 5. 20.)

42 G. Sartori, 1994, *Comparative Constitutional Engineering: An Inquiry into Structures, Incentives and Outcomes*, London: Macmillan.

43 김수진, 2008, 『한국 민주주의와 정당정치』, 서울: 백산서당.

44 Y-S. Kim, 2010, "Institutions of Interest Representation and the Welfare State in Post-democratization Korea," *Asian Perspective*, 34(1): 159-189.

45 이신용, 2010, "민주주의가 사회복지정책에 미치는 영향," 김윤태 편, 『한국 복지국가의 전망』, 한울아카데미.

46 M. Estévez-Abe and Y-S. Kim, 2014, 앞의 글.

47 성경륭, 2014, 앞의 글.

48 양재진·안재홍·김상철·유범상·권혁용, 2015, 『복지국가의 조세와 정치』, 파주: 집문당.

49 양재진·안재홍·김상철·유범상·권혁용, 2015, 위의 책.

50 김영순, 2005, "민주화와 복지정치의 변화: 국민기초생활보장법 제정과정을 중심으로," 한국과 국제정치, 21(3): 97-126.

51 이주호, 2016, 앞의 글.

52 장은주, 2012, "복지국가, 하나의 '시민적 기획': 분배 정의를 넘어서는 한국 복지국가의 도덕적 기초," 조흥식 엮음, 『대한민국 복지국가의 길을 묻다: 바람직하고 지속 가능한 시민복지국가를 향해』, 이매진.

53 고세훈, 2012, "노동 '있는' 복지국가: 논리, 역사, 전망," 조흥식 엮음, 『대한민국 복지국가의 길을 묻다: 바람직하고 지속 가능한 시민복지국가를 향해』, 이매진.

54 이주호, 2016, 앞의 글.

55 이상호, 2011, 앞의 글; 은수미, 2011, "복지국가를 위한 노동의 사회적 연대: 혼합형 복지동맹의 가능성," 시민과 세계, 19: 34-46.

56 이상호, 2011, 앞의 글.

57 한국노동사회연구소, 2018, 『한국노동사회연구소 창립23주년 기념 토론회 자료집』, 한국노동사회연구소.

58 고세훈, 2013, "복지와 노동(권력): "권력자원 접근"의 이론적 위상과 한국적 함의," 동서연구, 25(1): 5-31.

59 장은주, 2012, 앞의 글.

60 J. Manza and C. Brooks, 2008, "Class and Politics," A. Lareau and D. Conley (eds.), *Social Class: How Does it Work*, New York: Russel Sage Foundation Press.

61 박영선, 2014, 앞의 글.

62 김정훈, 2012, "민주화운동단체들에 대한 정치사회학적 고찰 2; 참여연대를 통해 본 한국 시민운동의 변화," 기억과 전망, 26: 8-49.

63 오건호, 2014, "복지국가 운동의 평가와 〈내가 만드는 복지국가〉의 과제," 미발표초고; 정태석, 2014, "복지국가운동과 사회민주주의: 복지국가운동은 사회민주주의 없이 가능한가?" 지식협동조합 사회민주주의 연구모임 주최 제1회 사회민주주의 포럼 〈사회운동과 사회민주주의의 관계, 어떻게 할 것인가〉 발표문.

64 김형용, 2015, "지방분권과 복지국가; 사회서비스 분권화를 어떻게 볼 것인가? 분권화의 조건과 과제," 한국사회보장학회 정기학술 발표논문집.

65 구갑우, 2012, "복지국가는 평화국가와 함께 가야 한다," 복지동향, 162: 16-22.

66 정상호, 2007, "시민사회운동과 정당의 관계 및 유형에 관한 연구," 한국정치학회보,

41(2): 161-184.

67 S. Häusermann and H. Schwander, 2012, "이중화의 다양성: 복지레짐별 노동시장 분절화와 내부자–외부자 분할," P. Emmenegger, S. Häusermann, B. Palier, M. Seeleib-Kaiser (편), 2012, 『이중화의 시대: 탈산업화 사회에서 불평등양상의 변화』, 한국노동연구원.

68 여유진·김영순, 2015, "한국의 중간층은 어떤 복지국가를 원하는가? 중간층의 복지태도와 복지국가 전망에의 함의," 한국정치학회보, 49(4): 335-362.

69 노정호·김영순, 2017, "한국인의 복지태도와 정당 지지: 제20대 국회의원 선거를 중심으로," 동서연구, 29(2): 167-196.

70 김영순, 2009, "노무현 정부의 복지정책: 복지국가의 제도적, 정치적 기반 형성 문제를 중심으로," 경제와 사회, 82: 161-185.

71 한겨레신문, 2018, "'출산 2000만 원·아동수당 30만 원'…한국당 복지공세 왜?," 2018년 11월 4일자 3면. http://www.hani.co.kr/arti/politics/assembly/868789.html#csidxd700664dacf0f33 b85244428466e12e.

72 오건호, 2014, 앞의 글; 정태석, 2014, 앞의 글.

5장 한국 소득보장제도의 유산과 쟁점

1 남지민, 2009, "한국 복지체제의 발전주의적 성격에 관한 연구," 대한정치학회보, 16(3): 273-297; 양재진, 2011, "한국 노후소득보장제도의 역사, 문제점, 그리고 대안의 모색," 아세아연구, 54(2): 80-110; 윤홍식, 2017, "민주화 이후 30년 한국 복지체제의 성격 2: 외환위기 이후 상향적 선별주의 복지체제의 강화와 지속," 사회정책연합 공동학술대회 자료집; 정무권, 2007, "한국 발전주의 생산레짐과 복지체제의 형성," 한국사회정책, 14(1): 257-307; 최영준, 2011, "한국 복지정책과 복지정치의 발전: 생산주의 복지체제의 진화," 아세아연구, 54(2): 7-41; I. Holiday, 2000, "Productivist Welfare Capitalism: Social Policy in East Asia," *Political Studies*, 48(4): 706-723; H-J. Kwon, 2005, "Transforming the Developmental Welfare State in East Asia," *Development and Change*, 36(3): 477-497 등.

2 양재진, 2011, 위의 글.

3 윤홍식, 2017, 앞의 글; 최영준, 2011, "한국 복지정책과 복지정치의 발전: 생산주의 복지체제의 진화," 아세아연구, 54(2): 7-41.

4 최영준, 2011, 위의 글; 양재진, 2011, 앞의 글; 남지민, 2009, 앞의 글; H-J. Kwon, 2005, 앞의 글.

5 최영준, 2011, 앞의 글.

6 강욱모, 2018, "보편주의 복지국가 논쟁: 한국의 복지정책은 보편주의가 될 수 있을까?" 현상과 인식, 42(3): 41-72.

7   양재진, 2011, 위의 글.

8   김연명, 2002, "김대중 정부의 사회복지 개혁과 불확실한 미래: 국민연금·의료보험 개혁을 둘러싼 이해집단간 갈등을 중심으로," 경제와 사회, 55: 35-60.

9   이영환, 2002, "김대중 정부 사회복지정책의 평가: 탈빈곤과 재분배의 관점에서," 경제와 사회, 55: 61-92.

10   이영환, 2002, 위의 글.

11   이영환, 2002, 앞의 글.

12   김영순, 2009, "노무현 정부의 복지정책: 복지국가의 제도적, 정치적 기반 형성 문제를 중심으로," 경제와 사회, 82: 161-185.

13   양재진, 2011, 위의 글.

14   윤홍식, 2017, 앞의 글.

15   김연명, 2009, "이명박 정부 소득보장정책의 쟁점," 복지동향, 125: 4-8.

16   주은선, 2008, "이명박 정부 시대 사회복지: 복지시장의 전면화," 서석사회과학논총, 1(2): 113-133.

17   김교성·김성욱, 2012, "복지의 양적 확대와 체계적 축소: 이명박 정부의 복지정책에 대한 평가," 사회복지정책, 39(3): 117-149; 김원섭·남윤철, 2011, "이명박 정부 사회정책의 발전: 한국 복지국가 확대의 끝?" 아세아연구, 54(1): 119-152.

18   김교성·김성욱, 2012, 위의 글.

19   김교성·김성욱, 2012, 앞의 글.

20   김도형, 2016, "두루누리 사회보험 지원사업의 성과평가와 정책적 시사점," KDI FOCUS, 75: 1-6.

21   조흥식, 2016, "박근혜 정부 복지정책 평가와 과제: 증세 없는 복지의 허구성," 지식협동조합 좋은나라 제10회 정책심포지엄 자료집.

22   남재욱, 2018, "한국 복지국가 성장의 분배적 함의: 보편주의 강화와 관대한 연대의 길," 사회정책연합 공동학술대회 자료집.

23   이원진·구인회, 2015, "소득분배의 시계열 분석을 위한 한국 소득 데이터의 검토," 조사연구, 16(4): 27-61; 김낙년·김종일, 2013, "한국의 소득분배 지표의 재검토," 한국경제의 분석, 19(2): 1-50.

24   장지연·황덕순·은수미·이병희·박제성·전병유, 2011, 『노동시장 구조와 사회보장체계의 정합성』, 한국노동연구원; 황덕순, 2011, "한국 복지국가 발전과 노동," 경제논집, 50(3): 295-337.

25   강신욱, 2017, "한국 소득보장제도군의 효과성 평가," 한국사회정책, 24(1): 213-237.

26   주은선, 2013, "한국의 대안적 소득보장제도 모색: 현행의 복지국가 프로그램과 한시적 시민수당 결합에 대한 시론," 비판사회정책, 38: 83-126

27   강욱모, 2018, 앞의 글; 김연명, 2011, "한국에서 보편주의 복지국가의 의미와 과제," 민주사회와 정책연구, 19: 15-41; 윤홍식, 2011a, "보편주의를 둘러싼 주요 쟁점: 보편주의 복지정책을 위한 시론," 한국사회복지학, 63(2): 57-79; A. Anttonen and J. Sipila, 2008, "Universalism: and Idea and Principle in Social Policy," Unpublished

paper; A. Anttonen and J. Sipila, 2014. "Varieties of Universalism," The UNRISD Conference. Geneva, Switzerland 등.

28 장지연, 2018, "노동존중사회의 사회적 시민권," 신광영 외, 『노동존중사회: 노동과 균형적 사회성장』, 경제사회발전노사정위원회.

29 G. Esping-Andersen, 1999, *Social Foundations of Post-Industrial Economics*, Oxford: Oxford University Press; G. Esping-Andersen, D. Gallie, A. Hemerijck, and J. Myles, 2002, *Why We Need a New Welfare State*, Oxford: Oxford University Press; 석재은, 2014, "OECD 복지국가 지속가능성의 다차원적 평가와 지속가능 유형별 복지정책의 특성," 보건사회연구, 34(4): 5-35; 김용하·임성은·윤강재·우선희, 2011, 『지속가능한 선진복지모델 연구』, 한국보건사회연구원 등.

30 W. Korpi and J. Palme, 1998. "The Paradox of Redistribution and Strategies of Equality: Welfare State Institutions, Inequality, and Poverty in the Western Countries," *American Sociological Review*, 63(5): 661-687.

31 백승호, 2017, "기본소득 실현을 위한 기본소득 모형들," 복지동향, 221: 14-21; 김교성·백승호·서정희·이승윤, 2018, 『기본소득이 온다: 분배에 대한 새로운 상상』, 사회평론아카데미 등.

32 백승호, 2017, 위의 글.

33 김교성, 2017, 앞의 글; 김태일·최영준, 2015, "노동시장의 변화와 국민연금 사각지대에 대한 대안: 국민연금 기여보조에 대한 제안," 한국정책학회보, 26(2): 395-418; 석재은, 2017, "장기요양서비스의 공공성 강화를 위한 규제의 합리화 방안 연구," 보건사회연구, 37(2): 423-451; 이병희, 2017, "실업부조의 필요성과 도입방안," 노동리뷰, 40-45; 장지연, 2018, 앞의 글; 주은선, 2013, 앞의 글; ILO, 2017, "Strengthening Social Protection for the Future of Work," The 2nd Meeting of the G20 Employment Working Group (Hamburg, Germany) 등.

34 강신욱·노대명·이현주·정해식·김계환·김근혜·조한나, 2017, 『소득보장제도 체계화 방안 연구』, 한국보건사회연구원.

35 장지연, 2018, 앞의 글.

36 강신욱·노대명·이현주·정해식·김계환·김근혜·조한나, 2017, 앞의 글; 장지연, 2018, 앞의 글.

37 강신욱, 2017, 앞의 글; 강신욱·노대명·이현주·정해식·김계환·김근혜·조한나, 2017, 앞의 글; 석재은, 2018, "한국 사회보장의 재구성을 위한 제안," 사회정책연합 공동학술대회 자료집.

38 이영수, 2016. "사회복지지출이 경제성장에 미치는 영향: 지출항목, 시기, 레짐에 따른 차이를 중심으로," 사회과학연구, 27(2): 45-68.

6장 한국 사회서비스제도의 유산과 쟁점

1   김철·이재훈, 2015, 『사회서비스 전달체계 개편방안: 사회적 돌봄서비스를 중심으로』, 사회공공연구원.

2   T. Bahle, 2003, "The Changing Institutionalization of Social Services in England and Wales, France and Germany: Is the Welfare State on the Retreat?" *Journal of European Social Policy*, 13(1): 5-20.

3   이봉주·김용득·여유진·강혜규·남찬섭, 2006, "한국 사회복지서비스 제도화의 과제: 경험과 전망," 일자리창출을 위한 국가고용전략과 비전 국제심포지엄자료집; 정경희·오영희·석재은·도세록·김찬우·이윤경·김희경, 2005, 『2004년도 전국 노인생활실태 및 복지욕구조사』, 한국보건사회연구원.

4   P. Moss and C. Cameron, 2007, *Care Work in Europe: Current Understandings and Future Directions*, Routledge.

5   김은정, 2013, "사회서비스정책 현황분석과 정책적 과제," 한국사회와 행정연구, 24(1): 111-136.

6   김영종, 2012, "한국 사회서비스 공급체계의 역사적 경로와 쟁점, 개선 방향," 보건사회연구, 32(2): 41-76; 박세경·신수민·이정은·김은정·안상훈·장원봉, 2013, 『사회서비스 발전 전략』, 한국보건사회연구원.

7   김영종, 2009, "휴먼서비스 산업체계 모형에 의한 사회복지서비스 동향 분석," 한국사회복지행정학, 11(2): 35-73.

8   김희연·김보영·김인춘·홍경준·홍선미·임지영, 2012, 『한국적 복지의 방향과 지방정부의 역할』, 경기연구원 기본연구.

9   김용득, 2018, "공공성 담론과 사회서비스 원리의 대화," 한국사회복지행정학회 학술대회 자료집.

10   P. Moss and C. Cameron, 2007, 앞의 책.

11   이혜경, 2011, "한국복지국가가 걸어온 길: 결손국가에서 사회투자국가로," 사회정책연합 공동학술대회 기조발제문; 남찬섭, 2011, "한국사회서비스 제도화의 현황과 전망," 복지동향, 2011(7): 21-28; 김영종, 2012, "한국 사회서비스 공급체계의 역사적 경로와 쟁점, 개선 방향," 보건사회연구, 32(2): 41-76.

12   강혜규, 2008, "사회서비스 확대정책과 지역사회 사회복지서비스 공급체계," 비판사회정책, 25: 67-98.

13   김용득, 2018, 앞의 글.

14   박세경·신수민·이정은·김은정·안상훈·장원봉, 2013, 앞의 책.

15   김용득, 2018, 앞의 글.

16   박세경·신수민·이정은·김은정·안상훈·장원봉, 2013, 앞의 책.

17   김은정, 2011, "주요 국가의 사회적 돌봄서비스 정책 현황과 특성," 사회과학연구, 27(2): 163-186.

18 김은정, 2011, 앞의 글.

19 R. M. Titmuss, 1968, "Community Care: Fact or Fiction?" *Commitment to Welfare*, 221-225.

20 윤희숙·고영선, 2011, 『복지정책 조준의 개념과 필요성』, 한국개발연구원.

21 윤희숙·고영선, 2011, 위의 책.

22 윤홍식, 2011a, "보편주의를 둘러싼 주요쟁점: 보편주의 복지정책을 위한 시론," 한국사회복지학, 63(2): 57-79.

23 주현정·김용득, 2018, "공공성 담론으로 보는 돌봄서비스," 한국사회복지행정학, 20(2): 233-262.

24 김은정, 2015, "사회적 돌봄체계 구축에서 공동체적 접근에 관한 연구," 사회복지연구, 46(2): 153-176.

25 M. S. Haque, 2001, "The Diminishing Publicness of Public Service Under the Current Mode of Governance," *Public Administration Review*, 61(1): 65-82; 양난주, 2009, "노인돌보미바우처 정책집행분석," 한국사회복지학, 61(3): 77-101.

26 김용득, 2018, 앞의 글.

27 이동석, 2014, "한국 사회복지서비스의 변화와 과제: 재정지원방식, 공급주체의 성격, 품질관리기제를 중심으로," 사회서비스연구, 5(1): 5-44.

28 이동석, 2014, 앞의 글.

29 손원익·최성은·박태규·이한준·김진, 2013, 『사회서비스 공급모형과 재정 효율성』, 한국조세재정연구원.

30 P. Moss and C. Cameron, 2007, 앞의 책; 김은정, 2011, 앞의 글.

31 보건복지부, 2019. 3. 11, "모든 국민이 함께 잘사는 포용적 복지국가," 2019년 업무계획 보도자료.

32 김형용, 2010, "사회서비스 산업화에 따른 사회적 노동의 위기: 지역사회기반 서비스로의 전환 모색," 한국사회복지조사연구, 25: 115-141.

33 강혜규·김회성·안수란, 2019, "사회서비스 정책 전망과 과제," 보건복지포럼 2019(1): 7-18, 한국보건사회연구원.

34 황덕순·윤자영·윤정향, 2012, "사회서비스 산업 노동시장 분석: 돌봄서비스를 중심으로," 한국노동연구원.

35 박세경·신수민·이정은·김은정·안상훈·장원봉, 2013, 앞의 책.

36 최희경, 2009, "괜찮은 일자리(Decent Job), 개념의 노인 돌봄 서비스직에 대한 적용," 한국사회복지조사연구, 21: 27-57.

37 황덕순, 2013, "돌봄노동자의 특성과 근로조건," 노동리뷰, 3: 5-17.

38 김은정·최은영·정소연, 2008, "사회서비스 품질접근 동향과 품질표준 설정," 『사회서비스 활성화를 위한 품질 및 성과관리체계 구축방안 II』, 사회서비스관리센터.

39 김은정, 2011, 앞의 글.

40 김선미·이기영·이승미·김은정·김소영·유재언, 2010, 『자녀양육 지원사업 개선방안: 아이돌보미 지원사업을 중심으로』, 여성가족부.

41 이봉주·강상경·강혜규·김용득·김은정, 2010, 『사회서비스 이용권 사업자 등록기준개발』, 보건복지부.

42 윤영진·장승옥·지은구·김은정, 2009, 『사회복지서비스 재정지원방식』, 청목출판사; 김선미·이기영·이승미·김은정·김소영·유재언, 2010, 앞의 책.

43 P. Moss and C. Cameron, 2007, 앞의 책.

44 조창현, 2005, 『지방자치론』, 박영사; 정경희·이현주·박세경·김영순·최은영·이윤경· 최현수·방효정, 2006, 『한국의 사회서비스 쟁점 및 발전전략』, 한국보건사회연구원.

45 김영종, 2012, 앞의 글.

46 김형용, 2015, "지방분권과 복지국가: 사회서비스 분권화를 어떻게 볼 것인가? 분권화의 조건과 과제," 한국사회보장학회 정기학술발표 논문집.

47 최영준·최혜진, 2016, "사회서비스 거버넌스의 재구조화," 한국사회정책, 23(4): 35-60.

48 최영준·최혜진, 2016, 앞의 글.

49 김형용, 2015, 앞의 글.

50 윤홍식, 2014, "보육정책의 공공성 강화 방향," 참여연대 보육의 공공성 강화를 위한 릴레이 토론회 ⑤ 〈보육시스템, 대안은 무엇인가?〉 자료집.

51 최영, 2015, "재정분권과 사회복지서비스의 지역 간 불평등," 한국지역사회복지학, 55: 31-59.

52 신진욱·서준상, 2016, "복지국가, 지방분권, 지방정치: 역사·비교론적 관점에서 본 한국의 복지 분권화의 특성," 한국사회정책, 23(4): 61-89.

53 최영준·김주리·이승준·최혜진, 2014, ""중복과 누락" 담론의 재구조화: 성인돌봄서비스의 사례," 한국정책학회보, 23(1): 257-283.

54 최영준·최혜진, 2016, 앞의 글.

55 강혜규 외, 2019, 앞의 글.

56 김은정, 2011, 앞의 글.

57 R. M. Haberkern, 2003, *Using Vouchers to Deliver Social Services*, Welfare Information Network; 김은정, 2011, 앞의 글.

58 양기용, 2013, "사회서비스 공급체계변화와 공공성," 한국공공관리학보, 27(1): 89-114.

59 김영종, 2012, 앞의 글.

60 S. Hunter, 2007, "Introduction: With, Not To: Models of Co-production in Social Welfare," S. Hunter and P. Ritchie (Eds.), *Coproduction and Personalisation in Social Care*, London: Jessica Kingsley Publishers.

61 이주하, 2010, "민주주의의 다양성과 공공성: 레짐이론을 중심으로," 행정논총, 48(2): 145-168.

62 조대엽, 2007, "공공성의 재구성과 기업의 시민성," 한국사회학, 41(2): 1-26; 채장수, 2014, "'적극적 공공성'의 두 가지 경향," 사회과학연구, 25(1): 167-185.

63 조대엽·홍성태, 2013, "공공성의 사회적 구성과 공공성 프레임의 역사적 유형," 아세아연구, 56(2): 7-41.

64 양기용, 2013, 앞의 글.

65 김형용, 2015, 앞의 글.

66 가천대학교 산학협력단, 2016,『복지연계 근린재생기법 운영매뉴얼』, 한국보건사회연구원.

67 이만우, 2018, "'사회서비스진흥원' 설립의 쟁점과 과제," 국회입법조사처(이슈와 논점),
    1469: 1-4; 이재훈, 2018,『사회서비스공단 설립을 둘러싼 쟁점과 과제』, 사회공공연구원.

68 김진석, 2019, "사회서비스원 설립 의미와 과제," 사회서비스원 설립 법 제정 촉구를
    위한 국회 정책토론회 자료집.

69 강혜규 외, 2019, 앞의 글.

70 김용득, 2018, 앞의 글.

71 주현정 · 김용득, 2018, 앞의 글.

72 이만우, 2018, "'사회서비스진흥원' 설립의 쟁점과 과제," 국회입법조사처(이슈와 논점),
    1469: 1-4; 이재훈, 2018, 앞의 책.

73 김용득, 2018, 앞의 글.

74 석재은, 2017, "장기요양서비스의 공공성 강화를 위한 규제의 합리화 방안 연구,"
    보건사회연구, 37(2): 423-451.

75 보건복지부, 2018. 6. 7, "지역사회 중심 복지구현을 위한 커뮤니티케어 추진방향,"
    보건복지부 커뮤니티케어 추진단 보도자료.

76 보건복지부, 2019. 7. 9, "커뮤니티케어 추진본부 실무회의: 지역사회 통합돌봄
    추진현황과 계획을 점검하고 발전시켜 나간다," 보도자료.

77 김형용, 2018, "커뮤니티케어, 사회복지실천현장에서 바라본 쟁점,"
    한국사회복지시설단체협의회 정책토론회.

78 김윤영, 2018. "커뮤니티케어와 지방 · 재정분권," 복지이슈 64(7): 8.

79 윤홍식 · 김승연 · 이주하 · 남찬섭, 2018. "'민주적 분권'을 위한 복지분권의 3층 모형:
    사회복지 지방분권에 대한 비판적 검토," 미발행 연구논문.

7장 한국 사적 보장체제의 유산과 쟁점

1   R. M. Titmuss, 1976, *Essays on The Welfare State (3rd ed.)*, London: Allen & Unwin,
    44-45.

2   김도균, 2018a,『한국 복지자본주의의 역사: 자산기반복지의 형성과 변화』,
    서울대학교출판문화원.

3   김도균, 2013, "한국의 재정복지와 '근로소득세 면세점 제도'에 관한 연구,"
    사회보장연구, 29(4), 55-79.

4   인주영, 1997,『조세지출예산제도의 도입에 관한 연구』, 서울: 한국조세연구원, 19

5   J. S. Hacker, 2002, *The Divided Welfare State: The Battle Over Public and Private
    Social Benefits in the United States*, Cambridge: Cambridge University Press; C.
    Howard, 1997, *The Hidden Welfare State: Tax Expenditures and Eocial Policy in the*

United States, Princeton, NJ: Princeton University Press.

6   W. Adema and M. Ladaique, 2005, "Net Social Expenditure, 2005 Edition: More Comprehensive Measures of Social Support." OECD Social, Employment and Migration Working Papers, No. 29.

7   김도균, 2013, 앞의 글.

8   이태수, 2003, "조세지출(tax expenditure)를 통해 본 한국의 사회복지비용 규모에 관한 연구," 상황과 복지.

9   김도균, 2018a, 앞의 책.

10 G. Esping-Andersen, 1999, *Social Foundations of Post-Industrial Economics*, Oxford: Oxford University Press.

11 J. Kemeny, 2005, "'The Really Big Trade Off' between Home Ownership and Welfare: Castles' Evaluation of the 1980 Thesis and a Reformulation 25 Years on," *Housing, Theory & Society*, 23(1); F. G. Castles, 1998, "The Really Big Trade-off: Home Ownership and the Welfare State in the New World and the Old," *Acta Politica*, 33.

12 김도균, 2018a, 앞의 책.

13 김도균, 2018a, 앞의 책.

14 권혁진·신우진, 2010, "조세지출의 이전지출로의 전환 효과: 가족복지를 위한 소득세제의 인적공제를 중심으로." 사회보장연구, 26(4).

15 박태균, 2007, 『원형과 변용: 한국 경제개발계획의 기원』. 서울: 서울대학교출판부; 김정렴, 2006, 『최빈국에서 선진국 문턱까지: 한국 경제정책 30년사』. 서울: 랜덤하우스중앙; 김도균, 2018a, 앞의 책.

16 김도균, 2018a, 앞의 책.

17 김도균, 2018a, 앞의 책.

18 김수현, 2011, 『부동산은 끝났다: 우리 삶에서 가장 중요한 곳, 다시 집을 생각한다』. 파주: 오월의봄.

19 조영훈, 2009, "자유주의 복지유형으로서의 한국 복지국가" 정무권 편, 『한국 복지국가 성격논쟁 Ⅱ』, 인간과 복지.

20 오승연, 2016, "소득 양극화가 가구의 보험가입에 미치는 영향," 『KiRi Report 포커스』, 보험연구원.

21 오승연, 2016, 위의 글.

22 김수현, 2011, 앞의 책.

23 윤홍식 외, 2018, 『복지, 성장, 고용의 선순환을 위한 복지정책 방향 연구』, 보건복지부·인하대학교.

24 J. Kemeny, 2005, "'The Really Big Trade Off' between Home Ownership and Welfare: Castles' Evaluation of the 1980 Thesis and a Reformulation 25 Years on," *Housing, Theory & Society*, 23(1); F. G. Castles, 1998, "The Really Big Trade-off: Home Ownership and the Welfare State in the New World and the Old," *Acta*

Politica, 33.

25 G. Esping-Andersen, 1990, *Three Worlds of Welfare Capitalism*, Princeton, NJ:
    Princeton University Press; G. Esping-Andersen, 1999, *Social Foundations of Post-
    Industrial Economics*, Oxford: Oxford University Press.

8장 무엇을 할 것인가?

1   핫토리 다미오, 2007, 『개발의 경제사회학』, 유석춘·이사리 공역(開発の社会経済学),
    서울: 전통과 현대.
2   윤홍식, 2019c, 『한국 복지국가의 기원과 궤적3: 신자유주의와 복지국가 — 1980년부터
    2016년까지』, 서울: 사회평론아카데미.
3   B. Milanovic, 2017[2016], 『왜 우리는 불평등해졌는가』, 서정아 옮김(*Global
    inequality: A new approach for the age of globalization*), 서울: 21세기북스.
4   G. Esping-Andersen, 1990, *Three Worlds of Welfare Capitalism*, Princeton, NJ:
    Princeton Univ. Press.
5   권형기, 2014, 『세계화 시대의 역행? 자유주의에서 사회협약의 정치로』, 서울:
    후마니타스; 선학태, 2006, 『사회협약정치의 역동성 서유럽: 정책협의와 갈등조정
    시스템』, 한울아카데미; M. Rhodes, 2001, "The Political Economy of Social pacts:
    Competitive Corporatism and European Welfare Reform," Pierson, P. (ed.), *The New
    Politics of the Welfare State*, Oxford: Oxford University; M. Rhodes, 2003, "National
    Pacts and EU Governance in Social Policy and the Labour Market," J. Zeitlin and D.
    Trub (eds.), *Governing and Work and Welfare in a New Economy*, Oxford: Oxford
    University Press; R. O'Donnell and D. Thomas, 2002, "Ireland in the 1990s: Policy
    Concertation Triumphant," S. Berger and H. Compston (eds.), *Policy Concertation
    and Social Partnership in Western Europe*, New York: Berghahn Books.

참고문헌

가천대학교 산학협력단. 2016.『복지연계 근린재생기법 운영매뉴얼』. 한국보건사회연구원.

감정기 · 최원규 · 진재문. 2010.『사회복지의 역사(개정판)』. 서울: 나남.

강신욱 · 노대명 · 이현주 · 정해식 · 김계환 · 김근혜 · 조한나. 2017.『소득보장제도 체계화 방안 연구』. 한국보건사회연구원.

강신욱. 2017. "한국 소득보장제도군의 효과성 평가." 한국사회정책, 24(1): 213-237.

강욱모. 2018. "보편주의 복지국가 논쟁: 한국의 복지정책은 보편주의가 될 수 있을까?" 현상과 인식, 42(3): 41-72.

강원택. 2003.『한국의 선거정치: 이념, 지역, 세대와 미디어』. 푸른길.

강원택. 2013. "한국 선거에서의 '계급 배반 투표'와 사회 계층." 한국정당학회보, 12(3): 5-28.

강혜규. 2008. "사회서비스 확대정책과 지역사회 사회복지서비스 공급체계." 비판사회정책, 25: 67-98.

강혜규 · 김형용 · 박세경 · 최현수 · 김은지 · 최은영 · 황덕순 · 김보영 · 박수지. 2007. 『사회서비스 공급의 역할분담 모형개발과 정책과제』. 서울: 한국보건사회연구원.

강혜규 · 김회성 · 안수란. 2019. "사회서비스 정책 전망과 과제." 보건복지포럼 2019(1): 7-18. 한국보건사회연구원.

경향신문. 2018. "'사회서비스원' 내년 시범사업으로 첫발." http://news.khan.co.kr/ kh_news/khan_art_view.html?art_id=201812141131001 (접근일, 2018. 12. 15.).

고세훈. 2012. "노동 '있는' 복지국가: 논리, 역사, 전망 대한민국 복지국가의 길을 묻다 바람직하고 지속 가능한 시민복지국가를 향해." 조흥식 엮음.『대한민국 복지국가의 길을 묻다: 바람직하고 지속 가능한 시민복지국가를 향해』. 이매진.

고세훈. 2012. "복지와 노동(권력): 이론, 경쟁력 담론, 한국적 함의." 사회정책연합 공동학술대회 발표논문.

고세훈. 2013. "복지와 노동(권력): "권력자원 접근"의 이론적 위상과 한국적 함의." 동서연구, 25(1): 5-31.

고용노동부. 2018.『2017년 전국 노동조합 조직현황』. 고용노동부.

고원. 2012. "한국에서 복지의제의 지배적 정치담론화 과정 분석." 경제와 사회, 95: 12-38.

구갑우. 2012. "복지국가는 평화국가와 함께 가야 한다." 복지동향, 162: 16-22.

구인회. 2017. "한국의 소득분배 악화 요인과 정책과제." 사회정책연합 공동학술대회 자료집.

국민일보. 2014. "독일식 정당명부제 도입 땐… '지역주의' 옅어지고 '제3당' 나온다." 2014년 11월 17일자 4면.

권혁용. 2007. "한국의 소득불평등의 정치경제: 탐색적 분석." 아세아연구, 50(1): 209-281.

권혁진 · 신우진. 2010. "조세지출의 이전지출로의 전환 효과: 가족복지를 위한 소득세제의 인적공제를 중심으로." 사회보장연구, 26(4): 325-355.

권형기. 2014. 『세계화 시대의 역행? 자유주의에서 사회협약의 정치로』. 서울: 후마니타스.

국민건강보험공단. 2018. 『2017 노인장기 요양보험 통계 연보』. 국민건강보험공단.

국토교통부. 2019. 『주거실태조사: 통계보고서』. 서울: 국토교통부.

김교성. 2017. "외환위기 20년, 소득보장정책의 발전과 한계." 사회정책연합 공동학술대회 자료집.

김교성·김성욱. 2012. "복지의 양적 확대와 체계적 축소: 이명박 정부의 복지정책에 대한 평가." 사회복지정책, 39(3): 117-149.

김교성·백승호·서정희·이승윤. 2018. 『기본소득이 온다: 분배에 대한 새로운 상상』. 서울: 사회평론아카데미.

김낙년·김종일. 2013. "한국의 소득분배 지표의 재검토." 한국경제의 분석, 19(2): 1-50.

김도균. 2013. 『한국의 자산기반 생활보장체계의 형성과 변형에 관한 연구: 개발국가의 저축동원과 조세정치를 중심으로』. 서울대학교 대학원 사회학과 박사학위 논문.

김도균. 2013. "한국의 재정복지와 '근로소득세 면세점 제도'에 관한 연구." 사회보장연구, 29(4): 55-79.

김도균. 2018a. 『한국 복지자본주의의 역사: 자산기반복지의 형성과 변화』. 서울대학교출판문화원.

김도균. 2018b. "부동산과 복지국가 전략, 부동산 인질사회에서 벗어나는 법." 현안과정책, 제242호. 지식협동조합 좋은나라 이슈페이퍼.

김도형. 2016. "두루누리 사회보험 지원사업의 성과평가와 정책적 시사점." KDI FOCUS, 75: 1-6.

김동춘. 2006. 『1997년 이후 한국사회의 성찰: 기업사회로의 변환과 과제』. 길.

김만흠. 1995. "정치균열, 정당정치 그리고 지역주의." 한국정치학회보, 28(2): 215-237.

김미경. 2013. "조세체제와 자본주의 다양성." 국제정치논총, 53(4), 225-257.

김미경. 2018. 『감세국가의 함정』. 서울: 후마니타스.

김보영. 2018. "문재인 정부 커뮤니티케어, 역사적 전환과 선진국 흉내를 가르는 세 가지 관건." 월간 복지동향, 238: 11-18.

김선미·이기영·이승미·김은정·김소영·유재언. 2010. 『자녀양육 지원사업 개선방안: 아이돌보미 지원사업을 중심으로』. 여성가족부.

김수진. 2008. 『한국 민주주의와 정당정치』. 서울: 백산서당.

김수현. 2011. 『부동산은 끝났다: 우리 삶에서 가장 중요한 곳, 다시 집을 생각한다』. 파주: 오월의봄.

김연명 편. 2002. 『한국복지국가 성격논쟁 I』. 서울: 인간과 복지.

김연명 편. 2009. 『사회투자와 한국 사회정책의 미래』. 서울: 나눔의 집.

김연명. 1993. 『한반도의 냉전체제가 남북한 사회복지에 미친 영향』. 중앙대학교 사회복지학과 박사학위 논문.

김연명. 2002. "김대중 정부의 사회복지 개혁과 불확실한 미래: 국민연금·의료보험 개혁을 둘러싼 이해집단간 갈등을 중심으로." 경제와 사회, 55: 35-60.

김연명, 2009. "이명박 정부 소득보장정책의 쟁점." 복지동향, 125: 4-8.

김연명. 2011. "한국에서 보편주의 복지국가의 의미와 과제." 민주사회와 정책연구, 19: 15-41.

김연명. 2015. "대한민국 복지국가의 과제와 전망." 2015 정책자문위원회 정책아카데미(사회복지 분야 2015. 1. 4. 발표문.)

김영순. 2005. "민주화와 복지정치의 변화: 국민기초생활보장법 제정과정을 중심으로." 한국과 국제정치, 21(3): 97-126.

김영순. 2009. "노무현 정부의 복지정책: 복지국가의 제도적, 정치적 기반 형성 문제를 중심으로." 경제와 사회, 82: 161-185.

김영순. 2011. "보편적 복지국가를 위한 복지동맹: 조건과 전망." 시민과 세계, 19: 14-33.

김영순. 2012. "한국의 복지국가와 복지정치의 제도들: 안정적 제도화의 조건과 과제." 조흥식 편, 『대한민국 복지국가의 길을 묻다』. 이매진.

김영순. 2013. "누가 어떤 복지국가를 만드는가?: 서구 복지국가들의 형성 및 발전과정이 한국의 보편주의 논의에 주는 함의." 경제와 사회, 97: 192-225.

김영순. 2017. "청년 노동조합운동의 복지의제와 복지국가 전망: 청년유니온과 알바노조를 중심으로." 한국정치학회보, 51(1): 233-259.

김영순·여유진. 2011. "한국인의 복지태도: 비계급성과 비일관성 문제를 중심으로." 경제와 사회, 91: 211-240.

김영종. 2009. "휴먼서비스 산업체계 모형에 의한 사회복지서비스 동향 분석." 한국사회복지행정학, 11(2): 35-73.

김영종. 2012. "한국 사회서비스 공급체계의 역사적 경로와 쟁점, 개선 방향." 보건사회연구, 32(2): 41-76.

김용득. 2018. "공공성 담론과 사회서비스 원리의 대화." 한국사회복지행정학회 학술대회 자료집.

김용하·임성은·윤강재·우선희. 2011. 『지속가능한 선진복지모델 연구』. 한국보건사회연구원.

김욱. 2007. "16대 대선에서 세대, 이념, 그리고 가치의 영향력." 어수영 편. 『한국의 선거(V)』. 오름.

김원섭·남윤철. 2011. "이명박 정부 사회정책의 발전: 한국 복지국가 확대의 끝?" 아세아연구, 54(1): 119-152.

김유선. 2001. "노동동향: 비정규직 노동자 규모와 실태." 노동사회, 54: 98-102.

김유선. 2003. 『한국 노동시장의 비정규직 증가원인에 대한 실증연구』. 고려대학교 경제학 박사학위 논문.

김유선. 2004. 『노동시장 유연화와 비정규직 고용』. 한국노동사회연구소.

김유선. 2007. 『한국의 노동 2007』. 한국노동사회연구소.

김유선. 2010. "비정규직 규모와 실태: 통계청, 경제활동인구조사 부가조사 (2010.3) 결과." KLSI Issue Paper, 2010-07.

김유선. 2013. "비정규직 규모와 실태: 통계청, 경제활동인구조사 부가조사 (2013.8) 결과."

KLSI Issue Paper, 2013-07.

김유선. 2016. 『한국의 노동 2016』. 한국노동사회연구소.

김유선. 2017. "비정규직 규모와 실태: 통계청, 경제활동인구조사 부가조사 (2017.8) 결과."
KLSI Issue Paper, 14.

김유선. 2018. "비정규직 규모와 실태: 통계청, 경제활동인구조사 부가조사 (2018.8) 결과."
KLSI Issue Paper, 16.

김윤영. 2018. "커뮤니티케어와 지방·재정분권." 복지이슈 64(7): 8.

김은정. 2011. "주요 국가의 사회적 돌봄서비스 정책 현황과 특성." 사회과학연구, 27(2):
163-186.

김은정. 2013. "사회서비스정책 현황분석과 정책적 과제." 한국사회와 행정연구, 24(1): 111-
136.

김은정. 2015. "사회적 돌봄체계 구축에서 공동체적 접근에 관한 연구." 사회복지연구, 46(2):
153-176.

김은정·최은영·정소연. 2008. "사회서비스 품질접근 동향과 품질표준 설정." 『사회서비스
활성화를 위한 품질 및 성과관리체계 구축방안 II』. 사회서비스관리센터.

김정렴. 2006. 『최빈국에서 선진국 문턱까지: 한국 경제정책 30년사』. 서울: 랜덤하우스중앙.

김정훈. 2012. "민주화운동단체들에 대한 정치사회학적 고찰 2: 참여연대를 통해 본 한국
시민운동의 변화." 기억과 전망, 26: 8-49.

김종일. 1991. "한국에서의 사회복지 형성과 공장체제의 변화: 1987년 이후를 중심으로."
한국 사회학, 25: 71-19.

김진석. 2019. "사회서비스원 설립 의미와 과제." 사회서비스원 설립 법 제정 촉구를 위한
국회 정책토론회 자료집.

김진욱. 2010. "한국 사회보장제도의 확장과 한계: 그 성과와 사각지대의 재조명."
한국사회정책, 17(1): 63-93.

김철. 2017. "사회서비스 공급체계 개선방안." 전달체계개편 국회토론회 발제문.

김철·이재훈. 2015. 『사회서비스 전달체계 개편방안: 사회적 돌봄서비스를 중심으로』.
사회공공연구원.

김태일. 2007. "'지방분권'의 정치 동학." 한일공동연구총서, 16, 127-147.

김태일·최영준. 2015. "노동시장의 변화와 국민연금 사각지대에 대한 대안: 국민연금
기여보조에 대한 제안." 한국정책학회보, 26(2): 395-418.

김태현. 2011. 『노동존중 복지국가 : 민주노총의 노동복지 대안』. 민주노총 복지국가워크숍.

김하나·백가연. 2019. 『2019 제조업 기업규모별·업종별 노동생산성』. 서울:
한국생산성본부.

김형용. 2010. "사회서비스 산업화에 따른 사회적 노동의 위기: 지역사회기반 서비스로의
전환 모색." 한국사회복지조사연구, 25: 115-141.

김형용. 2015. "지방분권과 복지국가: 사회서비스 분권화를 어떻게 볼 것인가? 분권화의
조건과 과제." 한국사회보장학회 정기학술 발표논문집.

김형용. 2018. "커뮤니티케어, 사회복지실천현장에서 바라본 쟁점." 한국사회복지시설

단체협의회 정책토론회.

김희강·강문선. 2010. "돌봄의 공공윤리." 한국정치학회보, 44(4): 45-72.

김희연·김보영·김인춘·홍경준·홍선미·임지영. 2012. 『한국적 복지의 방향과 지방정부의 역할』. 경기연구원 기본연구.

남기철. 2018. "사회서비스원의 설치와 공공의 직접 서비스 제공 강화." 서울복지시민연대 발표자료.

남재욱. 2018. "한국 복지국가 성장의 분배적 함의: 보편주의 강화와 관대한 연대의 길." 사회정책연합 공동학술대회 자료집.

남지민. 2009. "한국 복지체제의 발전주의적 성격에 관한 연구." 대한정치학회보, 16(3): 273-297.

남찬섭. 2000. "한국 복지제도의 전개 과정과 성격." 한국사회과학연구소 사회복지연구실 편, 『한국 사회복지의 현황과 쟁점』. 서울: 인간과 복지.

남찬섭. 2011. "한국사회서비스 제도화의 현황과 전망." 복지동향, 2011(7): 21-28.

남찬섭·이명진. 2013. "공공성의 재구성과 생활공공성의 등장: 학교급식과 무상급식의 전개과정을 중심으로." 아세아연구, 56(2): 75-110.

노정호·김영순. 2017. "한국인의 복지태도와 정당 지지: 제20대 국회의원 선거를 중심으로." 동서연구, 29(2): 167-196.

노중기. 1997. "한국의 노동정치체제 변동: 1987년~1997년." 경제와 사회, 36: 128-156.

마인섭. 2018. "민주화 이후 한국의 불평등과 민주주의의 질." 박종민·마인섭 엮음. 『한국 민주주의의 질: 민주화 이후 30년』. 박영사.

문우진. 2011. "정치정보, 정당, 선거제도와 소득불평등." 한국정치학회보, 45(2): 73-97.

박근갑. 2009. 『복지국가 만들기: 독일 사회민주주의 기원』. 서울: 문학과지성사.

박명준. 2014. "한국노동조합의 복지정책 역량." 조흥식·장지연 엮음. 『평화와 복지, 경계를 넘어』. 이매진.

박세경·신수민·이정은·김은정·안상훈·장원봉. 2013. 『사회서비스 발전 전략』. 한국보건사회연구원.

박영선. 2014. "한국 복지국가운동 논쟁에 대한 비판적 연구: 복지국가실현연석회의 사례를 중심으로." 한국정치연구, 23(2): 263-287.

박원석. 2011. "복지국가 정치동맹과 사회연대운동." 시민과 세계, 19: 85-97.

박재묵. 2001. "한국 시민운동의 정치세력화 방향: 환경운동연합과 대전지역 시민운동단체의 지방선거 참여사례를 중심으로." 권태환·임현진·송호근 공편. 『신사회운동의 사회학』. 서울대학교 출판부.

박종민·윤견수. 2014. "한국 국가관료제의 세 가지 전통." 한국행정학보, 48(1): 1-24.

박준경. 1989. 『경제의 국제화와 중소기업의 산업조정』. 서울: 한국개발연구원.

박태균. 2007. 『원형과 변용: 한국 경제개발계획의 기원』. 서울: 서울대학교출판부.

백승호. 2017. "기본소득 실현을 위한 기본소득 모형들." 복지동향, 221: 14-21.

변양균. 2018. 『경제철학의 전환』. 바다출판사.

보건복지부. 2018. 6. 7. "지역사회 중심 복지구현을 위한 커뮤니티케어 추진방향."

보건복지부 커뮤니티케어 추진단 보도자료.

보건복지부. 2019. 3. 11. "모든 국민이 함께 잘사는 포용적 복지국가." 2019년 업무계획
　　보도자료.

보건복지부. 2019. 7. 9. "커뮤니티케어 추진본부 실무회의: 지역사회 통합돌봄 추진 현황과
　　계획을 점검하고 발전시켜 나간다." 보도자료.

사립학교교직원연금공단. 2018. 수입 및 지출 현황. http://www.alio.go.kr (접근일, 2019. 4.
　　7.).

서익진. 2003. "한국 산업화의 발전양식." 이병천 엮음. 『개발독재와 박정희시대』. 파주: 창비.

석재은. 2014. "OECD 복지국가 지속가능성의 다차원적 평가와 지속가능 유형별 복지정책의
　　특성." 보건사회연구, 34(4): 5-35.

석재은. 2017. "장기요양서비스의 공공성 강화를 위한 규제의 합리화 방안 연구."
　　보건사회연구, 37(2): 423-451.

석재은. 2018. "한국 사회보장의 재구성을 위한 제안." 사회정책연합 공동학술대회 자료집.

선학태. 2006. 『사회협약정치의 역동성: 서유럽: 정책협의와 갈등조정 시스템』.
　　한울아카데미.

성경륭. 1991. "한국의 정치체제변동과 사회정책의 변화: 정치사회학적 분석." 사회복지연구,
　　3: 109-146.

성경륭. 2014. "한국 복지국가 발전의 정치적 기제에 관한 연구: 노무현 정부와 이명박
　　정부의 비교." 한국사회학, 48(1): 71-132.

손원익·최성은·박태규·이한준·김진. 2013. 『사회서비스 공급모형과 재정 효율성』.
　　한국조세재정연구원.

신동면. 2011. "복지 없는 성장." 유종일 엮음. 『박정희의 맨얼굴』. 서울: 시사IN북.

신원철. 2001. 『기업내부노동시장의 형성과 전개: 한국 조선산업에 관한 사례연구』.
　　서울대학교 대학원 박사학위 논문.

신원철. 2006. "1960-70년대 기계산업 노동자의 여가 및 소비생활." 이종구 편. 『1960-
　　70년대 한국 노동자의 계급문화와 정체성』. 파주: 한울.

신정완. 2010. "스웨덴 연대임금정책의 정착과정과 한국에서 노동자 연대 강화의 길." 시민과
　　세계, 18: 59-74.

신진욱. 2015. "불평등과 한국 민주주의의 질: 2000년대 여론의 추이와 선거정치."
　　한국사회정책, 22(3): 9-39.

신진욱. 2017. "왜 불평등의 심화는 계급균열로 이어지지 않는가? 후발 민주화 사회에서
　　균열형성 지체의 역사적 조건." 민주사회와 정책연구, 32: 86-123.

신진욱. 2018. "민주주의와 복지국가의 관점에서 본 분권지상주의의 문제와 과제." 월간
　　복지동향, 236: 5-12.

신진욱·김진두·정보영. 2018. "사회운동은 어떻게 보수정당의 복지정책을 바꾸는가?
　　정치매개모형을 통한 반값등록금운동 사례 분석, 2008-2011." 한국사회학, 52(1): 1-37.

신진욱·서준상. 2016. "복지국가, 지방분권, 지방정치: 역사·비교론적 관점에서 본 한국의
　　복지 분권화의 특성." 한국사회정책, 23(4): 61-89.

심지연. 2009.『한국 정당 정치사: 위기와 통합의 정치』. 증보판. 백산서당.

심지연·김민전. 2006.『한국 정치제도의 진화경로: 선거·정당·정치자금 제도』. 백산서당.

안병영. 2000. "국민기초생활보장법의 제정과정에 관한 연구." 행정논총, 38(1): 1-50.

양기용. 2013. "사회서비스 공급체계변화와 공공성." 한국공공관리학보, 27(1): 89-114.

양난주. 2009. "노인돌보미바우처 정책집행분석." 한국사회복지학, 61(3): 77-101.

양난주. 2014. "한국의 사회서비스: 민간의존적 공급의 한계와 과제." 동향과 전망, 2014(10): 93-128.

양성욱·노연희. 2012. "사회서비스의 공공성은 무엇을 의미하는가?: 서비스 주체에 따른 공공성의 내용을 중심으로." 사회복지연구, 43(1): 31-57.

양재진. 2008. "한국 복지정책 60년: 발전주의 복지체제의 형성과 전환의 필요성." 한국행정학보, 42(2): 327-349.

양재진. 2011. "한국 노후소득보장제도의 역사, 문제점, 그리고 대안의 모색." 아세아연구, 54(2): 80-110.

양재진. 2012. "한국복지국가의 발전 전략: 복지제도 개혁과 정치사회적 기반 형성 과제를 중심으로." 시민사회와 NGO, 10(2): 3-40.

양재진. 2013. "박근혜 정부 복지정책의 평가와 과제: 보육, 기초연금, 의료 분야를 중심으로." 민주사회와 정책연구, 24: 46-72.

양재진. 2014. "제도주의적 권력자원론과 한국의 노동, 자본, 정치가의 복지정책 선호에 관한 실증연구." 한국정치학회보, 48(2): 79-102.

양재진·안재흥·김상철·유범상·권혁용. 2015.『복지국가의 조세와 정치』. 파주: 집문당.

양재진·유란희·정서은. 2015. "정책결정자의 복지와 증세에 대한 인식." 한국정치학회 연려학술대회 발표문. 국립외교원.

양재진·정의룡. 2012. "복지국가의 저발전에 관한 실증 연구: 제도주의적 신권력자원론의 타당성 검토." 한국정치학회보, 46(5): 79-97.

어수영. 2007. "세대와 투표양태." 어수영 편저.『한국의 선거(V)』. 오름.

엄석진·이서영·라서영·양종욱. 2017. "한국의 국가발전과 행정, 1948-2016: 국가기구론의 시각에서." 한국사회와 행정연구, 28(3): 1-52.

여유진·김영순. 2015. "한국의 중간층은 어떤 복지국가를 원하는가? 중간층의 복지태도와 복지국가 전망에의 함의." 한국정치학회보, 49(4): 335-362.

연세대 SSK〈작은복지국가연구〉사업단·한겨레사회정책연구소. 2013.『공공정책에 대한 인식』. 연세대 SSK〈작은복지국가연구〉사업단·한겨레사회정책연구소.

연합뉴스. 2016. "정부·지자체·사회 돌봄 공동체 구축, 공공성 높여야." 연합뉴스, 2016년 3월 13일. http://www.yonhapnews.co.kr (접근일, 2018. 8. 13.).

오건호. 2014. "복지국가 운동의 평가와〈내가 만드는 복지국가〉의 과제." 미발표초고.

오마이뉴스. 2015. "집값 낮은 46곳, 서울대 입학 0, 신임 법관 배출 1~2위 강남·서초." 2015년 9월 9일. http://www.ohmynews.com/NWS_Web/View/at_pg_w. aspx?CNTN_CD=A0002142488 (접근일, 2019. 9. 21.).

오승연. 2016. "소득 양극화가 가구의 보험가입에 미치는 영향."『KiRi Report 포커스』.

보험연구원.

원석조. 2000. "한국의 이익집단과 사회복지." 한국사회복지학회 추계학술대회 발표문.

유경준. 2012. "고용안전망 사각지대 현황과 정책방향: 제도적 사각지대를 중심으로." KDI Focus, 28: 1-8.

유진숙·김원섭. 2015. "지방정부 복지정책과 정당: 학교급식정책 사례." 한국정치학회보, 49(4): 363-389.

윤영진·장승옥·지은구·김은정. 2009. 『사회복지서비스 재정지원방식』. 청목출판사.

유형근. 2015. "청년 불안정노동자 이해대변 운동의 출현과 성장: 청년유니온과 알바노조." 아세아연구, 58(2): 38-77.

윤홍식. 2011a. "보편주의를 둘러싼 주요 쟁점: 보편주의 복지정책을 위한 시론." 한국사회복지학, 63(2): 57-79.

윤홍식. 2011b. "복지국가의 조세체계와 함의." 한국사회복지학, 63(4): 277-299.

윤홍식. 2012. "사회서비스 정책과 공공성 : 공공성을 둘러싼 논란과 적용." 참여연대 보편적 복지확대를 위한 공공성 강화 방안 자료집.

윤홍식. 2014. "보육정책의 공공성 강화 방향." 참여연대 보육의 공공성 강화를 위한 릴레이 토론회 ⑤ 〈보육시스템, 대안은 무엇인가?〉 자료집.

윤홍식. 2017. "민주화 이후 30년 한국 복지체제의 성격 2: 외환위기 이후 상향적 선별주의 복지체제의 강화와 지속." 사회정책연합 공동학술대회 자료집.

윤홍식. 2018. "민주주의 이행기 한국 복지체제, 1980~1997: 주변부 포드주의 생산체제의 복지체제." 한국사회복지학, 70(4): 37-68.

윤홍식. 2019a. 『한국 복지국가의 기원과 궤적 1: 자본주의로의 이행의 시작 ─18세기부터 1945년까지』. 서울: 사회평론아카데미.

윤홍식. 2019b. 『한국 복지국가의 기원과 궤적 2: 반공개발국가 복지체제의 형성 ─ 1945년부터 1980년까지』. 서울: 사회평론아카데미.

윤홍식. 2019c. 『한국 복지국가의 기원과 궤적 3: 신자유주의와 복지국가 ─1980년부터 2016년까지』. 서울: 사회평론아카데미.

윤홍식·강병구·전병유·남찬섭·강신욱·김교성·정준호·이영수. 2018. 『복지, 성장, 고용의 선순환을 위한 복지정책 방향 연구』. 보건복지부·인하대학교.

윤홍식·김승연·이주하·남찬섭. 2018. "'민주적 분권'을 위한 복지분권의 3층 모형: 사회복지 지방분권에 대한 비판적 검토." 미발행 연구논문.

윤홍식·정준호·김유선·신진욱·김영순·이영수·이충권·김도균. 2019. 『사회경제변화에 따른 지속가능한 사회보장체계 구축을 위한 쟁점』. 경제사회노동위원회·인하대학교.

윤희숙·고영선. 2011. 『복지정책 조준의 개념과 필요성』. 한국개발연구원.

은수미. 2011. "복지국가를 위한 노동의 사회적 연대: 혼합형 복지동맹의 가능성." 시민과 세계, 19: 34-46.

이갑윤·박경미. 2014. "지역발전과 지역적 정당투표." 이갑윤·이현우 엮음. 『한국의 정치균열 구조: 지역, 계층, 세대 및 이념』. 오름.

이근. 2014. 『경제 추격론의 재창조: 기업·산업·국가 차원의 이론과 실증』. 오래.

이동석. 2014. "한국 사회복지서비스의 변화와 과제: 재정지원방식, 공급주체의 성격, 품질관리기제를 중심으로." 사회서비스연구, 5(1): 5-44.

이만우. 2018. "'사회서비스진흥원' 설립의 쟁점과 과제." 국회입법조사처(이슈와 논점), 1469: 1-4.

이병희. 2017. "실업부조의 필요성과 도입방안." 노동리뷰, 40-45.

이병희·황덕순·홍민기·오상봉·전병유·이상헌. 2014. 『노동소득분배율과 경제적 불평등』. 서울: 한국노동연구원.

이봉주·강상경·강혜규·김용득·김은정. 2010. 『사회서비스 이용권 사업자 등록기준개발』. 서울: 보건복지부.

이봉주·김용득·여유진·강혜규·남찬섭. 2006. "한국 사회복지서비스 제도화의 과제: 경험과 전망." 일자리창출을 위한 국가고용전략과 비전 국제심포지엄자료집.

이상호. 2011. "민주노조의 사회연대전략과 복지국가." 시민과 세계, 20: 28-44.

이신용. 2010. "민주주의가 사회복지정책에 미치는 영향." 김윤태 편. 『한국 복지국가의 전망』. 한울아카데미.

이영수. 2016. "사회복지지출이 경제성장에 미치는 영향: 지출항목, 시기, 레짐에 따른 차이를 중심으로." 사회과학연구, 27(2): 45-68.

이영환. 2002. "김대중 정부 사회복지정책의 평가: 탈빈곤과 재분배의 관점에서." 경제와 사회, 55: 61-92.

이영환. 2005. "사회복지운동의 전개과정." 이영환 엮음. 『한국의 사회복지운동』. 서울: 인간과 복지.

이원진·구인회. 2015. "소득분배의 시계열 분석을 위한 한국 소득 데이터의 검토." 조사연구, 16(4): 27-61.

이재회. 1990. "1980년대 한국자본주의의 성격." 『경제와 사회』, 7: 235-262.

이재회. 1999. "1970년대 후반기의 경제정책과 산업구조의 변화: 중화학공업화를 중심으로." 김명섭·이재회·김호기·김용호·마인섭 공저. 『1970년대 후반기의 정치사회변동』, 93-154. 서울: 백산서당.

이재훈. 2018. 『사회서비스공단 설립을 둘러싼 쟁점과 과제』. 사회공공연구원.

이정우. 2010. 『불평등의 경제학』. 후마니타스.

이주하. 2010. "민주주의의 다양성과 공공성: 레짐이론을 중심으로." 행정논총, 48(2): 145-168.

이주호. 2016. "노동조합의 역할." 이태수 외. 『한국 복지국가 모델 구축 연구』. 비판과대안을위한사회복지학회(미출판).

이준표. 2017. 『2017 제조업 업종별 기업규모별 노동생산성』. 서울: 한국생산성본부.

이태수. 2003. "조세지출(tax expenditure)를 통해 본 한국의 사회복지비용 규모에 관한 연구." 상황과 복지, 16: 285-310.

이현우. 2008. "사회균열이론의 후발민주국가 적용과 한계." OUGHTOPIA, 23(2): 145-176.

이현우·이정진. 2014. "세대별 이념갈등의 이질성: 세대 내 이슈태도 분석을 중심으로." 이갑윤·이현우 엮음. 『한국의 정치균열 구조: 지역, 계층, 세대 및 이념』. 오름.

이혜경. 1993. "한국의 소득보장제도: 압축성장의 한계와 탈도구화의 과제." 연세사회복지, 1: 63-92.

이혜경. 2011. "한국복지국가가 걸어온 길: 결손국가에서 사회투자국가로." 사회정책연합 공동학술대회 기조발제문.

임주영. 1997. 『조세지출예산제도의 도입에 관한 연구』. 서울: 한국조세연구원.

임현진. 2009. 『한국의 사회운동과 진보정당』. 서울대학교출판문화원.

장귀연. 2013. "신자유주의 시대 한국의 계급구조." 『마르크스연구』, 10(3): 12-40.

장승진. 2013. "2012년 양대 선거에서 나타난 계층균열의 가능성과 한계." 한국정치학회보, 47(4): 51-70.

장원석·강성호·이상우. 2014. 『소득수준을 고려한 개인연금 세제 효율화 방안: 보험료 납입단계의 세제방식을 중심으로』. 서울: 보험연구원.

장은주. 2012. "복지국가, 하나의 '시민적 기획': 분배 정의를 넘어서는 한국 복지국가의 도덕적 기초." 조흥식 엮음. 『대한민국 복지국가의 길을 묻다: 바람직하고 지속 가능한 시민복지국가를 향해』. 이매진.

장지연. 2014. "누구와 함께 평화복지국가를 도모할까." 조흥식·장지연 편. 『평화와 복지, 경계를 넘어』. 이매진.

장지연. 2018. "노동존중사회의 사회적 시민권." 신광영 외. 『노동존중사회: 노동과 균형적 사회성장』. 경제사회발전노사정위원회.

장지연·황덕순·은수미·이병희·박제성·전병유. 2011. 『노동시장 구조와 사회보장체계의 정합성』. 한국노동연구원.

전병유. 2016. "노동시장의 구조변화와 정책대응." 이병천 외 엮음. 『한국의 민주주의와 자본주의: 불화와 공존』. 돌베개.

전병유. 2018. "노동시장의 이중구조와 정책대응: 해외사례 및 시사점." BOK 경제연구.

전병유. 2018. "한국 노동시장 분절화의 구조와 시사점." 노동연구원 개원 30주년 기념세미나 발표문.

전병유·신진욱. 2014. "저소득층일수록 보수정당을 지지하는가? 한국에서 계층별 정당 지지와 정책 태도, 2003-2012." 동향과 전망, 91: 9-48.

전용식·최예린·김유미·이혜은·김세중·이혜은·김진억·김유미. 2018. "2018년 수입보험료 수정 전망(부록)." CEO Report 2018-01. 서울: 보험연구원.

정경희·오영희·석재은·도세록·김찬우·이윤경·김희경. 2005. 『2004년도 전국 노인생활실태 및 복지욕구조사』. 한국보건사회연구원.

정경희·이현주·박세경·김영순·최은영·이윤경·최현수·방효정. 2006. 『한국의 사회서비스 쟁점 및 발전전략』. 한국보건사회연구원.

정무권 편. 2002. 『한국복지국가 성격논쟁 II』. 서울: 인간과 복지.

정무권. 2007. "한국 발전주의 생산레짐과 복지체제의 형성." 한국사회정책, 14(1): 257-307.

정상호. 2007. "시민사회운동과 정당의 관계 및 유형에 관한 연구." 한국정치학회보, 41(2): 161-184.

정이환. 2013. 『한국고용체제론』. 서울: 후마니타스.

정이환. 2018. "한국 노동시장의 분절구조와 대안모색." 노동연구원 개원 30주년 기념세미나 발표문.

정준호. 2007. "대안적 산업발전 경로에 대한 모색: 덴마크와 핀란드 사례의 시사점을 중심으로." 이병천 엮음. 『세계화 시대 한국 자본주의: 진단과 대안』. 한울.

정준호. 2016. "한국 산업화의 특성과 글로벌 가치사슬." 이병천·유철규·전창환·정준호 엮음. 『한국의 민주주의와 자본주의: 불화와 공존』, 70-111, 돌베개.

정준호. 2017a. "기술혁신과 경제성장 연구의 현황과 과제: 한국에 대한 논의를 중심으로." 기술혁신연구, 25(4): 47-77.

정준호. 2017b. "이중화의 관점에서 본 한국경제: 80년대 후반 이후를 중심으로." 시민과 세계, 31: 123-164.

정진민. 2008. 『한국의 정당정치와 대통령제 민주주의』. 인간사랑.

정책기획위원회. 2018. 『문재인 정부 '포용국가' 비전과 전략: 국민의 삶을 바꾸는 포용과 혁신의 사회정책』. 대통령직속 정책기획위원회·관계부처 합동.

정태석. 2014. "복지국가운동과 사회민주주의: 복지국가운동은 사회민주주의 없이 가능한가?" 지식협동조합 사회민주주의 연구모임 주최 제1회 사회민주주의 포럼 〈사회운동과 사회민주주의의 관계, 어떻게 할 것인가〉 발표문.

정태영. 2007. 『한국 사회민주주의정당의 역사적 기원』. 후마니타스.

조대엽. 2007. "공공성의 재구성과 기업의 시민성." 한국사회학, 41(2): 1-26.

조대엽. 2012. "현대성의 전환과 사회 구성적 공공성의 재구성: 사회 구성적 공공성의 논리와 미시공공성의 구조." 한국사회, 13(1): 3-62.

조대엽·홍성태. 2013. "공공성의 사회적 구성과 공공성 프레임의 역사적 유형." 아세아연구, 56(2): 7-41.

조성대. 2008. "균열구조와 정당체계: 지역주의, 이념, 그리고 2007년 한국 대통령 선거." 현대정치연구, 1(1): 169-198.

조성재. 2018. "격차 축소를 위한 연대임금과 일터혁신." 노동연구원 개원 30주년 기념세미나 발표문.

조성재·장영석·오재훤·박준식·善本哲夫·折橋伸哉. 2006. 『동북아 제조업의 분업구조와 고용관계(Ⅱ)』. 한국노동연구원.

조영훈. 2009. "자유주의 복지유형으로서의 한국 복지국가" 정무권 편. 『한국 복지국가 성격논쟁 Ⅱ』. 서울: 인간과 복지.

조창현. 2005. 『지방자치론』. 박영사.

조흥식. 1996. "해방 50년과 남한의 공공복지." 상황과 복지, 1: 13-38.

조흥식. 2016. "박근혜 정부 복지정책 평가와 과제: 증세 없는 복지의 허구성." 지식협동조합 좋은나라 제10회 정책심포지엄 자료집.

주은선. 2008. "이명박 정부 시대 사회복지: 복지시장의 전면화." 서석사회과학논총, 1(2): 113-133.

주은선. 2013. "한국의 대안적 소득보장제도 모색: 현행의 복지국가 프로그램과 한시적 시민수당 결합에 대한 시론." 비판사회정책, 38: 83-126.

주현정·김용득. 2018. "공공성 담론으로 보는 돌봄서비스." 한국사회복지행정학, 20(2): 233-262.

참여연대. 2019. "생계급여 부양의무자기준 조속히 폐지해야." 참여연대 사회복지위원회.

채장수. 2014. "'적극적 공공성'의 두 가지 경향." 사회과학연구, 25(1): 167-185.

최기춘·이현복. 2017. "국민건강보험과 민간의료 보험의 역할 정립을 위한 쟁점." 『보건복지포럼』, 2016년 6월호: 30-42.

최영. 2015. "재정분권과 사회복지서비스의 지역 간 불평등." 한국지역사회복지학, 55: 31-59.

최영준. 2011. "한국 복지정책과 복지정치의 발전: 생산주의 복지체제의 진화." 아세아연구, 54(2): 7-41.

최영준·김주리·이승준·최혜진. 2014. "'중복과 누락' 담론의 재구조화: 성인돌봄서비스의 사례." 한국정책학회보, 23(1): 257-283.

최영준·최혜진. 2016. "사회서비스 거버넌스의 재구조화." 한국사회정책, 23(4): 35-60.

최은영. 2004. "한국보육정책의 공공성 평가." 보건복지포럼, 2004(11): 22-30.

최장집. 2008. 『한국 민주주의 무엇이 문제인가』. 폴리테이아.

최희경. 2009. "괜찮은 일자리(Decent Job) 개념의 노인 돌봄 서비스직에 대한 적용." 한국사회복지조사연구, 21: 27-57.

통계청. 2018a. e-나라지표: 건강보험 재정 및 급여율, 국민연금 재정현황, 고용보험 지출현황, 산재보험 징수 및 지급 현황. http://www.index.go.kr (접근일, 2019. 4. 7.).

통계청. 2018b. 군인연금 예산규모 및 수급자 추이. http://www.index.go.kr (접근일, 2019. 4. 7.).

통계청. 2018c. e-나라지표: 국민연금 재정현황. http://www.index.go.kr/potal/main/EachDtlPageDetail.do?idx_cd=2764 (접근일, 2018. 8. 7.).

통계청. 2018d. e-나라지표: 국내총생산 및 경제성장률(GDP). http://www.index.go.kr/potal/main/EachDtlPageDetail.do?idx_cd=2736 (접근일, 2018. 8. 7.).

통계청. 2019e. 가구수. http://kosis.kr/search/search.do?query=%EA%B0%80%EA%B5%AC%EC%88%98 (접근일, 2019. 9. 21.).

통계청. 2019f. e-나라지표: 주택매매가격 동향. http://www.index.go.kr (접근일, 2019. 5. 26.).

통계청. 2019g. e-나라지표: 노동조합 조직현황. http://www.index.go.kr/potal/main/EachDtlPageDetail.do?idx_cd=1511 (접근일, 2019. 5. 29.).

통계청. 2018. e-나라지표: 지니계수. http://www.index.go.kr/potal/stts/idxMain/selectPoSttsIdxSearch.do?idx_cd=4012 (접근일, 2018. 6. 17.).

한겨레신문. 2019. "세수 호황 작년 세금 378조…조세부담률 21.2% 역대 최고." 2019년 4월 22일자 4면.

한국노동사회연구소. 2018. 『한국노동사회연구소 창립23주년 기념 토론회 자료집』. 한국노동사회연구소.

한국보건사회연구원. 2018. 2018년 빈곤통계연보. 서울: 한국보건사회연구원.

한귀영. 2013. "2012년 대선, 가난한 이들은 왜 보수정당을 지지했는가?" 동향과 전망, 89: 9-39.

한귀영. 2013. "왜 가난한 이들은 보수정당을 지지했는가?" 이창곤·한귀영 엮음. 『18 그리고 19』, 24-41. 서울: 도서출판 밈.

핫토리 다미오. 2007. 『개발의 경제사회학』. 유석춘·이사리 공역(開發の社会経済学). 서울: 전통과 현대.

홍경준. 2010. "정치제도가 사회정책의 발전에 미치는 효과에 관한 비교 연구." 한국사회복지학, 62(3), 141-162.

황덕순. 2011. "한국 복지국가 발전과 노동." 경제논집, 50(3): 295-337.

황덕순. 2013. "돌봄노동자의 특성과 근로조건." 노동리뷰, 3: 5-17.

황덕순·윤자영·윤정향. 2012. 『사회서비스 산업 노동시장 분석: 돌봄서비스를 중심으로』. 한국노동연구원.

Abrahamson, P. E. 1991. "Welfare and Poverty in the Europe of the 1990s: Social Progress or Social Dumping?" *International Journal of Health Services*, 21(2): 237-264.

Acemoglu, D. and Robindon, J. A. 2006. *Economic Origins of Dictatorship and Democracy*. Cambridge: Cambridge University Press.

Adema, W. and Ladaique, M. 2005. "Net Social Expenditure, 2005 Edition: More Comprehensive Measures of Social Support." OECD Social, Employment and Migration Working Papers, No. 29.

Aidt, T. and Tzannatos, Z. 2002. *Unions and Collective Bargaining : Economic Effects in a Global Environment*. Washington, DC: The World Bank.

Alesina, A. and Glaeser, E. 2004. *Fighting Poverty in the US and Europe: A World of Difference*. Oxford: Oxford University Press. 알레시나·글레이저, 2012. 『복지국가의 정치학: 누가 왜 복지국가에 반대하는가?』. 전용범 역. 생각의 힘.

Alesina, A., Glaeser, E., and Sacerdote, B. 2001. "Why doesn't the US have a European-style welfare state?" Paper was presented at the Brookings Panel on Economic Activity, September 7, 2001. Washington, DC.

Amenta, E, Dunleavy, K. and Bernstein, M. 1994. "Stolen Thunder? Huey Long's "Share Own Wealth," Political Mediation, and the Second New Deal." *American Sociological Review*, 59(6): 678-702.

Amenta, E., Caren, N. and Olasky, S. J. 2005. "Age for Leisure? Political Mediation and the Impact of the Pension Movement on U.S. Old-A Policy." American Sociological Review, 70(3): 516-538.

Andersen, K. 2019[1979]. 『진보는 어떻게 다수파가 되는가: 미국의 뉴딜 연합(1928~36년)』. 이철희 옮김(*The Creation of a democratic majority, 1928-36*). 서울: 후마니타스.

Anttonen, A. and Sipila, J. 2008. "Universalism: and Idea and Principle in Social Policy." Unpublished paper.

Anttonen, A. and Sipila, J. 2014. "Varieties of Universalism." The UNRISD Conference. Geneva, Switzerland.

Aspalter, C. 2006. "The East Asian Welfare Model." *International Journal of Social Welfare*, 15: 290-301.

Bäck, H. and Hadenius, A. 2008. "Democracy and State Capacity: Exploring a J-Shaped Relationship." *Governance*, 21(1): 1-24.

Bahle, T. 2003. "The Changing Institutionalization of Social Services in England and Wales, France and Germany: Is the Welfare State on the Retreat?" *Journal of European Social Policy*, 13(1): 5-20.

Barrilleaux, C., Holbrook, T. and Langer, L. 2002. "Electoral Competition, Legislative Balance, and American State Welfare Policy." *American Journal of Political Science*, 46(2): 415-427.

Bartels, L. 2008. *Unequal Democracy: The Political Economy of the New Guild Age*. Princeton: Princeton University Press.

Baumgartner, F. R. and Mahoney, C. 2005. "Social Movements, the Rise of New Issues, and the Public Agenda." Meyer, D. S., Jenness, V. and Ingram, H. (eds.), *Routing the Opposition: Social Movements, Public Policy, and Democracy*. Minneapolis: University of Minnesota Press.

Bell, D. 1970. *The End of Ideology. On the Exhaustion of Political Ideas in the Fifties*. Glencoe, IL: The Free Press.

Bendix, R. 1967. "Tradition and Modernity Reconsidered." *Comparative Studies in Society and History*, 9(3): 292-346.

Berg, J. 2015. "Labour Market Institutions: the Building Blocks of Just Societies." Berg, J. (ed.), *Labour Markets, Institutions and Inequality*. Edward Elgar Publishing.

Besley, T. and Persson, T. 2009. "The Origins of State Capacity: Property Rights, Taxation, and Politics." *American Economic Review*, 99(4): 1218-1244.

Bowles, S. and Gintis, H. 1976. *Schooling In Capitalist America: Educational Reform and the Contradictions of Economic Life*. Haymarket Books.

Brooks, C. and Manza, J. 2007. *Why Welfare States Persist: The Importance of Public Opinion in Democracies*. Chicago: The University of Chicago Press.

Burstein, P. and Linton, A. 2002. "The Impact of Political Parties, Interest Groups, and Social Movement Organizations on Public Policy." *Social Forces*, 81(2): 381-408.

Cappelli, P. 2001. "Assessing the Decline of Internal Labour Markets." Berg, I. and Kalleberg, A. L. (eds.), *Sourcebook of Labour Markets: Evolving Structures and Processes*. Springer.

Castles, F. G. 1978. *The Social Democratic Image of Society. A Study of the Achievements*

and Origins of Scandinavian Social Democracy in Comparative Perspective.
London: Routledge.

Castles, F. 1998. "The Really Big Trade-off: Home Ownership and the Welfare State in the New World and the Old." *Acta Politica*, 33: 5-19.

Castles, F. and McKinlay, R. D. 1979. "Public Welfare Provision, Scandinavia, and the Sheer Futility of the Sociological Approach to Politics." *British Journal of Political Science*, 9: 157-171.

Charles, N. 2000. *Feminism, the State and Social Policy.* Basingstoke: Macmillan.

Cho, H-Y. 2000. "Transition to Democracy and Changes in Korean NGOs." *Korea Journal*, 40(2): 275-304.

Comiskey, M. 2004. "Electoral Competition and the Growth of Public Spending in 13 Industrial Democracies, 1950 to 1983." *Comparative Political Studies*, 26(3): 350-374.

Crouch, C. 2004. *Post-Democracy.* Cambridge, UK, and Malden, MA: Polity.

Dahl, R. 1971. *Polyarchy.* New Haven: Yale University Press.

Dalton, R. J. 2013. *The Apartisan American. Dealignment and Changing Electoral Politics.* Los Angeles et al.: Sage.

De Koster, W., Achterberg, P. and van der Waal, J. 2012. "The New Right and the Welfare State: The Electoral Relevance of Welfare Chauvinism and Welfare Populism in the Netherlands." *International Political Science Review*, 34(1): 3-20.

Doeringer, P. B. 1986. "Internal Labor Markets and Noncompeting groups." *Occupations and Labor Markets*, 76(2): 48-52.

Doeringer, P. B. and Piore, M. J. 1971. *Internal Labor Markets and Manpower Analysis.* Heath Lexington Books.

Downs, A. 1957. *An Economic Theory of Democracy.* New York: Harper & Row.

Eisenstadt, S. N. 1999. *Paradoxes of Democracy. Fragility, Continuity, Change.* Baltimore, MA: Johns Hopkins University Press.

Ellison, G. and Martin, G. 2000. "Policing, Collective Action and Social Movement Theory: The Case of the Northern Ireland Civil Rights Campaign." *British Journal of Sociology*, 51(4): 681-699.

Emmenegger, P., Häusermann, S., Palier, B., and Seeleib-Kaiser, M. (Eds.). 2012. *The Age of Dualization: The Changing Face of Inequality in Deindustrializing Societies.* 노동연구원 번역. 2012. 『이중화의 시대: 탈산업 사회에서 불평등 양상의 변화』. 한국노동연구원.

Ersson, S., and Lane, J-E. 1996. "Democracy and Development: A Statistical Exploration." Leftwich, A. (ed.), *Democracy and Development: Theory and Practice.* Cambridge, UK: Polity.

Esping-Andersen, G. 1990. *Three Worlds of Welfare Capitalism.* Princeton, NJ: Princeton

Univ. Press.

Esping-Andersen, G. 1999. *Social Foundations of Post-Industrial Economics*. Oxford: Oxford University Press.

Esping-Andersen, G. 1985. *Politics against Markets. The Social Democratic Road to Power*. Princeton, NJ: Princeton University Press.

Estévez-Abe, M. and Kim, Y-S. 2014. "Presidents, Prime Ministers and Politics of Care-Why Korea Expanded Childcare Much More Than Japan." *Social Policy & Administration*, 48(6): 666-685.

Estévez-Abe, M., Iversen, T. and Soskice, D. 2001. "Social Protection and the Formation of Skills: A Reinterpretation of the Welfare State." Hall, P. and Soskice, D. (eds.). *Varieties Of Capitalism: The Institutional Foundations of Comparative Advantage*. Oxford: Oxford University Press.

Fagan, T. and Lee, P. 1997. "'New' Social Movements and Social Policy: A Case Study of the Disability Movement." Lavelette, M. and Pratt, A. (eds.). *Social Policy: A Conceptual and Theoretical Introduction*. London: Sage.

Flora, P. and Alber, J. 1981. "Modernization, Democratization, and the Development of Welfare States in Western Europe." Flora, P. and Heidenheimer, A. (eds.). *The Development of Welfare States in Europe and America*. New Brunswick and London: Transaction Publishers.

Fujimoto, T. 2006. "Architecture-Based Comparative Advantage in Japan and Asia." Ohno, K. and Fujimoto, T. (eds.). *Industrialization of Developing Countries: Analysis by Japanese Economics*. Tokyo: National Graduate Institute of Policy Studies.

Giddens, A. 1987. *The Nation-State and Violence. Volume Two of a Contemporary Critique of Historical Materialism*. Berkeley and Los Angeles: University of California Press.

Golden, M. and Pontusson, J. 1992. *Bargaining for Change: Union Politics in North America and Europe*. Cornell University Press.

Goodman, R. and Peng, I. 1996. "The East Asian Welfare State." Esping-Andersen, G. (ed.), *Welfare States in Transition*. London: Sage.

Gough, I. 1978. *The Political Economy of the Welfare State*. London: Macmillan.

Gramsci, A. 1971. *Selections from the Prison Notebooks*. edited and translated by Hoare Q. and Smith G. N. , London: Lawrence & Wishart.

Haberkern, R. M. 2003. *Using Vouchers to Deliver Social Services*. Welfare Information Network.

Hacker, J. S. 2002. *The Divided Welfare State: The Battle Over Public and Private Social Benefits in the United States*. Cambridge: Cambridge University Press.

Hanson, J. K. 2015. "Democracy and State Capacity: Complements or Substitutes?"

Studies in Comparative International Development, 50: 304-330.

Haque, M. S. 2001. "The Diminishing Publicness of Public Service Under the Current Mode of Governance." *Public Administration Review*, 61(1): 65-82.

Häusermann, S. and Schwander, H. 2012. "이중화의 다양성: 복지레짐별 노동시장 분절화와 내부자-외부자 분할." Emmenegger, P., Häusermann, S., Palier, B., Seeleib-Kaiser, M. (편). 2012. 『이중화의 시대: 탈산업화 사회에서 불평등양상의 변화』. 한국노동연구원.

Hicks, A, and Swank, D. 1984. "On the Political Economy of Welfare Expansion: A Comparative Analysis of 18 Advanced Capitalist Democracies, 1960-1971." *Comparative Political Studies*, 17(1): 81-119.

Hicks, A. and Misra, J. 1993. "Political Resources and the Growth of Welfare in Affluent Capitalist Democracies, 1960 - 1982." *The American Journal of Sociology*, 99(3): 668-710.

Holiday, I. 2000. "Productivist Welfare Capitalism: Social Policy in East Asia." *Political Studies*, 48(4): 706-723.

Howard, C. 1997. *The Hidden Welfare State: Tax expenditures and social policy in the United States*. Princeton, NJ: Princeton University Press.

Hunter, S. 2007. "Introduction: With, Not To: Models of Co-production in Social Welfare." Hunter, S. and Ritchie, P. (Eds.). *Coproduction and Personalisation in Social Care*. London: Jessica Kingsley Publishers.

ILO. 2004. *World Employment Report 2004-05*. Geneva: Swiss.

ILO. 2017. "Strengthening Social Protection for the Future of Work." The 2nd Meeting of the G20 Employment Working Group (Hamburg, Germany).

Inglehart, R. 1990. *Culture Shift in Advanced Industrial Societies*. Princeton, N.J.: Princeton University Press.

International Federation of Robotics. 2016. *World Robotics Report 2016: European Union Occupies Top Position in the Global Automation Race*. Frankfurt: IFR.

International Federation of Robotics. 2018. Robot density rises globally. The RobotReport. 2019. US robot density ranks 7th in the world. April 5, 2019. (https://www.therobotreport.com/us-robot-density-ranks-7th-in-the-world/)

Ismayr, W. 2009. "Die politischen Systeme Westeuropas im Vergleich." Ismayr, W. (ed.), *Die politischen Systeme Westeuropas*. Wiesbaden: VS Verlag für Sozialwissenschaften.

Iversen, T. and Soskice, D. 2006. "Electoral Institutions and the Politics of Coalitions: Why Some Democracies Redistribute More Than Others." *American Political Science Review*, 100(2): 165-181.

Jacoby, S. 1984. "The Development of Internal Labor Markets in American Manufacturing Firms." Osterman, P. (ed.). *Internal Labor Markets*. Cambridge: The

MIT Press.

Jennings, E. T. 1979. "Competition, Constituencies, and Welfare Policies in American States." *American Political Science Review*, 73(2): 414-429.

Kang, S-G., and Powell, Jr., G. B. 2010. "Representation and Policy Responsiveness: The Median Voter, Election Rules, and Redistributive Welfare Spending." *Journal of Politics*, 72(4): 1014-1028.

Katzenstein, P. 1985. "Small Nations in an Open International Economy: the Converging Balance of State and Society in Switzerland and Austria." Evans, P. B., Rueschemeyer, D. and Skocpol, T. (eds.). *Bringing the State Back In*. Cambridge: Cambridge University Press.

Kaufman, B. E. and Hotchkiss, J. L. 2002. *The Economics of Labor Markets*. Southwestern Publishing Group.

Kemeny, J. 2005. ""The Really Big Trade Off" between Home Ownership and Welfare: Castles' Evaluation of the 1980 Thesis and a Reformulation 25 Years on." *Housing, Theory & Society*, 23(1): 59-75.

Keune, M. 2015. "Shaping the Future of Industrial Relations in the EU: Ideas, Paradoxes and Drivers of Change." *International Labour Review*, 154(1): 47-56.

Khan, M. H. 2000. "Rents, Efficiency and Growth." Khan, M. H. and Jomo, K. S. (eds.). *Rents, Rent-Seeking and Economic Development: Theory and Evidence in Asia*. Cambridge: Cambridge University Press.

Kim, T. and Jung, Y. 2015. "Intergenerational economic mobility in Korea: Assessment, drivers, and lessons." In Kim, T. and Mulakala, A., (eds.). *Asian Approaches to Social Mobility: Experience and lessons form Asia*, pp. 7-24. Sejong-si: KDI.

Kim, Y-S. 2010. "Institutions of Interest Representation and the Welfare State in Post-democratization Korea." *Asian Perspective*, 34(1): 159-189.

Kirchheimer, O. 1966. "The Transformation of the Western European Party Systems." La Palombra, J. and Weiner, M. (eds.). *Political Parties and Political Development*. Princeton: Princeton University Press.

Korpi, W. 1978. *The Working Class in Welfare Capitalism*. London: Routledge, Kegan, and Paul.

Korpi, W. 1983. *The Democratic Class Struggle*. London: Routledge.

Korpi, W. 2006. "Power Resources and Employer-centered Approaches in Explanations of Welfare States and Varieties of Capitalism: Protagonists, Consenters, and Antagonists." *World Politics*, 58(2): 167-206.

Korpi, W. and Palme, J. 1998. "The Paradox of Redistribution and Strategies of Equality: Welfare State Institutions, Inequality, and Poverty in the Western Countries." *American Sociological Review*, 63(5): 661-687.

Korpi, W. and Palme, J. 2003. "New Politics and Class Politics in the Context of

Austerity and Globalization: Welfare State Regress in 18 Countries, 1975-95."
American Political Science Review, 97(3): 425-446.

Kumlin, S. and Stadelmann-Steffen, I. (eds.). 2014. *How Welfare States Shape
the Democratic Public: Policy Feedback, Participation, Voting, and Attitudes.*
Cheltenham, UK: Edward Elgar.

Kwack, S-Y. and Lee, Y-S. 2007. *Income Distribution of Korea in Historical and
International Prospects.* Seoul: KDI.

Kwon, H-J. 2005. "Transforming the Developmental Welfare State in East Asia."
Development and Change, 36(3): 477-497.

Lardeyret, G. 2006. "The Problem with PR." Diamond, L. and Plattner, M. F. (ed.).
Electoral Systems and Democracy. Baltimore: Johns Hopkins University Press.

Levy, B. and Kuo, W-J. 1991. "The Strategic Orientations of Firms and the Performance
of Korea and Taiwan in Frontier Industries: Lessons from Comparative Case
Studies of Keyboard and Personal Computer Assembly." *World Development*,
19(4): 363-374.

Lijphart, A. 1999. *Patterns of Democracy. Government Forms and Performance in Thirty-
Six Countries.* New Haven and London: Yale University Press.

Lindbeck, A. and Snower, D. J. 1988. "Cooperation, Harassment, and Involuntary
Unemployment: An Insider-Outsider Approach." *The American Economic Review*,
78(1): 167-188.

Lindbeck, A. and Snower, D. J. 2001. "Insiders versus Outsiders." *Journal of Economic
perspectives*, 15: 165-188.

Lindvall, J. and Rueda, D. 2014. "The Insider-Outsider Dilemma." *British Journal of
Political Science*, 44(2): 460-475.

Linz, J. 1990. "The Perils of Presidentialism." *Journal of Democracy*, 1(1): 51-69.

Lipset, S. M. 1996. *American Exceptionalism: A Double Edged Sword.* New York: W. W.
Norton & Company.

Lipset, S. M. and Marks, G. 2000. *It Didn't Happen Here: Why Socialism Failed in the
United States.* New York: W. W. Norton & Company.

Lipset, S. M. and Rokkan, S. 1967. "Cleavage Structures, Party Systems, and Voter
Alignments: An Introduction." Lipset, S. M. and Rokkan, S. (eds.). *Party Systems
and Voter Alignments: Cross-national Perspectives.* New York: Free Press.

Mainwaring, S. and Torcal, M. 2006. "Party System Institutionalization and Party System
Theory after the Third Wave of Democratization." Katz, R. S. and Crotty, W. (eds.).
Handbook of Party Politics. Los Angeles et al.: Sage.

Mann, M. 1988. *States, War, and Capitalism: Studies in Political Sociology.* Oxford and
New York: Basil Blackwell.

Mann, M. 1993. *The Sources of Social Power. Volume 2: The Rise of Classes and Nation*

States 1760-1914. New York: Cambridge University Press.

Manza, J. and Brooks, C. 2008. "Class and Politics." Lareau, A. and Conley, D. (eds.). *Social Class: How Does it Work*. New York: Russel Sage Foundation Press.

Martin, G. 2001. "Social Movements, Welfare and Social policy: a Critical Analysis." *Critical Social Policy*, 21(3): 361-383.

Meltzer, A. H., and Richard, S. F. 1981. "A Rational Theory of the Size of Government." *Journal of Political Economy*, 89(5): 914-927.

McKinsey Global Institute. 2012. *Manufacturing the Future: The Next Era of Global Growth and Innovation*. London: Mckinsey & Company.

Milanovic, B. 2017[2016]. 『왜 우리는 불평등해졌는가』. 서정아 옮김 (Global inequality: A new approach for the age of globalization), 서울: 21세기북스.

Morgan, K. J. 2013. "Path Shifting of the Welfare State: Electoral Competition and the Expansion of Work-Family Policies in Western Europe." *World Politics*, 65(1): 73-115.

Moss, P. and Cameron, C. 2007. *Care Work in Europe: Current Understandings and Future Directions*. Routledge.

Myles, J. and Quadagno, J. 2002. "Political Theories of the Welfare State." *Social Service Review*, 76(1): 34-57.

O'Donnell, G. and Schmitter, P. C. 1986. *Transition from Authoritarian Rule: Tentative Conclusion about Uncertain Democracies*. Baltimore: The Johns Hopkins Univ. Press.

O'Donnell, R. and Thomas, D. 2002. "Ireland in the 1990s: Policy Concertation Triumphant." Berger, S. and Compston, H. (eds.). *Policy Concertation and Social Partnership in Western Europe*. New York: Berghahn Books.

Obinger, H., Castles, F. and Leibfried, S. 2005. "Introduction: Federalism and the Welfare State." Obinger, H., Leibfried, S. and Castles, F. (eds.). *Federalism and the Welfare State: New World and European Experiences*. New York: Cambridge University Press.

OECD. 2004. "Wage-setting Institutions and Outcomes." *Employment Outlook 2004*. Paris: OECD.

OECD. 2010. Economic policy reforms: Going for growth. Paris: OECD Publishing.

OECD. 2018. OECD Stat: Social Expenditure(SOCX)-Aggregate Data. https://stats.oecd.org/Index.aspx?DataSetCode=SOCX_AGG# (Accessed on 21 November 2018).

OECD. 2019a. Social expenditure-Aggregated data. https://stats.oecd.org/Index.aspx?DataSetCode=SOCX_AGG (Accessed on 21 September 2019).

OECD. 2019a. Social expenditure-Aggregated data. https://stats.oecd.org/Index.aspx?DataSetCode=SOCX_AGG (Accessed on 21 September 2019).

OECD. 2019b. Income inequality (indicator). doi: 10.1787/459aa7f1-en (Accessed on 21 September 2019).

OECD. 2019c. Revenue statistics: OECD countries: Comparative tables. https://stats. oecd.org/index.aspx?DataSetCode=rev# (Accessed on 8 April 2019).

OECD. 2019d. Trade in Value Added (TiVA): Origin of value added in gross exports. https://stats.oecd.org/Index.aspx?DataSetCode=TIVA_2018_C1.

Offe, C. 1984. *Contradictions of the Welfare State*. Cambridge, MA: MIT Press.

Orloff, A. S. and Skocpol, T. 1984. "Why not Equal Protection?: Explaining the Politics of Public Social Spending in Britain, 1900-1911, and the United States, 1880s-1920." *American Sociological Review*, 49: 726-750.

Pampel, F. C. and Williamson, J. B. 1988. "Welfare Spending in Advanced Industrial Democracies, 1950-1980." *American Journal of Sociology*, 93(6): 1424-1456.

Pampel, F. C. and Williamson, J. B. 1989. *Age, Class, Politics, and the Welfare State*. Cambridge: Cambridge University Press.

Pierson, P. 1995. *Dismantling the Welfare State? Reagan, Thatcher and the Politics of Retrenchment*. NY: Cambridge University Press.

Pierson, P. 2000. "Increasing Returns, Path Dependence, and the Study of Politics." *American Political Science Review*, 94(2): 251-267.

Piore, M. J. 1983. "Labor Market Segmentation: To What Paradigm Does It Belong?", *The American Economic Review*, 73(2): 249-253.

Reich, M., Gordon, D. M. and Edwards, R. C. 1973. "Dual Labor Markets: A Theory of Labor Market Segmentation." *The American Economic Review*, 63(2): 359-365.

Rhodes, M. 2001. "The Political Economy of Social pacts: Competitive Corporatism and European Welfare Reform." Pierson, P. (ed.). *The New Politics of the Welfare State*. Oxford: Oxford University.

Rhodes, M. 2003. "National Pacts and EU Governance in Social Policy and the Labour Market." Zeitlin, J. and Trub, D. (eds.). *Governing and Work and Welfare in a New Economy*. Oxford: Oxford University Press.

Ritter, G. 2005[1983]. 『복지국가의 기원』. 전광석 옮김 (*Sozialversicherung in Deutschland und England*). 서울: 법문사.

Rokkan, S. 1999. *State Formation, Nation-Building, and Mass Politics in Europe: The Theory of Stein Rokkan*. Kuhnle, S., Flora, P. and Urwin, D. (eds.). Oxford: Oxford University Press.

Rubery. 2015. "Re-regulating for inclusive labour markets." ILO, Conditions of Work and Employment Series, No.65.

Rueschemeyer, D. and Skocpol, T. (eds.). 1996. *States, Social Knowledge, and the Origins of Modern Social Policies*. Princeton: Princeton UP.

Sartori. G. 1994. *Comparative Constitutional Engineering: An Inquiry into Structures,*

Incentives and Outcomes. London: Macmillan.

Schattschneider, E. E. 1935. *Politics, Pressure, and the Tariff.* New York: Prentice-Hall.

Schmidt, M. G. 2001. "Ursachen und Folgen wohlfahrtsstaatlicher Politik: Ein internationaler Vergleich." Schmidt, M. G. (ed.). *Wohlfahrtsstaatliche Politik: Institutionen, politischer Prozess und Leistungsprofil.* Opladen: Leske+Budrich.

Schneider, S. and Ingraham. P. 1984. "The Impact of Political Participation on Social Policy Adoption and Expansion." *Comparative Politics,* 17(1): 107-122.

Seeleib-Kaiser, M., Van Dyk, S. and Roggenkamp, M. 2008. *Party Politics and Social Welfare: Comparing Christian and Social Democracy in Austria, Germany and the Netherlands.* Cheltenham: Edward Elgar.

Sellers, M. and Lidström, A. 2007. "Decentralization, local government, and the welfare state." *Governance: An International Journal of Policy, Administration, and Institutions,* 20(4): 609-632.

Shakespeare, T. 2000. "The Social Relation of Care." Lewis, G., Gewirtz, S. and Clarke, J. (eds.). *Rethinking Social Policy.* London: Sage.

Shalev, M. 1983. "Class Politics and Western Welfare State." Spiro, S. E. and Yuchtman-Yarr, E. (eds.). *Evaluating the Welfare State.* Academic Press.

Sikkink, K. 1991. *Ideas and Institutions: Developmentalism in Brazil and Argentina.* Ithaca: Cornell University Press.

Skocpol, T. 1985. "Bringing the State Back In: Strategies of Analysis in Current Research," P. B. Evans, D. Rueschemeyer, and T. Skocpol (eds.), *Bringing the State Back In.* Cambridge et al.: Cambridge University Press, 3-37.

Skocpol, T. 1992. "State Formation and Social Policy in the United States." *American Behavioral Scientist,* 35(4-5): 559-584.

Skocpol, T. and Amenta, E. 1986. "States and social policies." *Annual Review of Sociology,* 12: 131-157.

Skocpol, T. and Finegold, K. 1982. "State Capacity and Economic Intervention in the Early New Deal." *Political Science Quarterly,* 97(2): 255-278.

Steinmo, S. 2010. *The Evolution of Modern States: Sweden, Japan, and the United States.* Cambridge: Cambridge University Press.

Stepan, A, and Linz, J. 2011. "Comparative Perspectives on Inequality and the Quality of Democracy in the United States." *Perspectives on Politics,* 9(4): 841-856.

Stephens, J. 1979. *The Transition from Capitalism to Socialism.* Chicago: University of Illinois Press.

Stolleis, M. 2013. "Origins of the German welfare state: Social policy in Germany to 1945." *German Social Policy,* 2: 23-176.

Svalfors, S. 2007. *The Political Sociology of the Welfare State: Institutions, Social Cleavages, and Orientations.* Stanford: Stanford University Press.

Swenson. P. 2002. *Capitalists against Markets: The Making of Labor Markets and Welfare states in the United States and Sweden.* Oxford: OUP.

Swiss Re. 2018. "World Insurance in 2017: Solid, but Mature Life Markets Weigh on Growth." Swiss Re Institute.

Taylor, V. 1999. "Gender and Social Movements: Gender Processes in Women's Self-help Movements." *Gender and Society*, 13(1): 8-33.

The Economist. 2014. "Arrested development: The model of development through industrialisation is on its way out." October 2nd, 2014.

Thelen, K. 2004. *How Institutions Evolve: The Political Economy of Skills in Germany, Britain, the United States, and Japan.* Cambridge: Cambridge University Press.

Tilly, C. and S. Tarrow, 2007. *Contentious Politics.* Boulder and London: Paradigm Publishers.

Titmuss, R. M. 1968. "Community Care: Fact or Fiction?" *Commitment to Welfare*, 221-225.

Titmuss, R. M. 1976. *Essays on The Welfare State (3rd ed.).* London: Allen & Unwin.

Tóka, G. 1998. "Party Appeals and Voter Loyalty in New Democracies." *Political Studies*, 46(3): 589-610.

van Kersbergen, K. 1995. *Social Capitalism: a Study of Christian Democracy and of the Welfare State.* London and New York: Routledge.

van Oorschot, W., Opielka, M. and Pfau-Effinger, B. (eds.). 2008. *Culture And Welfare State: Values and Social Policy in Comparative Perspective.* Cheltenham: Edward Elgar.

Wachtel, H. M. and Betsy, C. 1972. "Employment at Low Wages." *The Review of Economics and Statistics*, 54: 121-129.

Weil, D. 2014. *The Fissured Workplace.* 송연수 역. 2015. 『균열일터』. 황소자리.

Wilensky, L. 1975. *The Welfare State and Equality: Structural and Ideological Roots of Public Expenditures.* Berkely: University of California Press.

찾아보기

저자 소개

윤홍식

전북대학교 사회복지학과를 거쳐 현재 인하대학교 사회복지학과에 재직 중이다. 참여사회연구소장, 비판복지학회장 등을 역임했으며, 주요 저서로는『한국 복지국가의 기원과 궤적(1~3)』,『안보개발국가를 넘어 평화복지국가로』(공편), 공저로는『대한민국 복지』,『가족정책』,『한국의 민주주의와 자본주의』등이 있다. 항상 좋은 세상을 꿈꾸며 살고 싶다. 최근에는 한국 복지국가의 역사, 성장체제 등에 대해 관심을 가지고 있다.

정준호

강원대학교 사회과학대학 부동산학과에 재직 중이다. 옥스포드대학교에서 박사학위를 취득했으며 산업연구원 동향분석실장을 역임했다. 최근 연구로『뉴노멀』(공저),『한국의 민주주의와 자본주의: 불화와 공존』(공저),『진보의 대안: 자본의 민주화와 역량증진정치』(공역) 등의 저서가 있다. 주요 관심사는 소득 및 자산의 불평등, 부동산시장의 동학, 그리고 산업과 혁신 차원에서 바라보는 발전론 등이다.

김유선

서울대학교 경제학과를 졸업하고 한국노총과 민주노총을 거쳐 현재 한국노동사회연구소 이사장으로 재직 중이다. 주요 저서로는『노동시장 유연화와 비정규직 고용』,『한국의 노동』이 있고, 공저로는『위기의 노동』,『서비스 사회의 구조변동』,『행복 경제 디자인』,『일의 가격은 어떻게 결정되는가』,『민주정부 10년, 무엇을 남겼나』,『불평등 한국, 복지국가를 꿈꾸다』,『한국 민주주의의 미래와 과제』,『노조간부라면 알아야 할 한국경제 특강』등이 있다.

신진욱

중앙대학교 사회학과에 재직 중이다. 독일 베를린자유대학교와 오스트리아 그라츠대학교에서 방문교수를 지냈고, 한국사회학회, 한국사회정책학회, 한국문화사회학회 등에 참여하고 있다. 정치와 사회운동, 복지국가와 불평등 연구에 특별한 관심이 있다. 저서로는『한국의 근대화와 시민사회』,『시민』,『한스 요아스, 가치의 생성』,『상징에서 동원으로: 1980년대 민주화운동의 문화적 기원』(공저),『한국사회와 사회운동』(공저),『다중격차: 한국사회 불평등 구조』(공편) 등이 있다.

김영순

서울과학기술대학교 기초교육학부 교수(정치학)이며 한국사회정책학회 회장으로 일하고 있다. 연구 분야는 한국과 서유럽의 복지국가와 사회정책, 복지정치, 복지태도, 복지국가와 젠더 등이다. 저서로『복지국가의 위기와 재편』,『코끼리 쉽게 옮기기: 영국 연금개혁의 정치』, 공저로『한국 복지국가의 정치경제』, *The Small Welfare State: Rethinking Welfare in the US, Japan and South Korea* 등이 있다.

이영수

현재 인천대학교 사회복지학과에 재직 중이다. 복지국가, 노동시장, 사회적 경제, 자산기반사회복지에 관심을 갖고 연구하고 있으며, 공저로 *Asset-Building Policies and Innovations in Asia* 등이 있다.

이충권

학부 시절 사회학도로서 공부방, 비영리단체 등에서 활동하면서 사회복지를 소명으로 생각하게 되었다. 대학원에서는 사회복지학을 전공하였고, 현재 인하대학교 사회복지학과 초빙교수로 아동복지, 조사방법, 자료분석 등을 가르치고 있다. 아동·청소년복지 분야를 비롯해 사회서비스 정책 및 전달체계와 관련된 여러 연구를 수행해왔으며, 행복한 복지사회 실현에 일조하고자 지역사회에서 다양한 노력을 기울이고 있다.

김도균

학부에서는 수학을 전공했으나 대학원에 진학하면서 사회학으로 전공을 바꾸었다. 2013년에「한국의 자산기반 생활보장체계의 형성과 변형: 개발 국가의 저축동원과 조세정치를 중심으로」라는 제목으로 박사학위를 받았으며, 박사논문을 수정·보완해서『한국 복지자본주의의 역사: 자산기반복지의 형성과 변화』를 발간했다. 현재 제주대학교 사회학과에 재직 중이며, 한국과 일본 복지자본주의에 대한 비교 연구를 진행 중이다.

우리는 복지국가로 간다

정치·경제·복지를 통해 본 한국 사회 핵심 쟁점

2020년 4월 27일 초판 1쇄 찍음
2020년 5월 11일 초판 1쇄 펴냄

엮은이 윤홍식
지은이 윤홍식·정준호·김유선·신진욱·김영순·이영수·이충권·김도균

펴낸이 윤철호·고하영
책임편집 최세정
편집 정세민·김혜림·권우철
디자인 김진운
본문조판 토비트
마케팅 최민규

펴낸곳 ㈜사회평론아카데미
등록번호 2013-000247(2013년 8월 23일)
전화 02-2191-1134
팩스 02-326-1626
주소 03978 서울특별시 마포구 월드컵북로12길 17
이메일 academy@sapyoung.com
홈페이지 www.sapyoung.com